Landschaftsführer in der Reihe DuMont Dokumente

Zur schnellen Orientierung – die wichtigsten Städte und Orte Ostfrieslands auf einen Blick:

(Auszug aus dem ausführlichen Ortsregister S. 362)

Aurich	209 ff.	Langeoog	334 ff.
Baltrum	331 ff.	Leer	137 ff.
Bensersiel	223 f.	Marienhafe	195 ff.
Borkum	300 ff.	Neuharlingersiel	224 f.
Bunde	130 f.	Neustadtgödens	296 f.
Carolinensiel	227	Norddeich	260 ff.
Detern	143 f.	Norden	238 ff.
Dornum	217 f.	Norderney	325 ff.
Dornumersiel	222 f.	Pewsum	268 f.
Emden	275 ff.	Pilsum	270 f.
Esens	230 ff.	Rhauderfehn	146 ff.
Friedeburg	155 f.	Spiekeroog	337 ff.
Greetsiel	271 f.	Stickhausen	143
Großefehn	158 f.	Varel	293 f.
Großheide	199 ff.	Wangerooge	340 ff.
Hinte	267 f.	Weener	132 ff.
Hohenkirchen	292 f.	Wiesmoor	156 f.
Jever	285 ff.	Wilhelmshaven	290 f.
Juist	321 ff.	Wittmund	235 ff.

In der vorderen Umschlagklappe: Karte von Ostfriesland

In der hinteren Umschlagklappe: Routen-Karte von Ostfriesland;

Rainer Krawitz

Ostfriesland
mit Jever und Wangerland

Über Moor, Geest und Marsch zum Wattenmeer
und zu den Inseln Borkum, Juist, Norderney,
Baltrum, Langeoog, Spiekeroog und Wangerooge

DuMont Buchverlag Köln

Auf der Umschlagvorderseite: Greetsiel, Hafen mit Krabbenkuttern (Foto: Kurt-J. Struve, Westerland)
Auf der Innenklappe: Greetsiel, Brückenstein mit Wappen (Foto: Werner Otto, Oberhausen)
Auf der Umschlagrückseite: Klostermoor bei Langholt (Foto: Gerhard Kerff, Hamburg)

© 1982 DuMont Buchverlag, Köln
3., überarbeitete Auflage 1985
Alle Rechte vorbehalten
Satz und Druck: Rasch, Bramsche
Buchbinderische Verarbeitung: Bramscher Buchbinder Betriebe

Printed in Germany   ISBN 3–7701–1189–3

Für Jan Gerrit

Danksagung

Der Autor dankt allen Mitarbeiterinnen und Mitarbeitern ostfriesischer Städte und Gemeinden, die bei der Materialbeschaffung für dieses Buch behilflich waren. Zahlreiche Institutionen wie das ›Ostfriesische Landesmuseum‹ in Emden und die ›Ostfriesische Landschaft‹ in Aurich haben wertvolle Unterstützung geleistet. Ein ganz besonderer Dank gilt Herrn Landschaftsdirektor Dr. Hajo van Lengen für Rat und Hilfe bei der Durchsicht des Manuskriptes sowie Herrn Baudirektor Dr. Robert Noah für seine freundliche Unterstützung bei der Beschaffung von Kirchengrundrissen.

Inhalt

Einführung 9

Die historische Entwicklung Ostfrieslands 11

Die Landschaftstypen Ostfrieslands

Das Moor 87
Die Geest 89
Die Marsch 90
Das Wattenmeer 91
Die Inseln 93

Deichbau und Küstenschutz 95

Fauna und Flora 99

Wirtschaft und Verkehr 103

Umwelt und Umweltschutz 106

Das Festland

Rheiderland 109
Leer 137
Overledingerland 143
Uplengen und Moormerland 151
Brookmerland 195
Aurich 209
Harlingerland 217
Wittmund 235
Norden und Norddeich 238
Krummhörn 263
Emden 275
Jeverland, Wangerland und Friesische Wehde 285

Die Inseln

Borkum 300
Juist 321
Norderney 325
Baltrum 331
Langeoog 334
Spiekeroog 337
Wangerooge 340

Fährverbindungen zu den Inseln 343
Flugverbindungen zu den Inseln 344

Praktische Reisehinweise

Sitten und Bräuche 345
Kulinarische Spezialitäten 347
Boots- und Yachthäfen 350
Jugendherbergen 353
Campingplätze 353
Museen und Ausstellungen 355

Literaturhinweise 358

Abbildungsnachweis 361

Ortsregister 362

Personen- und Sachregister 369

Einführung

*Wappen von
Ostfriesland*

Gelegentlich trifft man Zeitgenossen, die von Ostfriesland die vage Vorstellung eines platten Landstrichs ein paar Kilometer nördlich von Hamburg haben. Allerdings ist Emden, nach Straßenkilometern gerechnet, von Hamburg etwa genausoweit entfernt wie von Dortmund. Die geographische Bestimmung Ostfrieslands bereitet in der Tat einige Schwierigkeiten. Nicht alles, was sich durch seine flache Landschaft auszeichnet, ist Ostfriesland – deutliche, durch die Landschaft gegebene Grenzen gibt es andererseits aber auch nicht. Unter Ostfriesland versteht man im Grunde das ›klassische Ostfriesland‹ in seinen Grenzen von 1744, das mit dem ehemaligen Regierungsbezirk Aurich identisch war. Grob umschrieben, liegt es als Halbinsel im äußersten Nordwesten der Bundesrepublik zwischen der Mündung der Ems in den Dollart und dem Jadebusen. Ein Teil dieser Halbinsel gehört jedoch seit alters her zum oldenburgischen Friesland.

Für den heutigen Besucher allerdings sind die Unterschiede von Ostfriesland und Oldenburg nicht zu bemerken. Darum sind in diesem Band auch Orte, die nach strengen Maßstäben nicht zu Ostfriesland rechnen, mit aufgeführt worden. Denn wer Ostfriesland besucht, wird leicht zum ›Grenzgänger‹. Niedersächsischen Politikern und Beamten ist vor etwa einem Jahrzehnt die Unterscheidung zwischen Ostfriesland und seiner Nachbarschaft wahrscheinlich zu mühselig geworden. Seither gibt es offiziell Ostfriesland, das Emsland und Oldenburg nicht mehr – alles gehört heute zum ›Regierungsbezirk Weser-Ems‹. Den außenstehenden Besucher wird es kaum stören, traditionsbewußte Einheimische hingegen halten es noch heute für einen Frevel an der Geschichte, daß gewachsene Strukturen durch eine Gebietsreform verändert wurden. Den kleinen Unterschied erfuhr der Autor dieses Bandes, als er bei ›nicht-ostfriesischen‹ Gemeinden und Einrichtungen um Informationsmaterial für dieses Buch bat. Aus Jever etwa kam freundlicherweise viel farbiges Material, allerdings auch der Hinweis: »Informationsmaterial über Ostfriesland fordern Sie bitte bei den jeweiligen Verkehrsvereinen der Städte in Ostfriesland an.« Die vielhundertjährige Rivalität zwischen Ostfriesland und Oldenburg wirkt bis ins ausgehende 20. Jahrhundert nach. Sieben Perlen liegen vor der Küste im Nordwesten: Inseln im Watt, die im Sommer Hunderttausende von Gästen beherbergen, im Winter einen geruhsamen Gang gehen. Von der östlichsten – Wangerooge – erhielt der Autor nicht nur Unterstützung, sondern auch Aufklärung: »Wir dürfen vielleicht darauf hinweisen, daß Wangerooge zwar die östlichste

9

EINFÜHRUNG

der ostfriesischen Inseln, nicht jedoch Ostfriesland ist«, teilte das Niedersächsische Staatsbad mit. So kompliziert kann die Wirklichkeit sein.

Da jedoch – wie gesagt – diese Grenzen für den Besucher nicht erkennbar sind, schließt dieses Buch auch das historisch oldenburgische Jever, Wangerland und Wangerooge ein; auch die Routen im Inneren Ostfrieslands überschreiten zum Teil die geschichtlich verbürgten regionalen Abgrenzungen. Wenn das Rheiderland – links der Ems – noch mühelos zu orten ist, so wurde beim Harlingerland oder bei Uplengen großzügiger verfahren, wurden nicht die strengen historischen Kategorien zum Maßstab genommen, sondern die heutigen verkehrstechnischen Gegebenheiten, die hier und da eben auch ein ›innerostfriesisches Grenzüberschreiten‹ erfordern.

Die historische Entwicklung Ostfrieslands

Aus dem frühen Mittelalter (7.–10. Jahrhundert) liegen kaum schriftliche Überlieferungen für die Geschichte des östlichen Frieslands vor. Was sich in jenen Jahren in dem Land am Meer abgespielt hat, weiß man vor allem aus den Chroniken der christlichen Missionare Liudger und Willehad. Im Auftrag Karls des Großen versuchten sie im 8. Jahrhundert, die Friesen zu christianisieren. Während der Sachsenkriege hielten die Friesen an ihren heidnischen Bräuchen fest, erschlugen hier und da auch einmal einen Missionshelfer oder Priester und wehrten sich gegen die fränkische Eroberung. Nach der Eroberung und Christianisierung Sachsens aber fiel auch der friesische Widerstand zusammen. Außerdem brachte das karolingische Königtum für Friesland die unmittelbare Königsherrschaft. Die ›freien Friesen‹ waren danach unmittelbar dem König untertan; es entwickelte sich deshalb auch kein Stammesherzogtum. Zwischen König und den Friesen konnte daher kein Landesherr eine eigene Machtposition aufbauen. Darüber hinaus erwarben sich die Friesen bestimmte Privilegien; sie mußten beispielsweise nur innerhalb Frieslands Heerfolge leisten, den fränkischen Königen also die Küste vor einfallenden Normannen sichern. Die Heerfolgepflicht blieb später auch deswegen eingeschränkt, damit sich die friesischen Bauern dem Küstenschutz widmen konnten. (Nach langer Heerfahrt hätten die Heimgekehrten ein vom Meer verwüstetes Gebiet vorgefunden.) Weiterhin waren die Friesen nur dem König zins- und tributpflichtig.

Im übrigen schützten Sümpfe und Moorgegenden an seinen Grenzen das Land vor eventuellen Übergriffen anliegender Reichspotentaten. Daß sich keine Feudal- sondern eine auf bäuerliche Freiheiten gegründete Gesellschaft ausbildete, lag auch an der Offenheit der Oberschichten gegenüber einer relativ breiten sozialen Basis. Die Viehzüchtergesellschaft, die sich in den Warfdörfern gebildet hatte, betrieb einen regen Handel – besonders auch mit Tuch – und war durch reichen Geldumlauf und durch die Möglichkeit der Gewinnvermehrung und Besitzanhäufung für eine große Zahl Menschen gekennzeichnet – Faktoren, die einer Feudalisierung entgegenwirkten.

Im 9. und 10. Jahrhundert verwalteten zwar sächsische Grafen die Königsherrschaft im östlichen Friesland, doch dessen Abgelegenheit und Abgeschlossenheit ließ eine systematische Ausprägung gräflicher Herrschaft nicht zu. Die mächtigen Herren saßen in Sachsen und ließen ihre Rechte, wie die Gerichtsbarkeit, durch Schulzen im Lande wahrnehmen, die wiederum auch für die Gerichtsbarkeit zuständig waren. Ihre Autorität leiteten diese

Älteste Ostfrieslandkarte von David Fabricius aus dem Jahre 1589

DIE HISTORISCHE ENTWICKLUNG

Schulzen aus dem Besitz und dem Ansehen ihrer Familien ab; sie entstammten der Oberschicht der besitzenden Bauern, der ›freien Friesen‹. Die des – zunächst nicht schriftlich fixierten – Rechtes Kundigen hießen ›Asega‹. Im Rechtsleben spielten im Mittelalter Fehde und Blutrache noch eine wichtige Rolle. Wer auf diesem Wege sein Recht suchte, mußte auf starken Anhang zählen können; daher spielte die Verwandtschaft als Verband eine wesentliche Rolle. Darüber hinaus hatten genossenschaftliche Arbeits- und Lebensformen für die Friesen eine große Bedeutung. Nur gemeinschaftlich waren der Küstenschutz wie der Kampf gegen die Normannen möglich, und schon den Bau einer schützenden Warf konnte ein einzelner ebenfalls nicht bewältigen.

Im hohen Mittelalter vom 11. bis zum 13. Jahrhundert entwickelten sich mit wachsender Autonomie die ostfriesischen Landesgemeinden. Diese Landesgemeinden – zu dieser Zeit kennt man für das Gebiet des östlichen Friesland deren 14 – waren genossenschaftliche Organisationen in einem bestimmten, meist natürlich vorgegebenen geographischen Raum. Sie entwickelten ein kollektives Bewußtsein der Zusammengehörigkeit. Wurde einer der Genossen in seinem Recht gekränkt, so gebot es die gemeinschaftliche Pflicht, nach außen geschlossen und solidarisch für ihn einzutreten; so bot die Landesgemeinde dem einzelnen Schutz und Frieden. Fehden zwischen den einzelnen Landesgemeinden sind zahlreich überliefert.

Genossenschaftlicher Schutz nach außen war auch aus einem weiteren Grund angebracht. Die sächsischen Grafen wollten in dieser Zeit ihre landesherrliche Macht den freien Friesen gegenüber ausdehnen. Das führte im 11. und 12. Jahrhundert zu heftigen Zusammenstößen. Im Jahr 1058 zog der Sachsenherzog Bernhard II. gemeinsam mit Erzbischof Adalbert von Bremen gegen die Friesen, weil diese sich weigerten, ihren schuldigen Zins zu zahlen. Die Friesen sahen sich jedenfalls außerstande, die fehlende Summe auf einen Schlag zusammenzubringen, und eine niedrigere Abgabe, die man in Verhandlungen anbot, wollte Bernhard nicht akzeptieren. Es kam zu gewaltsamen Auseinandersetzungen, die mit der völligen Niederlage des Herzogs und des Erzbischofs endeten. Ähnlich erging es 1092 den Grafen von Werl in Westfalen, die ihre Ansprüche auf südwestliche Teile Ostfrieslands geltend machten und sie im Kampf ebenfalls verloren. In den sumpfigen Moorgegenden waren die bäuerlichen Fußtruppen den gepanzerten Ministerialen deutlich überlegen. Die »sarede riddere« (gerüstete Ritter) wurden total vernichtet; auch Graf Konrad von Werl und sein Sohn waren unter den Erschlagenen. Die Bemühungen der Grafen von Werl waren damit hinsichtlich ihrer friesischen Grafschaft gescheitert.

Im 12. Jahrhundert zeigte sich die Östringer Landesgemeinde einmal mehr einer gräflichen Streitmacht überlegen. 1153 wurde der Graf von Oldenburg mit einem großen Heer, dem viele nordwestdeutsche Adelige angehörten, schwer geschlagen. Und nur drei Jahre später holte sich Heinrich der Löwe ebenfalls eine blutige Nase bei dem Versuch, seine herrschaftlichen Rechte im östlichen Friesland gewaltsam durchzusetzen. Papst Hadrian kommentierte dies mit der höhnischen Bemerkung, die militärische Kraft des Reiches habe nicht einmal das rohe Volk der Friesen besiegen können, einen Stamm ohne jede politische Erfahrung und Weisheit.

Ihr Bedürfnis nach Freiheit von landesherrschaftlichen Ansprüchen verstanden die ostfriesischen Landesgemeinden also im 11. und 12. Jahrhundert zu behaupten. Für sie war es selbstverständlich, nur den König als unmittelbaren Herrn über sich zu dulden; die Grafen wurden nur als auswärts lebende, formale Vertreter der Krone akzeptiert. Das friesische Selbstbewußtsein und der Drang nach Selbständigkeit kamen in den ›gemeinfriesischen Siebzehn Küren‹, dem ersten kodifizierten friesischen Landrecht, deutlich zum Ausdruck. In diesen ›Küren‹ wurden die Grafen lediglich als »des Kaisers beauftragte Boten« bezeichnet. Für die sächsischen Grafen war dies natürlich eine Zumutung, wollten sie doch ihre Herrschaftsrechte in vollem Umfang anwenden und zu ihrem eigenen Vorteil ausüben. So verwundern die Zusammenstöße zwischen landesherrschaftlichen Ansprüchen und friesischer Freiheit im hohen Mittelalter nicht.

Wie die Landesgemeinden nach innen im einzelnen sozial gegliedert waren, ist wenig bekannt. Fest steht aber, daß es trotz der genossenschaftlichen Organisation einige Genossen gab, die ›gleicher‹ als die anderen waren. Die Größe des Besitzes und der Ruf der Verwandtschaft hatten für die Mitglieder einen hohen Stellenwert. Wie Quellen aus dem 13. Jahrhundert zeigen, rekrutierte sich aus der Oberschicht die politische und militärische Führung der Landesgemeinden, desgleichen oblag ihr die Gerichtsbarkeit. Es gab mehrere gleichberechtigte ›Geschworenen‹, ›Richter‹ oder ›Konsuln‹, die die führenden Funktionen ausübten. Im Friesischen hießen sie ›redjeven‹ (›Ratgeber‹). Das Amt des Ratgebers war ein Wahlamt, das jährlich wechseln sollte. Obzwar die mit solchen Aufgaben betraute politische Klasse sozial herausgehoben war, schätzten die ›redjeven‹ die Erhaltung der friesischen Freiheit höher ein als eine Zusammenarbeit mit den auswärtigen Landesherren.

Das 12. und 13. Jahrhundert sind für die Geschichte Ostfrieslands besonders bedeutsam, weil in dieser Zeit die geschlossene Bedeichung der Küste vorgenommen wurde. Zunächst wurden nur örtliche Schutzwälle gegen das Wasser errichtet, die dann über Generationen hinweg zu einer durchgehenden Deichlinie zusammenwuchsen. Im Schutze des Deiches konnten sich Wirtschaft und Handel entfalten. Das Land der Marschen prosperierte, und der Wohlstand wuchs. Das neugewonnene Land konnte als fruchtbarer Ackerboden genutzt werden, und seine Besiedlung wurde dichter. Überall entstanden Warfdörfer, und die Kirchengeschichte Ostfrieslands weist für das 13. Jahrhundert eine überaus große Zahl an steinernen Kirchenbauten aus. Die vielen Gotteshäuser vor allem in der Krummhörn, im Brookmerland, im Harlingerland und im Jeverland sind im 13. Jahrhundert erbaut worden. Vielfach wurden die Kirchen von reichen Familien gestiftet. Es sind aber auch zahlenmäßig bedeutende ›Genossenschaftspatronate‹ nachweisbar. In diese Zeit des Wohlstandes fallen desgleichen zahlreiche Klostergründungen, die vermutlich von reichen Familien gestiftet wurden. Außerdem erlebten die infolge des Bevölkerungswachstums seit dem 11. Jahrhundert kolonisierten Niederungsgebiete zwischen See-Marsch und Hochmoor mit ihren typischen Reihensiedlungen und Hufenfluren im 13. Jahrhundert ihre Hochblüte.

Das Ostfriesland des 13. Jahrhunderts ist indessen wegen seiner dynamischen Wirtschaftsentwicklung auch das Land der sozialen Differenzierung. Das Amt des Redjeven wurde zunehmend erblich, und der Amtsinhaber sprach nicht mehr unabhängig gleiches

15

Ostfrieslandkarte von David Fabricius aus dem Jahre 1613

DIE HISTORISCHE ENTWICKLUNG

Recht für alle, obwohl dies nach den Landrechten eindeutig festgeschrieben war. Für Gewalttaten, Verletzungen oder Totschlag lagen sogar genaue Bußtaxen vor: ein ausgeschlagener Vorderzahn war mit 15 Schilling zu büßen, ein blaues Auge mußte der Schläger mit 3 Schilling kalkulieren, und die Eigenart, andere Leute mit Jauche zu überschütten, wurde mit 30 Pfennig bezahlt. »Die hochmittelalterlichen Friesen zeigten sich hier von kaufmännischer Umsicht und penibler Genauigkeit; daß sich ihr gern gerühmter Hang zur Rationalität in der Wechselbeziehung zur schlagenden Gewalt so besonders eindrucksvoll entfaltete, hat seinen psychologischen Reiz.« (Heinrich Schmidt)

Im 13. Jahrhundert gewannen also die sich etablierenden Redjeven in der genossenschaftlichen Ordnung eine besondere Macht, die herrschaftlichen Bestrebungen auch der auswärtigen Grafen nahmen zu, und in manchen Gegenden wurden kirchliche und weltliche Macht von ein und derselben Person ausgeübt. Das alles zusammen konnte bei diesem so auf Selbständigkeit bedachten Volk nicht gutgehen. 1271 kam es daher in einem bedeutenden Teil Ostfrieslands zu einem Aufstand, der von Mitgliedern der besitzenden Bauernschicht angeführt wurde.

Darin war auch der Bischof von Münster verwickelt, der inzwischen die Grafenrechte im südwestlichen Ostfriesland erworben hatte und nun an der Ems sein Herrschaftsgebiet ausdehnen und aus der verkehrsgünstigen Lage der Emsmündung Gewinn ziehen wollte. Um seine Interessen durchzusetzen, entzog er den Friesen während der Kämpfe fünf Jahre lang das Zugangsrecht zu den friesischen Märkten. Dies war für die friesischen Küstenbewohner verheerend, und unter den Aufständischen brach eine Hungersnot aus; denn auf die auf Export von Vieh und Einfuhr von Getreide angewiesene ostfriesische Viehzüchtergesellschaft wirkten solche Maßnahmen vernichtend.

Handel und Transport hatten vor allem Hamburger und Bremer Kaufleute zunehmend in die Hand bekommen. Das führte dazu, daß die Friesen Hamburger und Bremer Schiffe überfielen und plünderten und somit Ersatz im Seeraub suchten. Die Seeräuberei erwies sich allerdings auf die Dauer auch als geschäftsschädigend, so daß die ostfriesischen Landesgemeinden im 13. und 14. Jahrhundert mit den Hansestädten Handelsverträge schlossen, in denen sie sich verpflichteten, dem einheimischen Seeraub Einhalt zu gebieten.

Zur rechtlichen Stellung der besitzenden Friesen dieser Zeit kann man feststellen, daß sie im allgemeinen über persönliche Freizügigkeiten verfügten. In Ostfriesland kannte man zu dieser Zeit keine Hörigkeit; dennoch muß betont werden, daß in den Genuß der ›Freiheit der Friesen‹ nur Land- und Hofbesitzer kamen, die nämlich ihr Eigentum vererben konnten. Sie hießen in den erwähnten hochmittelalterlichen Gesetzestexten ›Eigenerfden‹. Ihren Freiheitsanspruch führten die Friesen im 13. Jahrhundert gerne auf die Karolingerzeit und Karl den Großen zurück. Die Historiker wissen heute, daß die Friesen im 13. Jahrhundert ein Privileg ›produzierten‹, mit dem angeblich Kaiser Karl der Große ihnen die Freiheit verbrieft haben soll.

Die politische Organisation Ostfrieslands im hohen Mittelalter darf man sich allerdings nicht als geschlossene staatliche Einheit mit funktionierendem Verwaltungsapparat vorstellen. Es gab – wie gesagt – verschiedene Landesgemeinden nebeneinander. Trotzdem gab es

18

*Das Upstalsboom-Wappen der Ostfriesischen Stände,
1678 verliehen von Kaiser Leopold*

im 13. Jahrhundert Ansätze zu einer »gesamtfriesischen Politik«. Am ›Upstelesbame‹, dem heutigen ›Upstalsboom‹ bei Aurich, versammelten sich am Dienstag der Pfingstwoche Vertreter der Landesgemeinden zwischen Lauwers und Weser, wenn es galt, sich über Recht und Freiheit, Frieden und Schutz zu beraten und zu einigen. Den Geschworenen des Upstalsboom konnten auch Streitsachen vorgetragen werden; sie entschieden gewissermaßen in letzter Instanz. Trotzdem ist die Forschung heute nach langem Quellenstudium zu dem Ergebnis gekommen, daß die Bedeutung der Upstalsboom-Versammlung eher gering gewesen ist. Sie wird in den Überlieferungen nur mehr sporadisch erwähnt, und zwar immer dann, wenn Not am Mann war und besonders bei Gefahr von außen. Auch suchten einzelne Gemeinden um Schutz bei der Upstalsboom-Versammlung nach und verlangten die Solidarität der anderen. Eine dauernde Einigung kam nicht zustande. Im 14. Jahrhundert wurde auch sie ein Opfer der sich grundlegend wandelnden Verhältnisse.

Die politische Struktur Ostfrieslands im späten Mittelalter prägten von der Mitte des 14. Jahrhunderts an die ›Häuptlinge‹, die hier nun Herrschaften (›Herrlichkeiten‹) bildeten. Der ›Häuptling‹ (›hauding‹, wie der friesische Begriff lautet) war ursprünglich ›Anführer der Prozeßpartei‹. Daraus leitete sich im 14. Jahrhundert der Titel für die führende soziale, wirtschaftliche und politische Stellung weniger mächtiger Männer in Ostfriesland ab. Kennzeichnend für sie war der Besitz einer Burg (Steinhaus) und die Haltung eines militärischen Gefolges. Besaß der Häuptling keine eigene Burg, so wurde bei Fehden kurzerhand eine Kirche zum eigenen Schutz besetzt. Die Leute, die im Dienste eines Häuptlings standen, befanden sich auch in seiner Abhängigkeit. Die Bauern wurden zu Untersassen und mußten dem Häuptling für den Schutz Heerfolge leisten und Dienste wie die Instandhaltung der Burg übernehmen. Neben solcher Schutzherrschaft übten die Häuptlinge nun auch eine Gerichtsherrschaft aus. Durch die Häuptlinge waren im Ostfriesland des ausgehenden Mittelalters die personalen Bindungen geschaffen, gegen die man sich in den vorausgegangenen Jahrhunderten kollektiv zur Wehr gesetzt hatte, als man die machtheischenden auswärtigen Grafen vertrieb. Sehr bald hatten sich die robusten Häuptlinge (im Niederdeutschen dann ›hovetlinge‹ genannt) zum anerkannten ostfriesischen Adel durchgebissen und lösten die genossenschaftliche Verfassung ab.

DIE HISTORISCHE ENTWICKLUNG

Mit ihren Geldmitteln konnten die Häuptlinge auch den Deichbau und die Landgewinnung finanzieren, was ihnen zusätzliche Besitzansprüche sicherte. Die Aufsicht über die Deich- und Entwässerungsverbände brachte weitere Macht. Hinzu kam, daß Ostfriesland um 1350 von einer großen Pest heimgesucht wurde und die daraus entstehenden chaotischen Verhältnisse von einigen durchsetzungsfähigen Häuptlingen wieder in Ordnung gebracht wurden. Das Steinhaus, das sich ein Häuptling im Unterschied zu dem sonst nur von Lehm- und Holzhäusern überzogenen Land als Burg baute, gewährte im Konfliktfall – im Verein mit der Steinkirche – Bauern seines Herrschaftsbereichs Schutz.

Die Häuptlinge hatten die Funktion der alten ›redjeven‹ übernommen und waren somit nicht nur ›Anführer der Prozeßpartei‹, sondern auch erbliche Inhaber der Richterämter. Allerdings vollzog sich die Entwicklung von der genossenschaftlichen Freiheit zur Häuptlingsverfassung nicht gleichzeitig und in allen Landesteilen gleichmäßig. In der fruchtbaren, reichen Marschgegend verlief die Entwicklung schneller als auf den kärglichen Sandböden der Geest. Auch bedeutete die Machtkonzentration in den Händen der Häuptlinge noch keine Unterdrückung der freien Bauern. Denn deren Freiheitsbewußtsein gründete sich auf ihren Besitz und die freie Verfügung darüber. Beides wurde von den Häuptlingen im 14. Jahrhundert nicht angetastet.

Zu den ersten bekannten Häuptlingen zählt kurz nach der Mitte des 14. Jahrhunderts im Wangerland Fredo, der zudem in Jever eine Burg errichtete und von Edo Wiemken abgelöst wurde, der sich in Rüstringen eine Burg erbaut hatte (die Sibetsburg im heutigen Wilhelmshaven). Beiden war von ihren Landesgemeinden die Herrschaft übertragen worden. Im Brookmerland, der Gegend zwischen Aurich und Norden, herrschte seit etwa 1350 ein Mann namens Keno tom Brok als Häuptling, der – wie auch seine Nachkommen – sein Herrschaftsgebiet nach Osten und zur Ems hin ausdehnte. Dort an der Emsmündung in Emden herrschten die Abdena, und in Osterhusen vor den Toren Emdens war der Sitz des Häuptlings Folkmar Allena.

1376 starb Keno. Sein Sohn Ocko trat die Nachfolge an und führte die expansive Politik seines Vaters fort, so daß es zum Konflikt mit den Allena und den Abdena kam. In einer Schlacht bei Loppersum 1381 schlug Ocko, der Häuptling des Brookmerlandes, die Abdena aus Emden und Folkmar Allena, die sich gegen ihn verbündet hatten. Der Sieger hatte einen Blick über Ostfriesland hinauswerfen können, in Südeuropa eine höfische Erziehung genossen und den Ritterschlag empfangen. Seinen Sieg münzte er nun in politischen Vorteil um, indem er sich im April 1381 vom Grafen von Holland, Herzog Albrecht von Bayern, mit etlichen ostfriesischen Orten und Besitztümern belehnen ließ. Damit stellte er die bislang geübten Gepflogenheiten in Ostfriesland auf den Kopf, war doch alles Sinnen und Trachten der Landesgemeinden darauf gerichtet gewesen, die Unabhängigkeit von auswärtigen, feudalen Herren zu sichern. Der am Königshof von Neapel gediente Ocko aber versicherte sich auswärtiger Unterstützung, um im Innern seine politische Macht auszudehnen.

Waren die Landesgemeinden nach Struktur und Selbstverständnis defensiv orientiert, so brachten die Häuptlinge des 14. Jahrhunderts ein expansives Denken in die ostfriesische

Politik. Wechselseitig versuchten sie, durch kriegerische Ausdehnung der Macht oder Einheirat ihren Einfluß auszubauen. Ocko war darin zunächst sehr erfolgreich. Er besaß die Kerngebiete Ostfrieslands mit Orientierung zum Emshafen Emden hin. 1389 aber, so scheint es, entstand ein großräumiges Bündnis gegen Ocko. Die Abdena und Folkmar Allena belagerten Aurich, wo Ocko im selben Jahr umgebracht wurde. Ein daraufhin versuchter Handstreich Edo Wiemkens scheiterte. Die Tendenz, das östliche Friesland zu einigen, wurde von Ockos Erben weiter betrieben, so von seinem Sohn Keno II. Im Ausgang des 14. Jahrhunderts entstanden mithin erstmals die Familiendynastien, welche dann die Voraussetzung für eine künftige territoriale Herrschaft in Ostfriesland bildeten.

Die expansivste und aktivste Häuptlingsfamilie waren die tom Brok, die vom Brookmerland als Kernland in alle Himmelsrichtungen ausgriffen. Die erste Hälfte des 15. Jahrhunderts war in Ostfriesland geprägt vom Kampf verschiedener Häuptlingsdynastien um eine Vorherrschaft, wobei sich die konkurrierenden Häuptlinge immer auch der Unterstützung auswärtiger Mächte oder der Seeräuber (Vitalienbrüder) versicherten. Keno tom Broks Pläne richteten sich auf das wirtschaftliche Machtzentrum Emden. Im Süden Ostfrieslands hatte er sich Focko Ukenas, des Häuptlings von Leer, als seines Sachwalters versichern können. In Emden regierte ab 1400 als Häuptling Hisko Abdena. In der heutigen Krummhörn saßen als mächtige Häuptlinge die Allena und die Cirksena. Am 21. Oktober 1413 eroberte Keno tom Brok Emden. Hisko Abdena, Herrscher von Emden, flüchtete ins weiter westlich gelegene Groningen.

Die Stellung der tom Brok war mit diesem Schlag so überragend geworden, daß diejenigen kleineren Häuptlinge, die sich noch nicht unter den Schutz Kenos begeben hatten, dieses nun schleunigst nachholten. 1417 starb Keno II.; ihm folgte sein noch minderjähriger Sohn Ocko II. tom Brok, dessen Vormund Focko Ukena aus Leer wurde. Schon um 1420 aber kündigte sich eine Konkurrenz zwischen Ocko II. und Focko Ukena an. Ocko hatte sich erstmals 1417 als ›Häuptling von Ostfriesland‹ bezeichnet, Focko Ukena konnte dagegen aus der Stellung eines Sachwalters tom Brok'scher Interessen herauswachsen und sich die Gefolgschaft einiger südlicher ostfriesischer Landesgemeinden sowie verschiedener Häuptlinge sichern. Ocko II. verwickelte sich in Kämpfe mit holländischen Truppen und unterlag – was aber seiner Vormachtstellung zunächst noch keinen Abbruch tat. Der Respekt vor der Macht der tom Brok hatte nun jedoch gelitten, und so stießen jetzt auch die Herrschaftsansprüche Ockos auf immer mehr Widerstand. Eine neue Freiheitsbewegung breitete sich aus, an deren Spitze sich Focko Ukena setzte. 1424 sah dann Focko Ukena seine Chance gekommen, Ocko die Macht zu entreißen. Durch geschickte Heiraten war Focko Ukenas Einflußbereich vom Süden Ostfrieslands nach Norden hin erweitert worden. Überdies ging er noch – gemeinsam mit Enno Cirksena aus Greetsiel – ein Bündnis mit dem Bischof von Münster ein. Ocko tom Brok seinerseits mobilisierte die Grafen im ganzen nordwestdeutschen Raum unter Führung des Erzbischofs von Bremen für die bevorstehende Auseinandersetzung.

Das Ritterheer der Adligen traf am 26. September 1426 auf Focko Ukena, der seine Truppe vornehmlich aus friesischen Bauern rekrutiert hatte. Das gräfliche Heer wurde von

DIE HISTORISCHE ENTWICKLUNG

Ukenas Bauern im Sumpfgebiet bei Detern, südöstlich von Leer, vernichtend geschlagen. Nach dieser militärischen Niederlage war Ocko tom Brok auch politisch isoliert. Am 28. Oktober 1427 kam es zum letzten Gefecht. Bei Upgant-Schott, auf den ›wilden Äckern‹, wie das Schlachtfeld heißt, trafen die Gefolgschaften Ockos und Fockos aufeinander. Ocko tom Brok mußte sich erneut geschlagen geben – aber diesmal inmitten des Brookmerlandes, dem Herrschaftszentrum der tom Brok. Mit der Niederlage Ockos II. kehrten für die kleineren Häuptlinge wieder bessere Zeiten ein – allerdings nicht mehr für die alten Landesgemeinden. Hisko Abdena kehrte 1427 nach Emden zurück, und die Allena und Cirksena in der Krummhörn hatten die tom Brokschen Herrschaftsansprüche nicht mehr zu fürchten.

Daß bäuerliche Truppen so bereitwillig für Focko Ukena ins Feld zogen, hatte – wie gesagt – mit dem neu erwachten Bewußtsein für die ›ostfriesische Freiheit‹ zu tun. Unter der Herrschaft der Häuptlinge war den Bauern ihre Unterdrückung bewußt geworden. Durch ihre Opposition wollten sie ihr altes Landrecht wiedergewinnen, das ihnen Freiheit und genossenschaftliche Rechte gesichert hatte; in der genossenschaftlichen Form sahen sie ihre Rechts- und Sicherheitsbedürfnisse besser aufgehoben als bei den übermächtigen Häuptlingen. So war es für Focko Ukena ein leichtes, den bäuerlichen Unmut für seinen Kampf gegen die tom Brok auszunutzen. Aber kaum hatte sich Focko Ukena als Machthaber eingerichtet, da ergriff die Bauern und Gemeinden erneut die Furcht vor einer Übermacht. Das bäuerliche Emanzipationsstreben machte sich diesmal ein anderer kleinerer Häuptling zunutze: Enno Cirksena von Greetsiel, der frühere Bündnispartner Ukenas. Focko hatte seine Machtinteressen bereits über Ostfriesland hinaus ausgedehnt, als am 10. November 1430 ein Verbündetenheer zum Schutz der friesischen Freiheit in Focko Ukenas Stammgebiet einfiel und wichtige Burgen eroberte.

Aber auch die neu erwachte friesische Freiheitsbewegung bedurfte einer Führung. Nach Lage der Dinge kamen dafür nun die Cirksena in Frage. Enno Cirksena trat um 1430 aus Altersgründen hinter seine Söhne Edzard und Ulrich zurück, die eine ausgesprochen kluge Politik betrieben. Zwar kam es immer noch zu Fehden mit Focko Ukena, der auch wieder Boden gutmachen konnte; entscheidend für den späteren Erfolg der Cirksena war jedoch das Bündnis mit Hamburg. Hamburger und Bremer hatten schon einige Zeit mitansehen müssen, wie ihre Kauffahrteischiffe vor der ostfriesischen Küste von Seeräubern gekapert und geplündert wurden und die ›Vitalienbrüder‹ bei Häuptlingen oder in ungesicherten Burgen und Kirchen Unterschlupf fanden. Als die Cirksena merkten, daß sie im Kampf gegen Focko Ukena größere militärische Unterstützung brauchten, trafen sich ihre Interessen vor allem mit denen der Hamburger, die der Seeräuberei zum Schutz ihres Handels ein Ende bereiten wollten. Schon im Juni 1422 schlug ein Hamburger Expeditionscorps die Söhne Focko Ukenas, die den Seeräubern zumindest passiv Unterstützung gewährt hatten. Mit Zustimmung der Cirksena konnte Hamburg 1433 Emden erobern.

Mit dem Auftauchen der Hamburger hatten sich die Rahmenbedingungen in Ostfriesland verändert, und vom friesischen Freiheitsbund war kurz nach 1434 nichts mehr zu hören. Focko Ukena starb 1436, ohne daß er wieder zu seiner alten Machtfülle hätte aufsteigen können. Die Cirksena hatten seine Rolle übernommen und konnten die veränderten Verhältnisse zu Beginn des 15. Jahrhunderts in der Folgezeit für sich ausnutzen. Die Basis ihrer Macht sieht der Historiker Heinrich Schmidt in ihrem Verhalten nach 1430: »Offensichtlich nahmen die Cirksena in ihrem Einflußbereich weiterhin Rücksicht auf die bäuerlichen Freiheitsbedürfnisse, hielten sich aber im Rahmen überkommener landrechtlicher Gewohnheiten, griffen sie nicht mit übersteigerten Forderungen nach Abgaben und Diensten in die Freiheitssphäre des bäuerlichen Alltags, in das Rechtsempfinden der Hausleute ein. Daraus erwuchs ihnen ein Kapital an Vertrauen, das nicht mit dem Freiheitsbunde verfiel und das ihrer dynastischen Eigensucht einen erheblichen Bewegungsraum ließ. Sie verfolgten ihr Interesse im Zusammenspiel mit der hamburgischen Herrschaft in Emden, den Ruhm des Hauses Cirksena vor Augen. In der Wechselbeziehung ihrer Machtambitionen zu den konkreten politischen Möglichkeiten entwickelte sich die weitere Territorialbildung Ostfrieslands.«

Die zweite Hälfte des 15. Jahrhunderts wurde ganz überwiegend vom Machtausbau der Cirksena geprägt; nach dem Tod seines Bruders Edzard im Jahr 1441 bestimmte Ulrich allein die Politik der Dynastie. Nach einigem Hin und Her übertrug Hamburg ihm die Rechte an Emden und Leerort, den beiden besetzten Posten an der Ems. Auf die Emsmündung jedoch hatte – wegen ihrer wirtschaftlichen Bedeutung – der Bischof von Münster schon seit langem ein waches Auge geworfen. Um münsterischen Ansprüchen im Verein mit den Oldenburgern entgegenzuwirken, unternahm Ulrich Cirksena 1462 den entscheidenden Vorstoß. Er bat Kaiser Friedrich III., der im fernen Wien residierte, um die Verleihung der gräflichen Würde. 1463 wurde er zum Grafen von Norden ernannt, was ihm aber nicht genügte. Einige finanzielle Zuwendungen an den kaiserlichen Hof langten hin, um am 1. Oktober 1464 Ulrich, Häuptling in Ostfriesland, zum Grafen von Ostfriesland erheben zu lassen.

Damit war Ostfriesland Reichsgrafschaft und also in die feudale Hierarchie und territoriale Struktur des Deutschen Reiches eingegliedert. Im täglichen Leben änderte sich nichts, zumal in der kaiserlichen Urkunde noch einmal ausdrücklich auf die bäuerlichen Freiheiten hingewiesen worden war. Durch seine kluge Politik verstand es Ulrich auch, die kleineren Häuptlinge von einer Opposition gegen ihn abzuhalten. Mit der Ernennung Ulrichs zum Grafen hielt auch in Ostfriesland das hier jahrhundertelang erfolglose Standesdenken seinen Einzug. Die landesherrliche Gewalt Ulrichs ging von ein paar Orten aus, an denen er befestigte Burgen besaß, welche auch die Stützpunkte seiner ersten Territorialverwaltung mit Hilfe der ›Vögte‹ waren. Das Haus Cirksena bezog seine Einnahmen nicht nur aus eigenem Vermögen, sondern auch aus Abgaben, die die bäuerlichen Schichten zu liefern hatten, und aus den Häfen Norden, Greetsiel und Emden; darüber hinaus dürfte es auch unmittelbar am Handel beteiligt gewesen sein. Die finanziellen Überschüsse wurden in den Aus- und Neubau von Burgen, auch Kirchen gesteckt, die nun auch der höfischen Repräsentation dienten.

1466 starb Graf Ulrich I. Cirksena. Seine drei Söhne Enno, Edzard und Uko waren noch minderjährig, und die Gefahr bestand, daß die kleineren Häuptlinge ihre Macht auf Kosten der Cirksena wieder ausdehnen würden. Gräfin Theda, die Witwe Ulrichs und Enkelin von

DIE HISTORISCHE ENTWICKLUNG

Graf Edzard I. der Große

Focko Ukena, verstand jedoch nicht nur, die Stellung des Hauses zu sichern, sondern sogar noch zu erweitern. Sie erwirkte vom Kaiser im Juli 1475 Mandate an die kleineren Häuptlinge, die noch nicht die Oberhoheit der Cirksena-Familie anerkannt hatten, daß sie ihr Gebiet von Theda zu Lehen nehmen sollten. Das ging selbstbewußten Häuptlingen wie Edo Wiemken II. von Jever entschieden zu weit, und vor allem der Graf von Oldenburg sah solche Expansionsgelüste mit Mißtrauen. Der Zwist schwelte zwischen den Cirksena und den Oldenburgern, bis er im Oktober 1486 durch einen Vertrag, den die Grafensöhne Enno, Edzard und Uko schlossen, vorläufig beendet wurde.

Enno, der älteste, kam 1491 bei einer unbedeutenden Strafexpedition ums Leben, so daß Edzard in den Mittelpunkt der ostfriesischen Politik rückte. Er betrieb eine konsequente Expansionspolitik, die das Haus Cirksena zu den Grenzen seiner größten Macht und territorialen Ausdehnung führte, es dann aber auch auf die dann für Jahrhunderte gültigen Grenzen zurückwarf.

Angesichts der Übermacht der Cirksena suchten Edo Wiemken II. von Jever und Hero Omken, Häuptling im Harlingerland, 1492 Schutz beim Bischof von Münster und bei der Hansestadt Hamburg, die noch immer Handelsinteressen in Ostfriesland zu verteidigen hatte. Edzard nahm dieses Bündnis zum Anlaß für einen Präventivschlag, den er 1495 gegen Jever führte. Zuvor hatten Edzard und Uko bei König Maximilian, dem Sohn Friedrichs III., mit einer gefälschten Urkunde nicht nur die Belehnung mit den angestammten Cirksenaschen Gebieten, sondern darüber hinaus auch mit Jever und sogar Butjadingen, also dem Gebiet zwischen Jade und Wesermündung, erreicht. Mit königlicher Zustimmung konnten sie nun ihrem Expansionsdrang nachgehen. Die militärische Bedrohung durch Hamburg und den Bischof von Münster schaltete Edzard auf politisch-wirtschaftlichem Felde geschickt aus. Den Hamburgern kaufte er für eine erkleckliche Summe ihre Ansprüche an Emden und Leerort ab, und dem Münsteraner Bischof zahlte er ebenfalls einige tausend Gulden, damit dieser seine mit den alten Grafenrechten begründete Anwartschaft auf Emden und Umgebung ablegte. 1498 heiratete er gar die Schwester des Bischofs von Münster. Der Schlag gegen Jever und das Harlingerland ging jedoch ins Leere, so daß sich Edzard um 1500 wieder in der gleichen Lage sah, in der er sich auch schon 1491 bei Übernahme der Regentschaft befunden hatte. Ja, seit 1498 war sogar ein nicht zu unterschätzender Konkurrent von außerhalb aufgetreten – Herzog Albrecht von Sachsen-Meißen.

Herzog Albrecht stand in den Diensten der burgundischen Herrschaft in den Niederlanden und wurde im Juni 1498 von König Maximilian mit Friesland belehnt. Nach den reichsrechtlichen Vorstellungen war damit das gesamte Gebiet westlich der Zuidersee gemeint. Es umfaßte also auch das Gebiet der Cirksena. Die Eroberung Westfrieslands machte Herzog Albrecht keine Schwierigkeiten, doch die traditionsbewußte, selbständige Stadt Groningen leistete dem Zugriff erheblichen Widerstand. Edzard seinerseits hatte schon lange ein Auge auf das Gebiet westlich der Emsmündung – das heutige Rheiderland – geworfen. So kamen die beiden Konkurrenten Albrecht und Edzard im August 1498 untereinander ins Geschäft. Edzard unterstützte zunächst Albrechts Krieg gegen Groningen und erhielt dafür von Albrecht seine Ansprüche zugesichert; darüber hinaus leisteten Edzard und sein Bruder Uko im Oktober 1499 dem Sachsenherzog sogar den Lehnseid. Mittlerweile hatte Edzard einen Erfolg im Osten erzielen können. Die freiheitsliebenden Butjadinger waren vom Grafen von Oldenburg überrannt worden, der an die Küste drängte. Die Butjadinger hatten bei Edzard um Schutz nachgesucht, welcher sich die Einladung, Butjadingen seinem Machtbereich einzuverleiben, nicht zweimal zustellen ließ. Als dann dem Sachsenherzog der Verlust Westfrieslands drohte, war Edzard als treuer Gefolgsmann zur Stelle und brachte Entsatz. Im Juli 1500 besiegten die Sachsen mit Edzards Unterstützung die aufständischen Westfriesen.

Das Verhältnis zwischen Sachsen und den Cirksena verschlechterte sich in den folgenden Jahren zusehends, wenn auch Edzard zu Georg, dem Sohn des verstorbenen Herzogs Albrecht, weiterhin guten Kontakt pflegte. Im April 1505 beteiligte sich Edzard zwar noch einmal an einer sächsischen Belagerung von Groningen. Aber mit Hinweis auf die ständig steigenden Kriegskosten, die er zu tragen habe, und auf einen an den Haaren herbeigezogenen Zwischenfall kündigte Edzard den Sachsen seine Gefolgschaft auf. In Zukunft wollte er in Westfriesland auf eigene Rechnung gegen Groningen Politik machen.

Groningen war nach der ständigen Belagerung in einer aussichtslosen Position. Hungersnot und Elend herrschten in der einst so stolzen Stadt, und so nahm sie denn den bis vor kurzem noch mit den Sachsen verbündeten Edzard gern als Retter an. Die Sachsen waren ohne Verbündete für die Belagerung zu schwach und Groningen alleine nicht mehr

25

DIE HISTORISCHE ENTWICKLUNG

widerstandsfähig. So konnte Edzard die Stadt am 25. April 1506 im Triumphzug nehmen und sich als Edelmütiger feiern lassen, weil er sofort für die notleidende Bevölkerung Lebensmittel in großen Mengen heranbringen ließ. In diesem Jahr hatte Edzard vom westfriesischen Groningen bis an die Wesermündung die größte räumliche Ausdehnung seiner Einflußsphäre erreicht. Diese Lage war – aus der Sicht heutiger Historiker – im wesentlichen aus den Bedingungen der Zeit erwachsen. Sie hatte aber auch etwas mit der Person Edzards zu tun. Durch sein offenbar volkstümliches Verhalten muß er durchaus in der Lage gewesen sein, die Sympathie des ›gemeinen Mannes‹ zu finden. Anders ist es wohl nicht zu erklären, daß er nirgends als Usurpator, sondern – die Beispiele Butjadingen und Groningen belegen es – als Retter in der Not gesehen wurde.

Noch immer aber saß westlich von Groningen der Sachsenherzog Georg, dem die von Edzard eingenommene Stadt ein Stachel im Fleisch war. Hinzu kam, daß Edzard selbst an das Ijsselmeer und die Zuidersee drängte. Vorsichtshalber hatte Georg schon 1507 mit dem Grafen von Oldenburg ein Bündnis geschlossen; ferner erreichte er 1513 bei Kaiser Maximilian, daß Edzard mit der Reichsacht belegt wurde, weil er unrechtmäßig behauptete, die Herrschaft über Groningen im Auftrag des Heiligen Römischen Reiches auszuüben. Damit hatte Georg eine Handhabe für ein militärisches Vorgehen gegen seinen ehemaligen Verbündeten Edzard. Mitte Januar 1514 wurde Edzards Lage außerordentlich bedrohlich, da die welfischen Herzöge von Braunschweig-Lüneburg, zusammen mit bremischen und oldenburgischen Verbänden, erfolgreich in Butjadingen einfielen. Zur gleichen Zeit rückte Georg von Sachsen in das Gebiet westlich der Ems, das Rheiderland, vor. Dies war der Auftakt zur ›Sächsischen Fehde‹, die den gesamtfriesischen Küstenraum nachhaltig verändern sollte. Edzard sah sich an zwei Fronten bedrängt. Mehr noch, im Mai 1514 marschierte ein welfisch-oldenburgisches Heer gegen Edzards Kernlande und schleifte wichtige Positionen wie die Burg Stickhausen und Uplengen im Südosten Ostfrieslands.

In dieser an sich aussichtslosen Lage machten sich Edzards gute Beziehungen ins Münsterländische bezahlt. Der Bischof von Münster sorgte dafür, daß Edzard einen neuen Bundesgenossen fand – Herzog Karl von Geldern. Dieser war zugleich Verbündeter und Konkurrent. Denn Edzard war auch in Groningen in Bedrängnis geraten, wobei sich zeigte, auf welch schwachen Füßen seine Herrschaft hier stand. Am 3. November 1514 nahm der Herzog von Geldern Groningen, während Edzard in seiner Burg saß und die Huldigung der Bevölkerung für die Gelderner mitansehen mußte. Er verließ die Stadt am 7. November und hatte damit seinen am weitesten nach Westen vorgeschobenen Posten verloren.

Nun gehörten die Niederlande in dieser Zeit zu Habsburg-Burgund, das den französischen entgegengesetzte Interessen verfolgte. Frankreich unterstützte daher den Grafen von Geldern und hatte so zumindest indirekt Einwirkungsmöglichkeiten auf die habsburgischen Niederlande. Edzard wurde nun auch von Karl von Geldern bedroht. Zugleich hatte das Drängen der welfisch-oldenburgischen Verbände an der Südostflanke noch nicht aufgehört.

Für Edzard ging es in dieser Situation um seine Existenz. Um zu retten, was noch zu retten war, schlug er sich auf die habsburgisch-burgundische Seite. Er begab sich und seine Grafschaft 1516 unter den Schutz Burgunds und damit in die Abhängigkeit Habsburgs – ein

26

Schachzug, der Edzard als klugen Realpolitiker ausweist. Wenn er auch genau zehn Jahre, nachdem er im Zenit seiner Machtfülle stand, seine Unabhängigkeit einschränken mußte, tat er dies doch so, daß ihm eine politische Zukunft immer noch offenblieb. Der mächtige Verbündete Burgund verschreckte nun die Welfen, die den offenen Gegensatz zur Cirksenaschen Schutzmacht fürchteten. 1517 war Edzard wieder auf Erfolgskurs; der Kaiser löste ihn aus der Reichsacht, und am 1. Juni 1517 wurde ein Vertrag geschlossen, der Edzard zum Statthalter Burgunds im westfriesischen Gebiet ernannte. Ende Juni 1517 kam Edzard wieder nach Ostfriesland, eroberte die Friedeburg von den Welfen und Oldenburgern zurück und stand schließlich vor Jever. Die Jeveraner Dynastie war zu diesem Zeitpunkt durch Aussterben der männlichen Nachkommenschaft ohne rechte Führung; mit Heiratsversprechungen seiner Söhne gegenüber den jeverschen Erbtöchtern suchte Edzard, dieses Gebiet für sich zu gewinnen. Der Versuch gelang; am 26. Oktober 1517 verpflichteten sich die Jeveraner vertraglich zur Unterstützung des Hauses Cirksena – vor allem gegen die Oldenburger. Im Dezember 1517 konnte Edzard dann auch noch die strategisch überaus wichtige Burg Stickhausen von den Welfen und Oldenburgern zurückkaufen und damit sein ursprüngliches Herrschaftsgebiet wieder abrunden. Machtpolitisch stand er jetzt wieder da, wo er sich schon 1498 – vor dem Eintreten des Herzogs von Sachsen in die friesische Politik – befunden hatte. »Edzard I. stieß an die Grenze der Machtmöglichkeiten des Hauses Cirksena, und mißt man seine Politik an seinem Ehrgeiz, so ist er gescheitert. Am Ende der von seinem Griff auf Groningen heraufbeschworenen ›Sächsischen Fehde‹ war er ein kleiner Graf, der einer Übermacht von Gegnern verwegen und mit politischem Geschick widerstehen, aber schließlich doch nur als Schützling des mächtigen niederländischen Burgund überdauern konnte. Er hatte die Sache seines Hauses, nicht etwa die Ostfrieslands geführt.« (Heinrich Schmidt)

Trotzdem ist Edzard I. Cirksena in die ostfriesische Landesgeschichte als ›der Große‹ eingegangen. Dynastische Auseinandersetzungen waren eine Sache der Herrscher, welche Söldnertruppen um sich scharten; die Bevölkerung in den Marsch-, Moor- und Geestlandschaften hatte vornehmlich unter Mord, Raub und Brandschatzung zu leiden. Die Geschichte dieser ›kleinen Leute‹ jener Zeit ist nicht überliefert. Die Urkundenbücher verzeichnen nur die Taten der ›Großen‹, mochten sie auch den Bedürfnissen und Interessen der einwohnenden Menschen noch so zuwiderlaufen.

Zwischen 1524 und seinem Tode 1528 setzte Edzard seinen Versuch fort, auch das Harlingerland seinem Herrschaftsgebiet einzuverleiben und den Häuptling von Esens in die Knie zu zwingen. 1530 konnten die Cirksena endlich diesem Junker Balthasar ihren Willen aufzwingen. Doch als Lehnsmann des Grafen von Geldern konnte Balthasar nach einer blutigen Schlacht 1533 bei Jemgum im Jahr 1534 seine Abhängigkeit von den Cirksena wieder abschütteln.

Genauso wie die Expansion gegen das Harlingerland scheiterte, versagten die Cirksena auch gegen Jever. Zwar besetzten Edzards Söhne Enno II. und Johann Cirksena 1527 die Burg Jever. Enno einigte sich 1529 mit dem Grafen Anton von Oldenburg über eine Aufteilung der Interessensphären, wobei die Cirksena auf Butjadingen verzichteten und die

DIE HISTORISCHE ENTWICKLUNG

Oldenburger keine Ansprüche auf Jever mehr anmeldeten, doch war diese Rechnung ohne die drei Töchter von Edo Wiemken dem Jüngeren gemacht worden. Maria von Jever suchte beim mächtigen Burgund Zuflucht und begab sich im April 1532 in ein Lehnsverhältnis zum Herzog von Brabant. Im Herbst belagerte Enno Jever. Aber alle Gewalt half nichts; Jever konnte seine Selbständigkeit dank des politischen Gewichts Burgunds wahren. Nach dem kinderlosen Tode der Jungfrau Maria, der letzten Herrin des Jeverlandes, im Jahre 1575 fiel dieses kraft testamentarischer Verfügung an die Grafen von Oldenburg.

Als Edzard I. 1528 starb, hatte die Cirksena-Dynastie die Grenzen ihrer realpolitischen Möglichkeiten erfahren. Damit waren auch die Grenzen Ostfrieslands, wie wir es heute kennen, abgesteckt. Lediglich Enno III. konnte im ›Berumer Vergleich‹ von 1600 noch das Harlingerland endgültig hinzufügen. In der Zeit der Herrschaft Edzard Cirksenas hatte Ostfriesland alle Höhen und Tiefen seiner Landesgeschichte durchlebt, war sogar der für kurze Zeit drohenden völligen politischen Auflösung nach dem Groninger Desaster entgangen.

Waren die Zeiten des ausgehenden 15. und beginnenden 16. Jahrhunderts schon bewegt und belastend genug, so kamen auf Ostfriesland während der Reformation neue schwere Zerreißproben zu. Um 1520 fanden die unterschiedlichsten reformatorischen Gedanken auch hier Eingang. Edzard I. war sicher kein religiös geprägter Mensch gewesen, aber im Laufe der Jahre hatte er doch mit den reformatorischen Gedanken sympathisiert, denen allerdings seine politische Rücksichtnahme auf den streng katholischen Grafen von Geldern entgegenstand. Dennoch kam Ostfriesland bald in den Ruf einer besonderen Freiheit für die evangelische Bewegung. Edzards Sohn Enno II. stand auf der Seite der Reformatoren und konnte dies auch für seine Machtansprüche ausnutzen. Er ließ das Gold und Silber der kirchlichen Geräte in Klöstern und Gotteshäusern beschlagnahmen und einschmelzen und sicherte sich gleichzeitig den Zugriff auf die kirchlichen und klösterlichen Ländereien.

Die Auflösung der kirchlichen Gemeinden im Zusammenhang mit den reformatorischen Auseinandersetzungen bedrohte natürlich auch die innere politische Stabilität der Grafschaft Ostfriesland. 1529 ließ Enno eine lutherische Kirchenordnung ausarbeiten, die die religiösen und damit auch die politischen Verhältnisse in seinem Bereich festigen sollte. Gleichzeitig ließ er aber auf dem Reichstag von Speyer einen Mehrheitsbeschluß unterzeichnen, der sich gegen die reformatorischen Neuerungen wandte. Die Vermutung liegt nahe, daß Ennos kirchenpolitische Wendungen stets einem genauen machtpolitischen Kalkül folgten, zumal die religiösen Bewegungen auch Elemente sozialer Unruhe beinhalteten. Ostfriesland stand bei den konservativeren Nachbarn längst im Verdacht, Hort des sozialen Aufruhrs gegen die adelige Herrschaft zu sein. 1534 drohte ein regelrechter Bauernaufstand. 1535 ließ Enno eine neue lutherische Kirchenordnung ausfertigen, die er aber nicht mehr unter Risiko durchzusetzen brauchte, da 1538 der für die Cirksena gefährliche Graf Karl von Geldern starb.

Von Edzard I. war Enno als Alleinerbe eingesetzt worden. Tatsächlich hatte aber auch Ennos Bruder Johann seine Ansprüche immer erfolgreicher geltend machen können, und Mitte der dreißiger Jahre befanden sich Enno und Johann in offenem Zwist miteinander.

Enno wollte Johann durch eine bedeutende finanzielle Abfindung von der Macht fernhalten. Diese Abfindung war bereits erfolgreich ausgehandelt, als im September 1540 Enno II. plötzlich starb. Er hinterließ unmündige Kinder und seine Witwe, die Gräfin Anna. Da Johann einen altgläubigen, streng katholischen Kurs gesteuert hatte, die Mehrheit der Häuptlinge und ostfriesischen Standesherren aber an einer Fortsetzung der reformatorischen Politik interessiert war, favorisierten sie die Herrschaft der Gräfin Anna und setzten die Abfindungspolitik für Johann fort. Im November 1543 verzichtete Johann endgültig auf die Herrschaft in Ostfriesland und ging in die Niederlande. Ein Mitspracherecht bezüglich ostfriesischer Angelegenheiten hatte er sich aber sichern können.

Bei der Entscheidung über Ennos Nachfolge hatten sich erstmals die ostfriesischen Standesherren mit ihrem politischen Gewicht ins Spiel bringen können. Gräfin Anna versuchte zwar, wie ihr Mann Ordnung in die kirchlichen Verhältnisse zu bringen, und engagierte dafür bedeutende Theologen, doch war auch ihr kirchenpolitischer Kurs nicht frei von Widersprüchen. Nach innen gab sie reformatorische Freiheit, nach außen – dem Reich gegenüber – wahrte sie ängstliche Neutralität, seit Kaiser Karl V. den Protestantismus

Friesische Trachten um 1600

DIE HISTORISCHE ENTWICKLUNG

in die Schranken gewiesen hatte und einem abtrünnigen Ostfriesland also das Eingreifen des Reiches drohte. Darüber hinaus beobachtete das katholische Regiment der habsburgischen Niederlande mißtrauisch, wie Ostfriesland zunehmend zur Zufluchtsstätte protestantischer Emigranten aus den Niederlanden wurde. Die Weigerung der ostfriesischen Prediger – darin wohl von der Gräfin unterstützt –, zur katholischen Glaubenslehre zurückzukehren, hatte den Kaiser auf den Plan gerufen. Für den altgläubigen Johann ergab sich daraus die Chance, als Vertreter der kaiserlichen Reichsinteressen nach Ostfriesland zurückzukehren. Doch blieb es nur bei einem kurzen Zwischenspiel. 1555 wurde der ›Augsburger Religionsfrieden‹ geschlossen, der die wechselseitige Toleranz für Katholiken und Lutheraner besiegelte. Dadurch konnte sich die evangelische Bewegung in Ostfriesland auch wieder freier und ungehemmter entfalten. Die kirchlichen und reformatorischen Winkelzüge in Ostfriesland waren – bei aller Eigenständigkeit der Grafschaft – immer davon abhängig, wie sich die Entwicklung im Reich gerade vollzog; daran wird deutlich, daß Ostfrieslands Randexistenz aufgehört hatte und seit dem Ende des Mittelalters und dem Beginn der Neuzeit auf die Einflüsse von außen viel sensibler reagierte als im hohen und späten Mittelalter.

Mit der Zeit der Regentschaft der Gräfin Anna setzte nicht nur der Machtverfall des Hauses Cirksena ein, auch die landesherrschaftliche Autorität der Grafen ging zugunsten der aufsteigenden Stände verloren. Einerseits beanspruchte Gräfin Anna die Autorität einer unumschränkten Obrigkeit, andererseits war sie nicht in der Lage, die einfachsten verwaltungsmäßigen Angelegenheiten zu regeln. In Zeiten mit dynamischen wirtschaftlichen und sozialen Entwicklungen war das ein schwerwiegender Mangel. Als besonders belastende Hypothek für die ostfriesische Landesgeschichte blieb aus der Regierungszeit Annas ihre Unentschlossenheit in der Nachfolgeregelung zurück. Der Erstgeborene, Edzard II., beanspruchte die Grafenwürde ebenso wie sein jüngerer Bruder Johann, der Lieblingssohn Annas. Während Edzard II. der lutherischen Religionsauffassung zuneigte, zeigte sich Johann als Anhänger des Calvinismus. Es kam zu langjährigen Streitigkeiten, die sich auf allen Gebieten negativ auswirkten. In Verwaltung, Steuerwesen und Gerichtsbarkeit herrschte großes Durcheinander; niemand wußte so recht, welchem der zwei de facto regierenden Grafen er unterstand. Edzard II. hatte seine Position durch die Heirat mit der schwedischen Königstocher Catharina zu verstärken gesucht. (Die Schweden zeigten an dem vergleichsweise unbedeutenden ostfriesischen Grafen deshalb ein so großes Interesse, weil sie gegen die Dänen einen Hafenstützpunkt im Westen suchten – Emden nämlich. Allerdings war die Königstochter aus Schweden alles andere als erfreut darüber, mit einem »halben Grafen« eine Verbindung eingegangen zu sein.) Edzard blieb nichts anderes übrig, als gegen seinen Bruder eine oberste reichsrechtliche Entscheidung herbeizuführen. Er brachte die Sache vor den deutschen Kaiser. Nach einer Untersuchung der Verhältnisse durch eine kaiserliche Kommission entschied Kaiser Rudolf II. am 10. Februar 1589 per Dekret, daß dem Jüngeren, Johann, drei Ämter – Leerort, Greetsiel und Stickhausen – zuzugestehen seien; damit war die Doppelherrschaft besiegelt. Das Problem löste sich aber schon kurze Zeit später, als Johann im September 1591 starb und Edzard II. endlich die Alleinherrschaft antreten konnte.

Die langjährigen Streitigkeiten der Grafen hatten indessen eine ganz neue politische Größe auf den Plan gerufen und Bedeutung gewinnen lassen – die adligen Stände. Die Junker hatten erkannt, daß der gräfliche Zwist die Landesherrschaft schwächte, ihre ständische Machtposition dagegen stärkte. Zu den ständischen Versammlungen kamen neben den Häuptlingen, den Angehörigen des Adels bzw. der Ritterschaft auch die Deputierten der Kirchspiele, des Bauernstands und Vertreter der Städte – allen voran Emden –, also des Bürgertums. In dem Dekret vom Februar 1589 hatte Kaiser Rudolf II. den Ständen auch eine Mitsprache bei der Erhebung von Steuern durch die Landesherren eingeräumt; desgleichen wurde die von den Ständen geforderte Einrichtung eines ›Hofgerichtes‹ bewilligt, in welchem der Landesherr und die Stände gleichberechtigt vertreten sein sollten. Es wurde 1593 in Aurich einberufen. Ende des 16. Jahrhunderts gingen also die ostfriesischen Stände gestärkt aus der Auseinandersetzung um die Machtverteilung in Ostfriesland hervor. Die gräfliche Landesherrschaft bröckelte weiter ab.

Dank der florierenden Wirtschaft hatte sich die Stadt Emden und in ihr das Bürgertum eine ganz besonders gute Ausgangsposition geschaffen. In Emden sammelten sich ab 1550

Wappen der Stadt Emden mit dem ›Engelke op de Muer‹

Folgende Seite: Die Zufahrt auf Emden. Karte von Lucas Janß Wagenaer aus dem Jahre 1584

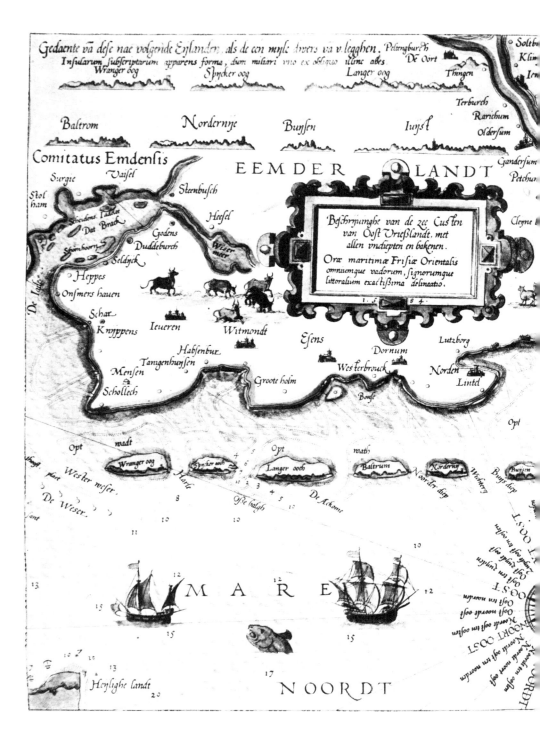

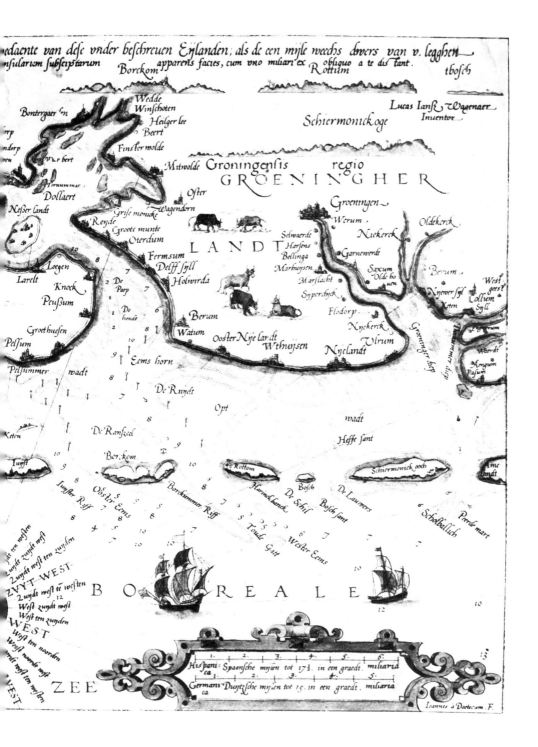

DIE HISTORISCHE ENTWICKLUNG

protestantische, vor allem calvinistische Emigranten aus den südlichen Niederlanden. Die Flüchtlinge waren zum großen Teil Kaufleute und Reeder aus Antwerpen oder Amsterdam. Sie brachten ihre Geschäftsbeziehungen in das neutrale Emden mit, in dem erstens Religionsfreiheit herrschte und in dem sich zweitens unter neutraler Flagge gute Geschäfte machen ließen. Durch die Entwicklung der ostfriesischen Seeschiffahrt im 16. Jahrhundert – vor allem in den Häfen Emden, Greetsiel und Norden – wurde das Land auch in die Verwicklungen ›internationaler Politik‹ gezogen; Glaubenskämpfe spielten dabei ebenfalls eine wichtige Rolle. 1556 dankte Kaiser Karl V. ab. Das Reich der Habsburger wurde in eine österreichische und eine spanische Linie geteilt. Karls Sohn, Philipp II., König von Spanien, erhielt unter anderem die Niederlande, und 1566 gab es dort einen Bildersturm als Reaktion auf die Stärkung der katholischen Kirche durch die spanisch-habsburgische Herrschaft. Die Calvinisten zählten, nach Verfolgung und Verketzerung, zum radikalen Flügel der niederländischen Bewegung. Das unmittelbar benachbarte Ostfriesland wahrte – zumindest nach außen hin – seine Neutralität, doch gewannen die niederländisch-spanischen Angelegenheiten in den nächsten Jahren immer mehr Bedeutung.

Für beide Kriegsparteien war das neutrale Ostfriesland und hier vor allem der Hafen Emden von Interesse. So kam nicht nur für die Emigranten, sondern auch für die alteingesessenen Emder ein wirtschaftlicher Frühling über die Stadt. Die calvinistische Widerstandsbewegung in den Niederlanden – die ›Geusen‹ – suchte auch in den ostfriesischen Häfen und Gewässern Zuflucht, was dem ostfriesischen Grafen heftige Vorwürfe von der spanischen Seite eintrug. Allein, der Graf war aufgrund seiner eigenen Schwäche nicht in der Lage, die Geusen – wie gewünscht – aus dem Lande zu jagen. Hierin drückte sich keine Sympathie des Hause Cirksena für die calvinistische Sache aus, hatte Edzard II. doch vielmehr das Luthertum zur verbindlichen Religion seiner Obrigkeit gemacht. Dennoch hatte sich – vor allem in den westlichen Marschgebieten und in Emden – der Calvinismus stark verbreitet. Wie in den Niederlanden stand er also auch in Ostfriesland in Opposition zur herrschenden Autorität.

Die Aufstände in den Niederlanden waren mehr als ein Religionskrieg, sie zeigten auch das Aufbegehren der Stände gegen die Monarchie. Diese ständische Bewegung ergriff Ostfriesland mit ganzer Wucht. In Emden wirkte seit 1575 an der ›Großen Kirche‹ ein besonders volkstümlicher Prediger, der calvinistische Theologe Menso Alting; er verstand es, große Massen in seinen Bann zu schlagen. Alting rief zu besonderer Glaubensstrenge auf und ging mit einiger Härte gegen abweichende Auffassungen vor. Das Luthertum lehnte er ab.

Die politische Macht in Emden wurde vom Magistrat – einem Gremium von gräflichen Gnaden – und vom Kirchenrat ausgeübt. Der Kirchenrat wurde unter Altings Einfluß zum Kern der Opposition gegen den lutherischen Landesherrn. Emden war zwar wirtschaftlich mächtig geworden, doch die Möglichkeiten zur Mitsprache, vor allem zur Kontrolle der städtischen Finanzen, standen dazu in einem krassen Mißverhältnis. Die Bestrebungen zur Autonomie der städtischen Entwicklung kamen insbesondere aus der Schicht der Handwerker, die auch den größten Teil der calvinistischen Gemeinde stellte. Religiöse, politische und soziale Motive führten in Emden zur Existenz einer Oppositionsbewegung und schließlich zum Aufstand. 1589 wählten die oppositionellen Kräfte gegen den vom Grafen eingesetzten Rat einen Ausschuß von vierzig Männern, die sogenannten ›Vierziger‹. Sie sollten die Interessen der Handwerker, Kaufleute und Reeder gegen den Landesherrn wahrnehmen. Graf und Magistrat erklärten die ›Vierziger‹ zwar für illegal, doch prangerten diese weiterhin die Mißstände in der Stadt an und fanden Zuspruch auch von außerhalb der Stadt.

Die niederländische Spaltung war inzwischen durch den Zusammenschluß von sieben protestantischen Provinzen des Nordens endgültig besiegelt worden, wodurch für das benachbarte Ostfriesland ganz neue Verhältnisse geschaffen wurden. Groningen war dadurch auch an die Generalstaaten gefallen und hatte den Emdener Prediger Menso Alting gerufen, um der Gemeinde eine streng calvinistische Ordnung zu geben. Als Alting nach Emden zurückkehrte, wurde er von Graf Edzard seines Amtes enthoben. Die Stimmung in der Stadt war auf dem Siedepunkt. Am 18. März 1595 tagte der Kirchenrat von Emden in der ›Großen Kirche‹, auf dem die Verfolgung bürgerlicher Freiheiten durch den Grafen angeprangert und der bestehende Magistrat als Organ des Landesherrn verurteilt wurde. Eine Bürgerwehr bildete sich unter der Führung sogenannter ›Colonellen‹. Rathaus, Markt und Wall wurden besetzt und die gräfliche Burg genommen. Die Colonellen und die ›Vierziger‹ wählten einen neuen Magistrat. Die offene Rebellion verlief völlig unblutig und ging als ›Emder Revolution‹ gleich zweimal in die Geschichte ein. Nach Vermittlung zwischen den Emder Rebellen und dem Grafen durch die niederländischen Generalstaaten mußte der Landesherr im ›Vertrag von Delfzijl‹ am 15. Juli 1595 unter anderem das calvinistische Predigtmonopol, die Privilegierung der Handwerksgilden, die Wahl des Magistrats durch die ›Vierziger‹ und die Abschaffung bestimmter Zölle für Emden zugestehen; er selbst behielt lediglich die Kontrolle der Gerichtsbarkeit in der Stadt. Die Generalstaaten verpflichteten sich, über die Einhaltung des Vertrages zu wachen.

Es war eine Niederlage des Hauses Cirksena vor der Emder Bürgerschaft auf der ganzen Linie. Am 1. März 1599 starb Edzard II., und die Regentschaft ging auf seinen Sohn Enno III. über. Es gibt Hinweise darauf, daß Edzard noch kurz vor seinem Tod versucht haben soll, Ostfriesland in ein Bündnis mit Spanien zu führen. Diese Aufgabe der Neutralität hätte den offenen Konflikt mit den Generalstaaten und den Bürgerkrieg im Innern provoziert. Enno III. mochte dieses Risiko nicht eingehen; auch sonst fand er sich mit den Verhältnissen besser zurecht als sein Vater. Schon im Zeichen des Gegensatzes zwischen ständischer Politik und Landesherrschaft aufgewachsen, bestätigte er den Ständen ihre Privilegien – ein bislang nie gekannter Vorgang. Dennoch mußte die massive Aufrüstung von Enno die Emder verunsichern, zumal sich nach der Revolution in Emden selbst die Verhältnisse zwar verändert, aber auch neue Kritik ausgelöst hatten. Die wirtschaftliche Entwicklung stagnierte, die Sorge um das tägliche Brot trieb die Bewohner um, und innerhalb der Stadtmauern gab es immer noch lutherische Grafenfreunde, die eine Gegenrevolution vorbereiteten. Die Kritik an der Politik des neuen Magistrates entzündete sich vor allem an den Steuern; sie bewegten sich auf einem hohen Niveau, weil ein Söldnerheer zur Verteidigungsbereitschaft der Stadt und die neuentstandene Verwaltung bezahlt werden

35

DIE HISTORISCHE ENTWICKLUNG

Menso Alting

mußten. Zu Ostern 1599 kam es zu Unruhen, die von Emder Schiffsleuten ausgingen. Sie fürchteten um die Neutralität Emdens und damit um ihre guten Geschäfte, da der Magistrat einen Verband niederländischer Söldner in die Stadt gerufen hatten. Die verworrene Lage war für Menso Alting und seinen Anhang bedrohlich und bot Enno eine Chance, das verlorene Terrain in Emden wiederzugewinnen. Enno war jedoch nicht in der Lage, diese Gelegenheit zu nutzen. In Emden kamen im Gefolge der Osterunruhen neue Leute in den Magistrat. Sie waren verhandlungswillig, lehnten aber die gräfliche Landesherrschaft genauso strikt wie ihre Vorgänger ab; so kam es – wieder unter dem Einfluß der Generalstaaten – zu langwierigen Verhandlungen zwischen den Ständen und dem Grafenhaus. Schließlich wurden am 7. November 1599 die ›Konkordaten‹ abgeschlossen, in denen ein Ausgleich zwischen landesherrlichen und ständischen Interessen zu schaffen versucht wurde.

Doch dieser Interessenausgleich sollte nicht lange von Bestand sein. Der Herrschaft Ennos mangelte es an Geld, und durch eine vom Adel mitgetragene Politik der Steuererhöhungen brachte er Stadt und Land gegen sich auf. Auf dem Auricher Landtag, der Ständeversammlung, vom Juni 1601 wurde von den Junkern die Einführung einer sogenannten ›Schornstein-Schatzung‹ angeregt, von der allerdings gräfliche und adelige Gebäude ausgenommen bleiben sollten. Diese Schornsteinsteuer war ein Instrument zur Ausplünderung des Zweiten und Dritten Standes, der Stadt- und Landbewohner, die pro Schornstein an ihrem Haus eine Abgabe an den Grafen leisten sollten. Sie gingen, Emden voran, auf dem gemeinsamen Landtag in Opposition zu diesem Vorhaben. Durch Drohungen und Überredungen gelang es schließlich doch, dem Landtag und den vom Emder Magistrat Deputierten die Zustimmung zur Schornsteinsteuer abzunötigen. Dies war der Anlaß für einen neuen Aufstand in Emden, der am 13. Juli 1601 losbrach, zur Besetzung des Rathauses führte und 1602 erneut einen anderen Magistrat ans Ruder brachte: diesmal übernahm wieder die radikale calvinistische Linie die Macht in Emden.

Enno hatte die Hoffnung auf die Rückgewinnung der Stadt trotz veränderter Verhältnisse noch immer nicht aufgegeben. Im März 1602 erwirkte er beim Kaiser ein Mandat, das die Emder des Aufruhrs bezichtigte und ihnen die Zahlung der verweigerten Schornsteinsteuer befahl. Enno verstärkte seine Truppen und demonstrierte seine Macht vor den Toren Emdens. Doch die Emder Magistratsherren kamen Enno zuvor. Am 23. Mai 1602 holten sie niederländische Truppen in die Stadt, so daß die Errungenschaften der Revolution – die Freiheit von der landesherrschaftlichen Obrigkeit – jetzt durch niederländische Waffen garantiert wurden. Für Enno wurde die Lage bedrohlich, da die Emder nun mit ihrem revolutionären Anspruch über ihre Stadtgrenze hinausgriffen und von den Bürgern der Grafschaft eine Steuer zur Finanzierung des Krieges einzogen.

Der bürgerkriegsähnliche Kampf gegen den Grafen war ein Ringen um ständische Freiheiten. Die Emder Revolutionäre betonten das Naturrecht auf Widerstand gegen eine despotisch-tyrannische Landesherrschaft, welche sie in Edzard und Enno verkörpert sahen. In der Zeit des Jahreswechsels 1602/1603 hatten die Emder alle Aussichten, ihr streng calvinistisches Regiment auf ganz Ostfriesland auszudehnen, was lediglich an der fehlenden Unterstützung durch die Generalstaaten scheiterte. Diese wünschten in so direkter Nachbarschaft ein ruhiges, innerlich stabiles Ostfriesland, das sie kontrollieren konnten. Dafür nahmen die Generalstaaten auch einen Landesherren in Kauf, der zwar in seiner gräflichen Position anerkannt, aber von ständischen Rechten umgrenzt war. Ein neuerlicher Ausgleich zwischen Emder Selbständigkeitsbestrebungen und landesherrlicher Hoheit wurde dann im sogenannten ›Haagischen Vergleich‹ vom 8. April 1603 gefunden.

Emden hatte seine Rechte unter dem Schutz der Generalstaaten immer mehr ausdehnen können. Trotz allem erkannte Enno nicht, daß durch die beständigen vertraglichen Einschnürungen seine absolutistische Herrschaft immer mehr ins Wanken geriet. Ihre moralische Rechtfertigung hatte sie in den Augen der Emder Revolutionäre schon lange verloren. Für deren Handeln lieferten nach 1595 zwei Gelehrte die theoretische Untermauerung: Ubbo Emmius und Johannes Althusius.

Ubbo Emmius wurde am 5. Dezember 1547 in Greetsiel als Sohn eines lutherischen Pastors geboren. Von 1556 an besuchte er neun Jahre lang die Lateinschule in Emden, vier weitere Jahre die Lateinschule in Bremen und Norden. Danach ging er an die lutherische Universität nach Rostock. Als der Vater starb, kehrte Ubbo Emmius – wohl aus finanziellen Gründen – nach Greetsiel zurück und arbeitete wahrscheinlich als Bauer auf dem Hof seines Bruders. 1576 setzte Emmius sein Studium an der Universität Genf in einem streng

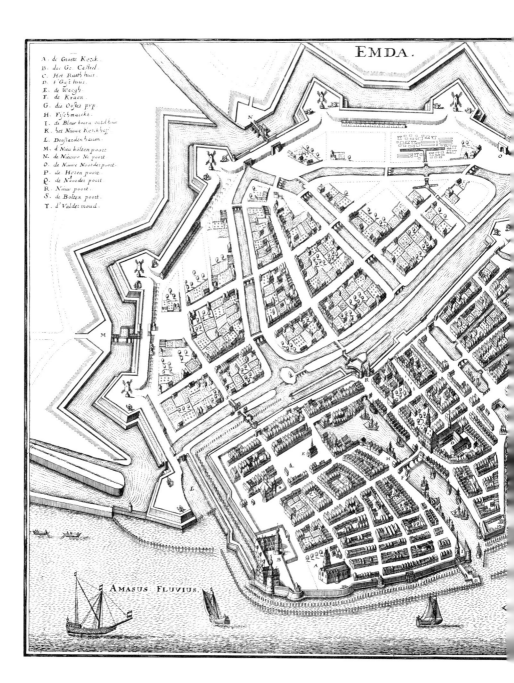

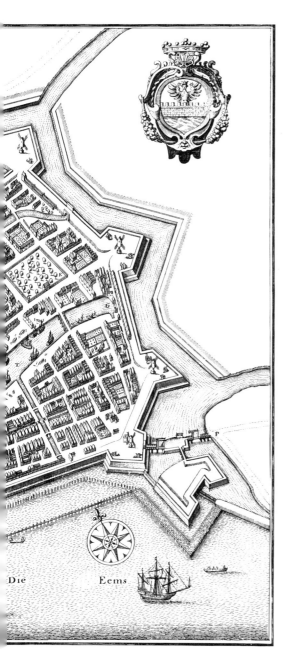

Emden um 1647

DIE HISTORISCHE ENTWICKLUNG

Ubbo Emmius

Johannes Althusius (1557-1638), Staatsrechtslehrer und Stadtsyndikus in Emden

calvinistischen Klima fort, nach weiteren zwei Jahren kam er wieder nach Ostfriesland. Er wird im lutherischen Norden mit 32 Jahren Rektor der Lateinschule – ein Posten, den er wegen seiner Glaubenszugehörigkeit jedoch bald wieder verlor. Trotz achteinhalbjähriger erfolgreicher Tätigkeit in Norden setzte Edzard II. – ganz in lutherischer Konfessionspolitik befangen – ihn ab, da man argwöhnte, Emmius würde seine Schüler im calvinistischen Sinne beeinflussen. In Leer gab ihm Graf Johann an der dortigen Lateinschule das Amt des Rektors. Hier kam Ubbo Emmius mit einer Vielzahl calvinistischer Glaubensflüchtlinge aus den Niederlanden zusammen, die ihn nach dem Umschwung in ihrer Heimat und nach der Befreiung Groningens von spanischer Herrschaft als Rektor an die Groninger Lateinschule beriefen. Er beteiligte sich an der Gründung der Universität Groningen, wurde 1614 Professor für Griechisch und Geschichte und 1619 erster Rektor der Universität. 1625 starb Ubbo Emmius im Alter von 78 Jahren. 1616 erschien sein Geschichtswerk ›Rerum Frisicarum Historia‹, das die Geschichte Frieslands unter dem Aspekt der ›Friesischen Freiheit‹ zur Darstellung bringt. Außerdem zeichnete Emmius eine Karte Ostfrieslands, die zweihundert Jahre lang Vorbild aller übrigen kartographischen Werke blieb.

Wegen seiner genauen Kenntnisse der Vergangenheit und seiner calvinistischen Überzeugung kam Emmius mit dem Emder Revolutionskreis um Menso Alting zusammen. Nach Emmius' historischem Verständnis bildete die friesische Geschichte mit ihren genossenschaftlichen Organisationsformen die Rechtsgrundlage für den emdischen und ständischen Kampf gegen den Grafen. Aus der Vergangenheit der ›Friesischen Freiheit‹, die Emmius weniger als personale Freiheit, sondern mehr als Freiheit der Bevölkerung von landesherrlicher Gewalt verstand, leitete er die Berechtigung für den Kampf um ständische Vorrechte gegen den Landesherren ab. Der Dritte Stand erhielt in den staatsphilosophischen Überlegungen des Ubbo Emmius erstmals eine Aufwertung. Emmius gab den Bauern ein Bewußtsein für die alten, bäuerlichen Freiheiten und vermittelte ihnen das Gefühl politischer Gleichberechtigung gegenüber dem Adel. Neben ›Recht‹ und ›Billigkeit‹ führte Emmius die Kategorie der ›Vernunft‹ in die politische Debatte ein.

Leitete Ubbo Emmius die Legitimation der Emder Revolution eher historisch ab, so gab ihr ein zweiter Mann die staatsrechtliche und staatsphilosophische Untermauerung – Johannes Althusius. Johannes Althusius wurde 1557 in Diedenshausen in der Grafschaft Wittgenstein geboren. Nach dem juristischen Studium an den Universitäten Köln, Basel und Genf promovierte er 1598 in Basel. Kurze Zeit darauf wurde der Calvinist Althusius auf den juristischen Lehrstuhl an der reformierten Universität im nassauischen Herborn berufen. 1604 kam er als Stadtsyndikus nach Emden, wo er bis zu seinem Tode 1638 eine bestimmende Figur der Politik blieb. In seinem 1603 veröffentlichten Hauptwerk ›Politica methodice digesta‹ begründete Althusius seine Lehre von der Souveränität und vom Widerstandsrecht des Volkes gegen den Obrigkeitsstaat. Er führte die Autorität des Staates auf die naturgegebenen Anlagen des Menschen zur Vergesellschaftung (›consociatio‹) zurück. Das Volk, so der von den Ideen der calvinistischen Gesellschaftsveränderung und vom Studium der aristotelischen Schriften geprägte Althusius, ist der eigentliche Souverän. Daraus leitete er zwei Grundforderungen ab: die Regierungsgewalt muß durch die Kontrolle genossenschaftlicher Vertretungsorgane beschränkt werden, und das staatliche Denken muß einen Primat vor den Machtansprüchen einzelner gekrönter Häupter haben. Dieses theoretische Denkgebäude des Althusius wirkt heute ungeheuer modern. Im Emden nach 1600 sah der Gelehrte die Chance, seine Theorie an der Praxis zu messen; hier war er der Motor der antigräflichen Politik.

Die Bedeutung von Ubbo Emmius und Johannes Althusius wurde durch die ältere, mehr ›dynastisch‹ orientierte Geschichtsschreibung unterschätzt. Die beiden Kämpfer gegen den gräflichen Absolutismus für städtisch-ständische Rechte und Ansprüche des Dritten Standes werden z. B. für die wirtschaftliche Stagnation Emdens und die neuerlichen Kämpfe zwischen Ständeordnung und Landesherrschaft verantwortlich gemacht. Daß sie Ideen vorlebten, die erst hundert Jahre später – auf andere Weise – im Vorfeld der französischen Revolution wieder eine Rolle spielten, wird dabei unterschlagen.

1607 wurde eine Flotte von 40 Emder Schiffern mit Getreide in spanischen Häfen beschlagnahmt; man glaubte an ein Zusammenspiel zwischen dem ostfriesischen Grafen und den Spaniern, um den Emder Magistrat in Schwierigkeiten zu bringen. Auf jeden Fall kam es in Emden wieder zu Unruhen, und am 17. Juni 1607 mußten niederländische Truppen in Emden neuerlich eingreifen. Wegen der vermuteten Kollaboration des Grafen mit den Spaniern kündigte ihm im Mai 1608 der Emder Magistrat den Gehorsam, wodurch der

DIE HISTORISCHE ENTWICKLUNG

Bruch mit der Landesherrschaft vollzogen war. Enno III., so beschlossen die Emder, sollte erst dann wieder als Herr anerkannt werden, wenn er die ihnen von Spanien zugefügten Schäden ersetzt habe. Der Graf fühlte sich in diesen Jahren noch immer als absoluter Herrscher, dessen Herrschaftsgewalt angeboren und von Gott verliehen sei, und der darum auch ohne die Zustimmung der Stände schalten und walten könne. Während der Landesherr auf die Spanier setzte – er hatte wie sein Vater ein regelrechtes Bündnis mit den katholischen Spaniern erwogen – standen die Emder ganz zweifelsohne unter dem Schutz der niederländischen Generalstaaten. Spanier und Generalstaaten – dieser Gegensatz stand stellvertretend für die Auseinandersetzung zwischen Ständestaat und Landesherrschaft.

Die Lage veränderte sich infolgedessen, als im April 1609 die Generalstaaten einen zwölfjährigen Waffenstillstand mit Spanien schlossen. Ein Ausgleich zwischen den Ständen und den Cirksena lag nun nahe. Für September 1609 berief Enno den Landtag nach Aurich ein, ein Verstoß gegen den Haagischen Vergleich, der die Abhaltung von Landtagen an befestigten Orten verbot. Am 10. September standen Emder Soldaten vor Aurich, besetzten Burg, Bibliothek und Hofgericht des Grafen und fanden in der gräflichen Verwaltung Pläne zur Destabilisierung Emdens. Die gräflichen Ratgeber hofften dadurch eine Situation zu schaffen, in der die Emder Verhältnisse wieder umgekehrt werden könnten. Als Ubbo Emmius diese Papiere 1610 veröffentlichte, mußte der Graf seinen engsten Berater entlassen.

Die Generalstaaten hatten allerdings nach dem Waffenstillstand mit Spanien kein Interesse an der totalen Entmachtung des Grafen und verwendeten sich erneut für einen Ausgleich. Verhandlungen zwischen ihnen, dem Grafen und den Ständen fanden seit 1610 im Haag, in Marienhafe und in Osterhusen statt. Sie endeten am 21. Mai 1611 mit der Verabschiedung des ›Osterhusischen Akkordes‹, der für die Regelung der staatlichen Verhältnisse in Ostfriesland bis ins 18. Jahrhundert hinein maßgebend blieb. Zunächst wurden die früheren Verträge – Vertrag von Delfzijl, Emder Konkordate und Haagischer Vergleich – noch einmal besiegelt, darüber hinaus die Sonderstellung Emdens festgeschrieben. Graf Enno III. ging geschwächt aus der Auseinandersetzung mit den Ständen hervor; die Zeit war über ihn und das Haus Cirksena hinweggeschritten. »Der Graf selbst liegt an der Kette ständischer Rechte. Ohne eigene Steuerhoheit, ständisch eingeschränkt in der Verfügungsgewalt über die kümmerlichen militärischen Kräfte, die zu finanzieren er in der Lage bleibt, dürftiger Inhaber einer gebrochenen und bestenfalls konkurrierenden Gerichtshoheit, scheint er nicht viel mehr als das ausführende Organ einer ständischen Souveränität zu sein – glücklich noch, daß er sein ›landesherrliches‹ Amt weiterhin vererben darf und nicht durch eine von Emmius mit Beschwörungen alter friesischer Freiheit fleißig propagierte Wahl durch das in seinen Ständen konkrete Volk empfangen muß.« (Heinrich Schmidt)

Der Kampf zwischen gräflicher Landesherrschaft und ständischen Interessen, die Gegensätze zwischen Emden und der übrigen ostfriesischen Grafschaft blieben nicht ohne wirtschaftliche Konsequenzen. Das beginnende 17. Jahrhundert stand ganz im Zeichen einer ökonomischen Krise. Die Schiffahrt in Emden erlitt ebenso einen Niedergang wie die Landwirtschaft in den gräflichen Gebieten der Marsch und der Geest. Dieser Rückgang von Handel und Produktion begründet noch Ostfrieslands heutige Randlage. Mit dem Ende der dynamischen wirtschaftlichen Entwicklung ging auch eine Verstärkung der sozialen Differenzierung einher. Die Schicht der großen Marschbauern prägte sich immer mehr aus und erhielt auf den Landtagen auch stärkeres Gewicht, während die wenig oder nichts Besitzenden von Wohlstand und politischem Einfluß ausgeschlossen blieben.

Der wirtschaftliche Niedergang Ostfrieslands wurde durch die Folgen des Dreißigjährigen Krieges (1618 bis 1648) noch verstärkt. Obwohl ein gesamteuropäisches Ereignis, spielte sich der Dreißigjährige Krieg hauptsächlich auf deutschem Boden ab. Hervorgerufen wurde er durch die katholische Gegenreformation und den Konflikt zwischen ständischen Interessen und der aufkommenden absoluten Monarchie. Dieser Konflikt brach 1618 im böhmischen Ständeaufstand aus. Nach zwölfjährigem Waffenstillstand wurde 1621 der Krieg zwischen Holland – den Generalstaaten – und Spanien wieder aufgenommen, wodurch Ostfriesland am Rande des Reiches für die kriegsführenden Parteien erneut eine strategische Bedeutung erhielt. Offiziell der Neutralität verpflichtet, wurde Ostfriesland von den Truppen der kriegsführenden Parteien immer gerne als Rückzugsraum genutzt. Die ostfriesische Landesherrschaft war zu schwach, um sich militärisch gegen Okkupationen zur Wehr zu setzen, so daß Ostfriesland im Laufe des Dreißigjährigen Krieges dreimal von wechselnden Mächten besetzt wurde.

Im Herbst 1622 wurde Ostfriesland ohne jeglichen Widerstand durch Truppen des Grafen Ernst von Mansfeld eingenommen, der im Dienste der Generalstaaten stand; Emden wurde von der Besatzung allerdings verschont. Es war durch seine Mauern auch gut gegen Angriffe gesichert. Vor den plündernden und brandschatzenden Söldner- und Landsknechttruppen flüchteten sich vornehmlich die besitzenden Kreise vom Land in die schützende Emder Stadt. Mansfeld sah sich als Herr Ostfrieslands, und seine Truppen – zwischen 5000 und 8000 Mann – ließen dies die Bevölkerung auch spüren. Der Versuch Tillys, des Oberbefehlshabers der Armee der katholischen Liga, Ostfriesland zu nehmen, scheiterte schon im Ansatz. Tilly hatte offenkundig auch versucht, Enno III. gegen Mansfeld einzuspannen. Auf Vermittlung der Generalstaaten brachten die ostfriesischen Stände dann schließlich eine Geldsumme auf, die die mansfeldischen Truppen dazu bewegten, das Land zu räumen. Das Geld hatten sich die Ostfriesen aber bei den Generalstaaten leihen müssen, die ihnen zuvor Mansfeld auf den Hals geschickt hatte. Emden – unabhängig – blieb von der Schuldentilgung verschont.

Im August des Jahres 1625 starb Enno III. Sein Sohn Rudolf Christian übernahm die Landesherrschaft, starb aber schon im April 1628 an den Folgen eines Duells. Neuer Landesherr wurde ein anderer Sohn Ennos, Ulrich II. Seit Dezember 1627 befanden sich bereits kaiserliche Truppen der katholischen Liga in Ostfriesland. Diese zweite Besetzung dauerte bis 1631. Die dritte und längste Okkupation begann 1637 und dauerte bis 1650 – also über das Ende des Krieges hinaus. Im August 1637 hatte sich Landgraf Wilhelm von Hessen mit seinem Gefolge in Ostfriesland einquartiert. Der hessische Graf stand mit den Generalstaaten in einer Allianz gegen die kaiserliche Seite. Von dem schwächlichen Ulrich II. ging dann 1644 doch einmal der Versuch aus, sich der ständigen Okkupationen zu erwehren. Auch wenn die hessischen Truppen nicht so wüteten wie die mansfeldischen

43

DIE HISTORISCHE ENTWICKLUNG

Regimenter, war infolge der Ausplünderung die Stimmung in der ostfriesischen Bevölkerung inzwischen doch so beschaffen, daß man für seine ›Friesische Freiheit‹ auch den bewaffneten Kampf nicht scheute, so daß er ein ostfriesisches Heer auf die Beine stellen konnte. Doch die innerostfriesischen Zwistigkeiten und der Gegensatz zu Emden ließen keine gemeinsame Aktion zustande kommen, und die Generalstaaten konnten den Aufstand abbiegen.

Kurz vor Kriegsende – 1647 – geriet Ostfriesland unmittelbar in die Kampfhandlungen des Dreißigjährigen Krieges: im Rheiderland und bei Leer trafen kaiserliche und hessische Verbände aufeinander. Die Kaiserlichen mußten zurückweichen, nachdem sie zuvor noch kräftige Plündereien unternommen hatten. In Münster und Osnabrück wurde der 1648 beschlossene ›Westfälische Friede‹ ausgehandelt, der international den Verfall des mittelalterlichen deutschen Reiches bestätigte. Er garantierte den deutschen Landesfürsten ihre Autonomie und führte so zu einer Dezentralisation im Reich: Der berühmte ›Flickenteppich‹ auf der Landkarte entstand, und die deutsche Kleinstaaterei nahm ihren Lauf.

In diesem historischen Umfeld vollzog sich die ostfriesische Politik von der Mitte des 17. Jahrhunderts an, geprägt von eher schwächlichen Vertretern des Hauses Cirksena. Ulrich II. starb im November 1648. Da sein Sohn Enno Ludwig noch minderjährig war, übernahm seine Witwe Juliane zunächst die Führung, wobei sie der Geheime Rat Mahrenholz unterstützte, der auf die Politik der Cirksena-Witwe einen nicht zu unterschätzenden Einfluß hatte. Als Enno Ludwig 1651 nach seiner Mündigkeit an die Macht kam, ließ er zunächst einmal dem einflußreichen Hofbeamten Mahrenholz den Prozeß machen und ihn enthaupten. Im April 1654 wurde Enno Ludwig vom Kaiser in den Fürstenstand erhoben. Dies war natürlich ein Prestigegewinn für ihn, doch weniger für das Haus Cirksena, da der Titel an die Person gebunden und nicht vererbbar war. Als Enno Ludwig im April 1660 ohne Söhne starb, kam sein Bruder Georg Christian zunächst auch nur als Graf an die Macht, bekam dann aber 1662 die erbliche Reichsfürstenschaft verliehen – mit künftigem Anspruch für die Cirksena-Nachkommenschaft.

Daß unter den schwachen Fürsten Enno Ludwig und Georg Christian wieder Auseinandersetzungen mit den Ständen ausbrachen, bedarf eigentlich kaum noch der Erwähnung. Es ging um Emden, um die Steuern und um die ständischen Souveränitätsansprüche, die ja in den diversen Vergleichen und Akkorden seit Jahrzehnten garantiert waren. Trotzdem eskalierten die Streitigkeiten zwischen Ständen und Fürstenhaus neuerlich bis zu einem Punkt, der das vermittelnde Eingreifen der Generalstaaten – inzwischen auch schon Tradition – notwendig machte. Das Ergebnis war ein weiterer Vertrag, der Stände und Landesherrschaft in ihren Rechten und Pflichten festlegte: der sogenannte ›Finalrezeß‹ vom 4. Oktober 1663. Die Rechte der Stände wurden hier genauer definiert, außerdem eine Art ›Habeas-corpus-Akte‹ eingeführt: eine Regelung der Bedingungen, unter denen Einwohner verhaftet werden durften und gegebenenfalls wieder auf freien Fuß zu setzen waren. Im Juni 1665 starb Georg Christian. Nun betrat eine der energischsten ostfriesischen Herrschergestalten die Bühne, nämlich seine Witwe Christine Charlotte (ein männlicher Erbe Georg Christians wurde erst im Oktober 1665 geboren).

44

Christine Charlotte, eine Tochter des Herzogs von Württemberg, regierte von 1665 bis 1699. In dieser Zeit vollzogen sich in Ostfriesland politische Veränderungen, die bis in die jüngste Vergangenheit nachwirkten; die Grundlagen für die preußische Herrschaft über Ostfriesland wurden gelegt. Dabei spielten die allgemeinen weltpolitischen Veränderungen eine wichtige Rolle. Ostfriesland mit der Seehafenstadt Emden blieb für auswärtige Mächte stets ein interessanter strategischer Punkt – am Rande des Reichs gelegen, in unzugänglicher geographischer Lage und zu den Weltmeeren hin geöffnet. Durch den Ausgang des zweiten englisch-niederländischen Seekrieges (1665–1667) bröckelte die Macht der Generalstaaten ab, und ihre Bedeutung für Ostfriesland ließ nach. In das entstehende Vakuum drangen neue Kräfte nach.

Die Fürstin war zunächst einmal gewillt, die nachgiebige Politik ihrer Vorgänger den Ständen gegenüber umzukehren. Christine Charlotte war erfüllt von ihrem fürstlichen Sendungsbewußtsein und strebte in Gestalt des Absolutismus die Hegemonie der Landesherrschaft auch über die Stände an. Die Vertragspolitik, die im ›Haagischen Vergleich‹ und dem ›Osterhusischen Akkord‹ eigentlich ein Nebeneinander von Ständeherrschaft und Landesherrschaft vorsah, war für Christine Charlotte ein Zeichen der Schwäche; diese Vertragsergebnisse galt es in ihren Augen zu verändern. Die Fürstin scheute nicht vor offenen Vertragsbrüchen zurück und holte ebenso auswärtige Berater wie auch fremde Truppen zur Vergrößerung der landesherrlichen Möglichkeiten ins Land. Insbesondere mit den Welfen und dem Bischof von Münster kam die Fürstin politisch ins Geschäft. Als Begründung für die Einladung fremder Truppen nach Ostfriesland – die den selbstbewußten Ständen überhaupt nicht paßte – mußte eine drohende britische Invasion der Emsmündung im Gefolge des Krieges herhalten. Doch die weltpolitischen Gewichtungen verschoben sich, was nicht ohne Einfluß auf Ostfriesland blieb.

Im Holländischen Krieg kam 1672 Wilhelm III. von Oranien an die Macht und wurde Statthalter von Holland und Seeland. Damit setzte sich in der niederländischen Politik ein eher monarchistisches Element durch, so daß für die ostfriesischen Stände die alten, ›republikanischen‹ Generalstaaten, mit deren Hilfe man sich von der landesherrlichen Vorstellung der Cirksena Stück für Stück befreit hatte, als Stütze wegfielen. Doch die Stände entdeckten eine neue Kraft, die ihre politische Vorstellung gegen die harte Landesherrin unterstützen könnte: den Kaiser. Denn auch Reich und Kaiser entdeckten ihr Interesse an dem bislang immer neutralen Gebiet an der Küste. Der Kaiser übernahm also für die Stände die Schutzfunktion, die bislang die Generalstaaten innehatten. Sichtbarster Ausdruck dieser kaiserlichen Unterstützung war die Verleihung des ›Upstalsboomwappens‹ am 24. Januar 1678 an die ostfriesischen Stände, die sogenannte ›Ostfriesische Landschaft‹, durch Kaiser Leopold II., der im fernen Wien residierte. Zwei Wappen regierten nun augenfällig Ostfriesland – das Upstalsboomwappen der Stände und das Dynastiewappen des Hauses Cirksena.

Christine Charlotte suchte in dieser Situation ebenfalls einen Verbündeten und fand ihn in Gestalt Wilhelms III. von Oranien. Nachdem sich die Struktur der Niederlande geändert hatte, waren so auch die politischen Bündnisfronten verändert: das Fürstenhaus orientierte

45

Die »Neue Karte, ganz Ostfriesland« von C. Allard aus dem Jahre 1670

DIE HISTORISCHE ENTWICKLUNG

sich zu den Niederlanden hin, während die Stände, die ostfriesische Ritterschaft und die
Stadt Emden sich an die Macht des Reiches anlehnten. Im Mai 1681 beauftragte der Kaiser
einige Fürsten, den Schutz der ostfriesischen Stände zu übernehmen. Unter diesen Fürsten
ragte einer besonders heraus, der dann auch zum wirklichen Protektor Ostfrieslands wurde:
Friedrich Wilhelm von Brandenburg, der ›Große Kurfürst‹. Er, der als absoluter Monarch in
Brandenburg regierte, unterstützte dennoch in Ostfriesland die Stände gegen die ebenfalls
absolutistische Fürstin Christine Charlotte. Diese scheinbare ideologische Frontenverkeh-
rung hatte einen recht simplen wirtschaftlichen Hintergrund. Der Große Kurfürst suchte für
seine Kolonialpolitik einen Hafen, der nicht im für seine Zwecke ungünstigen Ostpreußen,
sondern näher an den Überseegebieten lag. Kein Wunder also, daß ihm da Emden und die
ostfriesische Region ins Auge stachen. Den Ständen andererseits brachte der fürstliche
Schutz aus dem Osten die Aussicht, die eigenen Machtpositionen weiter zu verbessern. 1682
wurde dann zu einem für Ostfriesland bedeutenden Jahr: im November landeten brandenburgische Truppen in Greetsiel – ein Unternehmen, das zwischen dem Großen Kurfürsten,
der Stadt Emden und Dodo von Kniphausen, dem Führer der ostfriesischen Stände,
abgesprochen war. Noch im gleichen Jahr wurde die ›Afrikanische Handelskompanie‹
gegründet und ein Jahr später Emden zum Sitz dieser Gesellschaft bestimmt. Das Unternehmen sollte die brandenburgischen Handelsbeziehungen nach Übersee erleichtern und
versprach zugleich der darniederliegenden Emder Wirtschaft und Seefahrt neuen Aufschwung. So wurden denn im August 1683 auch die ostfriesischen Stände und die Stadt
Emden Gesellschafter der Kompanie – und zogen gemeinsam mit den Brandenburgern ihren
Profit aus den Überseeaktivitäten (einen Profit, der von der Kompanie angeblich nie
abgeworfen wurde).

Die Fürstin Charlotte konnte diese Vorgänge nur protestierend kommentieren. Sie, die
mit so machtvollem Anspruch ihre Herrschaft angetreten hatte, stand am Ende geschwächt
da – wie schon mehrere ihrer Vorgänger. Ende des 17. Jahrhunderts hatte sich so der
langfristige Prozeß der ständischen Emanzipation auf Kosten der Souveränität der Landesherrschaft sogar noch beschleunigt. Von der ›friesischen Freiheit‹, von genossenschaftlicher
Organisation und der territorialen Integrität Ostfrieslands war allerdings nicht mehr die
Rede. Diese Zeit stand in Ostfriesland ganz im Zeichen merkantilistischer Interessen. Mitte
März 1690 übernahm dann Christian Eberhard von seiner Mutter Christine Charlotte die
Regentschaft im Hause Cirksena. Durch das ostfriesische Engagement der Brandenburger
und damit der Hohenzollern lief die Entwicklung langfristig auf eine Machtübernahme der
Hohenzollern hinaus. Ehe es aber so weit war, ging noch ein stürmisches halbes Jahrhundert
über Ostfriesland hinweg.

Landesherrschaft und Stände arrangierten sich vor der Jahrhundertwende noch einmal in
zwei Verträgen. 1693 wurde der ›Hannoversche Vergleich‹, 1699 der ›Auricher Vergleich‹
geschlossen. Es handelte sich um die letzten Verträge, die zwischen Landesherrn und Ständen
geschlossen wurden; in ihnen wurde wieder die Gültigkeit der früheren Verträge bestätigt.
Nach 1700 zog zunächst eine Zeit relativer Ruhe und Stabilität in Ostfriesland ein. Die
ständische Verwaltung in Emden konnte in aller Freiheit die Steuern verwalten, da der Fürst

48

2 BUNDE Martinskirche. Das Langhaus wurde zu Beginn des 13. Jh. erbaut
◁ 1 BUNDE Martinskirche, Innenansicht mit dem Gestühl aus dem 18. Jh.
3 WEENER St. Georg, Innenansicht

4, 5 WEENER Haustüren in der Norderstraße
6 WEENER Bürgerhaus an der Norderstraße

7 JEMGUM Ansicht von Süden ▷

8 BÖHMERWOLD Ostfriesisches Bauernhaus

9 BUNDERHEE Steinhaus, die älteste erhaltene ostfriesische Häuptlingsburg

10 DITZUM Steg über das Sieltief

11 Bei LEERORT Zusammenfluß von Leda und Ems

12 LEER Lutherkirche

13 LEER Haus Samson, Innenansicht
14 LEER Lutherkirche, Blick auf die Orgelempore

15 LEER Heimatmuseum, Neue Straße

16 LEER Hardewykenburg

17 LEER Haus Klasen, Mühlenstraße

18 LEER Haus Samson, Rathausstraße

19 LEER Amtsgericht
20 LEER Philippsburg

21 LEER Herolde eröffnen den Gallimarkt
22 LEER Viehmarkt auf der Nesse

23 AMDORF Storchennest ▷

24 WESTRHAUDERFEHN   Fehn- und Schiffahrtsmuseum

25 STICKHAUSEN   Museum in der Burg Stickhausen, Innenansicht

26 Bei WIESMOOR
27 LENGENER MEER Im Naturschutzgebiet
28 OSTGROSSEFEHN Mühlenmuseum, Innenansicht ▷

auf das öffentliche Finanzgebaren nicht mehr den geringsten Einfluß hatte. Nun hatten sich seit den Zeiten des Johannes Althusius in Emden aber auch die Ständevertreter gewandelt. Sie stammten aus der Oberschicht, ihre Funktionen blieben in der Familie, und die Korruption hatte auch hier Eingang gefunden. Daß dennoch alles seinen gewohnten Gang nahm, lag an der politischen Ruhe und den guten landwirtschaftlichen Erträgen jener Jahre, die das Zahlen von Steuern ebensowenig schwerfallen ließen wie das Verkraften der Korruption.

Die Verhältnisse änderten sich nach der Weihnachtsflut vom 25. Dezember 1717, als die Deiche brachen, das Land unter Wasser gesetzt wurde und über 2700 Menschen ertranken. Bereits 1715 war es zu einer verheerenden Viehseuche und 1716 zur Zerstörung der Getreide- und Gemüsefelder durch Mäuse gekommen. Binnen kurzer Zeit hatte sich die wirtschaftliche Situation in ganz Ostfriesland katastrophal gewandelt. Um die Schäden an den Deichen auszubessern, wurde Geld benötigt, das aber wieder geliehen werden mußte; die Zinsleistungen dafür waren nur durch erhöhte Steuern aufzubringen. Eine Steuererhöhung aber war unter der korrupten ständischen Verwaltung ein alles andere als leichtes Unterfangen. Am fürstlichen Hof zu Aurich erkannte man die Situation, aus der heraus man den Ständen wieder etwas Macht abringen zu können glaubte. Nach dem Tod von Christian Eberhard im Jahre 1708 hatte Georg Albrecht die Führung des Hauses Cirksena übernommen, der aus der politischen Durchschnittlichkeit der späten Cirksena ebenfalls nicht herausragte. Allerdings holte er einen interessanten Beamten an seinen Hof, der das landesherrliche Selbstbewußtsein wieder aufzurichten wußte: seit 1710 in Diensten der Cirksena, wurde Enno Rudolf Brenneysen aus Esens im Jahre 1720 Kanzler am Hof zu Aurich.

Brenneysen hatte die Geschichte Ostfrieslands während der vergangenen zwei Jahrhunderte genauestens studiert, die Kämpfe zwischen Landesherrschaft und Ständen analysiert und war in seinem 1720 erschienenen Werk ›Ostfriesische Historie und Landesverfassung‹ zu dem Ergebnis gekommen, daß der Landesherrschaft gegenüber den Souveränitätsansprüchen der Stände ein höherer Rang zukomme. Das Buch war die theoretische Untermauerung eines Generalangriffs auf die Stände; in seiner politischen Aussage lief es den Arbeiten von Johannes Althusius und Ubbo Emmius völlig zuwider. Brenneysen war Theoretiker einer absolutistischen Staats- und Regierungsauffassung.

Fürst Georg Albrecht war zwar in der Lage, für die Ausbesserung der Deiche Kredite zu besorgen, doch mußte die Tilgung aus erhöhten Steuereinnahmen erfolgen, die aber nur die Stände besorgen konnten. Diese Steuerhoheit den Ständen wieder zu entreißen, dazu diente ein von Brenneysen vorbereiteter Vorstoß beim Kaiser. 1720 verklagte der Fürst die Stände auf Überschreibung der Finanzhoheit an ihn. Kaiser Karl VI. gab mit einem Dekret vom 18. August 1721 der Klage statt und gestand dem Fürstenhaus die Oberaufsicht über Verwendung und Abrechnung der Landesgelder zu. In den zahlreichen ›Vergleichen‹ und ›Akkorden‹ allerdings hatten sich die Stände und Landesherren darauf verständigt, bei Zwistigkeiten niemals an den Kaiser heranzutreten. Georg Albrecht und Brenneysen hatten sich um diese Vereinbarung schlicht herumgedrückt. Für die Stände bestand nun das

Ostfrieslandkarte nach Ubbo Emmius, 1730

DIE HISTORISCHE ENTWICKLUNG

Dilemma, ob dem kaiserlichen Dekret oder den früheren Verträgen zu folgen sei. Dieses Dilemma führte im November/Dezember zur Spaltung der ostfriesischen Stände in ›gehorsame‹ und ›renitente‹ Stände – die einen bereit, dem kaiserlichen Dekret und somit dem Landesherrn zu gehorchen, die anderen darauf eingeschworen, an ihrer errungenen Freiheit in bewußter Opposition zum Fürsten festzuhalten.

Beide Ständevereinigungen zogen unabhängig voneinander weiterhin Steuern ein. Wortführer der ›renitenten‹ Stände war der Adelige Heinrich Bernhard von dem Appelle aus Groß-Midlum; nach ihm ist der Bürgerkrieg, der sich 1726/27 aus der ständischen Spaltung entwickelte, auch ›Appelle-Krieg‹ genannt worden. Per Dekret vom 18. Januar 1726 hatte der Kaiser die Renitenten zu öffentlichen Rebellen im ganzen Römischen Reich erklärt. Es kam, was kommen mußte: die Auseinandersetzung zwischen den ›Renitenten‹ einerseits und den ›Gehorsamen‹ andererseits wurde blutig ausgetragen, wobei erstere den kürzeren zogen. Mitte Mai 1727 beherrschten die Cirksena wieder ganz Ostfriesland – mit Ausnahme Emdens, das ein Hort der ständischen Bewegung blieb. Auswärtige Kräfte übrigens hatten sich in diesem Konflikt auffällig zurückgehalten; die Generalstaaten und Preußen blieben ruhig, obwohl sie Truppen in Ostfriesland stationiert hatten. Das erklärt sich daraus, daß der Kaiser auf höherer Ebene einen Vergleich mit England und Holland gesucht hatte. Die Generalstaaten konnten daher ihrerseits auf diplomatischem Parkett einiges für die ›Renitenten‹ erreichen: im September 1729 wurde ihnen eine Amnestie zugebilligt, und der Kaiser akzeptierte die niederländischen Besatzungen in Emden und Leerort. Außerdem sollten künftig wieder die bekannten Verträge als Rechtsgrundlage bei innerostfriesischen Streitigkeiten dienen. Da die Landesherrschaft also von den Geldbewilligungen der Stände abhängig blieb, war der Fürst in der gleichen Situation, in der er sich auch schon vor dem politischen Spiel Brenneysens befunden hatte. Ostfriesland hatte nur einen weiteren Bürgerkrieg erlebt.

Im Jahre 1734 starben fast gleichzeitig Fürst Georg Albrecht und sein Kanzler Enno Rudolph Brenneysen, und Georg Albrechts Sohn Carl Edzard übernahm die Herrschaft. Seine Ehe blieb jahrelang kinderlos, und so stellte sich allmählich die Frage, auf wen in Ostfriesland die Regentschaft überginge, sollte das Haus Cirksena aussterben. In diesem Punkt war den Hannoveranern schon in früherer Zeit Hoffnung gemacht worden, doch lief die politische Entwicklung auf die Hohenzollern zu, die seit dem Eintritt des Großen Kurfürsten in die ostfriesische Politik besonderen Anspruch anmeldeten; dieser hatte durch sein ständefreundliches Engagement den Grundstein für den späteren preußischen Anspruch auf Ostfriesland gelegt. Bereits 1694 war den Hohenzollern von Kaiser Leopold I. das Recht zugestanden worden, Ostfriesland als Fürstentum zu Lehen zu nehmen, wenn das Haus Cirksena einmal erlöschen sollte. König Friedrich Wilhelm I. von Preußen nahm daher 1732 auch vorsorglich den Titel ›Fürst von Ostfriesland‹ in die Reihe seiner anderen Titel auf, wodurch die Hohenzollern in Gegensatz zum Welfenhaus in Hannover gerieten. Denn der Kurfürst von Hannover war seit 1714 auch König von England und machte seinerseits bestimmte Ansprüche auf Ostfriesland geltend. Allerdings war dem hannoverschen Kurfürsten wohl weniger an dem abgelegenen Land hinter den Deichen gelegen als an der Verhinderung einer dauernden preußischen Stellung an der Küste. Doch die Entwick-

Friedrich der Große

lung ließ sich nicht aufhalten; 1742 akzeptierte auch Emden – das sich bislang immer an die ständefreundlichen Generalstaaten gehalten hatte – die preußischen Ansprüche auf Ostfriesland, und am 14. März 1744 wurde eine entsprechende geheime Konvention in Emden unterzeichnet.

Seit 1740 war Friedrich II. König von Preußen. Allerdings war ihm an allem möglichen gelegen, nur nicht an der Sicherung der ständischen Freiheit. In der Nacht vom 25. zum 26. Mai 1744 starb der letzte Fürst von Ostfriesland aus dem Hause Cirksena. Carl Edzard war tot und die Linie der Cirksena ausgestorben. Noch am 26. Mai erfolgte die preußische Machtergreifung. Am 1. Juni standen 80 preußische Soldaten in Aurich; Widerstand gegen die neue Herrschaft regte sich nirgendwo. Denn den Ständen kam Preußen sehr entgegen, indem ihnen die überkommene Steuerhoheit zugestanden wurde und die Ostfriesen von Rekrutierung befreit blieben.

Die Preußen hatten sich aber nicht nur ein Stück Küstenland einverleibt, sondern auch die Schulden des Fürstentums Ostfriesland geerbt. Nur durch eine konsequent veränderte Verwaltungspraxis bestand Aussicht darauf, den Schuldenberg abzutragen. Friedrich II. bestellte den Kriegs- und Domänenrat Caspar Heinrich Bügel nach Ostfriesland, der für ihn die Verwaltung übernahm. Die auf durchgreifender Rationalität ruhende Staatsführung Preußens setzte sich auch in Ostfriesland durch. Die Wirtschaft wurde durch die Errichtung einer sogenannten ›Kriegs- und Domänenkammer‹ effizient gestrafft. Die absolutistische Landesherrschaft, die mit den Preußen nach Ostfriesland gekommen war, kollidierte immer wieder mit den Interessen der ostfriesischen Stände und deren Freiheitsbegriff. Die alten und

DIE HISTORISCHE ENTWICKLUNG

die neuen Verwaltungseinrichtungen boten überdies genug Konfliktstoff. Die neue Wirtschaftsordnung allerdings zahlte sich politisch schon recht bald aus: die Garantie Friedrichs II., alle Schulden zurückzuzahlen, bewog bereits im November 1744 die Generalstaaten, ihre Truppen aus Emden und Leerort abzuziehen.

Als Nachfolger von Bügel trat 1748 der Kriegs- und Domänenrat Daniel Lentz das Amt des Direktors der Auricher Kammer an. Er erreichte die Kontrolle des ständischen Steuerwesens durch die preußische Verwaltung. Er strebte die Auflösung der Eigenständigkeit Emdens – und damit des stärksten Horts ständischer Politik – an. Mit Versprechungen und Drohungen wurde der Emder Magistrat beeinflußt. Die preußischen Verwalter versprachen, die Stadt ökonomisch zu fördern und vor allem den Emder Seehandel wieder auf die Beine zu bringen, wenn die Stadt dafür ihr Steuerwesen den Auricher Statthaltern Preußens übereignete. Durch den Druck der zermürbten Bewohner wurde der letzte Widerstand des Emder Magistrats gebrochen, und 1749 begab sich Emden unter die Herrschaft des Königs. Die Zeit der republikanischen Freiheit in der Hafenstadt war endgültig vorüber. Als nächstes führten die Preußen ein neues System der Gerichtsbarkeit in Ostfriesland ein. In Aurich wurde 1751 ein ›Hofgericht‹ installiert; damit war die zentrale Gewalt über Verwaltung, Finanzen und Rechtswesen in Aurich konzentriert. Höhepunkt der preußischen Umgestaltungsbemühungen war 1751 die Einsetzung eines ›Regierungspräsidenten‹. Damit war die altostfriesische Verfassung innerhalb von sieben Jahren entscheidend verändert worden.

Die Grenzen von 1744, von den Preußen angelegt, blieben der bestimmende Kern für die nachfolgende ostfriesische Geschichte. Dabei bildete sich in Ostfriesland unter preußischer Herrschaft, stärker als in den früheren, von vielfältigen Gegensätzen geprägten Jahrhunderten, das Bewußtsein seiner inneren Einheit heraus. Die preußische Verwaltung und Wirtschaftspolitik begannen in Ostfriesland ab 1750 langsam zu reifen. Besonderes Augenmerk der preußischen Bürokratie galt der Entwicklung des Emder Hafens. Friedrich II. besuchte zweimal – 1751 und 1755 – Ostfriesland, und beide Male war sein Ziel Emden; Aurich, das Zentrum seiner Verwaltung, besuchte er auf der ersten Reise nur am Rande.

Der Aufschwung hatte für die ostfriesische Provinz gerade begonnen, da wurde sie in die Auswirkungen des Siebenjährigen Krieges (1756 bis 1763) mit einbezogen. Preußen und England (mit Hannover) standen gegen Österreich, Frankreich, Rußland und das Deutsche Reich. Ende Juni 1757 wurde Ostfriesland von französischen Truppen besetzt; im Gefolge friderizianischer Siege über Frankreich verließen es die französischen Truppen schon wieder im März 1758. 1761 allerdings standen abermals Truppen aus Frankreich jenseits der Ems. Diesmal waren es Freikorps des Marquis de Conflans. Gegen diese Besatzung jedoch erhob sich das Volk – vor allem die Bauern, weniger das Bürgertum oder die Grundherren –, denn die Freikorps plünderten und brandschatzten über alle Maßen. Die Unruhe hielt auch nach dem Abzug der Franzosen an, da sie für diesen Abzug finanziell ›entschädigt‹ werden sollten, die Bauern aber den abgerückten Feinden nicht Wort halten wollten. Durch die Wirren des Siebenjährigen Krieges war in Ostfriesland außerdem minderwertiges Geld in Umlauf gekommen, bei gleichzeitig steigenden Preisen. Die entstehende Not führte 1762 in

Emden zu Aufständen und antisemitischen Ausschreitungen (reiche Emder Juden waren im Geldgeschäft tätig). Der Emder Magistrat ließ die antijüdischen Tumulte mit einer gewissen Genugtuung geschehen und griff erst ein, als Emder Kaufleute bedroht wurden. 1763 wurde dann der Hubertusburger Frieden geschlossen und dadurch der Siebenjährige Krieg beendet.

In ganz Europa war in der zweiten Hälfte des 18. Jahrhunderts ein Konjunkturaufschwung zu verzeichnen, an welchem auch Ostfriesland teilhatte. Das Land erlebte glückliche Jahre wie seit dem 16. Jahrhundert nicht mehr. Die Prosperität wurde noch durch die preußische Wirtschaftspolitik angekurbelt und verstärkt. Nach der preußischen Wirtschaftsmaxime sollte durch Vermehrung der Bevölkerung die Produktion steigen und damit die Steuerkraft wachsen. In der Tat stieg die Einwohnerzahl Ostfrieslands (in der Zeitspanne von 1780 bis 1800) von 100000 auf 120000. Viele zogen zu, und vor allem die Tagelöhner und Mägde brauchten nicht mehr auf ›Hollandfahrt‹ zu gehen, d. h. in der angrenzenden niederländischen Provinz Arbeit zu suchen. Ausdruck der aufstrebenden Wirtschaftskraft war die Entwicklung des Emder Hafens. 1769 wurde die Emder Heringsfischereigesellschaft gegründet, die ein Monopol für den Heringfang in Preußen erhielt. Neue Schiffahrts- und Überseehandelsgesellschaften wurden errichtet; die Ziegeleiindustrie im Lande florierte.

Bereits im 17. Jahrhundert hatten reiche Emder Bürger mit der Moorkolonisation begonnen, um Brennstoff für die eigenen Häuser und im zweiten Zuge neues Weide- und Ackerland aus den abgetorften Flächen zu gewinnen. 1633 hatten erstmals vier kapitalkräftige Emder ein Moorstück bei Timmel in Erbpacht genommen; und damit nahm die erste Fehnsiedlung, das spätere Großefehn, ihren Anfang. Das Unterfangen stellte sich aber als insgesamt zu schwierig und aufwendig heraus, der Profit wurde zu gering. Aber schon bei der ersten Kolonisation hatte sich ein Nebeneffekt herausgestellt: die Entwässerungsgräben wurden auch als Transportwege für die Torfkähne benutzt, und die Torfschiffer erkannten bald, daß sie über Brennstoff hinaus auch andere Güter zu Wasser transportieren konnten. So entwickelten sich die Fehngemeinden zu Schiffahrtsorten. Gegen Ende des 17. Jahrhunderts aber war die Moorkultivierung schon wieder an ihr vorläufiges Ende gekommen.

Unter preußischer Hoheit setzte in den sechziger Jahren des 18. Jahrhunderts die Moorkolonisation wieder ein. Die Produktion von Torf stieg von 1750 bis 1790 um das Siebenfache. Friedrich II. hatte mit seinem ›Urbarmachungsedikt‹ vom 22. Juli 1765 die rechtlichen Grundlagen für eine großflächige Moorkolonisation in ganz Ostfriesland geschaffen. Neben Gesellschaften, die in erster Linie an der Torfgewinnung zur Befriedigung des Energiebedarfs interessiert waren, wurde später vor allem mittellosen Landarbeitern vom Staat ein Stück Moor in Erbpacht zugewiesen, das sechs Jahre lang abgabenfrei blieb. Durch das sogenannte ›Moorbrennen‹ schafften die Kolonisten die Voraussetzungen für die Kultivierung. Auf dem abgebrannten Boden wurde zunächst Buchweizen angebaut. Aber nach genau sechs Jahren, als mit der Zahlung der Erbpacht begonnen werden mußte, waren die Böden durch diese Bewirtschaftung im allgemeinen ausgelaugt und brauchten für ein paar Jahrzehnte Ruhe. Die Kolonisten, anstatt vermittels ihres Landes ihr Leben sichern zu können, verarmten sogar noch mehr und fielen den Armenkassen der angrenzenden

71

DIE HISTORISCHE ENTWICKLUNG

Landesgemeinden zur Last. Hier entwickelte sich mit der Zeit ein regelrechter Haß der besitzenden Bauern auf die Kolonisten, und die sozialen Spannungen wuchsen aufs neue. Die Kolonisierungspolitik war seitens der preußischen Verwaltung überhastet und ohne Kenntnis der örtlichen Gegebenheiten vorangetrieben worden; 1791 wurde sie gestoppt. Als man sie 1803 wieder aufnahm, setzte man aber bei den Kolonisten ein gewisses Eigenkapital voraus. Außerdem wurden jetzt von staatlicher Seite flankierende Maßnahmen, wie planmäßiger Wegebau, vorgesehen.

Wenn auch das Moorunternehmen scheiterte – für die Masse der Menschen in Ostfriesland brachten die Jahre des ausgehenden 18. Jahrhunderts wirtschaftliche Verbesserungen. Die Landgewinnungsmaßnahmen zeigten Erfolge. Die neuentstandenen ›Polder‹ in den eingedeichten Gebieten warfen hervorragende Erträge ab, und das angebaute Getreide konnte exportiert werden. Handel und Gewerbe erlebten eine nie gekannte Blüte. Eine gewisse Wende allerdings trat in den neunziger Jahren ein. Ohne daß es in Ostfriesland eine der französischen Revolution von 1789 auch nur entfernt vergleichbare Bewegung gegeben hätte, trugen die fernen Veränderungen aber auch zu einer Situationsverschiebung in Ostfriesland bei. 1792 begannen die Kämpfe der alten europäischen Mächte gegen das revolutionäre Frankreich. Preußen stand dabei zunächst im Bündnis mit England und Österreich, schloß aber 1795 den ›Baseler Frieden‹ mit Frankreich, wodurch der Provinz Ostfriesland elf Jahre Frieden (bis 1806) beschert wurden. Gerade die neutralisierte Position ermöglichte es der ostfriesischen – in erster Linie Emder – Schiffahrt, in den Kriegshändeln Profite zu machen.

Die Einführung des ›Preußischen Allgemeinen Landrechts‹ war in Ostfriesland ohne Widerstand akzeptiert worden. Die Kriegs- und Domänenkammer verwaltete Ostfriesland praktisch als preußische Provinz, und das wurde von den einstmals so stolzen freien Friesen auch weitgehend akzeptiert. Denn Preußen verstand es, die ostfriesische Provinz in den zentralistischen Staat zu integrieren. 1789 war es dennoch einmal zu Spannungen mit der preußischen Verwaltung gekommen. Der auslösende Faktor war die Einführung des sogenannten ›Torf-Imposts‹, einer Art Torfsteuer, die das Land heftig traf, da ein großer Teil des Brennstoffbedarfs trotz der eigenen Torfproduktion eingeführt werden mußte. Eine Deputation von vier Ständevertretern wurde nach Berlin entsandt. Allerdings war diese ständische Regung von den französischen Ereignissen allenfalls soweit inspiriert, etwas mehr Selbstbewußtsein am Berliner Hof zu zeigen. Einen Umsturz der landesherrschaftlichen Verhältnisse hatte im Ostfriesland jener Jahre wohl niemand im Auge. Bestenfalls die politisch Gebildeten und Interessierten waren überhaupt darüber informiert, was in Paris geschah. So wurden die Forderungen der vier ostfriesischen Deputierten auch schnell erfüllt: noch 1789 fiel der Torfzoll wieder, und den ostfriesischen Ständen wurde das Recht auf die Abhaltung einer Landtagsversammlung zugesichert. Die Stände eroberten damit aber nicht ihre alte Position zurück, die sie mit dem Niedergang des Hauses Cirksena 1744 und der ›Abdankung‹ an Preußen 1749 endgültig aufgegeben hatten. Vielmehr wirkten sie jetzt gemeinsam mit der preußischen Verwaltung an der politischen Gestaltung Ostfrieslands mit. Die neugewonnene innere Einheit Ostfrieslands prägte auch das Geschichtswerk des

Landsyndikus Tilemann Dothias Wiarda, dessen ›Ostfriesische Geschichte‹ bis heute die Grundlage einer breiten historischen Würdigung Ostfrieslands darstellt.

So mit sich und den Preußen im reinen hätten die Ostfriesen wohl gerne noch weiter leben mögen; allein wieder einmal waren es außerostfriesische Vorgänge, die die politische Landschaft grundlegend umgestalteten. Im nachrevolutionären Frankreich war Napoleon Bonaparte an die Macht gekommen, hatte sich zum Kaiser gekrönt und schickte sich an, die Hegemonie über ganz Europa zu erlangen. Gegen die napoleonischen Bestrebungen schlossen sich jedoch verschiedene Bündnispartner zusammen. Nach dem Sieg Napoleons 1805 bei Austerlitz über Österreich und Rußland verbündete sich Preußen mit Frankreich. Es war damit auch verwickelt in die französisch-englischen Auseinandersetzungen, und die Auswirkungen für die ostfriesische Seefahrt wurden alsbald spürbar. England belegte alle preußischen Schiffe mit einem Embargo, und Emden verlor 1806 durch Niederlagen mit einem Schlag fast seine gesamte Flotte. Unterdessen setzte Napoleon seinen Triumphzug fort. Am 14. Oktober 1806 siegte Frankreich bei Jena und Auerstädt über Preußen. Im Tilsiter Frieden mußte Preußen alle Gebiete westlich der Elbe abtreten. Damit wurde Ostfriesland französisch, wenn auch zunächst über den Umweg einer niederländischen Herrschaft.

Die Niederlande waren bereits seit einiger Zeit unter der französischen Herrschaft von Napoleons Bruder Ludwig Bonaparte. Im ›Vertrag von Fontainebleau‹ kamen die beiden Brüder am 11. November 1807 überein, Ostfriesland und das Jeverland – ungeachtet der historischen Entwicklung – zu einem holländischen ›Department Oost-Vriesland‹ zusammenzuschließen. Fortan standen holländische Truppen in Ostfriesland. Das Verwaltungssystem konnte nicht von heute auf morgen umgestürzt werden, dafür aber wurde die Steuerschraube angezogen. Mit Beginn des Jahres 1809 trat das holländische Steuersystem in Kraft, das von holländischen Steuerbeamten streng kontrolliert wurde. Es traf die Ostfriesen und Jeverländer doppelt hart, da zur Steuerlast noch der Konjunktureinbruch des Jahres 1806 hinzukam, der die ›goldenen Jahre‹ im 18. Jahrhundert jäh zu Ende gehen ließ. 1806 hatte Napoleon die ›Kontinentalsperre‹ gegen England erlassen, um das Inselreich abzuschneiden, und im Gegenzug blockierte die Seemacht England die kontinentale Schiffahrt. Das bedeutete das Ende der legalen Seefahrt, die einem regen Warenschmuggel an den Küsten wich. Die Ostfriesen partizipierten daran kräftig, ohne daß die holländischen Besatzer viel daran ändern oder verhindern konnten – für Napoleon ein willkommener Anlaß zu erneuten territorialen Veränderungen

Durch das ›Dekret von Rambouillet‹ vom 9. Juli 1810 wurde das Königreich Holland Bestandteil des Kaiserreichs Frankreich; damit waren Ostfriesland und das Jeverland französisch. Die Franzosen tilgten die alten Namen aus allen Karten, so daß es nur noch das ›Departement de l'Ems oriental‹ gab, das sich in drei ›Arrondissements‹ gliederte – Emden, Aurich und Jever. In den Verwaltungsstufen darunter gab es ›Kantone‹ und Gruppen von Gemeinden, die ›Mairien‹ genannt wurden. Der ›Code Napoléon‹, Grundlage des französischen Rechtssystems, wurde ebenso eingeführt wie ein neuerlich verändertes Steuersystem. Ostfriesen wurden zum französischen Militärdienst herangezogen – ein besonders harter

DIE HISTORISCHE ENTWICKLUNG

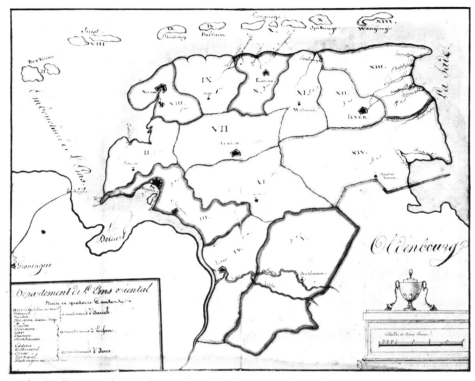

Ostfrieslandkarte aus der Zeit der napoleonischen Besetzung, als ein »Departement de L'Ems oriental« gebildet wurde; um 1810

Einschnitt in das Leben unter wechselnden Besatzungen, denn seit urewigen Zeiten kannten die Friesen keine Heerfolge, wer immer im Lande auch die Herrschaft besaß.

Das napoleonische Zwischenspiel in der ostfriesischen Geschichte endete mit dem Scheitern von Napoleons Rußlandfeldzug im Jahre 1812 und dem daraus ab 1813 folgenden Verfall der französischen Herrschaft über Europa. Am 17. November 1813 übernahm der König von Preußen wieder Ostfriesland, und das Jeverland wurde wieder abgetrennt. Allerdings waren es nicht mehr die ›alten‹ Preußen, die jetzt zurückkehrten. Die Hardenbergschen-Reformen hatten seit 1806 dem ›neuen‹ Preußen ein – gegenüber der Zeit Friedrichs II. – zunehmend gewandeltes Gesicht verliehen. Es gab jetzt auch bei den Preußen ein stehendes Landheer, so daß alle wehrfähigen Männer Ostfrieslands im Alter von 17 bis 40 Jahren zum Kriegsdienst herangezogen werden konnten. Die Ostfriesen mußten sich nach 1813 zunächst mit der neuen inneren Verfassung Preußens vertraut machen, während gleichzeitig die internationalen Veränderungen, die auf die innere Situation Ostfrieslands gravierende Auswirkungen haben sollten, schon ihren Lauf nahmen.

Der Wiener Kongreß, der seit September 1814 tagte, bemühte sich um eine neue machtpolitische Ordnung Europas; Ostfriesland kam dabei auf das Karussell der Gebietsverteilung. Um die Macht in Nordwestdeutschland konkurrierten wieder einmal Preußen und das in Personalunion mit dem Königreich England stehende Hannover. Preußen befriedigte seinen langgehegten Anspruch auf Vorpommern mit Rügen und Stralsund und überließ dafür den Hannoveranern Ostfriesland nebst Hildesheim, Goslar und Lingen. Im Abtretungsvertrag vom 29. Mai 1815 wurde dieser Landhandel perfekt gemacht. Die Wiener Schlußakte vom 9. Juni 1815 bestätigte alle territorialen Neuordnungen. Ostfriesland war somit im Besitz des Königs von Hannover und England, der also erfolgreich eine preußische Vormachtstellung an der Nordseeküste verhindert hatte. Natürlich wurde Ostfriesland zu diesen Verschiebungen nicht befragt. Das – von Hannover aus gesehen – abseits gelegene Ostfriesland allerdings war sich in seiner Ablehnung des Anschlusses an Hannover einig. Vor allem der nach dem Übergang an Hannover folgende Verlust ostfriesischer Sonderrechte wurde von den ostfriesischen Vertretern der ›Landschaft‹, wie die Stände nun hießen, 1815 keineswegs akzeptiert. Die ›Ritter‹, der Adel also, die Städte und die bäuerlichen Vertreter strebten vielmehr nach einer Wiederherstellung der alten ständischen Rechte und Privilegien, die sich aus den überkommenen ›Akkorden‹ und ›Kurien‹ ergaben. Dem liefen die Interessen des welfischen Königshauses aber völlig zuwider. Hannover wollte Ostfriesland – wie alle anderen hinzugewonnenen Provinzen – einem Zentralstaat hannoverscher Prägung einverleiben; für provinzielle Sonderbehandlung war da kein Raum vorgesehen.

An diesem Interessenkonflikt entzündeten sich auch die Streitigkeiten zwischen Ostfriesland und Hannover zumindest während der folgenden drei Jahrzehnte. Die Hannoveraner veränderten die Verwaltungs- und Gerichtsstruktur sowie das System der Steuererhebung. Ihr Bestreben ging dahin, Ostfriesland verwaltungsmäßig zu einem Teil Hannovers zu machen. In der Zeit der allgemeinen Restauration in ganz Europa (1815 bis 1830) trug dies ausgeprägte Züge obrigkeitsstaatlicher Bevormundung. Zwar gewährten die Hannoveraner ein größeres Maß lokaler Selbstverwaltung als bisher, doch wurden alle wichtigen Verwaltungsfunktionen von auswärtigen, d. h. Hannoveraner Beamten wahrgenommen, die mit Tradition und Mentalität der ostfriesischen Landschaft nicht vertraut waren. Das welfische Regiment wirkte wie eine Kolonialmacht auf die selbstbewußten Standesvertreter. Ein besonderes Arg bestand für sie darin, daß die Steuereinnahmen zu hundert Prozent in die sogenannte ›Generalsteuerkasse‹ nach Hannover flossen, ohne daß entsprechende Mittel nach Ostfriesland zurückkamen. Am 7. Dezember 1819 erließ der König von Hannover eine Verfassung für das gesamte Königreich, zu deren wichtigsten Elementen eine Ständeversammlung gehörte. Die Deputierten hierfür kamen aus allen Territorien des Staates. Damit sollte der angestrebte staatliche Zentralismus hannoveranischer Prägung befördert werden. Die ostfriesischen Landstände aber wollten ihre Sonderrechte geltend machen und faßten 1820 den Beschluß, sich beim ›Deutschen Bund‹ in Frankfurt zu beschweren. Sie holten zu

75

DIE HISTORISCHE ENTWICKLUNG

diesem Zweck umfangreiche juristische Gutachten bei Universitäten und Notaren ein, doch der ›Deutsche Bund‹ weigerte sich, in die Auseinandersetzungen einzelner Staaten hineinzuwirken. So blieb den ostfriesischen Landständen, in denen Adel, Städte und Bauern repräsentiert waren, nur die Ablehnung der hannoveranischen Verfassung und das Streben nach einer eigenen, territorial-ständischen Verfassung.

Die romantische Sehnsucht nach der mittelalterlichen ›friesischen Freiheit‹ griff unter hannoveranischer Herrschaft wieder Raum, während sie Jahrzehnte zuvor unter den Hohenzollern nahezu erloschen und man bereit gewesen war, sich als Teil Preußens zu fühlen und zu fügen. 1830, das Jahr liberaler Aufstandsbewegungen, gab auch den ostfriesischen Landständen Auftrieb. Das Steuerwesen, die fremden Beamten, die neue Verwaltung und nicht zuletzt die anhaltend schwache Konjunkturlage ließen den Willen zur Unabhängigkeit stärker aufleben denn je zuvor. An der Landschaftsversammlung 1831 in Ostfriesland nahmen denn auch Städte und Gemeinden in lange nicht gekannter Intensität teil. In Hannover beriet man unterdessen über ein Staatsgrundgesetz, das am 26. September 1833 in Kraft gesetzt wurde. Es sollte den Untertanen mehr Grundfreiheiten zugestehen und war Ergebnis der liberalen Bewegung von 1830. Die ostfriesischen Landstände sperrten sich aber gegen dieses auf ein zentrales Hannover ausgerichtete und von dort auch verfügte Staatsgrundgesetz, weil sie der Meinung waren, die Provinzialstände hätten zu solch übergeordneter Verfassungsgebung ihre Zustimmung zu erteilen. Als König Ernst August von Hannover 1837 dieses Staatsgrundgesetz wieder außer Kraft setzte, gab es auch unter den bürgerlichen ostfriesischen Deputierten, die liberalen Prinzipien verpflichtet waren, nicht den Widerstand, der in anderen Hannoveraner Provinzen auftrat. Man setzte seine Hoffnung auf nun wieder mögliche eigenständige Entwicklungen in Ostfriesland – als Idealbild wiederum die ›friesische Freiheit‹ vor Augen.

Am 6. August 1840 trat ein neu in Hannover ausgearbeitetes ›Landesverfassungsgesetz‹ in Kraft. Gegen dieses Gesetz wurde jedoch in Ostfriesland nicht mehr eine solche Opposition erkennbar wie noch gegen die Verfassungen von 1819 und 1833; man hatte sich wahrscheinlich im Laufe von 25 Jahren an die Hannoveraner gewöhnt. Überdies hatte sich die ökonomische Lage durch einen allgemeinen Konjunkturaufschwung wieder so verbessert, daß der politisch-soziale Gegensatz zu Hannover an Schärfe verlor. Die von den Welfen geforderten Steuern waren leichter als früher aufzubringen. Die Zeit für einen friedlichen Ausgleich zwischen Hannover und Ostfriesland war gekommen. Die ostfriesischen Stände erkannten die Realität ihrer hannoverschen Zugehörigkeit an; in Hannover andererseits legte man im Herbst 1840 einen Entwurf für eine ostfriesische Provinzialverfassung vor, der den ostfriesischen Ständen die verfassungsmäßige Mitwirkung an der Provinzialgesetzgebung garantierte. Am 5. Mai 1846 wurde die Verfassungsurkunde für die ›Ostfriesische Landschaft‹ unterzeichnet. Damit war der ostfriesischen Provinz von Hannover eine äußerst eingeschränkte Selbständigkeit zugedacht – über die Verwendung bestimmter Steuern mußte die ›Ostfriesische Landschaft‹ mitentscheiden –, zugleich aber auch die bestehende, von Hannover geprägte Verfassungswirklichkeit von den Ostfriesen akzeptiert worden. Die ›Ostfriesische Landschaft‹ existiert als ›Kulturparlament‹ noch heute und hat für das kulturelle Selbstbewußtsein der Ostfriesen bis in das ausgehende 20. Jahrhundert ihre Bedeutung behalten. 1846 allerdings hatte sie – verglichen mit den Kompetenzen Hannovers in Ostfriesland – kaum eigenständige Rechte.

All diese politischen und verfassungsrechtlichen Auseinandersetzungen in der ersten Hälfte des 19. Jahrhunderts gingen aber wieder einmal an der Masse der Bevölkerung vorbei. In die Landschaftsversammlung konnte nur einziehen, wer über mehr als 40 Morgen eigenen Landes verfügte; Landarbeiter, Tagelöhner, kleine Bauern waren also von der politischen Entscheidungsfindung ausgeschlossen. Und das, obwohl sich die Zahl der in der Landwirtschaft abhängig Arbeitenden während genau dieser Zeit erheblich vergrößerte. Etwa die Hälfte der Bevölkerung Ostfrieslands – 1848 rund 170000 Menschen – lebte von der Landwirtschaft. Dabei gab es auf der Marsch immer größere Betriebe, die eine Reihe von Landarbeitern und Tagelöhnern beschäftigten und auf denen der Bauer in die Funktion eines Unternehmers übergewechselt war. Die stetig steigenden Preise für Grund und Boden ermöglichten es immer weniger Bewohnern, zu einem eigenen Stück Land zu kommen. Nur städtische Spekulanten und Großbauern konnten ihren ohnedies umfangreichen Besitz noch vergrößern.

Auf der Geest dagegen blieb der bäuerliche Familienbetrieb die vorherrschende Betriebsform. Ein Landarbeiter oder eine Magd allenfalls wurden beschäftigt. Der Bauer wirtschaftete für den eigenen Bedarf und war vom Erlös seiner Produkte bei weitem nicht so abhängig wie der Marschbauer. Die sozialen Differenzierungen, ja Klassenunterschiede waren in der Marsch ausgeprägter als auf der Geest.

In den Moorgegenden lebte die Bevölkerung in proletarischen Verhältnissen; außer ihrer zahlreichen Nachkommenschaft besaßen die Kolonisten nichts. Die Moorkolonisation war von den Hannoveranern nach 1815 genauso unüberlegt wiederaufgenommen worden, wie sie zuvor von den Preußen betrieben wurde. In der sozialen Skala standen die Moorsiedler Mitte des 19. Jahrhunderts Stufen unter den Geest-, geschweige denn den Marsch-Bewohnern. So erklärt es sich, daß in der Jahrhundertmitte hier die große Auswanderungsbewegung nach Amerika einsetzte. Die Entwicklung der Städte verlief unterschiedlich. Seit Emden zu Jahrhundertbeginn bestimmte Privilegien verloren hatte, stagnierte die Wirtschaft. Orte wie Leer, das erst 1823 zur Stadt erhoben wurde, entwickelten ein neues Selbstgefühl und erlangten durch die Aktivitäten ihrer Kaufleute wirtschaftliche Dynamik. Leer stellte sich auch als besonders florierender Standpunkt heraus. Die Emder Hafentätigkeit hingegen kam nicht recht in Gang, da sich die rheinische Industrie zu den holländischen Häfen hin orientierte und die Hannoveraner – durch Personalunion an England gebunden – kein Interesse daran hatten, die ostfriesische Seefahrt wieder aufleben zu lassen, und zudem vornehmlich landwirtschaftlich orientiert waren. Da Hannover sich weigerte, dem 1834 gegründeten ›Deutschen Zollverein‹ beizutreten, blieben der ostfriesischen Provinz auch die westfälischen Märkte verschlossen. Hinzu kam die bis heute für die ostfriesische Wirtschaft nachteilige Verkehrsferne des Raumes. Nur sehr zögerlich wurde von Hannover aus die Schiffbarmachung der Ems betrieben, und auch die Eisenbahnverbindung zwischen Emden und Münster wurde erst 1851 in Angriff genommen.

DIE HISTORISCHE ENTWICKLUNG

Eine von Klassengegensätzen durchzogene, in ihrer wirtschaftlichen Gesamtheit benachteiligte und im Bewußtsein historischer Besonderheit lebende Provinz – so stellte sich das Ostfriesland jener Zeit dar. Auf diesem Hintergrund erlebte es die bürgerliche Revolution von 1848, die jedoch hier kein Aufstand gegen den König von Hannover wurde, sondern wieder unter spezifisch ostfriesischen Vorzeichen ablief.

Die bürgerliche Revolution war in Ostfriesland die Sache einiger weniger. In den Kreisen des aufgeklärten Bürgertums, die über Besitz und Bildung verfügten, fand die Idee einer parlamentarischen Repräsentation noch am ehesten Gehör. Im Frühjahr 1848 kam es daher vor allem in den ostfriesischen Städten zu Unruhen. Als ostfriesische Besonderheit innerhalb dieser Bewegung kam hinzu, daß sich mancherorts liberales Bürgerbewußtsein mit dem traditionellen Anspruch der ›friesischen Freiheit‹ – einer eher ständischen Idee – vereinigte. Am 18. Mai 1848 trat in Frankfurt die Paulskirchenversammlung zusammen, und Ostfriesland wurde von drei Vertretern repräsentiert: dem Emder Reeder Ysaak Brons (1802–1866), dem Leeraner Assessor Groß und dem Dornumer Rechtsanwalt Röben.

Die von der Paulskirche ausgehenden nationalen Bekenntnisse fanden in Ostfriesland zum Teil deshalb Widerhall, weil sich darin auch anti-hannoverische Gefühle ausdrücken konnten. Die in der Diskussion um die deutsche Einheit vorgebrachte Idee einer gesamtdeutschen Flotte wurde vor allem in den ostfriesischen Hafenstädten begierig aufgegriffen. In der strukturschwachen Region erhoffte man sich von einem Flottenbauprogramm wirtschaftliche Impulse. Die Landarbeiter standen der ganzen liberalen Bewegung distanziert gegenüber, da die politisch-ideologischen Auseinandersetzungen jener Tage sie wesentlich weniger interessierten als vielmehr die Verbesserung ihrer sozialen und wirtschaftlichen Situation. Für diese Bestrebungen bot die liberale Revolution des Bürgertums aber durchweg keine Lösung an. So kam es zu keiner Verbindung der unteren Schichten mit dem liberalen Bürgertum, und damit war in Ostfriesland der Revolution ihre umstürzlerische Sprengkraft genommen. Im Zuge der Bewegung war es sogar zur Bildung sogenannter ›Bürgerwehren‹ gekommen, die zwar das bürgerliche Selbstbewußtsein stärkten, zugleich aber auch dem Bedürfnis nach Ruhe und Ordnung nachkamen. Hier und da hatte es nämlich auch Landarbeiteraufstände gegeben, die dem liberalen Bürgertum denn doch einen Schritt zu weit gingen.

Besonderes Kennzeichen der liberalen Bewegung war in Ostfriesland die eigenartige Tatsache, daß die Wortführer und Initiatoren aus dem Kreis der Lehrer auf dem Lande stammten. In Eschen bei Aurich kam es im April und Mai aufgrund dieser Initiativen zu Volksversammlungen, an denen sich vor allem Bauern beteiligten; es wurde eine Mischung aus reformerischen Forderungen und altostfriesischen Rechtsansprüchen formuliert. Während des Sommers versiegte die Eschener Initiative aber wieder, denn die Bauern hatten mit ihrer Feldarbeit alle Hände voll zu tun und verschwendeten offensichtlich kaum noch einen Gedanken an die Revolution. In den Städten – vor allem in Emden – wurden ›Bürgervereine‹ gegründet, die man getrost als Vorläufer der späteren Parteienbildung betrachten kann. Alles in allem verliefen Sommer und Herbst dieses Jahres in Ostfriesland aber ruhig. Die ›Ostfriesische Landschaft‹ spielte als politische Körperschaft in dieser Zeit schon keine nennenswerte Rolle mehr – wenn man einmal davon absieht, daß in Petitionen an den König um mehr Gewerbefreiheit, Selbstverwaltung oder Erneuerung altostfriesischer Rechte nachgesucht wurde.

Ende Dezember 1848 wurden von der Nationalversammlung in Frankfurt die ›Grundrechte des deutschen Volkes‹ verabschiedet, und am 28. März 1849 trat die Reichsverfassung in Kraft. Am 2. April 1849 lehnte König Friedrich Wilhelm IV. von Preußen die ihm angetragene Kaiserkrone ab. Dieses Ereignis markierte das Scheitern der liberalen Revolution, und ganz Deutschland – damit auch Ostfriesland – trat in eine Phase der politischen Reaktion. Für Ostfriesland war die Bewegung eine Episode geblieben, an der die Mehrheit der Bevölkerung nicht teilnahm, in der sich aber dadurch auch zeigte, daß Ostfriesland wohl noch als territoriale Einheit, nicht aber mehr als politisch eigenständiges Gebilde im Bewußtsein verankert war. Bewahrung ging vor Veränderung, was den Historiker Heinrich Schmidt von der augenfälligen »Harmlosigkeit in der Provinz« sprechen läßt. Ostfriesland gehörte zu Hannover, und das sollte bis 1866 auch so bleiben.

Der Delft in Emden bei Ebbe; links der Rathausturm

DIE HISTORISCHE ENTWICKLUNG

Die Hannoveraner führten in der Folgezeit ein reaktionäres Regiment. Besonderer Repräsentant dieses harten Kurses war – neben König Georg V. selbst – der Innenminister Borries. Er verhinderte den Einzug des gemäßigten liberalen Deputierten Ysaak Brons in die hannoversche Ständeversammlung. Der in Ostfriesland für Hannover residierende Landdrost von Marschalck wurde von Borries abgesetzt, weil er die polizeistaatliche Richtung des Hannoveraner Innenministers nicht verwirklichen wollte; denn aus seiner Kenntnis der ostfriesischen Verhältnisse heraus legte Marschalck auf den Ausgleich zwischen Ostfriesland und Hannover mehr Wert als auf eine Politik der harten Hand. Georg Bacmeister wurde neuer Landdrost in Aurich. Er war Anhänger des absoluten Königtums – damit der ideale Mann für die Welfen –, aber zugleich auch ein ausgezeichneter Verwaltungsfachmann. Seine verwaltungspolitischen Vorstellungen zielten darauf, Ostfriesland vollständig und widerstandslos in das Königreich Hannover zu integrieren. Bacmeister wurde Präsident des 1849 auf hannoversche Veranlassung hin gegründeten ›Landwirtschaftlichen Vereins‹ in Ostfriesland und war vor allem bestrebt, die Verkehrswege von und nach Ostfriesland auszubauen, da nur so an eine Besserung der wirtschaftlichen Lage zu denken war. Denn obschon nach der Jahrhundertwende die Konjunktur wieder anzog, blieb die Entwicklung in Ostfriesland zurück. Gerade auch die Hafenstadt Emden litt unter wirtschaftlicher und sozialer Not. Zwar schloß sich Hannover 1851 dem ›Deutschen Zollverein‹ an, auch wurde 1856 die Eisenbahnstrecke von Westfalen bis Emden fertiggestellt, allein der erhoffte Aufschwung blieb weitgehend aus. Vor allem wohl die Emder Kaufmannschaft und das liberale Bürgertum setzten noch immer auf die nationale Einigung Deutschlands unter preußischer Führung, weil sie hierin am ehesten ökonomische Entwicklungschancen über den eigenen Raum hinaus sahen. 1859 wurden in mehreren Städten ›Nationalvereine‹ gegründet, deren Wortführer wieder einmal Ysaak Brons war, dem daraufhin der Einzug in die Deputiertenkammer der hannoverschen Ständeversammlung verwehrt wurde. Man war in jenen Jahren Hannover gegenüber beileibe nicht aufgeschlossen, nahm das Herrschaftsgefüge – wenn überhaupt – eher hin, aber die selbstbewußteren Kreise, die ihre Interessen formulieren konnten, machten keinen Hehl aus ihrer Vorliebe für ein Leben unter preußischer Regierung. Die Entwicklung steuerte recht bald darauf zu.

Am 19. Juni 1866 brach der Krieg zwischen Preußen und Österreich aus. Hannover stand auf der Seite der Habsburger, und als diese den Hohenzollern bei Königgrätz unterlagen und die Hannoveraner bei Langensalza, wurde das Königreich Hannover vom Königreich Preußen annektiert. Am 26. Juni 1866 besetzten preußische Truppen abermals Aurich. In Emden, Leer und Norden wurden Petitionen verfaßt, die um den Anschluß an das preußische Westfalen nachsuchten. Bis 1869 wurde gerade von den Handels- und Wirtschaftskreisen dieser Gedanke immer wieder ins Spiel gebracht, da an Rhein und Ruhr die Industrialisierung begonnen hatte und man von dieser wirtschaftlichen Expansion auch im abgelegenen Land an der Küste profitieren wollte.

Der preußische Ministerpräsident Otto von Bismarck allerdings bemerkte inner-ostfriesische Zwistigkeiten, die vor allem darin bestanden, daß die Landbevölkerung keineswegs für einen Anschluß an Westfalen war, sondern nach wie vor der gewohnten hannoverschen

Herrschaft ergeben schien. Vor allem glaubte Bismarck aber auch herauszuhören, daß in Ostfriesland in erster Linie partikularistische Interessen am Werk waren: man rief nach Preußen und der deutschen Nation, meinte aber den eigenen Vorteil. Die Landdrostei in Aurich, der zentrale Verwaltungssitz, wie ihn die Hannoveraner geschaffen hatten, sollte in Ostfriesland bleiben. Dies sei, so Bismarcks Eindruck, für die Ostfriesen eine wichtigere Entscheidung als die Frage, ob es zur Provinz Westfalen oder zur jetzt preußischen Provinz Hannover gehöre. Nach 1869 verebbte die Diskussion um die Zugehörigkeit, und die Landdrostei Aurich blieb Teil der Provinz Hannover.

Am 1. Juli 1885 wurde die Landdrostei in eine ›Regierung‹ umgewandelt; an der Spitze der Behörde stand wieder der ›Regierungspräsident‹. Die Ämter wurden nach einer neuen Kreisordnung verteilt, und die kreisfreie Stadt Wilhelmshaven wurde in den Regierungsbezirk Aurich eingegliedert. Preußen hatte bereits 1853 – an Hannover vorbei – das Gebiet um Wilhelmshaven von den Oldenburgern gekauft, um hier einen Kriegshafen anzulegen. Die Hoffnungen, die die Emder immer geschöpft hatten, wenn von Flottenbau und Kriegsvorbereitungen die Rede war, zerschlugen sich wieder einmal; nationaler Kriegshafen wurde zunächst Wilhelmshaven.

Bereits in den ersten zwei bis drei Jahren nach 1866 hatte Preußen die Verwaltung in Ostfriesland von hannoverschen Beamten ›gereinigt‹. Allerdings war für die Selbstverwirklichung ostfriesischer Pläne in der Weite Preußens noch weniger Platz als zuvor unter den Hannoveranern. Die ›Landschaft‹ verlor nun auch formal die allerletzten Zuständigkeiten und sah sich zunehmend nur noch auf die Pflege der heimatlichen Kultur verwiesen. Allerdings verfügte sie noch immer über erhebliche finanzielle Mittel aus ihrem Vermögen. 1870 gründete sie die ›Ostfriesische Sparkasse‹, um mit zinsgünstigen und langfristigen Kleindarlehen die kleinen Kolonisten aus den Händen von Wucherern zu befreien. Darüber hinaus verwaltete sie nach wie vor die von Friedrich II. einst ins Leben gerufenen Brandkassen für die Städte und Flecken und für das platte Land. Sie finanzierte wichtige Entwicklungsprojekte wie z. B. die Landgewinnung in der Leybucht und den Bau des Ems-Jade-Kanals.

In Ostfriesland lebten Ende des 19. Jahrhunderts noch 50 Prozent der Bevölkerung unmittelbar von der Landwirtschaft. Noch immer herrschten in Marsch und Geest ganz unterschiedliche Strukturen. In der Marsch der Krummhörn und des Rheiderlandes etwa überwogen die ›Polderfürsten‹, reiche bäuerliche Grundbesitzer, die schon mit industriellen Mitteln ihre Betriebe führten, auf denen eine große Zahl abhängiger Landarbeiter beschäftigt war. 90 Prozent der landwirtschaftlichen Nutzfläche in der Krummhörn gehörten 1895 zu Höfen mit mehr als 20 Hektar Land. Betriebe mit weniger als 2 Hektar Land bebauten nur 2 Prozent der gesamten Nutzfläche, obwohl die Zahl dieser Kleinsthöfe sechsmal größer war als die der Großbetriebe. Entsprechend ausgeprägt war das soziale Gefälle in der Marsch. Es mag mit dem sprichwörtlichen Beharrungsvermögen der Ostfriesen zusammenhängen, daß trotz dieser offenkundigen sozialen Mißstände die Ideen der sozialistischen Bewegung in jenen Jahren hier auf keinen fruchtbaren Boden fielen und auswärtige Wanderarbeiter, die die Schriften von Marx und Engels mitbrachten, von den heimischen

DIE HISTORISCHE ENTWICKLUNG

Landarbeitern sogar vertrieben wurden. Die Sozialdemokratie hatte es ebenfalls schwer, in Ostfriesland Fuß zu fassen. Am ehesten gelang es ihr noch in den Städten, wohingegen auf dem platten Land die zumeist hochdeutsch sprechenden sozialistischen Wanderarbeiter die Sprachbarriere zu ihren Klassengenossen nicht überwinden konnten. Mitte der 70er Jahre kam es in Norden und Leer zu ersten Ansätzen einer gewerkschaftlichen Organisation. Mit der Aufhebung der Sozialistengesetze 1890, mit denen bis dahin die Sozialdemokratie im Deutschen Reich verfolgt wurde, begann der Erfolg der Sozialisten auch in Ostfriesland. 1906 gab es in Emden 2300, in Leer 1000 Mitglieder der freien Gewerkschaft. 1890 wurde in Leer ein ›sozialdemokratischer Verein‹ gegründet, und 1902 entstand der erste Ortsverein der SPD in Emden. In Norden gab es seit 1897 einen ›Arbeiter-Bildungsverein‹ mit zunächst nur 45 Mitgliedern. Die Wahlen zum Reichstag – die Wählerschaft bestand aus allen Männern über 25 Jahren – hatten seit der Reichsgründung 1871 immer mit Erfolgen der konservativen und nationalliberalen Partei geendet. Nachdem nun das über die »vaterlandslosen Gesellen« verhängte Verbot aufgehoben war, brachte es die Sozialdemokratie bei den Reichstagswahlen 1890 auf 9 Prozent der Stimmen, in Emden jedoch auf 30 Prozent. In den Städten wuchs die sozialdemokratische Bewegung kräftig an, auf dem Lande nur langsam, aber stetig. Von 1890 bis 1912 entwickelten sich ihre Wahlergebnisse zwar von 9 auf 19 Prozent, doch wuchs die SPD im Reichsdurchschnitt von 20 auf annähernd 35 Prozent. Diese schlechten Ergebnisse in Ostfriesland mögen angesichts der desolaten wirtschaftlichen und sozialen Lage in Ostfriesland auf den ersten Blick etwas erstaunlich anmuten. Aber die Denk- und Verhaltensstrukturen waren noch so in alten Bahnen befangen, daß neue Ideen kaum eine Chance hatten, sich durchzusetzen; der Landarbeiter wählte eben, wenn er überhaupt wählte, wie sein Herr. In den Städten hatte sich demgegenüber viel rascher ein Bewußtseinswandel vollzogen.

Vor allem Emden machte nach der Reichsgründung 1871 endlich die rasante Entwicklung durch, auf die es solange gehofft hatte. In den 80er Jahren wurde der Hafen ausgebaut, eine Seeschleuse angelegt und der Bau des Dortmund-Ems-Kanals in Angriff genommen. Als der Kanal 1899 von Kaiser Wilhelm II. eingeweiht wurde, war schließlich doch noch die lang angestrebte Wasserverbindung zum Ruhrrevier und zum rheinischen Industriegebiet hergestellt worden. Zwischen 1899 und 1901 wurde der Außenhafen erweitert; damit wurde in Emden der Umschlag von Kohle und Erz, aber auch von industriellen Massengütern möglich. Die Schiffsbauindustrie wuchs im Gefolge der Hafenaktivitäten mit mehreren Werften heran, und die Zahl der Emder Einwohner stieg von 13400 (1880) auf 24600 (1915). Das generelle Wachstum Emdens ging allerdings zu Lasten von Städten wie Leer und Norden.

Konservative und Nationalliberale prägten – wie erwähnt – das politische Gefüge im wilhelminischen Ostfriesland. Kandidat und Repräsentant der Konservativen war Graf Edzard zu Innhausen und Kniphausen (1827–1908), langjähriger Präsident des ›Landwirtschaftlichen Hauptvereins‹. 1900 verlieh ihm der Kaiser den Fürstentitel. Kniphausen, selbst welfisch gesinnt, vertrat die unterschiedlichsten konservativen Strömungen in diesem Land der Beharrung, in dem bäuerliche und bürgerliche Schichten durchaus unterschiedliche

Interessen hatten. Sogar der Liberalismus, wie er von Ysaak Brons geprägt worden war, fand sich bei Kniphausen wieder. Allen Strömungen gemeinsam war, daß man es peinlchst vermied, sich den sozialen Unterschichten zu öffnen. Die Modernisierung der überkommenen Gesellschaft, die sich andernorts im Reich als Folge der Industrialisierung durchaus schon abzeichnete, verfehlte Ostfriesland völlig.

Nach dem Ersten Weltkrieg brach das Kaiserreich zusammen, und Ostfriesland wurde – wie viele Regionen an der Küste und im Festland – Schauplatz der deutschen Novemberrevolution. Am 6. November 1918 meuterten Matrosen der ehemaligen kaiserlichen Kriegsmarine und der Handelsflotte in Kiel. In Emden schlossen sich Soldaten und Arbeiter zusammen und bildeten am 10. November einen Arbeiter- und Soldatenrat. Die militärische Gewalt ging von diesen Räten aus, die auch die Behörden und Fabriken kontrollierten. In vielen anderen Städten kam es ebenfalls zur Gründung solcher Räte; allerdings war ihre Herrschaft auch hier – wie überall im Reich – nur kurz. Der ›Diktatur des Proletariats‹, wie sie von den Räten gefordert und nach ihrem Verständnis praktiziert wurde, war kein Erfolg beschieden. Bald beherrschten gemäßigtere Sozialdemokraten die Szene, was sich auch bei den Wahlen zur Nationalversammlung am 19. Januar 1919 zeigte. In Emden etwa konnte die SPD ihr Ergebnis gegenüber der Reichstagswahl von 1912 erheblich verbessern. Allerdings errang die liberale ›Deutsche Demokratische Volkspartei‹ (DDP) in fast allen Städten und vielen Orten auf dem Lande die Mehrheit. Es gab in der Zeit der Rätebewegung Ansätze zur Bildung eines ostfriesischen ›Zentralrates‹, auch die Idee einer freien ›Republik Oldenburg-Ostfriesland‹ wurde kurzzeitig aufgegriffen. Aber selbst in revolutionärer Situation zeigte sich, wie viele unterschiedliche, von Traditionen geprägte Sonderinteressen in Ostfriesland wirksam waren.

Die Novemberrevolution endete mit dem Einmarsch von Regierungstruppen, die von der sozialdemokratischen Reichsführung nach Ostfriesland beordert worden waren. Es scheint so, als habe das Leben ab Ende Februar in Emden, wo die Aufstände wohl am heftigsten waren, wie auch auf dem Lande wieder seinen gewohnten Gang genommen, obwohl der Erste Weltkrieg und in seinem Gefolge die Novemberrevolution für einige gesellschaftliche Veränderungen gesorgt hatten. Die bäuerliche und bürgerliche Mittelschicht war in ihrem sozialen Selbstbewußtsein und zum Teil auch ihrer wirtschaftlichen Verfassung zutiefst erschüttert. Es hatte zwar keine Umgestaltung der Besitzverhältnisse gegeben, aber der Wechsel von der Monarchie zur Republik war unverwechselbar und unwiderruflich. Die Parolen der Arbeiter- und Soldatenräte 1918/19 hatten darüber hinaus bewirkt, daß die ostfriesischen Landarbeiter mit dem Sozialismus in engere Berührung kamen. Auf der Marsch war fortan – bis 1933 – ein stabiles Wählerreservoir für die Sozialdemokratie vorhanden. Die Landarbeiter organisierten sich, nahmen ihre Interessen stärker wahr als früher, und in der Erntezeit kam es wegen der Forderung nach besserer Bezahlung zu Massenstreiks. Eine in diesem Landstrich schwerwiegende Angelegenheit, denn noch immer lebten die meisten Menschen unmittelbar von der Landwirtschaft.

Für die ostfriesische Verwaltung ergaben sich natürlich ebenfalls Konsequenzen aus der republikanischen Umgestaltung. 1922 wurde Jann Berghaus, ein ehemaliger Lehrer und dem

DIE HISTORISCHE ENTWICKLUNG

linken Liberalismus zuzurechnen, Regierungspräsident in Aurich. Es war das erste Mal überhaupt, daß ein Ostfriese an die Spitze der Verwaltung von Aurich gelangte. Zu den zentralen Zielen Berghaus' gehörte neben dem Ausbau der Fernverkehrswege die Ansiedlung von Industrien. In den 20er Jahren wuchs in Wiesmoor ein beispielhaftes Projekt aus dem Boden. Der Torf, der aus dem Moor gewonnen wurde, wurde im Elektrizitätswerk der Nordwestdeutschen Kraftwerke in Energie umgewandelt. Mit der dabei freiwerdenden Wärme wurden riesige Treibhäuser beheizt, aus denen das ganze Jahr über Gemüse in Massen bezogen wurde. Doch solche Beispiele für konsequente Landesentwicklung blieben die Ausnahme. Die Inflation von 1923 verschlechterte die Lage nicht nur der Unterschichten immer mehr, auch die kapitalbesitzenden Mittelschichten in der Stadt und auf dem Land mußten zusehen, wie ihre Ersparnisse und flüssigen Mittel aufgefressen wurden – was sich ab 1923 unmittelbar in den Wahlergebnissen niederschlug. Die Deutschnationalen bekamen bei den Reichstagswahlen im Mai 1924 – örtlich verschieden – zwischen 25 und 35 Prozent der Stimmen, während die demokratischen Parteien der Weimarer Republik Einbußen erlitten. Diese Tendenz verstärkte sich noch nach der Weltwirtschaftskrise von 1929, nach der die Nationalsozialisten von 3,7 Prozent im Jahr 1928 auf 22,8 Prozent im Jahr 1930 kamen. Einen traurigen Rekord verbuchte der Kreis Wittmund: Hier wählten 50 Prozent der Einwohner die NSDAP. Auch die ostfriesische Arbeiterschaft hatte sich gespalten. In Emden hatten zwar die Sozialdemokraten 1930 noch 23,4 Prozent der Wähler hinter sich, die Kommunisten 17,1 Prozent, doch waren zu diesem Zeitpunkt auch hier die Nazis stimmenmäßig schon mit den Sozialdemokraten gleichgezogen. So war es auch in Ostfriesland keine ›Machtübernahme‹, die sich dann am 30. Januar 1933 vollzog, sondern ein ›Machtübergang‹ an die Braunhemden – eingeleitet durch den ständigen Erosionsprozeß der Weimarer Republik, die auch in Ostfriesland nicht mehr als eine Republik ohne Republikaner gewesen sein dürfte.

Sofort nachdem Hitler an die Spitze des Reiches gelangt war, begannen auch in Esens und Leer die ›Säuberungen‹. Sozialdemokraten und Kommunisten wurden verhaftet. Der demokratische Regierungspräsident Jann Berghaus war bereits im Herbst 1932 aus dem Amt vertrieben worden; in Leer nahm sich 1933 der Bürgermeister vom Bruch aus Verzweiflung über die eingetretene Situation das Leben. Die Propaganda der Nationalsozialisten mit ihrer Blut- und Boden-Ideologie verfing natürlich in dieser ausgeprägt agrarischen Region besonders. Durch Arbeitsbeschaffungsprogramme im Deichbau, in der Moorkultivierung und im Straßenbau wurde die Arbeitslosenzahl gedrückt. Der seit dem ›New Deal‹ des amerikanischen Präsidenten Roosevelt weltweit zu verzeichnende Konjunkturaufschwung verfehlte seine Wirkung auch im totalitären Deutschland nicht. Für kurze Zeit ging es etlichen Menschen wirtschaftlich tatsächlich besser.

Zur gleichen Zeit verwirklichten die Nationalsozialisten ihr rassenideologisches Programm. Der Holocaust machte auch vor den ostfriesischen Juden nicht Halt; 1925 lebten in Ostfriesland 2336 Juden – 1939 noch 697. Im November 1938 waren Synagogen gestürmt und Geschäfte geplündert worden. Ab September 1939 mußte auch Ostfriesland mit einem blutigen Krieg für die Duldung der NS-Herrschaft zahlen. Der Bombenkrieg erfaßte die

84

Städte Aurich und Esens, Emden und Leer. Bei Fliegerangriffen wurde Emden zu zwei Dritteln zerstört; der mittelalterliche Kern der Stadt versank in zwei Bombennächten. Im April 1945 befreiten englische und kanadische Truppen Ostfriesland von der Herrschaft des NS-Regimes. Nach der deutschen Kapitulation war das Gebiet nördlich des Ems-Jade-Kanals Internierungslager für deutsche Kriegsgefangene; Ostfriesland gehörte jetzt zur britischen Besatzungszone.

Das Kriegsende brachte einen radikalen Wechsel in allen Lebensbereichen mit sich. Britische Militärbehörden übernahmen die Verwaltung Ostfrieslands, und durch den alliierten Kontrollrats-Beschluß Nr. 46 vom 25. Juni 1947 wurde Preußen auch formell endgültig aufgelöst: »Der Staat Preußen, der seit jeher Träger des Militarismus und der Reaktion in Deutschland gewesen ist, hat in Wirklichkeit zu bestehen aufgehört.« Schon unmittelbar nach 1945 begann die Neubildung der Länder, und 1946 formte die britische Militärregierung durch Verordnung das Land Niedersachsen, in das auch der Regierungsbezirk Aurich einging. Damit war Ostfriesland wieder einmal nach Hannover hin orientiert, obwohl es auch nach dem Zweiten Weltkrieg in Ostfriesland Diskussionen über den Anschluß an eine westfälische Region gegeben hatte.

In den zerstörten deutschen Städten fehlte es den Menschen an Nahrung und dem Notwendigsten für den Alltag. Die ehedem strukturelle Schwäche Ostfrieslands erwies sich in dieser Situation als Vorteil, da 1946 fast die Hälfte der 150000 erwerbstätigen Ostfriesen von der Landwirtschaft lebten und der Schwarzhandel mit hungernden Städtern florierte. Flüchtlinge aus den deutschen Ostgebieten kamen nicht so zahlreich nach Ostfriesland wie in andere niedersächsische Gegenden. Obwohl man hier also nur relativ wenige Wohnstätten und Arbeitsplätze für Flüchtlinge zur Verfügung stellen mußte, kamen gewerbliche Wirtschaft und industrielle Fertigung nicht recht in Gang. Im März 1950 waren in Ostfriesland 32 Prozent aller Arbeitnehmer arbeitslos, und die Einwohnerzahl sank, da vor allem jüngere Menschen sich von ihrer angestammten Umwelt abwandten, um in den industriellen Ballungszentren – vor allem an Rhein und Ruhr – Arbeit zu suchen.

Dieser Trend hielt bis 1959 an, zu welcher Zeit dann nämlich auch in Ostfriesland die Auswirkungen des wirtschaftlichen Aufschwungs in der Bundesrepublik langsam zu spüren waren. Vornehmlich in größeren Städten und deren Umgebung wurden Industriebetriebe angesiedelt, die mit erheblichen staatlichen Mitteln in die verkehrsferne Region gezogen worden waren. Im Zuge dieser Industrialisierung Ostfrieslands in den späten 50er und frühen 60er Jahren verschoben sich die gesellschaftlichen Strukturen dieser jahrhundertealten historischen Landschaft noch einmal radikal. Ein Egalisierungsprozeß mit anderen Teilen der Bundesrepublik trat ein, da sich der wirtschaftlich nachteilige Standort nicht mehr so kraß wie früher auswirkte. Der Unterschied zwischen Stadt und Land löste sich langsam auf. Die Lebensgewohnheiten der Landbevölkerung änderten sich, nicht zuletzt durch die verbesserten Informationsmöglichkeiten vermittels elektronischer Medien und der höheren Mobilität durch Autos. Die bäuerlichen Besitzverhältnisse verlagerten sich: kleine Bauernstellen mußten aufgegeben werden, größere Besitztümer wurden noch größer, und ihre Überlebenschancen im Zuge europäischer Agrarpolitik insgesamt verbesserten sich.

DIE HISTORISCHE ENTWICKLUNG

In seiner jüngsten Vergangenheit hat Ostfriesland immer weniger seine historische Sonderentwicklung fortgeführt. Eingebunden in das Land Niedersachsen und die Bundesrepublik Deutschland, hat es mit speziellen, vor allem wirtschaftlichen Problemen fertigzuwerden. Doch die alten Traditionen haben sich trotz der Mobilität der heimischen und der auswärtigen Bevölkerung erhalten. Der Abstand wurde aufgehoben, aber die Eigenarten sind geblieben.

Das Totius-Frisiae-Siegel

Die Landschaftstypen Ostfrieslands

Das Moor

»Des ersten Tod, des zweiten Not, des dritten Brot« – so wird die Entwicklung der Moore in einer heimatgeschichtlichen Darstellung beschrieben. In Ostfriesland kommen als Landschaftsformen Niederungsmoore und Hochmoore vor. Niederungsmoore sind aus verlandenden Gewässern entstanden. Der nährstoffreiche Torf der Niederungsmoore entstand dadurch, daß abgestorbene Pflanzen und Tiere in diesen Gewässern nur wenig zersetzt wurden. Die Pflanzenwelt der Niederungsmoore bezieht ihre Nährstoffe aus dem Grundwasser. Dagegen erhält das Hochmoor seine Feuchtigkeit ausschließlich aus den Niederschlägen, es steht in keinerlei Verbindung mehr zum Grundwasser. Das Hochmoor wölbt sich uhrglasartig zu einem Polster, das 1,5 bis 4 Meter stark ist. Es ist in niederschlagsreichen Gegenden durch Verwesung abgestorbener Moose entstanden. Auf der untersten Moosschicht sind immer neue Schichten gewachsen und wieder abgestorben, bis die schwarzerdige Torfschicht vollendet war. Auf den Hochmooren existiert nur eine bescheidene Vegetation und eine genügsame Tierwelt, die sich mit den nährstoffarmen Hochmoor-Böden zufriedengibt; sie bilden in sich abgeschlossene Biotope. Zur Regulierung des Klimas tragen die Moore dadurch bei, daß in den Hochmooren Wasser gespeichert wird, welches auch in Zeiten starker Trockenheit für ausreichende Luftfeuchtigkeit sorgt. Weil das Wasser nicht direkt, sondern verzögert abfließt, sind auch die umgebenden Böden vor Dürre und Austrocknung geschützt. Seit über zweihundert Jahren hat der Mensch allerdings Eingriffe in die Moorlandschaften vorgenommen. Die Moorkultivierung hatte zum Ziel, den brennbaren Torf abzubauen und neues Weide- und Ackerland zu gewinnen. In den unwirtlichen und klimatisch rauhen Verhältnissen war sie jedoch für die ersten Kolonisten mit Gesundheitsgefahren verbunden. Daher war Arbeit in der Moorkolonisation nicht selten auch Sträflingsarbeit.

An einzelnen Stellen in Ostfriesland kann man zwar noch die Arbeit im Moor beobachten, im allgemeinen aber wird man nur durch die Ausstellungsstücke in den Heimatmuseen mit der Torfgewinnung in Berührung kommen. Das Torfstechen ist von jeher ein arbeitsteiliger Prozeß, der viel Kraft und Ausdauer erfordert. Die Torfgewinnung war nur im Sommer möglich, und dabei war jeder Kolonist auf die Hilfe der anderen angewiesen. Meistens

DAS MOOR

Moorbrennen um 1878

arbeiteten im Moor fünf Kolonisten zusammen. Jeder in der Gruppe nahm die Aufgaben des ›Bunkers‹, ›Stickers‹, ›Gräbers‹, ›Korsetters‹ und ›Kroders‹ wahr. Der Bunker räumte mit einem speziellen Spaten die oberste Torfschicht ab, die Bunkerde, die sich nicht als Brenntorf eignet. Er war den anderen bei der Arbeit immer ein Stück voraus. Der Sticker stach mit einer stählernen Schneide die Torfschicht in gleichartige längliche Stücke. Der Gräber folgte dem Sticker; er löste die eingeschnittenen Torfsoden mit dem schaufelähnlichen ›Jager‹ waagerecht aus der Torfwand und setzte sie auf ein Brett. Aufgabe des Korsetters war es, diese feuchten Torfstücke mit der ›Settförk‹, einer vierzinkigen Gabel, auf einen speziellen Karren zu heben. Die volle Karre wurde vom Kroder zum ›Schlag‹ aufgehäuft, der am Rande des Grabungsfeldes auf einer ebenen Fläche lag. Die Arbeitsleistung der Torfgräber wurde als ›Dagwerk‹ berechnet. Das war eine genau festgelegte Menge Torfs, die die Moorarbeiter pro Tag stechen mußten und nach der auch ihr Tageslohn berechnet wurde.

Durch die Kultivierung drohen die Moore vernichtet zu werden. Gab es in Deutschland 1918 noch mehr als 2 Millionen Hektar Moorflächen, so waren sie in der Bundesrepublik bis 1969 auf 174 000 Hektar geschrumpft. Aber von der Urbarmachung der Moore ist wenig geblieben. Um auf den kargen Moorflächen die Erträge zu steigern, ist man auf die Technik des Übersandens verfallen. Die Sandschicht, die sich unter der Moorfläche befindet, wird mit starken Maschinen nach oben befördert, so daß schließlich eine etwa fünfzehn Zentimeter starke Sandschicht auf dem Moor liegt. Bei dieser Technik wird dem Boden überdies Wasser entzogen, so daß man bei der übersandeten Fläche keinesfalls mehr von Feuchtgebieten sprechen kann.

Die Geest

Zwischen Moor und Marschen liegt die Geestlandschaft. Die Geest ist erdgeschichtlich ein eiszeitliches, flachwelliges Endmoränengebiet. Im Laufe von Jahrtausenden wurden während der eisfreien Periode immer wieder Lehm-, Ton- und Sandmassen abgelagert. Heute kann man in der Geest zumindest drei Schichten unterscheiden: Von unten nach oben liegen Kiesschichten, Lehmböden und Decksande übereinander. Die Geest, die das Kerngebiet Ostfrieslands bildet, wird durch kleine Flüsse und Bäche, Platten und flache Niederungen gegliedert. Besonderes Kennzeichen der Geestflächen sind darüber hinaus die Wallhecken. Sie teilen durch baum- und strauchbestandene Böschungen, die einst das Weideland vom Ackerland trennten, das Land in schachbrettartige Muster auf.

Geestlandschaft bei Aurich; Bleistiftzeichnung von Ernst Petrich, 1933

DIE MARSCH

In der Geest wachsen vor allem Eichen, Birken und Buchen. Allerdings sind geschlossene Waldflächen nur äußerst selten anzutreffen. Meist sind die Laubwälder durch die Forstwirtschaft in Nadelgehölze umgewandelt worden. Dafür dominiert in der Geestlandschaft der bunte Wechsel von Grünland und Ackerland. Trotz der von der Flugsandschicht gebildeten Bodenwellen erreicht auch die Geest selten Höhen von 20 Metern über dem Meeresspiegel.

Die Marsch

Der unmittelbar an der Küste liegende Landschaftsstreifen ist die Marsch. Die Marsch ist ein Schwemmland, das durch Ablagerungen aus dem Meer entstanden ist. Bei der zweimal täglich eintretenden Flut werden feinste Tier- und Pflanzenreste herangespült. Zusammen mit den schwereren Sanden lagern sich diese Sinkstoffe ab; dadurch entstehen Tonböden von stark organischer Zusammensetzung. Der Marschboden erreicht in Meeresnähe eine Mächtigkeit von bis zu 20 Metern. Den Deichen zum Meer hin vorgelagert sind die Salzmarschen der Vorländer, deren Nutzungsmöglichkeiten noch stark eingeschränkt sind. Die natürlich gedüngten Marschen dagegen zeichnen sich durch ihre hohe Bodengüte aus, daher hatte man bereits im 11. Jahrhundert damit begonnen, diese Marschen einzudeichen.

Man unterscheidet die Jungmarsch, die Altmarsch und die Knickmarsch. Unmittelbar hinter den Hauptdeichen liegt die Jungmarsch. Gegenüber der Altmarsch und der Knickmarsch liegt sie bis zu zwei Metern über NN. Durch die jahrtausendelange Ablagerung von Muschelschalen weist ihr Boden einen besonders hohen Kalkanteil auf. Getreide- und Gemüseanbau sind hier ebenso zu finden wie weite Grünflächen. Das Landschaftsbild der Marsch wird durch reiche Viehbestände, einzeln gelegene Gehöfte oder Dörfer auf Warften geprägt. Dies sind Erdhügel, die angelegt wurden, als es noch keine Deiche gab und das Land bei Flut regelmäßig überspült wurde. Im Laufe der Zeit entstanden durch neue Eindeichungen die Polder, auf die heute noch die Binnendeiche hinweisen, die man im Land weit hinter den Hauptdeichen findet. Die Altmarsch besteht aus Gebieten, die zwischen 1100 und 1500 n. Chr. eingedeicht wurden. Sie liegt tiefer als die Jungmarsch und weist so schwere Böden auf, daß der Ackerbau hier nicht betrieben werden kann. Die ebene Weidelandschaft der Altmarsch wird von Gräben durchzogen. Es finden sich auch kleine stehende Gewässer, die sogenannten ›Wehlen‹. Altmarsch wie Jungmarsch sind so gut wie baumlos, lediglich entlang der schnurgeraden Allee stehen Gehölze, die der stete Nord-Nordwest-Wind in eine charakteristische Schräglage gebracht hat.

Die Knickmarsch bezieht ihren Namen von verdichteten Schichten (›Knick‹), die ihr Boden im Untergrund aufweist. Ihre oberen Schichten sind weitgehend nicht mehr kalkhaltig. Sie liegt in unmittelbarer Nähe der Geest, vermischt sich hier und da auch schon mit Geestböden. Auch das Niveau der Knickmarsch liegt unter dem Meeresspiegel, nicht selten ist ein Niveau von zweieinhalb Metern unter NN anzutreffen. Örtlich können die Marschböden auch von Niederungsmooren überdeckt werden. Die Nutzung der Knickmarsch besteht vor allem in der Grünland-Bewirtschaftung. Die Entwässerung der niedrig

Häuser auf dem Warf; Radierung von Ernst Petrich, 1920

gelegenen Marschgebiete erfolgt durch Schöpfwerke, die entlang der Fluß- und Seedeiche in großer Zahl errichtet wurden.

Das Wattenmeer

Zwischen dem Festland mit Marsch, Geest und Moor und der Kette der ostfriesischen Inseln erstreckt sich das Wattenmeer in einer Breite von 5 bis 7 Kilometern. Das Watt ist eine flache Schwemmlandküste und wird vom Wechsel der Gezeiten entscheidend geprägt. Das Wattenmeer ist eine ökologisch einzigartige Landschaft, denn durch den zweimal täglich stattfindenden Wechsel von Ebbe und Flut hat sich eine Tier- und Pflanzenwelt ganz eigener Art entwickelt. Diese Auf- und Abbewegung des Wassers, die Gezeiten, wird von Sonne und Mond gesteuert. Durch die Erdumdrehung entstehen Fliehkräfte, die sich auf die Wassermassen der ganzen Erdkugel auswirken. Die Erde wird einerseits von der Sonne

DAS WATTENMEER

Ostfriesischer Wattfischer, 1858

angezogen, andererseits wirken auf die Erde aber auch die Anziehungskräfte des Mondes. Die Überlagerung dieser Kräfte, die nicht gleichzeitig in die gleiche Richtung wirken, erzeugt das Heben und Senken der Wasseroberfläche. An der Küste wirkt sich dies als Wechsel von Ebbe und Flut aus. Die stärkere Anziehungskraft des Mondes führt dazu, daß der Wasserstand nicht mit dem 24-stündigen Sonnentag, sondern mit dem 25-stündigen Mondtag wechselt. Für die von Tag zu Tag wechselnden Zeiten des höchsten und niedrigsten Wasserstandes liegen astronomisch berechnete Gezeitentabellen vor, die für die Schiffahrt und Küstenfischerei von größter Bedeutung sind. Stehen Sonne, Mond und Erde in einer Linie, so tritt eine sogenannte ›Springflut‹ ein, während der das höchste Hochwasser und das niedrigste Niedrigwasser gemessen werden. Springfluten bringen daher große Belastungen der Küstenschutzbauwerke. Bei einer anderen Mondstellung ist der Unterschied zwischen niedrigstem und höchstem Wasserstand am geringsten; diesen kurzen Gezeitenschub nennt man ›Nippflut‹.

Das Watt benötigt zu seiner Erhaltung die ständige Zufuhr von Feinmaterialien aus Meer und Flüssen, die sich im Schutz der Inselketten ablagern. Vor der ostfriesischen Halbinsel kann man zwei Wattypen unterscheiden: erstens Buchtenwatten, die sich im Raum von Flußmündungen bilden, also vor allem der Dollart und der Jadebusen. Diese Buchten werden häufig nicht mehr voll durchspült, sondern liegen schon im Brackwasserbereich. Der zweite Wattyp sind die Rückseitenwatten, die sich im Schutz der Inseln gebildet haben.

Der Wattboden setzt sich in erster Linie zusammen aus Sand, Ton, Kalk und organischen Substanzen. Je nach der vorherrschenden Bodenbeschaffenheit spricht man von Sandwatt, Schlickwatt und Mischwatt. Seine gräulich-braune bis schwarze Färbung erhält der Schlickboden durch den hohen Anteil von Eisen, Mangan und Magnesium, sein organischer Anteil besteht aus dem Plankton. Die Neuproduktion von Sedimenten im Watt kommt heute selten vor, da neue Ablagerungen heute nur noch dadurch entstehen, daß an einzelnen Stellen z. B. Fahrrinnen freigebaggert werden und diese Bodenmassen an andere Orte umgelagert werden. Mit der zunehmenden Eindeichung von Buchten und längeren Küstenstreifen geht ein Verlust der Wattgebiete einher. Hier setzen auch Fragen nach der Eindeichungspolitik ein. Angesichts der ökologischen Einmaligkeit der Wattgebiete sehen viele Menschen an der Küste die Gefahr, daß durch Deiche und Wasserverschmutzung die Tier- und Pflanzenwelt der Watten verlorengehen könnte. Die Deichbauer dagegen weisen auf die Notwendigkeit des Küstenschutzes hin.

Das Wattenmeer wird bei Ebbe von kleinen Flußläufen durchzogen, den sogenannten ›Prielen‹. In diesen Prielen, die zu noch größeren Wasseradern, den ›Balgen‹, führen, herrscht oftmals eine starke Strömung. Wattwanderungen, bei denen man knöchel- bis knietief in den Schlick sinkt, sind eine gesunde und abwechslungsreiche Betätigung, man sollte sie allerdings nur unter der Anleitung erfahrener Wattführer unternehmen, die mit dem Wechsel der Gezeiten vertraut sind und jede Untiefe aus ihrer langjährigen Arbeit kennen. Man kann mit einem Wattführer auch unbedenklich den Weg vom Festland zu den Inseln nehmen. Dabei werden einem immer wieder die kotähnlichen Häufchen auf dem Boden auffallen. Die Pierwürmer im Watt haben sie geworfen: sie schaffen U-förmige Röhren, an deren einem Ende diese kleinen, gekringelten Häufchen liegen. Auf das vielfältige Kleingetier, das die Ebbe freilegt, machen die zahllosen Seevögel Jagd.

Die Inseln

Über die Entstehung der ostfriesischen Inseln gibt es seit langem Mutmaßungen und wissenschaftlichen Streit. Mit Sicherheit sind sie kein ehemaliges, jetzt vom Meer abgetrenntes Festland, vielmehr deutet alles darauf hin, daß die Inseln aus einem Strandwall vor einem Wattengürtel entstanden sind. Dabei wurde dieser Strandwall von Seegatts unterbrochen, die durch den Ebbe-und-Flut-Wechsel entstanden waren. Die Meeresfläche zwischen den Inseln bildet heute ein Seegatt.

In ihrem Aufbau ähneln sich alle sieben ostfriesischen Inseln sehr stark. Seewärts liegt der vegetationsfreie Strand. Zur Inselmitte hin folgen zwei unterschiedliche Dünenzüge, zunächst die noch weitgehend unbewachsenen ›weißen Dünen‹, dann die älteren, zu einer Landschaft zusammengewachsenen ›grauen Dünen‹. Zum Wattenmeer hin findet man auf den Inseln die Bildung von Marschland und Vorländern. Die Inseln wandern wegen der West-Ost-Strömung langsam nach Osten. So kommt es, daß die meisten Inseln ihren Hauptort heute an der Westseite haben. Durch sichernde Bauwerke – vor allem Deiche und

DIE INSELN

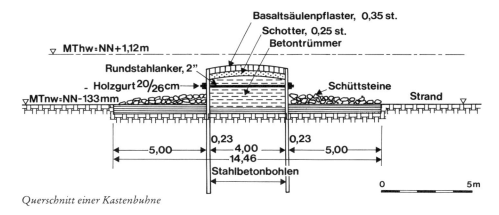

Querschnitt einer Kastenbuhne

verschiedene Buhnentypen – hat man hier aber im 20. Jahrhundert die Wanderungsbewegung abgestoppt oder zumindest wesentlich verlangsamt. Die ständig von Nordwest anrollenden Wellen tragen die Sandmassen am Westende der Insel ab und treiben sie an das Ostende, zum Teil auch über das Seegatt bis auf die Westseite der nächstfolgenden Insel, wo sie sich wieder anlagern. Die Wanderung der Inseln kann man heute noch an den untergegangenen Kirchen nachvollziehen. Das Wechselspiel von Abbruch und Aufbau führte dazu, daß auf der Insel Juist fünf Kirchenstandorte nachzuweisen sind. Von 1650 bis 1971 wanderte Juist um über vier Kilometer, wobei die Insel 1715 in zwei Teile auseinandergerissen wurde. Nach dem durch Anlagerungen wieder natürlich erfolgten Zusammenwachsen blieb an der Bruchstelle ein Süßwassersee, der ›Hammer‹, zurück. Er ist durch einen Deich gegen das Seewasser geschützt. Die Insel Wangerooge etwa verschob sich in nicht einmal drei Jahrhunderten um ihre ganze Länge nach Osten.

Der Boden auf den Inseln ist nährstoffarm und überwiegend sehr trocken. Daher setzt sich nur eine sehr robuste Pflanzenwelt auf den Inseln durch. Dazu gehört der Strandweizen auf den jungen Dünen. Die älteren Dünen werden von einer Strauchlandschaft überzogen. In feuchten und windgeschützten Dünentälern sind dann aber auch schon anspruchsvollere und farbenprächtige Pflanzen zu finden. Die Tierwelt ist entsprechend karg: Kaninchen, Hasen, Igel und Eidechsen sind die wesentlichen Landtiere. Dafür ist der Reichtum an Vogelarten aber besonders groß. Seltene Vögel wie der Säbelschnäbler oder der Austernfischer sind auf den Inseln ebenso anzutreffen wie die Geschwader von Möwen. Durch zunehmenden Fremdenverkehr sind die seltenen Arten vor allem dann bedroht, wenn die Naturschutzbestimmungen nicht eingehalten werden. Nur in der ungestörten Dünenlandschaft können die seltenen Arten nisten und brüten. Werden diese in ihrer Ruhe gestört, müssen diese Vogelarten bald aussterben. Ihre ganze Bedeutung beziehen die Inseln heute durch den Fremdenverkehr. Für die Seefahrt wichtig sind die Leuchttürme auf den Inseln, die eine Orientierung an der deutschen Nordseeküste ermöglichen.

Deichbau und Küstenschutz

»De nich will dieken, de mutt wieken« – so lautet ein doppelsinniges Sprichwort an der Küste. Wer nicht will deichen, der muß weichen – einerseits vertreibt der ›blanke Hans‹ die Bevölkerung aus der wasserüberfluteten Landschaft, andererseits brachte sich aber auch seit alters her derjenige um sein Recht, unter dem Deich zu siedeln und zu wirtschaften, der das ihm zugeteilte Stück Deich nicht in Ordnung hielt. In genossenschaftlichen Vereinigungen, den Deich- und Sielachten, waren die Bauern zusammengeschlossen, und jedem einzelnen oblag die Pflege seines Deichstücks als Gemeinschaftsaufgabe. Wer dazu nicht mehr bereit oder in der Lage war, mußte seinen Hof verlassen, und ein anderer übernahm das Land und die damit verbundenen Deichpflichten. Seit über hundert Jahren allerdings sind der Deichbau und der Küstenschutz eine Aufgabe des Staates. Die Deich- und Sielachten mit ihren gewählten Deich- und Sielrichtern gibt es aber noch heute. Sie beteiligen sich im Frühjahr und Herbst gemeinsam mit den staatlichen Stellen an den sogenannten Deichschauen, bei denen festgestellt wird, ob die Schutzeinrichtungen in einem einwandfreien Zustand sind.

Etwa 1000 n. Chr. wurde mit der Eindeichung der Küstenlinie begonnen. Im 12. oder 13. Jahrhundert hat dann erstmals ein geschlossener Deichzug entlang der Nordseeküste bestanden. Der Deichbau wurde aber immer wieder durch große Sturmfluten zunichte gemacht. Deiche brachen und Buchten entstanden, so daß kein Jahrhundert verging, in dem die Deichlinie nicht aufgebrochen und der Verlauf der Küste verändert wurde. Zu den folgenschwersten Naturkatastrophen gehörte die ›Marcellusflut‹ am 16. 1. 1362. In der großen ›Manndränke‹ – so ihr überlieferter Name – starben in Ost- und Nordfriesland schätzungsweise 100 000 Menschen. Der Dollart, die Leybucht und der Jadebusen entstanden oder wurden erweitert. Die letzte große Sturmflut in diesem Jahrhundert trat am 16./17. Februar 1962 ein. Die Verluste der Februarsturmflut waren geringer als die der Überschwemmungen vergangener Jahrzehnte und Jahrhunderte, da die Technik des Deichbaus einen so hohen Standard erreicht hatte, daß schwerwiegendere Folgen vermieden werden konnten. Trotzdem hatte auch die Flut von 1962 noch einmal die Schwachstellen der Küstenschutzbauwerke deutlich gemacht. An ihrer Ausbesserung ist seither weiter gearbeitet worden. Inzwischen beginnt eine Diskussion darüber, ob denn der Deichbau noch so wie in früheren Zeiten mit der Eindeichung immer weiterer Gebiete fortgesetzt werden kann oder ob nicht der moderne, perfektionierte Küstenschutz zu einer Zerstörung der Umwelt beiträgt.

DEICHBAU UND KÜSTENSCHUTZ

Die Sturmflut vom Januar 1877

Die ersten Deiche waren einfache und niedrige Erdwälle. Als Baustoff diente der klei- und tonhaltige Marschboden. Die Erdwälle deckte man dann mit Grassoden ab. Aufgrund der Erfahrungen mit immer neuen Deichbrüchen wurden die von den Deichbauern angelegten Wälle immer höher und deren Querschnitte immer breiter. Heute kann man am Zeichentisch genau berechnen, wie ein bruchsicherer Deich aussehen muß, wobei die Querschnittabmessungen entscheidende Bedeutung haben. Vor allem die Neigung von Außen- und Innenböschung ist für die Stabilität des Wasserschutzwerkes wichtig: die seezugewandte Böschung des Deiches hat immer einen geringeren Neigungswinkel als die Innenböschung, da auf einer flachen Böschung die anstürmenden Wasserfluten besser auslaufen können als auf einer steilen. Um der Flut Widerstand entgegenzusetzen, bauen die Experten für Küstenschutz heute auch Pflasterungen aus Betonsteinen auf der Außenseite der Deiche ein. Der Wellenangriff kann auch durch sogenannte Lahnungen vermindert werden. Das sind Dämme aus Stein oder Buschwerk, die quer zum Deich ab ins Wasser führen und die auch als Mittel der Landgewinnung dienen, da sich zwischen diesen Lahnungen Sediment ablagern kann. Durch kastenförmige Lahnungssysteme wird der Kern für ein neues Vorland vor dem Deich gelegt.

Die neueren und in den letzten Jahren erhöhten Deiche bestehen allerdings nicht mehr ausschließlich aus Kleierde. Vielmehr besteht der Kern dieser Deiche aus Sand, der durch Spülverfahren eingebracht worden ist. Erst über diesen Sandkern wird dann eine Kleidecke unterschiedlicher Mächtigkeit aufgebracht, darüber wiederum legt man eine Grasnarbe an. Die Februarflut von 1962 hatte gezeigt, daß für die Sicherheit des Deiches der Zustand der

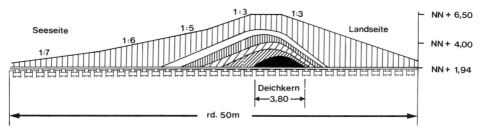

Das Wachsen der Deichquerschnitte vom schmalen, niedrigen Erdwall mit steilen Böschungen zum breitgelagerten Deichkörper mit flacher Außen- und Innenböschung

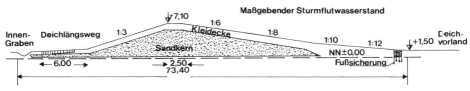

Regelprofil eines Vorlanddeiches

Deichdecke, die Festigkeit des Deichbodens und die Zusammensetzung des Deichuntergrundes entscheidend sind. Relativ alte, aber festgefügte, aus gutem Kleiboden bestehende und mit intakter Grasdecke versehene Deiche sind trotz sehr starker Brandungsangriffe stabil geblieben. An der Küste gibt es heute kritische Stimmen, die das Aufspülverfahren beim neuen Deichbau für nicht unproblematisch halten, da der Sandkern des neuen Deiches aus einem Sand-Wasser-Gemisch besteht. Das damit in den Deichkörper eingebrachte Wasser tritt zwar langsam wieder aus – dafür sind an der Innenseite der Deiche Längsgräben angebracht, und manchmal werden noch zusätzlich Dränagerohre in den Deich eingeführt. Dennoch bleibt bei alteingesessenen Küstenbewohnern ein Unbehagen über den neuen Deichbau zurück. Sie sagen, solche Deiche mit Sandkernen wären früher, als die Deichbauer noch selbst direkt hinterm Deich wohnten, nicht errichtet worden. Die Ingenieure, die heute vielleicht weiter im Binnenland leben mögen, bestreiten allerdings, daß die neuen Methoden des Deichbaus zu einer Verringerung der Sicherheit geführt hätten. Auf jeden Fall gibt es heute an der Küste Schutzwälle von einer Höhe und Mächtigkeit, wie sie in einem Jahrtausend der Geschichte des Deichbaus noch nicht dagewesen sind. Ostfriesland lebt im Schutze des Deiches.

Ernster zu nehmen sind Widerstände, die sich überall an der Küste – nicht nur in Ostfriesland – gegen die weitere Verkürzung von Deichlinien durch das Zubauen von Buchten rühren. Durch die Verlegung von Deichen hat man jahrelang die Gewinnung von Neuland angestrebt, das für die Anlage von Campingplätzen und Wochenendsiedlungen zu

DEICHBAU UND KÜSTENSCHUTZ

nutzen wäre. Neue Speicherbecken hinter den Sielen sollten kleine Seen zum Baden und Angeln bilden. Jedoch wird in zunehmendem Maße deutlich, daß durch neue Deichlinien Watten und salzwasserüberspülte Vorländer verschwinden würden, deren Pflanzen- und Tierwelt einmalig ist. In Ostfriesland ist insbesondere die seit vielen Jahren geplante Eindeichung der Leybucht in der Krummhörn umstritten.

Fauna und Flora

Spätestens bei der Überfahrt zu einer der ostfriesischen Inseln macht man mit den Möwen Bekanntschaft, der charakteristischen Vogelart an der Küste und auf den Eilanden. Die am häufigsten vertretene Möwenart ist die Silbermöwe. Sie hat einen großen, weißgefiederten Rumpf und graue Flügel von erheblicher Spannweite. Elegant wie ein Segelflieger kann sie weite Bogen ziehen, um dann mit ein, zwei kräftigen Flügelschlägen Flughöhe und Flugrichtung abrupt zu verändern. Diese große Seevogelart übertrifft auch alle anderen Seevögel an Zahl. Da die Möwen Nesträuber sind, hat lange Jahre die Gefahr bestanden, daß durch sie andere Arten völlig aussterben, jedoch Naturschutzgebiete und die Vogelschutzinsel Memmert (zwischen Borkum und Juist) haben den Verlust vieler Arten aufgehalten.

Bevorzugter Aufenthaltsort der Möwen sind Müllkippen, auf denen sie Nahrung finden; ihr Kot ist für die Düngung der Dünenlandschaften von großem Vorteil. Die Möwen sind eine Art Gesundheitspolizei im Watt, an der Küste und auf den Inseln, denn sie verzehren so gut wie alles. Die Tiere sind aber völlig ungenießbar; lediglich ihre Eier sollen unter Spezialisten als eine Delikatesse gelten. Gleichwohl sind im 19. und frühen 20. Jahrhundert die Möwen regelrecht gejagt worden, so daß auch ihr Aussterben kurz bevorstand. Heute klagen viele Kurverwaltungen über die Möwen, denn man hätte gerne die Plätze und Promenaden frei vom Vogeldreck. Im Winter bleiben die Möwen im Land, nur bei extrem niedrigen Temperaturen ziehen sie sich in die Städte zurück. Dort kann man die Silbermöwe dabei beobachten, wie sie aus großer Höhe geschlossene Muscheln auf gepflasterte oder asphaltierte Flächen fallen läßt, um an das im Panzer sitzende Muschelfleisch heranzukommen. Neben der Silbermöwe sind noch andere Arten wie die Heringsmöwe (Larus fuscus), die Lachmöwe (Larus ridibundus), die Sturmmöwe (Larus canus) – sie ist kleiner von Gestalt – und die Mantelmöwe (Larus marinus) zu finden. Auch verschiedene Seeschwalbenarten bevölkern Watt und Inseln; vor allem die Brandseeschwalbe (Sterna sandvicensis) hält sich auf den Inseln auf, wo man sie in der Regel auf der Seeseite sieht. Sie ist an ihrem Gabelschwanz zu erkennen und hat ein ganz anderes Flugbild als die Möwe: Die Brandseeschwalben flattern unruhig hin und her, um dann plötzlich auf ihre Beute am Strand hinunterzustoßen. Der Kiebitz (Vanellus vanellus), den man leicht an seinem schillernden Gefieder und der langen Haube erkennen kann, lebt auf den Hellerwiesen vor den Deichen. Er ist ein Teilzieher, der gegen Kälteeinbrüche empfindlich ist. Bei plötzlich

FAUNA UND FLORA

Dünenlandschaft von 1870

sinkenden Temperaturen begeben sich Tausende von Kiebitzen auf die »Winterflucht«. In milderen Wintern kann man sie aber bis in den Januar hinein in größeren Ansammlungen treffen, harte Nachwinter jedoch sind für die Kiebitze eine Bedrohung.

Eine der interessantesten Seevogelarten ist der schwarz-weiß gefiederte Austernfischer, der ebenfalls auf langen Stelzbeinen über den Strand und das Watt stolziert. Der unübersehbare lange, rote Schnabel ist das Kennzeichen dieses Vogels, der oft in Scharen auftritt. Unüberhörbar sind diese Tiere durch ihren durchdringenden »Kiiwiiep-Kiiwiiep«-Ruf. Allerdings macht der Austernfischer keine Jagd auf Austern, die Nahrung ist ›bürgerlicher‹; Würmer und Kleingetier aus dem Watt stehen auf dem Speisezettel. Der Säbelschnäbler (Recurvirostra avosetta) ist ebenfalls durch die Form seines Schnabels, die dem Vogel den Namen gab, unverkennbar. Die Säbelschnäbler waren in ostfriesischen Gefilden schon einmal zu Beginn dieses Jahrhunderts ausgestorben, aber zugezogene Gastvögel haben für einen neuen Bestand gesorgt. Der Säbelschnäbler brütet auf dem Rysumer Nacken und in der Leybucht, beides Gebiete, die durch Industrialisierungs- und Eindeichungspläne gefährdet sind. Der Bestand an Festlandsvögeln ist für den Laien kaum überschaubar. Sie reichen von Lerchen über Eulen bis zu den Greifvögeln. Der Emdener Ornithologe Klaus Rettig hat Ende der 70er Jahre allein für das nordwestliche Ostfriesland, also für Krummhörn und die Gebiete um das Große Meer und den Ihlower Forst, eine Artenliste mit detaillierten Beobachtungen und Literaturangaben zusammengestellt, die 264 Positionen aufweist.

Der Niederwildbestand in Ostfriesland ist in den letzten Jahren erheblich zurückgegangen. Hasen, Fasane, Rebhühner und Kaninchen werden immer seltener angetroffen. Es gibt

Jäger, die dafür die Überpopulation der Greifvögel verantwortlich machen. Andere Fachleute allerdings sprechen davon, daß die Lebensbedingungen für das Niederwild durch die Landwirtschaft und ihre Bearbeitungsmethoden eingeengt worden sind. Unkrautvertilgungsmittel, chemische Düngung und die sich ausdehnenden Monokulturen der Äcker lassen dem Niederwild kaum noch Raum. Besonnene Jäger verlangen deshalb auch nicht die ausgedehnte Abschußgenehmigung für Greifvögel, sondern eine Schonzeit für Niederwild. Das »Feuer frei!«, das viele Jäger für die Greifvögel fordern, könnte dazu führen, daß Bussard und Habicht ebenso vom Aussterben bedroht würden wie die Niederwildarten. Es ist darauf zu achten, daß nicht neben – vielleicht heute unvermeidbaren – Umwelteingriffen auch noch bewußt in das Ökosystem eingegriffen wird.

Ostfriesland ist ein wahres Anglerparadies. In Flüssen, Kolken und Seen kann man mit der Rute vom Aal bis zum Hecht viel an Land ziehen. Gerade im Binnenland gehört das Angeln zu den beliebtesten Freizeitvergnügen auch für auswärtige Gäste, die sich aber auch an die von den Anglervereinen aufgestellten Grundsätze halten sollten. In den örtlichen Anglervereinen findet man kompetente Gesprächspartner, die etwas über die Fische in ostfriesischen Gewässern zu berichten wissen. Brassen und Barsche kommen in den Binnengewässern sehr häufig vor. Im Watt wird auch heute noch mit sogenannten ›Reusen‹ den Plattfischen nachgestellt. Reusen sind geflochtene Körbe, in die die Fische mit der Strömung hineingeraten, aus denen sie aber wegen der Konstruktion dieser Körbe nicht wieder hinausschwimmen können; für den Aalfang werden spezielle Aalreusen verwandt. Früher holten die Fischer an der Küste die Reusen mit einem speziellen Transportgerät an Land, mit dem ›Kreiher‹. Dies ist eine längliche, flachbödige Holzkonstruktion mit einem Griffgestell. Die Reusen werden auf den Kreiher aufgeladen, und der Fischer rutscht damit über den Schlick, indem er mit einem Knie auf den Kreiher gestützt hockt und sich mit dem anderen Bein am Boden abstößt und das Gefährt so in Bewegung setzt. Der Kreiher funktioniert im Prinzip wie ein Tretroller für Kinder, und Kinder benutzen ihn auch heute noch. Am Strand veranstalten die Fremdenverkehrsvereine ›Kreiher-Rennen‹ für die Jüngsten, während der Kreiher als Arbeitsgerät in die Heimatmuseen gewandert ist.

Das Fischen ist sicher für den angelnden Urlauber ein Freizeitvergnügen, aber in Ostfriesland ist es bis heute noch ein Wirtschaftsfaktor. In den kleinen Küstenhäfen legt noch immer eine beachtliche Kutterflotte, die ins Watt und ins Meer hinausfährt, um in den immer mehr ausgefischten Fanggründen die Netze zu füllen. Die Küstenfischerei unterliegt dabei besonderen Schwierigkeiten: Die steigenden Dieselpreise sind für die Kutterkapitäne, die in der Regel auch Eigner ihrer Schiffe sind, ein erheblicher Kostenfaktor. Überdies unterliegen die Fischer aufgrund des internationalen Seerechts besonderen Einschränkungen, die zur Folge haben, daß ein Kutterkapitän seine Netze nicht auslegen kann, wo er will. Außerdem sind die küstennahen Gebiete der Nordsee durch die Wasserverschmutzung und durch ›Überfischen‹, d. h. durch übermäßige Ausbeutung des Meeres mit immer größeren Schiffen und Netzen, nicht mehr sehr ertragreich. Die in Emden und Leer beheimateten Flotten der Heringsfischerei sind seit dem Ende der 60er Jahre aufgelöst. Bei Korn und Bier in einer Kneipe in Fischerorten erzählen die Fischer aber augenzwinkernd, daß sie immer

FAUNA UND FLORA

noch etwas fangen. In Greetsiel, Dornumersiel, Accumersiel und an anderen Orten ›geht man auf Granat‹, auf Krabbenfang. Die Krabben werden noch an Bord abgekocht und an Land häufig in Heimarbeit ›gepuhlt‹, d. h. von der Schale befreit. Schollen, die angelandet werden, lassen sich ebenfalls sehr gut vermarkten; dies ist Aufgabe der Fischerei-Genossenschaften. Krabben, in Ostfriesland ›Granat‹ genannt, gehören zu den Spezialitäten der Küste (s. ›Essen und Trinken‹). Der ›Beifang‹, die Fische, nach denen man eigentlich gar nicht die Netze ausgeworfen hat, ist eine weitere Einnahmequelle. Typische Nordseefische sind Steinbutt, Kabeljau und Schellfisch. Der einstmals ›ordinäre‹ Hering ist wegen seiner Seltenheit heute teuer geworden.

Muscheln sind Schalentiere, die vor der ostfriesischen Küste ebenfalls anzutreffen sind. Sie wachsen auf natürlichen und künstlich angelegten Muschelbänken. In Norddeich gibt es am Hafen eine Muschelanlandungsstelle. Hier werden die Muscheln gewaschen, vom Sand gereinigt und dann ins Binnenland verkauft. Fische sind für Ostfriesland eben nicht nur eine romantische Naturerscheinung, sondern für die Wirtschaftskraft gerade unmittelbar an der Küste ein bedeutender Faktor. Plädoyers gegen die zunehmende Verschmutzung der Nordsee sollte man deshalb auch nicht mit ›Technikfeindlichkeit‹ abtun, sondern ruhig einmal unter nüchternen wirtschaftlichen Überlegungen betrachten: Umweltschutz dient in diesem Fall auch wirtschaftlichen Interessen.

Die Pflanzenwelt Ostfrieslands ist geprägt durch die Landschaftsformen Moor, Geest, Marsch und Inseln. Jedes Gebiet hat seine eigene pflanzliche Ausprägung. Die Marsch ist so gut wie baumlos, Wiesen und Weiden überwiegen, und spezielle Gräser sind zu finden. Auf Flächen vor den Deichen setzen sich salzwasserfeste Pflanzenarten durch. In der Geest sind Sträucher besonders lebensfähig. Nach der natürlichen Bodenbeschaffenheit müßte auf der Geest eigentlich eine birkenreiche Eichenwaldlandschaft stehen. Allerdings unterliegt diese Landschaftsform (wie die anderen auch) schon seit mehreren hundert Jahren der menschlichen Bearbeitung und damit auch der Veränderung. Die landwirtschaftliche Nutzfläche überwiegt. Dabei ist die geesttypische Wallhecke noch ein Reservat für besondere Kräuter, Blumen, Gräser und Moose. In den Moorgebieten fallen die Rohre auf, dazu gehören z. B. Schilfrohr und die braunen Rohrkolben rund um einen Binnensee wie das ›Ewige Meer‹. Es gibt interessante ältere Bücher über die Vegetation in Ostfriesland, z. B. A. W. Wessels ›Fauna Ostfrieslands‹, 1888. Aber bereits Gerhard Siebels hat Anfang der 50er Jahre in seinem ›Führer durch Ostfriesland‹ immer wieder darauf hingewiesen, daß der »natürliche Pflanzenverein... in Ostfriesland durch Rodung, Entwässerung und Beweidung fast überall in Grünland umgewandelt« worden ist. Der extensiven landwirtschaftlichen Nutzung in den 50er Jahren folgte eine noch immer anhaltende Industrialisierung mit allen Auswirkungen auf die natürliche und kultivierte Umwelt.

Wirtschaft und Verkehr

In den beginnenden 80er Jahren hat die Diskussion um den Umweltschutz auch Ostfriesland erreicht. Es gibt widerstreitende Interessen zwischen Naturschützern und – in der Regel – Kommunalpolitikern um die Ansiedlung weiterer Industrien in Ostfriesland.

Historisch bedingt ist die ›Verkehrsferne‹ Ostfrieslands. Betriebe, die sich hier niederlassen, haben hohe Transportkosten zu den bevölkerungsreichen Ballungsgebieten in der Bundesrepublik und Europa. So wie im 19. Jahrhundert die Bemühungen um eine ›Westbahn‹ geführt wurden, die Ostfriesland über Schienen an das Rhein-Ruhr-Gebiet anschließen sollte, gibt es seit vielen Jahren Anstrengungen, eine Autobahn vom Ruhrgebiet nach Ostfriesland zu führen, den sogenannten ›Friesenspieß‹. Eine West-Ost-Verbindung zwischen der niederländischen Grenze und Bremen (und weiter nach Hamburg) besteht zu einem großen Teil. Ortsumgehende Bundesstraßen sind ausgebaut worden. Den Vorteil davon haben nicht zuletzt die Urlauber, die im Sommer an die Küste und auf die Inseln fahren, und die vom Fremdenverkehr lebenden Ostfriesen. Die ›weiße Industrie‹ Ostfrieslands ist die Alternative zu einer hemmungslosen Industrialisierung. Doch vom Fremdenverkehr allein kann Ostfriesland nicht unter den selben Bedingungen leben wie die Bevölkerung der übrigen Bundesrepublik, auch Wirtschaft und Handel sind notwendig. Staatliche Investitionshilfen schaffen für die strukturschwache Region Arbeitsplätze. Ein herausragendes Beispiel ist das Emder Zweigwerk der Volkswagen AG, das eine Reihe von Zulieferfirmen nach sich zog. Allerdings schlagen Konjunktureinbrüche hier auch besonders kräftig durch: Sinkt der Autoabsatz, so lassen die Aufträge für die Zulieferer nach, denen häufig nur die Entlassung von Mitarbeitern übrigbleibt. Die strukturell bedingte Arbeitslosigkeit ist bis heute in Ostfriesland nicht behoben. Im Winter 1981 meldete der Arbeitsamtsbezirk Leer eine Arbeitslosenquote von 16,1 Prozent, der höchste Stand seit 1959, 9625 Erwerbstätige waren ohne Arbeit. Da sehr viele Männer im Baugewerbe tätig sind, erhöht sich gerade in den Wintermonaten, in denen nicht auf dem Bau gearbeitet werden kann, die Zahl der Erwerbslosen immer sprunghaft. Das Problem der saisonalen Arbeitslosigkeit läßt sich nur lösen, wenn es eine ausreichende Zahl von Betrieben gibt, deren Konjunkturanfälligkeit unter dem Durchschnitt liegt. Um die Ansiedlung solcher Betriebe bemühen sich verständlicherweise auch andere strukturschwache Gebiete der Bundesrepublik. Aber auch vermeintlich krisensichere Arbeitsplätze, wie etwa in der Büromaschinenindustrie, können durch unternehmerische Fehlentscheidungen gefährdet

WIRTSCHAFT UND VERKEHR

werden. Der in Wilhelmshafen ansässigen ›Olympia AG‹, Hersteller vor allem von Schreibmaschinen, blieben zu Anfang der 80er Jahre nach Kurzarbeit zur Lösung der eigenen betriebswirtschaftlichen Probleme nur noch Entlassungen als Lösungsmöglichkeit. Arbeitslosigkeit in einer strukturschwachen Region senkt die Kaufkraft der Bevölkerung und zieht damit auch die nachfolgenden Wirtschaftsbereiche wie Handel und Dienstleistungen in den Sog der Krise.

Am 25. Juni 1969 wurde die Wirtschaftsförderungsgesellschaft ›Ostfriesland GmbH‹ gegründet, die im Besitz der Landkreise Aurich, Friesland, Leer, der Stadt Emden sowie zweier ortsfremder Banken ist. Ziel dieser Gesellschaft war es, mit flexibleren Mitteln als eine Behörde Betriebe zur Ansiedlung in Ostfriesland zu bewegen. Die Gemeinden haben ihren Beitrag geleistet, indem sie in ihren Bebauungsplänen großzügige Industriegebiete auswiesen. Von 1970 bis 1979 haben Unternehmen, die mit der Ostfriesland GmbH zusammenarbeiteten, 413 Millionen Mark in Ostfriesland investiert; dadurch konnten rund 2800 Arbeitsplätze neu geschaffen werden. Für strukturschwache Gebiete ist nicht die Ansiedlung großer Unternehmen das Allheilmittel (wie die Beispiele VW und Olympia belegen), sondern die gezielte Förderung bestehender Strukturen ein erfolgversprechendes Mittel. ›Hilfe zur Selbsthilfe‹ ist ein Begriff der Entwicklungshilfepolitik für die Dritte Welt, er ist aber auch auf Regionen wie Ostfriesland übertragbar.

Mit einiger Skepsis werden daher auch Pläne für die Ems-Dollart-Region betrachtet, die einen großen neuen Emshafen bei Emden und großflächige Industrieansiedlungen auf der Knock und am Rysumer Nacken vorsehen. Auf der niederländischen Dollartseite wurde am 7. Juni 1973 der Emshaven eingeweiht. Angegliedert wurden 900 Hektar Industriefläche, von denen 1980 erst zwei Hektar mit Betrieben besiedelt wurden. Die Niederlande haben die gleichen strukturellen Probleme mit ihrer nördlichsten Provinz, der Provinz Groningen, wie das Land Niedersachsen mit Ostfriesland. Unter Umständen kann man die Investition ›Emshaven‹ bei Delfzijl bald als Fehlinvestition bezeichnen und für die Ems-Dollart-Projekte in Emden entsprechende Schlüsse ziehen. Ein wichtiger Faktor für die Standortentscheidungen von Unternehmen ist auch immer die Frage, ob genügend qualifizierte Arbeitskräfte zur Verfügung stehen. In Ostfriesland hat die Tätigkeit in der Landwirtschaft immer noch eine überproportionale Bedeutung gegenüber der Industrietätigkeit – verglichen mit dem übrigen Bundesgebiet. Der Förderung von Hauptschulen und berufsbildenden Schulen ist in Ostfriesland in den 70er Jahren große Bedeutung beigemessen worden. Ein wesentlicher Faktor ist auch die Einrichtung der Fachhochschule Ostfriesland in Emden. Hier wird nicht nach den Idealen Humboldtscher Universitäten ausgebildet, sondern man bietet sehr pragmatisch ausgerichtete Studiengänge vom Maschinenbau bis zur Sozialpädagogik an.

Der Förderung des Fremdenverkehrs kommt in Ostfriesland in Zukunft vielleicht noch verstärkte Bedeutung zu. Die vermeintlichen Nachteile des Landstriches könnten sich langfristig als Vorteile auswirken. Die ruhige, trotz vieler Eingriffe unberührte Landschaft fernab der Städte zieht Fremde an, die Umsätze des Fremdenverkehrsgewerbes bringen neue Wirtschaftskraft in das Land zwischen Ems und Jade. Der Dienstleistungssektor ›Fremdenverkehr‹ ist personalintensiv und schafft langfristig Arbeitsplätze. Allerdings hat auch Fremdenverkehrsindustrie ihre Schattenseiten: neues Kapital, das nach Ostfriesland fließt, treibt die Preise in die Höhe. So stiegen von 1980 bis 1981 die Baulandpreise im Kreis Aurich im Durchschnitt um 20 Prozent, in den Küstenorten und auf den Inseln dagegen in Steigerungsraten, die weit darüberliegen. In Norddeich z. B. stiegen die Baulandpreise um 120 Prozent. Alles in allem aber ist der Besucherstrom vor allem im Sommer ein überaus positiver Wirtschaftsfaktor für Ostfriesland. Es gibt kritische Stimmen, die den Fremdenverkehr für die Zerstörung traditioneller Strukturen verantwortlich machen, bezeichnenderweise kommen sie aber gerade von jenen, die nicht auf stabile wirtschaftliche Verhältnisse in dieser Region angewiesen sind. Daß der Fremdenverkehr die Natur weiter belaste und zerstöre, bleibt vorerst eine Behauptung. Gemeinden und Behörden sind dafür verantwortlich, die Einrichtungen des Fremdenverkehrs der bestehenden Landschaft anzupassen. Der Besucher kann seinen Teil dazu beitragen, wenn er sich verantwortungsbewußt in der Natur bewegt, deren Schönheit ihn nach Ostfriesland zieht und deren Erholungswert er sucht

Umwelt und Umweltschutz

Trotz der industriellen und landwirtschaftlichen Eingriffe in die Umwelt Ostfrieslands ist dieser Landstrich, verglichen mit anderen Regionen der Bundesrepublik, als unberührt zu bezeichnen. Allerdings kann auch ein verkehrsfernes Gebiet in einer arbeitsteiligen Industriegesellschaft nicht vor den negativen Folgen bewahrt bleiben, die die industrielle Entwicklung mit sich bringt. In Ostfriesland sind es wenige Punkte, auf die sich das Augenmerk von Umweltschützern richtet. Der Rysumer Nacken in der Krummhörn steht als großes Industriegelände zur Diskussion. Im niedersächsischen Wirtschaftsministerium bestehen Pläne zum Bau von Kraftwerken an dieser Stelle. Die Gefahr eines ›Ruhrgebietes an der Unterems‹ wird beschworen, wenn auch die ehrgeizigen Pläne für einen Hafen im Dollart realisiert würden. Die verkehrspolitische Notwendigkeit von Autobahnen in Ost-West- und Nord-Süd-Richtung wird angezweifelt, da das Verkehrsaufkommen nur in Spitzenzeiten die Notwendigkeit dieser speziellen Schnellstraßen rechtfertige.

Die Gräben, Kanäle und Tiefs, die in ganz Ostfriesland zum Landschaftsbild gehören, stinken nicht nur an heißen Sommertagen, sie sind auch unnatürlich eingefärbt, wofür chemische Rückstände aus der Landwirtschaft nicht selten die Ursache sind; oft werden die Gräben auch mit Pflanzengiften gereinigt. Bei der sicherlich notwendigen Reinigung werden mit solchen Methoden auch Pflanzen und Tiere abgetötet, die man anderen Ortes nur mit viel Mühe erhält. Auch stehende Gewässer, wie das Boekzeteler Meer, sind von landwirtschaftlichen Düngeprodukten bedroht. Der Kunstdünger, der in diese Seen gerät, führt zu einer ›Eutrophierung‹, einer Überdüngung bestimmter Wasserpflanzen, die damit sämtlichen Sauerstoff für sich beanspruchen und den Fischen nehmen. In solchen Situationen ist das ökologische Gleichgewicht bedroht.

Die Moore sind weitgehend entwässert. Es ist zu fragen, ob man die noch verbliebenen Feuchtgebiete auch entwässern muß und damit eine ökologisch bedeutsame Feuchtzone austrocknet. Die im Moor versammelte Flora und Fauna kann man nicht in künstlichen Arealen wieder neu anlegen. Dasselbe gilt für die salzwasserüberfluteten Vorländer vor den Deichen, die ›Heller‹. Diese Feuchtgebiete sind wichtige Vogelbrutstätten. Zusätzlicher Deichbau bedroht die Heller. Gerade die Eindeichung des Leybuchtpolders ist zu Beginn der 80er Jahre ein umstrittener Punkt in der ostfriesischen Landesentwicklung. Der von der Bundesregierung eingesetzte Sachverständigenrat für den Umweltschutz hat in einem Gutachten über die Situation der Nordsee vor der Zerstörung dieser Feuchtgebiete gewarnt.

In demselben Gutachten wird der Zustand der Deutschen Bucht als alarmierend beschrieben. Ohne weitergehende Überlegung sind private Firmen und öffentliche Institutionen seit Jahren dabei, Abfälle in die Nordsee zu kippen. Was in der Weite der Fluten verschwunden ist, dessen hofft man endgültig ledig zu sein. Diese kurzsichtige Betrachtung ist vor allem dann falsch, wenn es sich um anorganische Stoffe handelt, die im Meereswasser nicht zersetzt und aufgelöst werden können. Es gibt aber auch Stoffe, die neue, giftige und für Fische und Unterwasserpflanzen todbringende Verbindungen eingehen. Wie ein Damoklesschwert schweben über der ostfriesischen Küste Tag und Nacht die Gefahren einer Ölpest. Seit Wilhelmshaven zum größten Ölanlandepier in Norddeutschland geworden ist, laufen ununterbrochen Riesentanker in den flachen Jadebusen ein. Von den Inselstränden aus kann man die Schiffe ein- und auslaufen sehen. Die Gewässer der Deutschen Bucht sind für Tanker dieser Größenordnung sehr flach. Bei aller Achtung vor den seemännischen Fähigkeiten der Lotsen und Kapitäne sind Tankerunfälle in der Nordsee nicht mit absoluter Sicherheit auszuschließen. Ein Ärgernis bleibt die verbotene Reinigung der Schifftanks auf hoher See, deren Restinhalt der Strandläufer auf der Insel unter seinen Füßen findet: häßliche, dicke teerartige Flecken bedecken den Strand. Noch schlimmer ist es, wenn Seevögel in solche Öllachen geraten und – weil ihre ölverschmierten Flügel sie am Fliegen hindern – elend umkommen.

Zur Umwelt Ostfrieslands gehören auch die Mühlen und die charakteristischen, eingeduckten Gulf-Bauernhäuser. Zur Erhaltung der Mühlen gibt es private Initiativen, die öffentlich gefördert werden. Die Bauernhöfe dagegen – manchmal seit dreihundert Jahren Sturm und Wetter ausgesetzt – bleiben häufig dem Verfall überlassen oder werden in einer der Landschaft völlig unangemessenen Weise umgestaltet. Schon heute findet man in den Vororten der Städte und in manchen Landgemeinden die immer gleichen Einfamilienhäuser. Die typischen Höfe dagegen verschwinden – nicht in dramatischem Tempo, aber langsam und stetig. Zur Bewahrung der Umwelt in Ostfriesland gehört auch die Erhaltung dieser historischen Bauernhöfe, die unter heutigen betriebswirtschaftlichen Überlegungen für Landwirte unpraktisch sein mögen, deren Existenz aber zum ostfriesischen Landschaftsbild gehört. Insgesamt kann man jedoch feststellen, daß in breiten Bevölkerungskreisen ein Bewußtsein für die Sicherung der Umwelt besteht.

Zur schnelleren Orientierung –
die hier beschriebenen Routen auf einen Blick:

Das Festland

Rheiderland 109
Leer 137
Overledingerland 143
Uplengen und
Moormerland 151
Brookmerland 195
Aurich 209
Harlingerland 217
Wittmund 235
Norden und Norddeich 238
Krummhörn 263
Emden 275
Jeverland, Wangerland und
Friesische Wehde 285

Die Inseln

Borkum 300
Juist 321
Norderney 325
Baltrum 331
Langeoog 334
Spiekeroog 337
Wangerooge 340

Rheiderland

Wer Leer in Richtung Westen verläßt, gelangt über die Jann-Berghaus-Brücke in die Marschen und Polder des Rheiderlandes. Diese Drehbrücke über die Ems wurde 1937–1940 erbaut, am 24. April 1945 zerstört und 1948–1950 wieder aufgebaut, sie hat ihren Namen von Jann Berghaus (1870–1954), dem letzten Auricher Regierungspräsidenten vor Hitlers Machtergreifung, der der erste Präsident der Ostfriesischen Landschaft nach dem Zweiten Weltkrieg und 1946 Präsident des ersten ernannten Niedersächsischen Landtages war. Nicht selten kann man hier bei geöffneter Brücke seegehende Schiffe beobachten, die die Häfen oder Werften in Leer oder – weiter emsaufwärts – in Papenburg anlaufen.

Unmittelbar hinter der Brücke zweigt rechts die Straße nach Bingum ab, die dann unterhalb des Emsdeiches über Jemgum und Ditzum bis nach Pogum führt, das gerne auch ›Endje van de Wereld‹ genannt wird, weil an dieser nördlichen Spitze des Rheiderlandes früher die Straße aufhörte und am ›Ende der Welt‹ nur noch der Blick auf die weite Wasserfläche des Dollart hinausging. Inzwischen gibt es aber auch eine Straßenverbindung durch die Polder – wie die dem Meer abgerungenen Neulandgebiete hier heißen – nach Bunde, dem letzten Ort vor der deutsch-niederländischen Grenze. Bunde erreicht man jedoch auch direkt über die Bundesstraße 75, die an Weener, einem weiteren markanten Ort im Rheiderland, vorbeiführt.

Bingum ist zwar noch ein Stadtteil des östlich der Ems gelegenen Leer, hat jedoch eher den Charakter eines Dorfes. Anziehungspunkt ist die *Marina Bingum*, ein Boots- und Yachthafen am offenen Wasser, mit angeschlossenem Campingplatz, von wo aus man ohne Schleusen und Brücken den freien Zugang zur Nordsee findet. Die Marina selbst liegt an einem alten Arm der Ems, die hier eine leichte Biegung nach Westen macht. Die Stadt wirbt für ihren Hafen damit, daß alle für den Wassersport wichtigen Einrichtungen in Bingum zu finden sind. Die etwa 1300 Einwohner des Ortes leben zum Teil vom Fremdenverkehr, es gibt ein paar Lokale im Ort und in der Marina, die für ihren Emsbrataal und andere Fischgerichte aus der Pfanne zu rühmen sind. Die rote *Backsteinkirche* im Ort stammt aus dem frühen 13. Jahrhundert, der abseits stehende Glockenturm kam allerdings erst im 18. Jahrhundert hinzu. Daß der Boden der Kirche heute anderthalb Meter über seinem ursprünglichen Niveau liegt, verdankt man den Fluten, von denen Bingum immer wieder heimgesucht worden ist. Den Anblick weidender Schafe am Deich und eine gute Aussicht

109

RHEIDERLAND

auf Marina und Emsbiegung beschert ein Deichspaziergang in Richtung Norden zum *Schöpfwerk Soltborg*. Die Flutmarken am Sielrichter-Haus beim Schöpfwerk zeigen 5,05 m für den 16. Februar 1962 und 5,00 m für den 18. Januar 1901, dies sind die höchsten bei Sturmfluten eingetretenen Wasserstände. An der Einfahrt zum Schöpfwerk Soltborg steht ein ausrangiertes Schöpfrad; es stammt aus dem alten Schöpfwerk von 1934, das linker Hand der Straße erhalten geblieben ist. Die Aufgaben der Entwässerung übernimmt heute ein moderner Schöpfwerksbau, der mit Millionenaufwand errichtet wurde.

Entlang der unteren Ems waren seit Jahrhunderten Ziegeleien angesiedelt, in denen aus den tonhaltigen Kleiböden Steine geformt und gebrannt wurden; und auch heute kommt das Baumaterial für viele der charakteristischen roten Backsteinbauten in Ostfriesland noch vielfach aus dem Rheiderland. Trotzdem sind zahlreiche Ziegeleien verfallen, weil sie nicht mehr wirtschaftlich genug arbeiteten und geschlossen werden mußten.

In Jemgum allerdings arbeitet noch ein moderner Ziegeleibetrieb, und in dem großen, weißgestrichenen Bürgerhaus, das rechter Hand am Ortseingang steht, befindet sich sinnigerweise dessen Verwaltung. Jemgum wird von einer *Windmühle* überragt, die zur Familie der ›Galerieholländer‹ gehört. Das Mittelteil (der ›Achtkant‹) von der Galerie aufwärts bis zur Kappe ist riedgedeckt. Die *klassizistische Kirche* wurde 1846/47 erbaut und weist einen kreuzförmigen Grundriß auf. Ihren Turm, der ins Achteck übergeht, schließt eine Kuppel ab. An dieser evangelisch-reformierten Kirche ist vor allem die Innenausstattung sehenswert, die durchgängig aus dem Jugendstil stammt. Ein paar Straßenzüge mit verwinkelten Bauten und einigen Ensembles erinnern noch an die alten Zeiten Jemgums, das von Ubbo Emmius »Auge des Rheiderlandes« genannt wurde. In der Lange Straße Nr. 17 befindet sich das ›Herzog-Alba-Haus‹ aus dem Jahr 1670 mit zahlreichen Inschriften, und in der parallel zur Lange Straße verlaufenden Oberflethmer Straße trägt das Dach der Apotheke ein Storchennest. Dort, wo die Oberflethmer Straße auf die Sielstraße trifft, findet sich ein klassizistischer Bau, in dem sich einstmals das Gericht befand. Alle diese Straßen sind wieder mit den alten ostfriesischen Klinkern ausgelegt worden. Der Hafen am Ende des Sieltiefs, das sich durch den ganzen Ort zieht, war vordem der Mittelpunkt des Ortes und stand im Dienst der Kutterfischerei. Heute bietet er den Freizeitseglern Anlegemöglichkeiten.

Entlang der Ems folgt nun Midlum. Seine *Kirche*, ein einschiffiger romanischer Backsteinbau, ist von der Hauptstraße her durch Gärten hindurch zu erreichen. Abseits des Gotteshauses steht ein ganz eigenwilliger, gedrungener Glockenturm, der wie eine kleine Festung wirkt. Die Kirche selbst ist wie alle ostfriesischen Kirchen verschlossen – dem evangelischen Christen braucht eben sein Gotteshaus nicht jederzeit für Andacht und Gebet

Grundriß der Feldsteinkirche St. Pankratius in Midlum, erbaut Anfang des 13. Jahrhunderts

offenzustehen –, wer sie besichtigen will, muß den Schlüssel beim Küster abholen. Irgendein freundlicher Mensch wird immer in der Gegend sein, der dem Interessierten erklärt, wo der Küster wohnt oder wo man ansonsten den Schlüssel zur Kirche bekommt. Im allgemeinen sind die Küster immer bereit, die Kirchen zu öffnen und die Fremden einen Blick hineinwerfen zu lassen.

In Critzum steht auf einer Rundwarf ebenfalls eine einschiffige Backsteinkirche aus dem 13. Jahrhundert. Von der Straße aus ist gut zu erkennen, wie der Bau und die ihn umgebenden Gräber erhöht liegen. Hinter dem Ort liegt das *Schöpfwerk der ›Vereinigten Coldeborger Sielacht‹* (erbaut 1950). Dort in die Wand eingelassen ist ein gemeißelter Spruch aus dem reparierten Siel von 1919: »Wenn auch Staaten vergehen, Deiche und Siele müssen bestehen« – so reimten damals der Baurat Schliemann und die Sielrichter Hensmann und de Boer.

Durch die ebenfalls im frühen Mittelalter als Handelsplatz angelegte Langwurt Hatzum führen noch alte Kopfsteinpflasterstraßen. Man gelangt am besten in den Ort zu der kleinen Kirche und den wenigen Bauerngehöften, wenn man in die Straße ›Achter 'd Toorn‹ einbiegt. Offene Wassergräben prägen das Bild in Hatzum. Von solch einem Graben umgrenzt wird ein besonders malerisch gelegenes Gehöft auf der ehemaligen Burgstätte neben der *Kirche*. Diese ist seit dem Baubeginn im 13. Jahrhundert vielfältig verändert worden, so stammt z. B. der Glockenturm erst aus dem 19. Jahrhundert.

In Nendorp macht die Straße eine Schleife um die kleine Kirche mit ihrem unmittelbar an das Schiff anschließenden Turm und schlängelt sich weiter durch das Dorf, bevor sie in eine lange Allee übergeht, die nach Ditzum führt. Wie hoch die Wassermassen hier an der Ems steigen können, ist in Ditzum am Deichgatt zum Hafen abzulesen. Die Flutmarken zeigen für die Sturmflut vom 13. März 1906 5,30 m und 4,95 m für die Sturmflut vom 16. Februar 1962. Bei solchen und ähnlich hohen Wasserständen müssen sich die neben dem Sieltor lagernden Holzbohlen bewähren. Sie werden bei Sturmfluten in die Deichöffnung, die zum kleinen Hafen führt, hineingeschoben und durch Sandsäcke verstärkt.

Ditzum ist ein recht malerischer Ort. Im Hafen befindet sich ein kleiner Werftbetrieb, und am Kai liegen ein paar Fischkutter angekettet, die bei Ebbe trockenfallen. Über das Sieltief führt eine hölzerne Brücke, und die kleinen, winkligen Gassen mit dem alten Pflaster geben dem Ort ein eigenes Gepräge. Zur richtigen Jahreszeit findet man an vielen Häusern ein Schild: ›Heute frischer Aal‹. Direkt aus dem Rauch gibt es dann die ölig-fetten Fische, die man der Bekömmlichkeit wegen nicht ohne eine gehörige Portion klaren Schnaps genießen sollte.

Der Turm der Kirche ragt wie ein Leuchtturm in die Höhe; von der benachbarten Mühle ist nur noch der mit häßlichen Platten bedeckte Rumpf übriggeblieben. Der Bau der heute *evangelisch-reformierten Kirche* selbst datiert aus dem frühen 13. Jahrhundert. Aus dieser Zeit stammen noch die romanischen Grabsteine und Grabplatten mit den Reliefdarstellungen der Verstorbenen im Innern des Gotteshauses. Das zweigeschossige Steinhaus im Süden vor der Kirche, die alte Pastorei, die man auch von der Straße nach Pogum aus gut sehen kann, wurde im 16. Jahrhundert errichtet.

111

RHEIDERLAND

Von Ditzum laufen nicht nur die Kutterfischer zu den Fanggründen in der Nordsee aus. Mit einer kleinen Motorfähre kann man auch über die Ems nach Petkum – vor den Toren Emdens – setzen. Vom Rheiderland aus spart man sich so den Weg zurück nach Leer, wenn man in das ostfriesische Industriezentrum oder nach Aurich will. Von Ditzum bis zum ›Ende der Welt‹ sind es nur noch wenige Kilometer. Es ist möglich und empfehlenswert, von Ditzum über den Deich – vorbei an einem neuen Schöpfwerk – nach Pogum zu laufen.

Pogum selbst liegt erhöht auf einer Warf. An der Kirche vorbei führt die Straße zum Emsblick, und am Ortsausgang unmittelbar neben dem Schöpfwerk gibt es einen großen Parkplatz. Von hier aus kann man sehr weite Wanderungen über den Dollart-Deich unternehmen. Der ›Dollart‹, Mündungstrichter der Ems, entstand während der gewaltigen ›Marcellus-Flut‹ im Jahr 1362. 100 000 Menschen sollen bei dieser großen ›Manndränke‹ an der gesamten Nordseeküste umgekommen sein. In der folgenden Zeit weiteten die Stürme und Orkane den Dollart immer tiefer ins Land hinein, bis er schließlich 1509 seine größte Ausdehnung erreichte. Wenn man heute vom Schöpfwerk Pogum nach Emden hinüberschaut, wo die Türme des Kraftwerks, die Hafenanlagen und die Kräne der Werften emporragen, gleitet der Blick nur über eine große, graue Wasserfläche. Genau auf der Linie Pogum-Emden lag aber vor Jahrhunderten noch der Ort Torum, der genauso wie zahlreiche andere Dörfer auf der ›Geise‹ genannten Untiefe im Meer untergegangen ist – ein ostfriesisches Atlantis. Etwas weiter und noch tiefer hat früher ein Fluß, die Aa, seine Schleifen gezogen. In der Dorfkirche von Pogum erinnert eine Glocke an diese versunkene Welt im Dollart. Die Glocke stammt aus dem ebenfalls untergegangenen Dorf Uiterpauwinge (also ›Außenpogum‹). Von Pogum aus hat man nicht nur einen exzellenten Blick nach Emden hinüber; man kann auch die in die Ems hinein – und in den Dollart hinauslaufenden Schiffe beobachten.

Im Rheiderland, so hat man den Eindruck, geht der Blick noch etwas weiter und ist das Land noch etwas flacher, als dies in Ostfriesland ohnehin schon der Fall ist. Die Wolken hängen noch tiefer und schwerer über der Erde. – Mächtige Bauernhöfe, von Bäumen umgeben, säumen nun die Straße. Hinter Pogum in Dyksterhusen kann man zu einer *Bohrinsel* marschieren; eine Bohrung nach Erdgas wurde hier vergeblich niedergebracht. So ist im Watt des Dollart nur noch die verlassene Plattform zurückgeblieben.

Auf dem Weg von Pogum nach Bunde läßt sich nicht nur die Größe der Landfläche ermessen, die ans Meer verlorenging, man kann auch die Flächen überblicken, die die Rheiderländer dem Meer wieder abgerungen haben. Im 18. Jahrhundert wurden der Kanalpolder – als ›Polder‹ bezeichnet man die neueingedeichten Landstücke –, der Heinitzpolder und der Süder Christian-Eberhards-Polder zurückgewonnen. Wenn gelegentlich die Straße ansteigt und über einen vermeintlichen Hügel hinwegführt, hat sie in Wirklichkeit den alten Deich gekreuzt, der hier vor zwei- bis dreihundert Jahren angelegt wurde und heute schon weit im Binnenland liegt.

Wie überall an der Küste werden auch an Ems und Dollart die Deiche, Siele und Schöpfwerke im Herbst und im Frühjahr bei sogenannten Deichschauen kontrolliert. Vertreter der Wasserwirtschaftsämter, der Verwaltungen, die ›Deich-‹ und ›Sielrichter‹

30 Aurich Marstallgebäude des Schlosses
◁ 29 Aurich Lambertikirche mit Eingangsvorbau (vorne links) und freistehendem Turm
31 Aurich Saal der Ostfriesischen Landschaft

32 AURICH Knodt'sches Haus am Markt   33 AURICH Landkreisamt in der Burgstraße

34 AURICH Altes Hafenwärterhaus (Pingelhus) vor der Ostfriesischen Landschaft

35 AURICH Stiftsmühle, größtes Mühlenbauwerk Ostfrieslands

36 RIEPE   Kirche mit charakteristischem Glockenturm
37 AURICH   Upstalsboom-Denkmal

38 Lütetsburg   39 Lütetsburg   Tor der Vorburg
40 Berum   Vorburg eines ehemaligen ostfriesischen Häuptlingssitzes

41 DORNUM   Beninga-Burg
42 DORNUM   Innenhof des Schlosses

43 Dornum Schloß, Innenansicht

44 Dornum Kirche, Innenansicht
45 Buttforde Kirche, Innenansicht

46 Unter dem Deich bei BENSERSIEL

47 CAROLINENSIEL Hafenbecken

48 Fischkutter im Wattenmeer

49 NEUHARLINGERSIEL Kutter- und Fährhafen

50 CAROLINENSIEL Alter Nordseedeich mit Blick auf die Mühle
51 CAROLINENSIEL Alter Speicher
52 NEUHARLINGERSIEL Sielhof

53 ESENS Kirche, spätklassizistischer Backsteinbau

54 HAGE Kirche, Innenansicht ▷

prüfen, ob etwa durch das auf den Deichen weidende Vieh Trittschäden entstanden sind oder die Grasnarbe bei Stürmen angegriffen worden ist. Wenn die Deiche unbeschädigt und die Sieltore nicht durch Schlick verschlammt sind, dann werden die Deiche ›schaurei‹ erklärt. Seit der letzten großen Sturmflut im Jahre 1962 hat man überall an der Küste und auf den Inseln Ostfrieslands für mehr als 500 Millionen Mark Anlagen zum Küstenschutz errichtet.

Auf dem Weg nach Bunde gelangt man durch Orte wie Ditzumerhammerich und Ditzumerverlaat. Hier stehen am Ortseingang der Rest einer Windmühle und ein bemerkenswertes neogotisches Kirchlein. In Ditzumerverlaat ist in den Niederungen des Ditzumer Tiefs eine verfallene *Wasserschöpfmühle* zu finden, die bis 1956 ein Gebiet von 150 Hektar Wiesen- und Weideland entwässern konnte. Eine solche Vorrichtung gibt es an dieser Stelle seit über 200 Jahren.

Durch die weiten Wiesen gelangt man auf baumbestandenen Straßen nach Marienchor, das ohne eigentlichen Ortskern ist. Eine nach links abzweigende Straße führt an prächtigen Bauernhöfen vorbei zu einem *Kirchlein,* dem schon von der Straße aus die fast dreihundert Jahre auf einem nachgiebigen Boden anzusehen sind: Es ist erheblich windschief und mit dem Untergrund weggesackt. An den kleinen, rechteckigen Saalbau (1668) mit Rundbogenfenstern schließt sich westlich der Glockenturm von 1798 an. Turm und Kirche liegen etwas erhöht auf einer Warf, daneben fällt ein großer, typischer Rheiderländer Bauernhof auf.

Die Straße führt den Fremden zurück nach Böhmerwold. Hier findet sich entlang des Weges eine Ansiedlung von Bauernhöfen, die sich fast alle auf Milch- und Viehwirtschaft spezialisiert haben. Die Kirche, ein von alten Bäumen umstandener kleiner Bau mit einem gedrungenen Westturm, wurde im Jahr 1703 erbaut; Orgel und Gemeindegestühl stammen aus dem Jahr 1705. Die hölzerne Tonnenwölbung der Decke im Innern ähnelt jener der Kirchen von Bunde und Weener.

Von Pogum aus erreicht man auf dem Weg nach Bunde zunächst Bunderhee. Auch hier ragt nur noch der Rumpf einer Windmühle empor, und wiederum prägen die mächtigen Gulfhäuser das Ortsbild, die Bauernhöfe mit ihren großen, vorgesetzten Wohnhäusern muten hier sogar fast prunkvoll an. Links zieht sich an der Straße eine waldähnliche Parkanlage hin, und dann erreicht man in der Steinstraße 64 das ›Steinhaus‹ von Bunderhee, das am Ortseingang linker Hand ganz unscheinbar hinter Bäumen versteckt liegt. Aber der Backsteinbau aus dem 14. Jahrhundert hat es in sich. Er stellt den Rest einer Häuptlingsburg des alten turmartigen Typs dar und beherbergt heute die ›Norddeutsche Orgelakademie‹. Wie es sich für so altes Gemäuer gehört, ranken sich darum auch Geschichten und Geheimnisse. So soll des Nachts ein unbekanntes einsames Mädchen durch die Gemächer geistern und bitterlich weinen. Doch auch wer für solch ›spökenkiekerisches‹ Gruseln nichts übrig hat, kann im Steinhaus auf seine Kosten kommen. Die *Orgelakademie* ist eine internationale Begegnungsstätte für Musiker aus aller Welt, die hier auf alten Cembali und Clavichorden in historischer Atmosphäre sowie auf den historischen Orgeln rings um den Dollart spielen können. Daß Orgeln und Ostfriesland zusammengehören, dürften zunächst nur die wenigsten vermuten. Orgelmusik wird zumeist mit Barockmusik gleichgesetzt, und

129

RHEIDERLAND

die ostfriesische Landschaft ist nun wahrlich alles andere als ›barock‹. Trotzdem ist die Gegend rund um den Dollart bis in die holländische Provinz Groningen hinein ein Eldorado für Orgelkenner und -liebhaber. Dafür sind vor allem niederländische Orgelbauer verantwortlich, die im späten 16. Jahrhundert nach Osten abwanderten, als die damals junge, reformierte Kirche dem Orgelbau ablehnend gegenüberstand. Rund um den Dollart entstanden seither kunstvolle Orgeln, deren Häufigkeit ihresgleichen sucht. Fast jede Dorfkirche kann sich noch heute mit den zum Teil jahrhundertealten sakralen Musikinstrumenten schmücken. Auch die Schule des Hamburger Orgelbauers Arp Schnitger, dessen Schüler bis ins 19. Jahrhundert hinein eine Werkstatt in Groningen unterhielten, hat ihren Einfluß auf Ostfriesland gehabt. Eine kunstvolle Orgel Arp Schnitgers ist in der St.-Georgs-Kirche in Weener zu finden. Doch ehe man nach Weener gelangt, liegt auf einer Rundfahrt durch das Rheiderland zunächst Bunde an der Wegstrecke.

Über 7000 Menschen leben in Bunde (und den eingemeindeten Orten der Umgebung), in dessen Zentrum die Martinskirche besonders ins Auge fällt. Es handelt sich um einen über dem kreuzförmigen Grundriß errichteten Backsteinbau aus dem 13. Jahrhundert, der zu den interessantesten Kirchenbauten Ostfrieslands zählt. Sein Langschiff stammt aus dem frühen 13. Jahrhundert, das Querschiff entstand etwa 50 Jahre später, und der Turm kam erst im Jahre 1840 hinzu. Daß das Gotteshaus immer wieder baulichen Veränderungen unterworfen war, dokumentieren die zugemauerten Bögen und die neu hineingebrochenen Fenster. Im Innern fällt die tonnengewölbte hölzerne Decke besonders auf, die Ausstattung entstammt hier fast vollständig dem 17. und 18. Jahrhundert. Die Türen zu den Bänken, auf denen das gemeine Kirchenvolk saß, sind überaus reich verziert. Seit 1791 steht dieses Gestühl in der Bunder reformierten Kirche, von deren Altar aus man auf eine imposante Orgelempore blickt. Die Kanzel zur Linken wird von einem ungewöhnlich großen Dach abgeschlossen; dieser Kanzelbaldachin war früher einmal schwarz-weiß gestrichen, so wie man es heute noch in anderen ostfriesischen Kirchen antrifft. Die beiden kunstvoll geschmiedeten Messingleuchter runden das Bild eines sparsam, aber nicht spartanisch ausgestatteten Kirchenraumes ab.

Am östlichen Ortsausgang in Richtung Weener zieht eine *Windmühle* Interessierte an. Der ›Galerieholländer‹ hat schon ein paar Jahre in Bunde miterlebt – immerhin stammt er aus dem Jahr 1911. Die Windmühle selbst arbeitet nicht mehr, ihre Funktion hat ein maschineller Mühlenbetrieb übernommen, der sich unmittelbar anschließt. Gebäude und Einrichtung

Grundriß der Martinskirche von Bunde; erbaut in der Mitte des 13. Jahrhunderts

jedoch sind gut erhalten und können besichtigt werden, wenn man dem Müllermeister gut zuredet. Natürlich ist das Rauchen strengstens verboten, denn überall, wo mit Mehlstäuben hantiert wird, herrscht höchste Explosionsgefahr.

Obwohl an der Eisenbahnstrecke Leer-Groningen gelegen, hat Bunde keine eigene Bahnstation mehr. Busse stellen die Verbindung zur Kreisstadt her. Zur gewerblichen Wirtschaft Bundes gehört heute neben Handwerksbetrieben eine Konservenfabrik, doch ist der Ort auch heute noch weitgehend von der Landwirtschaft geprägt.

Übrigens wurden in früheren Zeiten die Kirchenorgeln von den Lehrern gespielt oder von Organisten, die im Nebenamt als Lehrer beschäftigt waren und von den Kirchengemeinden und den Pfarrern angestellt wurden. Die Quellen im Staatsarchiv Aurich zeigen, daß ein gewisser Heye Tammen der erste Lehrer der Gemeinde Bunde gewesen ist und für ein jährliches Gehalt von 20 Gulden den Kindern lesen und schreiben beigebracht hat, dazu durfte Tammen noch ein Stück Land nutzen. Fast lückenlos läßt sich seitdem die Folge der Lehrer und Schulhäuser nachweisen. Das erste Schulhaus in Bunde, eine kleine Kate aus dem 16. Jahrhundert, verursachte Baukosten in Höhe von 54 Gulden. Die Lehrer in Bunde mußten sich immer gegen auswärtige Bewerber zur Wehr setzen, die bereit waren, für weniger Geld zu arbeiten und so die angestammten Amtsinhaber zu verdrängen.

Wappen von Bunde

Wer heute das Bunder Stadtwappen betrachtet, mag sich über das Schiff darin wundern. Im 16. Jahrhundert allerdings, als der Dollart seine größte Ausdehnung erreicht hatte, lag Bunde am Wasser und war somit eine Hafenstadt. Heute führt westlich eine Allee aus Bunde heraus und auf den Grenzübergang Bunde/Neuschanz zu. Ein Abstecher in die Niederlande nach Nieuweschanz, Winschoten oder Groningen ist von hier aus leicht möglich. Unmittelbar vor dem Grenzübergang zweigt gegen Norden die Straße nach Charlottenpolder ab, und nur ein paar Steinwürfe westlich dieser Straße verläuft die ›grüne Grenze‹ zu den Niederlanden. Daß sie nicht mehr weit ist, daran erinnern auch die Felder mit Schnittblumen, die man in Charlottenpolder wie in Landschaftspolder findet. Der saftige Marschboden bringt hier neben satten Weiden blühende Gartenanlagen hervor. Neben den imposanten Gehöften beeindrucken deshalb auch die sich weithin erstreckenden Blumenfelder. Eine kilometerlange, schnurgerade Straße mit einigen stattlichen Höfen zu ihrer Rechten und Linken bildet den Ort Landschaftspolder. Folgt man dieser Straße, erreicht man wieder

131

RHEIDERLAND

Ditzumerverlaat, von dem aus man erneut am Steinhaus vorbei nach Bunde zurückkehren kann.
Von hier empfiehlt sich ein Abstecher in das südliche Rheiderland. Während nördlich der Bundesstraße 75 (Leer–Weener–Bunde) die Marschen vorherrschen, findet man südlich dieser Linie eine Moorlandschaft vor. Bunde selbst und Bunderhee liegen noch auf einem Geestrücken.
Der Weg von Bunde über Bunderneuland, Wymeer, Boen, Tichelwarf, Möhlenwarf nach Weener ist mit seinen ruhigen Straßen und Wegen eine ideale Fahrradroute durch den Hammerich. Ein solcher Ausflug führt vor Augen, daß vielfach an die Stelle der verfallenen oder abgerissenen alten Gulfhäuser häßliche, moderne Zweckbauten als Wohnhäuser und Stallungen getreten sind. – Wymeer liegt in einer völlig einsamen Gegend nahe der holländischen Grenze. Hier, wo Ostfriesland noch um einiges ruhiger und stiller wird, sind abgetorfte Flächen zum Naturschutzgebiet erklärt worden, die sich dem Wanderer für ausgedehnte Spaziergänge anbieten. Die Kirche in Wymeer ist ein neogotischer Bau der zweiten Hälfte des 19. Jahrhunderts; der an das Kirchenschiff anschließende Glockenturm ist dem Baujahr nach älter (1788), hat aber vermutlich in jüngerer Zeit einige Eingriffe in die Bausubstanz erfahren. In Möhlenwarf steht an der Straße ›Zur Mühle‹ ein Galerieholländer aus dem Jahr 1899. Die Mühle wird privat als Wohnhaus genutzt; eine Wohnung ist auf den Mahlböden eingerichtet worden.

Wappen von Weener

Der Emsort Weener kann auf eine tausendjährige Geschichte zurückblicken. Im Jahre 950 wird er in den Annalen als Hof des Klosters Werden an der Ruhr genannt. Um die Jahrtausendwende ist Weener dann schon ein wichtiger Handelsort, doch erst 1805 bekommt der Flecken die Marktrechte, und seit 1929 darf sich Weener ›Stadt‹ nennen. Heute ist Weener mit 14 000 Einwohnern ein wichtiger Standort für Gewerbe und Industrie, aber auch Ausgangspunkt eines bedeutsamen Erholungsgebietes an der Ems. Ein moderner Sportboot- und Yachthafen, ein komfortabler Campingplatz und ein beheiztes Freibad liegen direkt hinter dem Emsdeich. Gegenüber dem Schwimmbad wurde ein Abenteuerspielplatz angelegt mit einem Aussichtsturm auf künstlichem Hügel, von dem aus man einen sehr guten Überblick über Weener und die vorbeifließende Ems gewinnen kann. Rund um das alte Hafenbecken in der Stadtmitte stehen noch alte Häuser, deren Charme in der eigentlichen Altstadt noch mehr zur Geltung kommt. Das alte Hafenbecken von Weener wurde 1507 gegraben, später dann zum Teil wieder zugeschüttet, so daß ein Platz am Hafen entstand. Die Bauten rund um das Hafenbecken verraten noch ihren alten Charakter als Friesenhäuser oder Kornspeicher. Die Holzschnitzereien im Haus ›Am Hafen 6‹ ließ der Bäckermeister Jansen 1924 anbringen. Vor allem entlang der Norder Straße, die vom Hafen und seinem Vorplatz zur St. Georgs-Kirche führt, stehen zahlreiche Häuser aus dem 18. und 19. Jahrhundert, das Haus Norder Straße Nr. 19 stammt noch aus dem Jahr 1660.

Die *St. Georgs-Kirche* erreicht man durch einen vom hohen Alter bereits geneigten Torbogen von der Kreuzung Neue Straße/Hindenburgstraße. Der Platz hier wird auch ›Kaake‹ genannt. Der heutige Kirchenbau entstand während des 14. und 15. Jahrhunderts. Im Fußboden sind Grabplatten eingelassen. Besonders eindrucksvoll ist neben den Messingleuchten und dem Tonnengewölbe die prachtvolle Arp-Schnitger-Orgel aus dem Jahr 1710, die regelmäßig bei Konzerten erklingt. Der Turm der St. Georgs-Kirche steht jenseits der Neuen Straße, er wurde 1738 auf dem östlich der Kirche gelegenen Friedhof erbaut. Der Friedhof mit seinen zahlreichen Grabplatten und Grabsteinen sowie den darauf verzeichneten Namen ist ein Stück Ortsgeschichte Weeners.

Nur ein paar Schritte von der St. Georgs-Kirche entfernt – die Marktstraße zur Neuen Straße hinunter – befindet sich das sogenannte ›Gasthuis‹ (1791). Es beherbergt das *Heimatmuseum* des Heimatvereins Rheiderland. Die hier ausgestellten Stücke vermitteln

Stadtplan von Weener

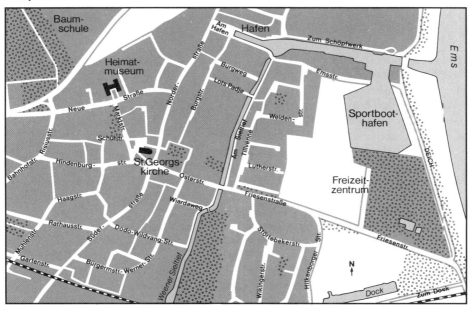

RHEIDERLAND

Ansicht von Weener, 1861

einen Eindruck von der kulturhistorischen Entwicklung in Geschichte, Landwirtschaft, Fischfang und Handwerk. Außerdem zeigt eine Ausstellung, welchen Weg die Ziegeleiindustrie – für das Rheiderland lange ein wichtiger Wirtschaftszweig – genommen hat. Weiterhin sind prähistorische Funde aus der Umgebung, aber auch Trachten und Schmucksammlungen zu besichtigen. Zu den wertvollsten Stücken der ganzen Sammlung zählt ein südniederländischer Passionsaltar aus der Zeit um 1520. Die nach dem früheren Bürgermeister Itzen benannte Bücherei mit 6000 Bänden – darunter bibliophile Seltenheiten – und ein Archiv mit Akten und Urkunden zur Geschichte Weeners wie des Rheiderlandes vervollständigen den Bestand des Heimatmuseums. Die Zeit der Führungen können Interessierte bei der ›Grenzlandzeitung‹ in der Risiusstraße 6–8 erfragen.

Das Rheiderland ist arm an Wald, dafür gibt es hier um so mehr Ried und Schilf – auf plattdeutsch ›Reit‹, woraus der Name des Rheiderlandes sich ableitet. Lediglich südlich von Weener – zwischen Holthuser Heide und Stapelmoorer Heide – liegt ein kleines Gehölz. In Weener selbst kann man allerdings eine riesige Baumschule besichtigen und durchwandern. Sie liegt unmittelbar an der Bundesstraße und wurde bereits vor Jahrzehnten von dem Kommerzienrat Hermann A. Hesse gegründet. Hesse selbst hatte in Jelsgaste – westlich von Weener – einen Privatpark angelegt, in dem Bäume, Sträucher und Pflanzen aus aller Herren Länder wuchsen, die aber wegen der Brennstoffknappheit unmittelbar nach dem Krieg abgeholzt wurden. Weener liegt an der Zugstrecke Oldenburg–Leer–Groningen. Die ›*Friesenbrücke*‹, die größte Eisenbahn-Klappbrücke der Bundesrepublik, führt über die Ems. Von Weener aus kann man zu Fuß über diese Brücke und den Deich auf die östliche

Emsseite gelangen. Dort liegt der Ort Mitling-Mark, der zwar nicht mehr zu Weener gehört, aber durch eine vor wenigen Jahren eingestellte Fährverbindung immer nach Weener hin orientiert war.

Mitling-Mark ist heute ein Teil der Gemeinde Westoverledingen und schließt das Overledingerland zur Ems hin ab. Auf einer hohen Warf liegt der rechteckige Backsteinbau der *reformierten Kirche* aus dem 13. Jahrhundert, deren eigenwilliger Glockenstuhl vor der Westwand ins Auge fällt. Die Existenz der *Windmühle* in Mitling-Mark ist bis in das 17. Jahrhundert nachzuweisen, doch der jetzige, seit langem außer Dienst gestellte Galerieholländer datiert aus dem Jahr 1843.

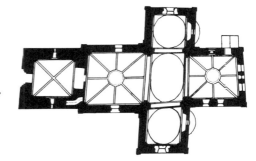

Grundriß der Backsteinkirche von Stapelmoor, um 1300

Unmittelbar südlich hinter Weener zweigt man rechts ab und kommt über eine geklinkerte Straße nach Holthusen, an dessen Kirche der mit Zinnen bewehrte Turm auffällt. Von Holthusen geht es nach Stapelmoor. Stapelmoor, das vor allem von der Landwirtschaft lebt, ist eine Siedlung der hochmittelalterlichen Binnenkolonisation. Die *Kreuzkirche*, die um 1300 in ihrer heutigen Form entstand, wurde früher auch als Wehranlage verwandt. Bemerkenswert ist der Grundriß dieses Kirchenbaus: Erstens verlaufen Querschiff und Längsschiff nicht streng im rechten Winkel, zweitens ist die Vierung vor dem Altar nicht – wie in anderen vergleichbaren Kirchen – quadratisch, sondern rechteckig. Die Gewölbe weisen Reste der ursprünglichen Ausmalung auf. Neben der Kirche steht das zweigeschossige Pfarrhaus, dessen Giebel-Inschrift verrät, daß bereits seit 1429 die Pastöre der Gemeinde hier wohnen. Stapelmoor soll einmal sieben sogenannte ›Bauernburgen‹ besessen haben, die als Zufluchtsstätte dienten. Heute entdeckt man noch leicht die ›Sparringaborg‹, die ein von Kastanien gesäumter Burggraben umschließt. Auf dem Weg nach Stapelmoorerheide liegt rechts der Straße der Stapelmoorer Park.

Stapelmoorerheide und das darauffolgende Dielerheide sind äußerlich durch kleine Siedlerhäuser geprägt. Diese Wohnhäuser, der Form nach kleine Gulfhäuser, sagen auch etwas über die gegenüber dem nördlichen Rheiderland veränderte Sozialstruktur der Region aus: Die mächtigen Marschhöfe zeugen von Reichtum der Bauern, die Siedlerhäuser im Moor weisen noch heute auf die relative Armut der Landarbeiter in den ehemaligen

135

RHEIDERLAND

Moorgegenden hin. Von Dielerheide biegt man links nach Diele ab. Hier kann es vorkommen, daß ein paar Kühe über die Straße laufen, wenn der Bauer sie von der Weide zum Hof treibt.

Ein Weg nach rechts in Richtung Vellage und Halte bringt den Besucher in den südlichsten Zipfel des Rheiderlandes, dann führt die Straße über eine Brücke weiter ins emsländische Papenburg. Zuvor gibt es einen Abzweig zur *Fähre* Halte, die seit Bestehen der Emsbrücke nach Papenburg überflüssig geworden ist. Von dieser Fährstelle und von der Tatsache, daß Halte Grenzzollort zum Münsterland war, bezog der Ort jahrhundertelang seine Bedeutung. Heute ist Halte ein beliebtes Ausflugsziel mit einem Restaurant. Unter dem Deich liegt ein *Natur- und Vogelschutzgebiet* in den verlandeten Altwassern der Ems.

Über Diele und Stapelmoor führt der Weg nach Weener zurück, von wo man über die Bundesstraße 75 Leer erreicht. Kurz vor der Jann-Berghaus-Brücke liegt rechts die Ortschaft Kirchborgum. Vom Deich aus blickt man auf den Zusammenfluß von Leda und Ems und den an dieser Stelle gelegenen Ortsteil von Leer – Leerort. Die Emsbrücke besteht seit knapp 50 Jahren, davor bestand die Verbindung des Rheiderlandes mit Leer und dem übrigen Ostfriesland lediglich durch Fährbetrieb, z. B. zwischen Kirchborgum und Leerort. So war im ohnehin abgelegenen Ostfriesland das Rheiderland noch zusätzlich isoliert.

Leer

Vom Rheiderland oder vom Ruhrgebiet kommend, erreicht man als erste größere ostfriesische Stadt Leer. Die Kreisstadt liegt am Schnittpunkt der Ost-West- und der Nord-Süd-Verbindungen von Straßen, Wasserwegen und Eisenbahnen. Auch als Hafenstadt ist Leer für die Binnen- und Seeschiffahrt von Bedeutung. Die Industrie- und Handelsstadt an der Mündung der Leda in die Ems ist in vieler Hinsicht der Mittelpunkt des Landkreises Leer. 31 000 Menschen leben hier in acht Ortsteilen, die so vieles Sehens- und Wissenswertes zu bieten haben, daß ein längerer Aufenthalt lohnt.

Leer kann auf eine mehr als tausendjährige Vergangenheit zurückblicken, deren steinerne Zeugen sich auch heute noch im Stadtbild finden. Das erste schriftliche Zeugnis, das auf die

Ansicht der Stadt Leer, um 1800

LEER

Existenz Leers hinweist, findet sich in der Lebensbeschreibung des Mönches Liudger, der um 780 in Friesland als Missionar wirkte. Während es dem angelsächsischen Mönch Bonifatius bei seiner Missionsarbeit in Friesland schlecht erging – 754 erschlugen ihn bei Dokkum in den heutigen Niederlanden die ›Heiden‹ –, scheint Liudger erfolgreicher gewesen zu sein; so konnte er in Hleri (= Leer) eine einfache Holzkirche auf einem Hügel errichten. Heute befinden sich dort der reformierte und der katholische Friedhof mit einer *Krypta,* die als Überrest einer im 12. und 15. Jahrhundert gebauten, 1785 nach einem Sturm wieder abgebrochenen Kirche anzusehen ist. An der Ostwand der zweischiffigen, gewölbten Krypta sind in Lebensgröße Ritter und Junker aus dem 16. Jahrhundert in voller Rüstung abgebildet.

Unweit der Krypta erhebt sich der neun Meter hohe *Plytenberg,* der seit Jahrhunderten zu Spekulationen Anlaß gibt. Die einen sagen, der Plytenberg sei als Grabmal für einen Wikingerfürsten aufgeschüttet worden; die anderen halten ihn für ein Seezeichen, weil er gut erkennbar am Zusammenfluß von Leda und Ems liegt. Schließlich wird auch nicht ausgeschlossen, daß es sich um eine vorchristliche Kultstätte handelt, in deren Nähe Liudger seine Holzkirche aufstellte.

Der Aufstieg Leers begann im 15. Jahrhundert, als Focko Ukena hier eine Burg baute. Dieser Häuptling von Leer wurde von seinen Widersachern unter den ostfriesischen Häuptlingen 1431 vertrieben, die ›Fockenburg‹ dem Erdboden gleichgemacht. 1573 wurde für den Häuptling Hajo Unken die *Harderwykenburg* errichtet, die ein Wassergraben umgab. Heute ist das efeubewachsene Gebäude privater Wohnsitz, und die Gräben sind seit langem zugeschüttet. Die beiden Giebel des zweigeschossigen Backsteinbaus sind gestaffelt und tragen kleine Türmchen. 1621 entstand für den Häuptling Joest Hane nur wenig entfernt die *Haneburg.* Sie zählt zu den wenigen erhaltenen und vollständig renovierten Renaissanceburgen Ostfrieslands. Die Haneburg gliedert sich in einen Hauptflügel und einen nördlichen und südlichen Querflügel. Während der Südflügel aus dem 17. Jahrhundert stammt, wurde der nördliche Querflügel erst in diesem Jahrhundert als Kopie des südlichen errichtet. Vom Innenhof führt eine Freitreppe zur barocken Eingangstür. Im südwestlichen Winkel der Burg steht ein Treppenturm. Die von Bäumen gesäumte Zufahrt vom Platz »Große Bleiche« her führt durch ein Tor aus vier Sandsteinpfeilern (1741). Früher war die Haneburg Altersheim, heute beherbergt sie die Volkshochschule und Repräsentationsräume für kulturelle Veranstaltungen.

Im Altstadtviertel zwischen Harderwykenburg und Haneburg liegen die evangelisch-lutherische Kirche und die evangelisch-reformierte Kirche, die ›Große Kirche‹. Die *Lutherkirche* war ursprünglich ein einschiffiger Backsteinbau. Am Chor hat man Inschriften aus dem Jahr 1675, am Westportal von 1710 gefunden. Im Zuge mehrerer Erweiterungen im 18. Jahrhundert entstand 1764–1766 der achteckige Turm mit seiner barocken Spitze. Der schlanke Turm ruht auf einem grauen, quadratischen Unterbau, der aus den Steinen des abgebrochenen Klosters Thedinga errichtet wurde. Im Innern der Kirche findet man eine einheitliche Ausstattung im Stil der Neu-Renaissance, die zu Anfang des 20. Jahrhunderts angebracht wurde. Graf Edzard und Fürstin Christine Charlotte aus dem Hause der

Cirksena, zu welchem die lutherische Gemeinde besonders gute Beziehungen unterhielt, sind in der Lutherkirche auf Bildnissen über den Säulen verewigt. Die Bilder an der Empore zeigen den letzten Fürsten von Ostfriesland, Carl Edzard, und König Friedrich II. von Preußen, unter dem Ostfriesland 1744 zu Preußen gelangte. Der imposante Fürstenstuhl an der Nordwand des Chores wird auf die Zeit zwischen 1700 und 1710 datiert. Die ursprüngliche Längsrichtung der Kirche ist durch die hölzerne Tonnenwölbung der Decke zu erkennen. Die Kirche ist heute von einer beschaulichen Grünanlage umgeben, dem alten Friedhof.

Ist die Lutherkirche von der Anlage her langgestreckt, so ist die 1785–1787 entstandene *Große Kirche* ein Zentralbau, ihr Grundriß ist einem griechischen Kreuz nachgebildet. Auf der umlaufenden Empore steht eine herrliche Orgel. Der im Untergeschoß quadratische Glockenturm trägt ein charakteristisches, kupfergedecktes Zwiebeldach; er wurde 1805 vollendet. Der Kanzelkorb dagegen ist wesentlich älter. Seine feine Schnitzarbeit zierte bereits die alte reformierte Kirche am Westerende, die aber abgerissen und im 18. Jahrhundert durch die Große Kirche ersetzt wurde. Zwischen Lutherkirche und Großer Kirche liegt etwas versteckt die katholische Pfarrkirche *St. Michael,* ein rechteckiger Saalbau, der im Jahre 1775 in Anlehnung an J. C. Schlauns Kirchenbau in Wahn im Emsland errichtet wurde. Über dem Eingangsportal ziert ein Relief des Namensheiligen der Kirche die Wand: Der Erzengel Michael triumphiert über den Drachen.

Hier in der *Leeraner Altstadt* sind eine Reihe alter Bürgerhäuser erhalten geblieben oder wieder neu aufgebaut worden. In der Rathausstraße springt vor allem das Haus Nr. 18, das ›Haus Samson‹ von 1641, ins Auge. Durch eine kunstvoll gestaltete Tür betritt man hier heute eine Weinhandlung, in der auch noch altes ostfriesisches Hausgerät zu sehen ist. Der schlanke Giebel des Hauses wird von weißen Steinblüten umrankt. Am Ende der Straße erhebt sich das *Rathaus,* erbaut 1894 im niederländischen Renaissancestil. Ähnlich wie bei der Lutherkirche wächst aus seinem quadratischen Unterbau der achteckige Turm hervor. Schräg gegenüber liegt die ehemalige *Waage,* in der heute ein Restaurant betrieben wird. Sie steht, mit einem kleinen Türmchen verziert, frei auf dem Platz am Hafen. Erst von der gegenüberliegenden Hafenseite sind die wohldurchdachten Proportionen dieses zweigeschossigen Backsteinbaus des barocken Klassizismus der Niederlande zu sehen. Außerdem erschließt sich dem Betrachter von hier aus ein herrliches Panorama auf Hafen, Waage und Rathaus.

In dem im klassizistischen Stil gehaltenen Haus Neue Straße Nr. 14 bewahrt das *Heimatmuseum* eine naturkundliche und urgeschichtliche Sammlung, weitere Schwerpunkte liegen in den Abteilungen ›Hausrat‹, ›Küste‹ und ›Seefahrt‹. Neben dem Haus Samson führt eine schmale Gasse mit Speichern und Lagerhäusern zum *Hermann-Tempel-Haus.* Dieses Gebäude, benannt nach dem sozialdemokratischen Reichstagsabgeordneten und Leeraner Lehrer Hermann Tempel, wird als Stadtbücherei genutzt. 1896 von zwei Kaufleuten gebaut, diente es vormals als Hafenspeicher. Unmittelbar daneben findet sich in der Faldernstraße der 1825 im klassizistischen Stil errichtete schlichte, graue Bau der *Mennonitenkirche.*

LEER

Ostfriesische Barockschränke

Vom Hermann-Tempel-Haus führt die Straße ›Wörde‹ zur Fußgängerzone Mühlenstraße hinunter. Rechter Hand liegt das Amtsgericht, dessen Portal und Haustüre sehenswert sind. Das Gelände des Amtsgerichts wird zur Straße hin von barocken Sandsteinpfeilern mit Eisengittern begrenzt. An der Ecke Mühlenstraße/Wörde findet man das Haus Klasen, ein Bürgerhaus aus der zweiten Hälfte des 18. Jahrhunderts, das auch durch seine Straßenfront und seine Haustür mit geschwungenem Oberlicht auffällt. Vor allem in der Mühlenstraße kann man an den Giebeln der alten Häuser ablesen, welch ausgeprägten Charakter diese Geschäftsstraße einmal gehabt hat. Der Hafen liegt mitten in der Stadt, und an mehreren Stellen bieten Wege oder Plätze unmittelbaren Zugang zum Wasser. Der größte Platz ist der ›Ernst-Reuter-Platz‹, benannt nach dem früheren Regierenden Bürgermeister von Berlin, der seine Kinder- und Jugendjahre in Leer verbrachte und am dortigen Gymnasium im Frühjahr 1909 die Reifeprüfung ablegte.

Die Kirchen und Bürgerhäuser entstanden in einer Zeit, da Leer einen wirtschaftlichen Aufschwung nahm. Durch die günstige Verkehrslage hatten sich Stadt und Hafen erfolgreich entwickelt, und 1508 hatte Graf Edzard Leer die Marktrechte verliehen. So entwickelte sich der Platz an der Waage zum regen Umschlagplatz. Noch heute wird hier in jedem Oktober der historische *Gallimarkt* gefeiert, zu dem heute auch ein ausgedehnter Viehmarkt in den Auktionshallen auf der Nesse, dem Industriegelände jenseits des alten Handelshafens, gehört.

Seit über hundert Jahren hat der ›Verein ostfriesischer Stammviehzüchter‹ – ein genossenschaftlicher Zusammenschluß – hier seinen Sitz. Er hat dafür gesorgt, daß die ›Schwarzbunten‹ – wie die schwarz-weiß gefleckten Rindviecher genannt werden – nicht nur zwischen Dollart und Jadebusen, sondern fast in der ganzen Welt begehrt sind. Viehzucht hat es nach den Überlieferungen in Ostfriesland schon vor dem siebenten Jahrhundert gegeben. Damals wurden die ersten deichartigen Schutzwälle errichtet, und bis zu jenem Zeitpunkt war Ackerbau hier nicht möglich gewesen. Also züchtete der Friese Rinder und verkaufte die Milchprodukte auch über die Landesgrenzen hinaus. Die Viehbestände wurden immer wieder durch Sturmfluten oder Seuchen dezimiert, die ganze Herden hinwegrafften Im 19. Jahrhundert gelang durch tiermedizinische Erfolge erstmals die Seuchenbekämpfung. Ursprünglich waren die Kühe auch in Ostfriesland rotbraun. Gezielte Züchtung brachte die besonders leistungsfähige schwarzbunte Rasse hervor, deren beste Exemplare bis zu 10 000 kg Milch pro Jahr geben. Bei den allmonatlichen Zuchtviehauktionen in Leer geht es lebhaft zu, da die Tiere für die Bauern eine beträchtliche Kapitalanlage darstellen. Der Versteigerung kann man im Auktionsgebäude des Vereins ostfriesischer Stammviehzüchter auf der Nesse zuschauen.

Im Ortsteil Loga findet man die in einem Park gelegene *Evenburg*. Durch die weiträumige, renovierte Vorburg und einen Torbogen gelangt man zur Hauptburg, die von einem Wassergraben eingefaßt ist. Der Kern der Burganlage, die von den Grafen von Wedel geschaffen wurde, stammt aus der Barockzeit; Elemente aus dieser Zeit sind heute noch an der Burg zu finden. Die neugotischen Fassaden sind nach Zerstörungen im Zweiten Weltkrieg wieder hergerichtet worden. Heute sind in der Burg Verwaltungseinrichtungen untergebracht.

Gegenüber dem Evenburg-Park liegt etwas erhöht die *reformierte Kirche* aus der zweiten Hälfte des 15. Jahrhunderts. Besonders auffällig ist ihr achteckiger, sich nach oben verjüngender Turm, den böse Zungen mit einem Leuchtturm vergleichen. Im Süden grenzt der Park der Evenburg an die Leda. Eine rotgeklinkerte Straße führt an die Stelle des Flusses, wo in früheren Zeiten die Logaer Fähre die Verbindung ins Overledingerland herstellte. Heute ist dieser Fährplatz nur noch ein beschaulicher Ausflugsort mit einem Restaurant-Betrieb und Bootsanlegern. Einen richtigen Fährbetrieb gibt es noch einige Kilometer landeinwärts. Doch vor dem Übersetzen sollte man sich noch die zweite, auch heute noch von der Wedelschen Grafenfamilie bewohnte Burg in Loga anschauen. An der Straße Hohe Loga, die von der Hauptstraße abzweigt, liegt das *Schloß Philippsburg*, eine barocke, ursprünglich eingeschossige Anlage mit drei Flügeln im Stile eines niederländischen Palais. Neben der Freitreppe thronen zwei Löwen, und zur Straße hin ist der ganze Komplex durch einen Gitterzaun getrennt.

Zur *Fähre Wiltshausen*, der ›Pünte‹, gelangt man durch den alten Ortskern von Loga hindurch. Eine holprige Straße führt knapp fünf Kilometer bis zum Zusammenfluß von Leda und Jümme. Hier läßt die unruhige Wasseroberfläche die gewaltigen Wassermassen erkennen, welche hier zusammentreffen. Die Strudel aber können der ›Pünte‹, der Fähre, nichts anhaben. Sie wird an einer Stahltrosse geführt, mit der der Fährmann den Ponton über die Jümme zieht. Vor Jahren wurde der von der öffentlichen Hand getragene Fährbetrieb eingestellt, doch ein privater ›Pünten-Verein‹ hat das Unternehmen wieder aufgenommen, so daß zumindest im Sommer die wahrscheinlich letzte handbetriebene Fähre in der Bundesrepublik auf der Jümme bei Wiltshausen arbeitet. Der Ruf »hol rüber« ist das Signal für den Fährmann. Wen er über den Fluß zieht, der sollte auch mit dem Fährgeld nicht

LEER

Die Stadt Leer, vom Emsbogen aus gesehen

kleinlich sein, schließlich steht ihm die Benutzung der ein paar Kilometer stromabwärts gelegenen Brücke frei.

Der Ortsteil Logabirum, bis zur Eingemeindung selbständige Gemeinde, ist noch immer weitgehend landwirtschaftlich geprägt. Hinzugekommen sind aber Kleinbetriebe und neue Wohnsiedlungen. Der Logabirumer Wald, ein Forst mit gemischtem Baumbestand, ist nicht nur für die Leeraner Ausflugsziel und Erholungsgebiet. An der Hauptstraße arbeitet in der Eickelborgschen Mühle ein Sägereibetrieb. Die *Windmühle*, ein sehr gut erhaltener Galerieholländer aus dem Jahr 1895, steht als markanter Orientierungspunkt in der Ortsmitte. Ein technisches Bauwerk ganz besonderer und wichtiger Art ist das *Leda-Sperrwerk* im Süden von Leer. Die fünf mächtigen Stahltore zwischen den sechs 1950 bis 1954 errichteten Türmen können den Fluß völlig gegen die hereindrängende Flut abschotten, so daß die tiefliegenden Flächen am Oberlauf der Leda und Jümme bei starkem Nordweststurm nicht mehr überflutet werden. Damit die Leda bei geschlossenen Toren nicht über die Ufer tritt, ist oberhalb des Sperrwerkes in den Deich ein Entlastungssperrwerk eingebaut, das das überschüssige Wasser in einen großen Entlastungspolder einläßt. Derartig aufwendiger Küstenschutz ist also auch relativ weit im Binnenland noch nötig.

Overledingerland

Von Süden her erreicht man Leer über die Leda-Brücke. Unmittelbar davor führt unter dem Deich rechts eine Straße über Nettelburg nach Amdorf, welches man nach einem Abzweig nach links über eine schmale, einspurige Eisenbrücke über die Leda erreicht. Der Ort ist ein Rundlingsdorf, die *Backsteinkirche* in seiner Mitte stammt aus dem Jahr 1769, ihr hoher Westturm von 1870. Im Innern der Kirche steht ein mit Szenen aus dem Neuen Testament bemalter Flügelaltar (1695), auf der Ostempore befindet sich eine Orgel von 1773. Auf dem Haus neben der Kirche ruht ein Storchennest, das in den letzten Jahren häufig von einem brütenden Storchenpaar belegt war. Amdorf und die nachfolgende Ortschaft Neuburg erreicht man auch mit der ›Pünte‹. Diese Orte liegen im ›Zweistromland‹ zwischen Jümme und Leda, sie bilden die nördliche Begrenzung des Overledingerlandes. Neuburg besteht aus einigen älteren Bauernhöfen und einer kleinen Kirche (1779), die allerdings erneuert wurde.

In Stickhausen ragt die *Burg* als markantes Wegzeichen über die Jümme. Dies ist der Turm einer weitläufigen Festungsanlage, die 1453 als Grenzfeste des Amtes Stickhausen errichtet wurde. Außer ihm sind noch der Vorbau der Torburg und eine Baracke erhalten geblieben. Hinweise auf den alten Charakter der Anlage geben Reste des Grabens und des Walls der Burg, die im Laufe der Jahrhunderte den verschiedenen ostfriesischen Herrschern und besetzenden Truppen als Standort diente. Seit 1885 ist die Burg in privater Hand, und seit mehr als einem Jahrzehnt bemüht sich ein privater Freundeskreis um die Erhaltung der Burg. Im Turm wird eine Ausstellung gezeigt, die einen Überblick über Handwerkszeug der Moorkolonisten ebenso gibt wie eine Anschauung von den Wohngegenständen früherer Zeit. Turm und Ausstellung sind täglich nachmittags zu besichtigen, vom Turm aus kann man auch einen Rundblick über das Stickhausener Land werfen.

Stickhausen gehört wie der nachfolgende Ort Velde zur Gemeinde Detern. Detern und Stickhausen engagieren sich sehr im Fremdenverkehr und bemühen sich um die Erschließung eines ›*Erholungsgebietes Jümme*‹. Der Fluß bietet hier ideale Wassersportmöglichkeiten, auch für Angler sind die vielfältigen Gewässer des gesamten Overledingerlandes ein interessantes Revier. Im Leda-Jümme-Gebiet gibt es Flußläufe und Bäche mit einer Gesamtlänge von 45 km. In den ›Kolken‹ – das sind stillgelegte Flußarme – und in den Flüssen und Kanälen tummeln sich Aal, Hecht, Barsch, Zander, Schleie, Karpfen, Brasse und Rotauge. Das besondere an diesem Angelgebiet liegt darin, daß die Flüsse und Kanäle,

143

OVERLEDINGERLAND

deren Wasserspiegel durch Ebbe und Flut bis zu 2 m steigt und fällt, gleichwohl alle Süßwasser führen. Für Spaziergänger sind Rundwanderwege markiert. Wasserwanderungen sind mit kleineren Booten von der Jümme aus möglich über den Nordgeorgsfehn-Kanal zum Ems-Jade-Kanal, der die Verbindung zum Jadebusen schafft. Von der Jümme gelangt man über die Leda in den Elisabethfehn-Kanal, der wiederum die Verbindung zum Küstenkanal – und damit zur Weser – herstellt.

Detern war 1426 Schauplatz einer berühmten Schlacht, in der Focko Ukena die Verbündeten Ocko tom Broks vernichtend schlug, indem er die Siele öffnete und Dämme durchstechen ließ. Detern lohnt heute einen Abstecher der Räucheraale wegen, die man in einigen Gaststätten bekommen kann. Die *Kirche* in Detern wurde 1806 gebaut; sie hatte allerdings schon zwei Vorgängerinnen, an die noch der alte Glockenstuhl westlich der Kirche erinnert. Dessen Entstehungszeit wird auf das Ende des 13. Jahrhunderts geschätzt.

Von Detern geht es zurück nach Stickhausen und weiter südlich nach Potshausen. Auf dem Weg dorthin überquert man die Leda noch einmal auf einer sieben Meter langen *Zugbrücke*. Vor siebzig Jahren kostete hier die Passage für Boote fünf Pfennig, größere Schiffe hatten fünfzehn Pfennig zu entrichten. Damals war die Zugbrücke noch aus Holz und wurde von Hand hochgezogen. Heute dagegen zieht ein Motor die stählerne Brückenkonstruktion in die Höhe, wenn ein Sportboot Durchlaß begehrt, was ungefähr tausendmal im Jahr geschieht.

Potshausen ist bekannt durch seine Heimvolkshochschule, die hier seit 1955 von der evangelischen Kirche vor allem zur Ausbildung der Landjugend betrieben wird. Vor Holte überquert man eine weitere Zugbrücke über den Hauptfehnkanal, einen Leda-Zufluß. Auf dieser wunderschönen Radfahrstrecke gelangt man nach Rhaude, dem Ursprungsort des heutigen Rhauderfehn, einer Gemeinde mit zehn Ortsteilen. ›Rhaude‹ wird abgeleitet von ›rawida‹ oder ›rawede‹ und bezeichnet ein gerodetes Waldgebiet (›wida‹, ›wede‹). Von Rhaude ging die neuzeitliche Fehnkultur im 17. Jahrhundert aus, die sich später über das ganze südliche Overledingerland erstreckte. Die *Backsteinkirche* von Rhaude stammt aus dem frühen 14. Jahrhundert. Nördlich der Kirche steht ein wuchtiger Torturm, der vor 1400 datiert wird. Bemerkenswert ist der Rundbogen, durch den hindurch man auf den Kirchhof und zur Kirche gelangt.

Der nächste Ort, Collinghorst, gilt als die älteste Siedlung des Overledingerlandes. So gibt es prähistorische Funde, die belegen, daß schon in der Jungsteinzeit in diesem Gebiet Menschen wohnten. 1409 wurde Collinghorst von den Häuptlingen Focko Ukena und Keno tom Brok eingenommen und zerstört, eine Häuptlingsburg besaß der Ort bis zum Ende des Zweiten Weltkrieges, als das Steinhaus zerstört wurde. Letzter Überrest aus alter Zeit ist die romanische *Backsteinkirche* aus dem 13. Jahrhundert. Mehrere Portale und Fenster sind zugemauert; dies läßt erkennen, daß an der Kirche immer wieder Ausbesserungen vorgenommen wurden. Im Innenraum finden sich ein Flügelaltar mit szenischen Darstellungen des Neuen Testaments und eine Kanzel mit spätbarocker Formung, die 1816 entstand. Der Altar wurde vom gleichen Meister wie der Flügelaltar in der Kirche von Rhaude geschaffen. Der Westturm kam im 15. Jahrhundert dazu. Seine Schießscharten und die Reste

144

einer Kaminanlage deuten darauf hin, daß er einst ein Wehrturm gewesen ist. Der Name ›Collinghorst‹ bedeutet entweder soviel wie ›Quelle auf der Höhe‹, oder aber es ist die Bezeichnung für eine heidnische Opferstätte auf der Höhe. ›Kollen‹ oder ›Kolden‹ waren heidnische Priester. ›Horst‹ jedenfalls bezeichnet immer eine Anhöhe.

An der Kirche in Collinghorst biegt man rechts nach Backemoor und Breinermoor ab. Hier wird die Landschaft links und rechts der Straße von Wallhecken bestimmt, die für einen großen Teil des Overledingerlandes sowie der Geest charakteristisch sind. Ursprünglich wurden die Wallhecken im holzarmen Küstenland nur als Abgrenzungen des Weidelandes vom Ackerland angelegt. Damit das Vieh, das auf der gemeindeeigenen Allmende weidete, nicht auf die ›Gaste‹ oder ›Esche‹, wie das Ackerland hieß, lief, wurden wallartige Umgrenzungen aufgeworfen. Als zu Beginn des 19. Jahrhunderts die Allmende aufgelöst wurde und jeder Bauer sein Vieh auf eigenem Gelände weidete, wurde zur Auflage gemacht, daß die Weidegebiete wieder von den Ackerböden zu trennen seien. So entstanden die weitflächigen Wallheckenlandschaften, die man noch heute sieht. Durch die Wälle sind schachbrettartige Felder entstanden. Eine ökologische Wirkung der Wallhecken trat unbeabsichtigt hinzu: sie dienen als Windschutz, so daß der Humus nicht mehr von den Sandböden weggeweht werden kann. Die Wallhecke hat also verhindert, daß die sandigen Geestböden zur Steppe wurden. Überdies verleihen die mit Eichen, Eschen oder Birken bestandenen Wälle der Landschaft ein gepflegtes, parkartiges Aussehen.

Eine Molkerei und ein Gasthof prägen das Ortsbild von *Backemoor*. Seine relativ gut erhaltene und renovierte *Kirche* stammt aus der 1. Hälfte des 13. Jahrhunderts. Vermutlich wurde auch diese Kirche während der Fehden ostfriesischer Häuptlinge als Festung benutzt.

Die Kirche in Backemoor; Zeichnung von Oskar Schwindrazheim, um 1928

Die Schießscharten im Gemäuer des massiven Turmes jedenfalls deuten darauf hin. Das Kirchenschiff weist im Osten eine halbrunde Apsis auf. Die Rokoko-Orgel entstand 1783 unter den Händen des Emder Orgelbauers Friedrich Wenthin. Sie ist ein weiterer Beleg für die reiche Orgeltradition, die es in den Kirchen Ostfrieslands zu entdecken gibt.

Breinermoor mit seinen jahrhundertealten Bauernhöfen gehört verwaltungsmäßig nicht mehr zu Rhauderfehn, sondern zur Gemeinde Westoverledingen mit ihrem Zentrum Ihrhove. Hier geht die Geest in eine Flußmarsch über. Es sind nicht nur die traditionell günstigen steuerlichen Bedingungen, unter denen die Bauern hier so wirtschaftlich arbeiten können; auch der Boden selbst schafft dazu gute Voraussetzungen. Die *Kirche* mit Westturm in Breinermoor stammt erst aus dem Jahr 1784 und ist damit vergleichsweise ›jung‹. Allerdings stand hier bereits seit 1699 ein Sakralbau. Dieser befand sich südlich des Dorfes an der Stelle des jetzigen Friedhofes. Die Kanzel (1685) und der Kronleuchter (1751) wurden aus der alten Kirche in das neue Gotteshaus mitgenommen. Bemerkenswert an dem ebenfalls übernommenen Altar sind Inschriften, die gemischt in plattdeutscher und holländischer Sprache ausgeführt sind.

Wappen der Gemeinde Rhauderfehn

Westrhauderfehn ist das Verwaltungszentrum der Gemeinde Rhauderfehn und nach Einwohnerzahl und Fläche der größte der zehn Ortsteile. Am Ortsbild von Westrhauderfehn läßt sich auch heute noch sehr gut die Entwicklung der Moorkolonisation in Gestalt der Fehnkultur ablesen. Der Ort mutet auf den ersten Blick wie eine holländische Fehngemeinde an. Abends spiegeln sich die Häuser im Hauptkanal, der sich über Hunderte von Metern durch den Ort zieht. Die Ähnlichkeit mit holländischen Dörfern kommt nicht von ungefähr. Nach holländischem Vorbild versuchten 1669 die Emder Kaufleute Harm von der Berge und Rötger Francisi von Rhaude aus die Besiedlung des Moores zu unternehmen. Sie wollten einen Graben, ›ein Fehn‹, ausheben, um dadurch die lukrative Gewinnung von Torf aus dem Moor zu betreiben, doch der Versuch scheiterte.

Gut hundert Jahre später, am 10. Juni 1766, gründeten fünf Männer den ›Gesellschaftsverband der Entrepreneure des Rhauderfehns‹. Die Emder Kaufleute Johann Friedrich Heydecke und Heinrich Thomas Stuart, der Rezeptor Ahlrich Weyers Ibeling aus Breinermoor, der Amtmann Rudolph Heinrich Carl von der Glan aus Stickhausen und der Hausmann Wille Janssen aus Holte wollten das Moor als Unternehmer wirtschaftlich nutzen. Nach holländischem Muster wollten sie das Hochmoor mit Entwässerungskanälen versehen, anschließend Brenntorf gewinnen und die abgetorften Gebiete einer landwirtschaftlichen Nutzung unterwerfen. Ein Jahr zuvor, am 22. Juli 1765, hatte der preußische König Friedrich II. sein sogenanntes ›Urbarmachungsedikt‹ erlassen, das die bis dato ungeregelten Besitzverhältnisse in den Hochmooren dahingehend regelte, daß das Königreich Preußen diese als Staatseigentum übernahm. Der Erlaß des ›Alten Fritz‹ trug den Titel: »Edikt wegen Urbarmachung der in Unserem Fürstentum Ostfriesland und dem Harlinger Lande befindlichen Wüsteneyen, wobei zugleich die Prinzipia regulativa festgesetzt werden, nach welchen bey Ausweisung der wüsten Felder und bey Entscheidung der darüber entstehenden Streitigkeiten zu verfahren.«

Am 19. April 1769 erhielten die fünf Unternehmer eine von Friedrich dem Großen eigenhändig unterzeichnete Verleihungsurkunde, die ihnen die Besiedlung und Ausbeutung der südlich von Leer gelegenen Moorgegend ermöglichte. »Es werden nämlich zum Behuf des anzulegenden Fehns dem Stuart et Consorten von den Morasten im Overledingerland Stickhusen und Leerer-Amts bis zur Konkurrenz von Eintausendfünfhundert Diemat [ca. 0,5 ha], jeden von 450 Ruthen a 15 Fuß rheinländisch, und nach beschriebener Art zu ewigen Zeiten in Erbpacht verliehen dergestalt, und also, daß sie auf demselben Torf graben, solchen zu ihrem Besten verkauffen, ferner an andere in Afterpacht vererbpachten können« – hieß es in dem äußerst umfangreichen Vertragswerk, welches auch das Recht festlegte, eine evangelische und eine katholische Kirche zu bauen und eine Mühle zu errichten. Es war eine stattliche Fläche, die das Konsortium erhielt, und der Abbau von Torf im Moor und die anschließende Weiterverpachtung des Landes versprachen reichlichen Gewinn. Nicht so sehr an der Urbarmachung des Moores, sondern an handfesten wirtschaftlichen Vorteilen war den fünf Unternehmern gelegen. Zur Entwässerung wurde ein Kanal zur Leda gegraben, der 1774 fertiggestellt wurde. Eine Schleuse wurde eingerichtet und der Hauptfehnkanal, der als ›Untenende‹ heute den Ortskern bildet, gegraben. Die Verlängerung dieses Grabens, das heutige ›Rajen‹, war später Aufgabe der Siedler.

An der Straße Rajen liegt das ›Fehn- und Schiffahrtsmuseum‹. Es enthält Dokumente der Geschichte der Fehnsiedlung, gibt aber auch einen Einblick in die Welt der Seefahrer. Denn die Fehntjer waren auch zu Schiffern geworden, damit sie ihren Torf in entfernteren Gegenden besser absetzen konnten. Im Laufe der Zeit gingen viele Westrhauderfehner in die Hochseeschiffahrt. So finden sich im Fehn- und Schiffahrtsmuseum auch viele Stücke, die von Kapitänen, Offizieren und Matrosen aus aller Welt mit nach Westrhauderfehn gebracht wurden. Die ›I. Südwieke‹ führt zu einer weiteren Sehenswürdigkeit, der *Windmühle Hahnentange,* die sich in einem gut renovierten Zustand befindet. Der Galeriehölländer wurde 1885 in Betrieb genommen.

Die Nachbargemeinde Ostrhauderfehn hat eine andere Entwicklung als Westrhauderfehn genommen. Bei der Besiedlung des gesamten Fehns kam es zu Rechtsstreitigkeiten mit dem Malteserorden, der in dieser Gegend Landbesitz hatte. Im damaligen Ostfehn wurde die Siedlungstätigkeit daraufhin eingestellt. Der Hauptkanal – die ›Hauptwieke‹ – ist hier verrohrt worden, heute wächst Gras darüber. So kann man in Ostrhauderfehn studieren, was in Westrhauderfehn verloren gehen könnte.

147

OVERLEDINGERLAND

Zwischen Westrhauderfehn und Ostrhauderfehn liegt das Langholter Meer. Das Langholter Meer ist kein See im eigentlichen Sinne, sondern nur eine überdimensionale Ausweitung des Langholter Tiefs. Zum hier errichteten Freizeitzentrum gehört in erster Linie ein beheiztes Freibad. Die Straße führt weit durch Ostrhauderfehn und erreicht Idafehn, wo noch der Rumpf einer Windmühle steht. Der Abzweig gen Süden führt nach Langholt.

In Langholt, das bereits 1319 urkundlich erwähnt wird, unterhielt einstmals der Johanniterorden ein Kloster. Auch der große ostfriesische Gelehrte Ubbo Emmius hat Langholt Ende des 15. Jahrhunderts in sein kartographisches Werk aufgenommen, welches außer dem Kloster in dieser Gegend nichts anderes als die Weiten der Hochmoore zeigt. Im Dreißigjährigen Krieg wurde das Kloster völlig zerstört. Später bildete die Klosterstätte den Kern für die erste Ansiedlung von Kolonisten. Überreste dieses Klosters wurden bei Bauarbeiten am Ende des letzten Jahrhunderts gefunden. Die Umgebung heißt auch ›Klostermoor‹. Doch bevor man den gleichnamigen Ort erreicht, durchquert man noch erst Burlage, das in alten Quellen als ›Buyrla‹ Erwähnung findet, eine alte Ansiedlung, wenn auch von verschwindend geringer Bedeutung. 1770 waren in Burlage sieben Häuser bewohnt, und 1806 zählte man 29 Häuser. Verglichen damit, sind die heute fast anderthalbtausend Einwohner von Burlage schon eine ›Großstadt-Bevölkerung‹. Der Ort wirkt ruhig und beschaulich.

In Burlage biegt man rechts in Richtung Klostermoor ab. Eine einsame Moorlandschaft mit abgetorften Flächen empfängt den Besucher. Zum Teil wird noch Torf gestochen. Hier sind ausgedehnte Spaziergänge und Wanderungen möglich.

Klostermoor hat seinen Namen von dem das Kloster Langholt umgebenden Moor. Im Zuge der Moorkolonisation von Westrhauderfehn aus wurde auch das Klostermoor langsam erschlossen. Im flächenmäßig recht großen Ort lebten 1945 etwa 400 Menschen, heute sind es ungefähr dreimal so viele, deren größter Teil sich sogar erst während der 60er Jahre hier ansiedelte. Vom Klostermoor aus bewegt man sich weiter nach Klosterfehn. Kilometerlange, schnurgerade betonierte Wege ziehen sich durchs Moor. Kaum ein Auto stört hier den Radwanderer. Ein Hinweisschild zeigt den Weg nach Flachsmeer an. In der Abenddämmerung läßt sich die Einsamkeit des Moores hier besonders intensiv empfinden. Der Ort Flachsmeer, 1770 gegründet, ist nach einem Moorsee, dem ›Flachsmeer‹, benannt. Heute macht der Ort den Eindruck einer aufstrebenden Gemeinde, es wird viel gebaut, allerdings nicht mehr die traditionellen Fehnhäuser, sondern relativ gleichförmige Bungalows und Einfamilienhäuser. Flachsmeer mit seiner weiß verputzten und nicht geklinkerten Kirche gehört heute zur Gemeinde Westoverledingen.

Über Völlnerkönigsfehn, ein Straßendorf, kommt man nach Völlnerfehn. Bereits Anfang des 16. Jahrhunderts sind hier Siedler nachgewiesen. Völlnerkönigsfehn hat eine kleine *Kirche* mit angebautem Pfarrhaus; gegenüber liegt die Schule. Die hiesigen Einwohner sind stärker ins Emsland nach Papenburg orientiert als zur Kreisstadt Leer, viele Menschen finden auch in Papenburg ihre Arbeit. Völlnerfehn besitzt noch eine *Windmühle*, die bis 1969 in Betrieb war. Nachdem sie schon ziemlich verfallen war, ist sie in den Besitz eines

Mühlenliebhabers übergegangen, so daß mit ihrer Erhaltung zu rechnen ist. Der 1852 erbaute Galerieholländer, der sich durch ein schlankes, im Achtkant geschwungenes Äußeres auszeichnet, wurde 1958 mit dem Oberteil einer Wasserschöpfmühle aus dem Riepster Hammrich aufgestockt. Nicht weit entfernt liegt das Fehndorf Steenfelde, das urkundlich 1428 erstmals erwähnt wird, damals war das Gewölbe der romanischen Einraumkirche eingestürzt.

Völlen ist die größte Gemeinde des westlichen Overledingerlandes. Der Ort reicht bis unmittelbar an die Ems und ist so seit alters her auch der wichtigste Grenzort zum Emsland hin. Burgen und Befestigungen spielten in der Geschichte Völlens immer eine wichtige Rolle, da die von Süden kommenden Angreifer hier zuerst ostfriesisches Territorium erreichten. Völlen war auch ein bedeutender Marktflecken und hatte über einen kleinen Hafen Anschluß an den Emshandel. Unter dem Deich entlang führt eine ruhige Straße von Völlen nach Leer. Zunächst erreicht man Mitling-Mark mit seiner turmlosen *Kirche* aus dem 13. Jahrhundert, die erhöht auf einer Warf liegt. In Mitling-Mark ragt eine *Mühle* über den Deich, ein gut erhaltener Galerieholländer von 1843, der aber nicht mehr in Betrieb ist. Er ist allerdings sehr schön gelegen und ermöglicht einen Blick über den Emsdeich. Heute hat Mitling-Mark mit seinen rund 200 Einwohnern vor allem als Ausflugsziel an der Ems seinen besonderen Reiz. Eine hübsche Gaststätte lädt zu einer Ruhepause ein, bevor es weiter in Richtung Norden geht. Bei Hilkenborg unterquert man die nach Weener hinüberführende Eisenbahnbrücke über die Ems. Für Radfahrer ist diese Strecke besonders gut geeignet, da hier nur sehr wenige Autos verkehren.

In Grotegaste findet man einige große Bauernhöfe, sicheres Zeichen dafür, daß die Einwohner hier noch überwiegend von der Landwirtschaft leben. Die Höfe sind so dicht von Bäumen umstanden, daß in den grünen Blätterwällen bei starkem Wind ein Rauschen aufkommt, das an Meeresrauschen erinnert. In Driever, einem heute unscheinbaren Ort, dessen Existenz jedoch seit dem 15. Jahrhundert dokumentiert ist, führt die Dorfstraße in einer großen Schleife durch den Ort. In der Geschichte des Kirchspiels Driever findet man Hinweise darauf, daß die *mittelalterliche Kirche* mehrmals abgebrochen und erneut aufgebaut wurde, lediglich der Turm stammt noch aus den Anfängen des Ortes und der Kirche.

Im benachbarten Kloster Muhde geht es heute wenig klösterlich zu. Die ehemalige Johanniteransiedlung wird heute durch einige Agrarbetriebe stattlicher Größe geprägt. Zwischen Kloster Muhde und Esklum gibt es noch einen Aussichtspunkt, von dem aus man den Zusammenfluß von Ems und Leda erblicken kann. Auf der anderen Seite der Leda liegt Leer mit der alten Festung Leerort. Die *Kirche* von Esklum – in der 2. Hälfte des 13. Jahrhunderts gebaut – ist aus Backsteinen gefügt. Ihr gedrungener Turm weist Schießscharten und einen Kamin auf. Die Orgel wurde gegen Ende des 18. Jahrhunderts geschaffen; aus der gleichen Zeit stammt die Kanzel, die vermutlich aus der ehemaligen Garnisonskirche im gegenüberliegenden Leerort hierhergebracht wurde.

Südlich hiervon liegt Ihrhove, seit der Gebietsreform das Verwaltungszentrum der neugeschaffenen Gemeinde Westoverledingen. Ihrhove, früher auch ›Iderhave‹ und

149

OVERLEDINGERLAND

›Yrhave‹ genannt, gehört zu den ältesten Orten des Overledingerlandes. Seine *romanische Einraumkirche* stammt aus dem 13. Jahrhundert. Historisch belegt ist auch eine Häuptlingsburg in Ihrhove, die ›Esseburg‹, die Anfang des 15. Jahrhunderts in den ostfriesischen Fehden der Häuptlinge von Keno tom Brok und Focko Ukena belagert und schließlich zerstört wurde. Durch den Ort ging seit jeher der ›Lüdeweg‹, eine Straßenverbindung vom Emsland her, das für den ostfriesisch-emsisch-münsterländischen Handel von großer Bedeutung war. So entstanden in Ihrhove denn auch recht früh eine Reihe Handels- und Dienstleistungsbetriebe. Die Eisenbahn spielte für Ihrhove lange eine bedeutende Rolle. Seit 120 Jahren besitzt der Ort an der Bahnstrecke Rheine–Emden einen Bahnhof, und hier bei Ihrhove wurde Ostfriesland an das holländische Eisenbahnnetz angeschlossen. Auch war der Kleinbahnbetrieb zwischen Ihrhove und Westrhauderfehn von 1913 bis in die sechziger Jahre eine der wichtigsten Verkehrsverbindungen im Overledingerland. Heute ist Ihrhove bestimmt von der Gemeindeverwaltung sowie einigen Handels- und Dienstleistungsunternehmen. Als Sportmöglichkeiten werden Angeln, Reiten und Hallentennis angeboten.

Uplengen und Moormerland

Es empfiehlt sich gerade im Sommer einmal, frühmorgens von Remels aus nach Süden ins Uplengener Land aufzubrechen, um die malerische Atmosphäre der Landschaft zwischen Hollen und Süd-Georgsfehn zu genießen. Noch kein Laut ist zu hören, und Farben und Formen wirken in der Morgensonne noch intensiver. Auf dem Weg nach Hollen liegt Nordgeorgsfehn. Während des Baus des Nordgeorgsfehnkanals – benannt nach König Georg IV., der 1820–1830 in Hannover regierte – entstand 1829 diese typische Fehnsiedlung. Zunächst wurde der Kanal ins Moor getrieben, dann entstanden die ersten Pächterstellen; die erste Schule kam 1845 ins Moor. Erst um 1900 wurde in Georgsfehn eine Wegbefestigung aus Schlacke auf die morastigen Wege aufgebracht.

Der Nordgeorgsfehnkanal verläuft von Stickhausen aus in nördlicher Richtung und stellt eine Verbindung zum Ems-Jade-Kanal her. In Nordgeorgsfehn führt eine malerische Klappbrücke über die Wasserstraße. Der Kanal ist ein ideales Wandergebiet für Paddler und Ruderer. Bis in die 70er Jahre unseres Jahrhunderts hinein haben flachbödige Torfschiffe Torf, Sand und Steine auf der Jümme, Leda und Ems transportiert. Der Kirchbau im eher unscheinbaren Hollen stammt von 1896; im Inneren allerdings steht eine alte Kanzel – eine bäuerliche Arbeit von 1655.

In Süd-Georgsfehn erblickt man sofort einen intakten Galerieholländer. Die *Windmühle*, die sich heute im Besitz der Raiffeisengenossenschaft befindet, ist 1907 errichtet worden. Gemahlen wird hier aber nur mit Motorkraft. Wer sich nicht scheut, seine Kleider staubig zu machen, den läßt der Müllermeister auch über die einzelnen Böden bis in die Spitze klettern, wo der ›König‹, die senkrechte Antriebsachse, seit langem stillsteht. Wie in jeder Mühle ist alles mit einer gräulich-weißen Patina überzogen, aber unter der Mehlstaubschicht ist das alte Mahlwerk noch erhalten. Der Weg zurück nach Remels führt wieder durch eine idyllisch schöne Landschaft mit Wallhecken und Sträuchern, Weiden und Koppeln.

Auch in Remels steht eine Windmühle, ein gut erhaltener Galerieholländer. Sie liegt ein wenig versteckt an der Straße ›Alter Postweg‹. Achtkant und Kappe sind riedgedeckt. Die 1847 vom Müller Janssen erbaute Windmaschine befindet sich heute im Besitz der Gemeinde Uplengen.

Im Ort befindet sich noch eine *Kirche,* deren unterer Teil aus Granitquadern gefügt ist und die im Mittelalter als Grenzfeste gedient hat. Dieser älteste Teil der Kirche aus dem 12. Jahrhundert wurde im 13. Jahrhundert mit Backsteinen erweitert. Der hohe Turm dagegen

UPLENGEN UND MOORMERLAND

stammt erst aus dem 19. Jahrhundert. Der wuchtige Torbogen zum Kirchhof und zur Kirche, das ›Osterport‹, wird auf das 14. Jahrhundert datiert. Der Innenraum der Kirche ist mit Ornamenten ausgemalt, und der Flügelaltar wird demselben Meister zugeschrieben, der auch die szenischen Darstellungen des neuen Testaments in Collinghorst und Rhaude geschaffen hat. Die Orgel wurde 1782 von Hinrich Just Müller aus Wittmund erstellt und im 19. Jahrhundert wiederholt umgebaut. Hinter Remels verläßt man in östlicher Richtung bald Ostfriesland und erreicht im Ammerland die Städte Westerstede und Bad Zwischenahn, die einen Abstecher lohnen – zumindest, um dort Aal zu essen.

Klein-Oldendorf und Groß-Oldendorf gehören noch zur Gemeinde Uplengen. In Groß-Oldendorf entdeckt man ebenfalls eine *Windmühle*, die mit ihren herabhängenden, defekten Flügeln baufällig und vernachlässigt wirkt. Von der Galerie an aufwärts ist sie riedgedeckt. In ihrer schlanken Form ähnelt sie den Mühlenbauwerken in Holtland und Logabirum. Die Mühle wurde 1887 von dem aus Großfehn stammenden Mühlenbaumeister Jürgen Mönk geschaffen. Ansonsten findet man in Klein- und Groß-Oldendorf nur bäuerliche Anwesen. In Oldendorf befindet man sich an der Grenze zum Ammerland. Westlich geht es nach Schweringsdorf. Hier stehen Landarbeiterhäuser neben stattlichen Höfen. Nördlich von Oldendorf in Richtung Neufirrel liegt das *Naturschutzgebiet ›Hollsand‹* (›loser Sand‹), ein ziemlich großes, hügeliges Gelände. Die Dünen- und Flugsandböden sind mit Kiefern und Fichten aufgeforstet worden, aber auch niedrige Sträucher und Büsche haben hier Platz gefunden.

Von Schwerinsdorf führt die Bundesstraße 70 nach Hesel. Auf einer schnurgeraden Straße geht es durch den Heseler Wald. Zwischen Schwerinsdorf, Hesel und Firrel erstreckt sich der Staatsforst ›Kloster Barthe‹, wie der Wald auch nach einer ehemaligen Klosteranlage genannt wird. Es ist das größte geschlossene Waldgebiet im Landkreis Leer und eines der wenigen bewaldeten Fleckchen Erde im baumarmen Ostfriesland. Das ausgedehnte Wandergebiet wird von vielen gut begehbaren Wegen durchzogen. Im Herbst 1973 richtete ein Orkan hier große Schäden an, deren Spuren noch heute erkennbar sind. Hesel ist eine Samtgemeinde aus sechs Gemeinden (Brinkum, Firrel, Hesel, Holtland, Schweringsdorf und Neukamperfehn). Insgesamt leben etwas über 8000 Menschen hier in ländlicher Iylle. Von Hesel ist ein Abstecher nach Neukamperfehn sehr anzuraten. Dort liegen die Häuser auch noch auf den typischen ›Wieken‹ (Moorentwässerungsgräben). Noch interessanter aber ist das auch hier vorhandene Waldgebiet mit den ausgedehnten Wandermöglichkeiten.

Verläßt man die Straße nach Osten in den Wald hinein, so steht man plötzlich vor einer größeren bäuerlichen Ansiedlung, dem *Gut Stikelkamp*. Eine wassergefüllte Grafte umschließt die Hofanlage, die sich im Besitz des Landkreises Leer befindet und so etwas wie die gute Stube des Kreises ist. Die Einrichtung eines Museums wird hier angestrebt, und

Holländerwindmühle mit Stert ▷
1 Pfahl 2 Zugseil 3 Feststellkette 4 Haspel 5 Stert 6 Kurzes Schwert
7 Langes Schwert 8/9 Querbalken 10 Bremsbalken 11 Bremsseil

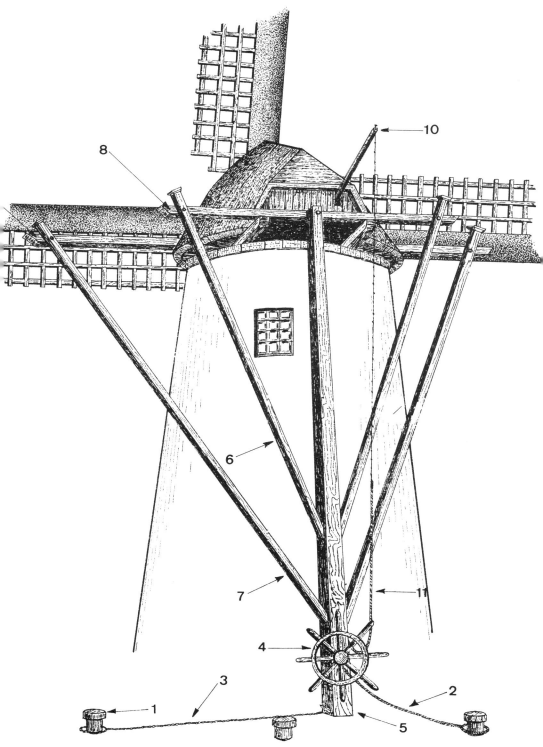

heute schon haben ausgewählte Gäste die Möglichkeit, die angesammelten ostfriesischen Möbel und Geräte zu betrachten und zu bewundern. Der ›Gutsweg‹, der von Neukamperfehn zum Gut Stikelkamp führt, ist ein unbefestigter Sandweg. In östlicher Richtung führt er weiter als ›Fehnkerweg‹ nach Bagband auf die Bundesstraße 72. Durch das Waldgebiet rund um Gut Stikelkamp führt auch der Ostfriesland-Wanderweg. Dies ist ein von Leer bis Wittmund verlaufender Weg, der teilweise auf der ehemaligen Trasse der Kleinbahn Leer–Aurich–Wittmund angelegt ist.

Vom Gut Stikelkamp kommend, erblickt man schon recht bald die *Mühle* von Bagband, die unmittelbar an der Bundesstraße steht. Es handelt sich um einen intensiv restaurierten Galerieholländer aus dem Jahre 1812. Am Beispiel der Bagbander Mühle läßt sich zeigen, wie schwierig die Erhaltung dieser bauhistorisch und landschaftstypisch einmaligen Mühlen ist. Das Bauwerk fiel den Orkanböen vom Herbst 1973 zum Opfer. Es gelang 1974 und 1975 vor allem durch zahlreiche Zuschüsse und Spenden des Landkreises Leer und der Vereinigung zur Erhaltung von Windmühlen in Hannover, die größten Schäden zu beheben. Die Arbeiten wurden von dem Großfehner Mühlenbaumeister Heinrich Mönck ausgeführt, der sich auf die Reparatur dieser recht komplizierten technischen Denkmäler versteht. Die Kosten für diese Ausbesserungen beliefen sich auf 30 000 DM, 1979 wurden noch einmal zusätzlich 5000 DM für Reparaturarbeiten ausgegeben. Dafür strahlt die Mühle heute wieder in ihrem alten Glanz. Durch den Verkauf von Ansichtskarten versucht man nun Geld für die weitere Erhaltung der Mühle einzunehmen. Durch ihre wohlproportionierten Formen erscheint die Bagbander Mühle als eine der schönsten im ostfriesischen Raum. Im Unterbau der Mühle ist das Müllerwappen – gekreuzte Korngarben – eingelassen. Der Besitzer Heyo Bohlen wohnt im Bauernhaus nebenan. Dort muß man klingeln, wenn man die Mühle besichtigen will. Im Innern der *Kirche* von Bagband finden sich ein Triumphkreuz und Holzplastiken aus der 2. Hälfte des 15. Jahrhunderts sowie eine hübsche Orgel aus dem Jahr 1775. Die Kanzel ist in den Formen der Spätrenaissance gehalten und stammt von 1639. Die Entstehungszeit der Kirche selbst in ihrer ursprünglichen Form wird auf die Mitte des 13. Jahrhunderts datiert.

„GLÜCK ZU„   *Müllerwappen mit Zirkel, Winkelmaß, Mühlstein und Walze*

Durch eine von Wallhecken unterteilte Fehnlandschaft geht es von Bagband nach Firrel. Die Gulfhäuser sind hier gelegentlich im hinteren Stallteil mit Ried gedeckt, welches durch die Nähe der Moore leicht zu beschaffen war. Südlich der Landstraße von Neufirrel nach

Neudorf liegt das weit über 100 Hektar große Naturschutzgebiet Hollsand. Bei Neudorf überquert man den Nordgeorgsfehnkanal erneut. Man kann hier auch nach Norden abzweigen und unmittelbar Wiesmoor ansteuern. Lohnender ist es aber, der Beschilderung nach Oltmannsfehn zu folgen. Ein Abzweig in Richtung Stapeler Moor weist einem den Weg zu einem weiteren *Naturschutzgebiet*, dem *Lengener Meer*. Über lehmige Wege gelangt man ans Ufer dieses 650 m langen und 500 m breiten Moorsees. Man spürt den weichen, braunen Humus unter den Füßen und sieht die Sonne im Moorsee schillern. Ein Trampelpfad rund um den See ist nur nach einer Zeit längerer Trockenheit zu benutzen. Bei einer Wanderung um den beinahe kreisrunden See fällt auf, daß das nördliche Ufer eine feste Abbruchkante hat, während der See auf der Südseite langsam in verlandende Gräser ausläuft. Grassoden, die wie fester Boden wirken, schwimmen auf der Oberfläche des Moorsees. Ein säuerlicher Geruch steigt aus den Moorwiesen rund um das Wasser. Schwermut und Düsternis verbreitet das Lengener Meer an trüben Tagen. Dieses Naturschutzgebiet ist ein weiterer Beleg für die Vielfalt der ostfriesischen Landschaft. Satte Grüntöne baumloser Weiten wechseln mit dem Grünbraun der Moorgegend. Südlich des Sees liegt das Stapeler Moor, östlich schließt das Spolsener Moor an. Über Rüttelerfeld, wo eine Jugendherberge zu finden ist, verläßt man das Moor und gelangt nach Neuenburg, das schon zu Oldenburg gehört und nicht mehr zum ›klassischen‹ Ostfriesland zählt.

Zunächst trifft man in nördlicher Richtung auf die Ortschaft Marx. Dieses Dorf besitzt eine vollständig aus Granitsteinen erbaute *Kirche*, deren Westwand allerdings im vorigen Jahrhundert aus Backsteinen erneuert werden mußte. Die meisten Fensterbögen und Portale der Kirche sind zugemauert. Ein etwas schiefer Glockenturm steht abseits. Die Kirche stammt vom Ende des 12. Jahrhunderts, ihre Balkendecke im Innern wird dem 13. Jahrhundert zugerechnet. Die Orgel aus dem Jahr 1830 wird von Kunsthistorikern gerühmt. Ferner verdient ein kleineres, aber besonderes Leben ausstrahlendes Gemälde mit dem Titel ›Abendmahl‹ Erwähnung.

Friedeburg war früher einmal Sitz des fürstlichen ›Amtes Friedeburg‹. Es liegt an der früheren friesischen Heerstraße aus dem Oldenburgischen nach Jever und besaß einstmals eine mächtige Burg, von der aber nichts erhalten ist. Die Gründung der Burg im 14. Jahrhundert geht auf den Häuptling Fredo (›Fredenberg‹) zurück. Heute ist der Ort Gemeindezentrum für mehrere andere Dörfer in der busch- und baumreichen Landschaft. Zum Beispiel gehört das in Richtung Wilhelmshaven liegende Horsten dazu. In Horsten findet man eine *Windmühle* vom Typ ›Galerieholländer‹ aus dem Jahr 1888. Der romanische Backsteinbau der evangelischen *Kirche* datiert aus dem 13. Jahrhundert. Im Inneren fällt die Balkendecke auf, die 1786 mit weißen Ornamenten auf rotem Grund bemalt wurde. Aus dem 17. Jahrhundert stammt die Kanzel, ein Werk des Meisters Cröpelin aus Esens, der für viele Kirchen dieser Gegend seine Arbeiten anfertigte.

Die Bundesstraße 436 in Richtung Wilhelmshaven kreuzt bei Strudden die Bundesstraße 437, die von Varel über Neuenburg von Süden kommt. Beide Schnellstraßen sind teilweise mit Fahrradwegen ausgestattet und damit eine weitere Einladung zu Radtouren durch Ostfriesland. In Strudden wird auch die traurige Seite der ›Mühlenlandschaft Ostfriesland‹

155

Ansicht von Friedeburg um 1647

sichtbar: eine verfallene Mühle. Es fehlt eben an ausreichenden Initiativen und Mitteln, die mehr als 50 Mühlen in Ostfriesland alle zu retten. Neben dem erbärmlichen Anblick, den immer wieder wellblechgedeckte Mühlenrümpfe bieten, gehören auch die verwahrlosten Mühlenruinen zum Bild der nordwestdeutschen Mühlenlandschaft.

In Etzel, das auch noch zur Gemeinde Friedeburg gehört, liegt die *Kirche* erhöht auf einer Warf. Der untere Teil ist aus Granitblöcken zusammengefügt; darüber ist das Schiff aus Backsteinen gemauert. So wie diese Kirche aus dem 13. Jahrhundert sehen auch viele andere Sakralbauten in dieser Gegend aus. Bei der Innenausstattung ist sehr wahrscheinlich auch hier der Esener Meister Cröpelin beteiligt gewesen, der den Altar und die große und reich ausgestattete Kanzel fertigte. Der Altar aus dem ausgehenden 17. Jahrhundert wurde erst 1714 in die Kirche von Etzel gebracht. Man vermutet, daß er zuvor in Esens seinen Platz hatte, denn im Jahre 1714 erhielt die Kirche von Esens einen neuen Altaraufsatz. Der alte Altaraufsatz von 1617 steht heute an der Nordwand der Kirche. Westlich vom Kirchenschiff erhebt sich ein Torturm, der 1660 errichtet wurde.

Fährt man von Etzel in Richtung Westen, dann empfiehlt es sich, in Wiesede die Bundesstraße zu verlassen und den Gansholderweg über Wiesederfehn nach Wiesmoor zu benutzen. Nach etlichen Kilometern durch kultivierte Moorlandschaft trifft man auf einen Kanal. Hier biegt man nach links in Richtung Süden ab und findet sich nach einigen Kilometern im Herzen von Wiesmoor wieder. Diese Ortschaft verdankt ihre Existenz und Bedeutung erst dem 20. Jahrhundert. Nach der vielfach planlosen Bearbeitung des Moores wurde nach der Jahrhundertwende im kaiserlichen Deutschland dieser Landstrich einer gezielten Kultivierung unterworfen. 1906 begann man das ›Wiesmoor‹ zwischen Aurich und Friedeburg trockenzulegen. Dies war ein wichtiger Beitrag zur Entwicklung Ostfrieslands. Zugleich wurden aber auch erste Ansätze der Industrialisierung zielgerichtet verwirklicht.

Von 1907 bis 1909 dauerte der Bau eines Kraftwerkes, das mit dem ausgehobenen Torf beheizt wurde. Damit war der Torfabsatz langfristig gesichert, die Stromversorgung verbessert und nicht zuletzt auch die Grundlage für einen ganz speziellen Industriezweig gelegt: die großflächige Produktion landwirtschaftlicher Erzeugnisse. Mit der Abwärme des Kraftwerkes wurden ab 1925 Treibhäuser beheizt, in denen Gemüse, Obst und Pflanzen das ganze Jahr über wuchsen und eine stetige Einnahmequelle boten. Der wirtschaftliche Kern Wiesmoors sind noch immer die *Gartenanlagen* unter Glas; allerdings wird die Feuerung des Kraftwerks heute mit Erdgas vorgenommen. In kleinen Elektrokarren werden Besucher durch die Treibhäuser gefahren.

Höhepunkt des Jahres in dem seit 1977 anerkannten Luftkurort ist das *Blütenfest* am ersten Septemberwochenende. Ein großer Zug mit blumengeschmückten Wagen zieht durch den Ort. Unter den Millionen Blüten, die da zu sehen sind, soll eine aber ganz besonders herausragen: die Blumenkönigin. Hübsche ostfriesische Mädchen stellen sich zur Wahl, um dann – wie andernorts die Weinköniginnen – als Attraktion der Blumengemeinde auch für den Fremdenverkehr in Wiesmoor zu werben. Nicht zu belegen ist, daß es den Gemeindevätern von Wiesmoor in den letzten Jahren immer schwerer geworden sein soll, Bewerberinnen für die Wahl der ›Miß Blume‹ zu finden; Mangel an hübschen Ostfriesinnen kann aber nicht der Grund sein – das wiederum ist zu belegen.

›Jan und Hinnerk‹ sind das Symbol der Moorgemeinde geworden. Die beiden Torfkreitenträger sind eine Erinnerung an die Moorarbeiter. Auf Tragen mit einem aufgebauten Korb – den ›Kreiten‹ – wurden bis in die 50er Jahre die Torfsoden zu den Loren getragen, die auf Schienen weit ins Moor fuhren. Heute gibt es auch in Wiesmoor keinen Torfabbau mehr. Gelegentlich wird noch den Touristen das Torfstechen im Moor demonstriert, ansonsten erinnern nur noch Torfhaufen und Gerätschaften in den Blumenhallen an die vergangene Torfstecherzeit.

Das Moor bietet heute Gelegenheit zu Wanderungen, und am künstlichen Moorsee ›Ottermeer‹ gibt es Bademöglichkeiten. Ein paar gastronomische Betriebe, in denen auch die Ansprüche von Gourmets befriedigt werden können – in Ostfriesland zugegebenermaßen eine Seltenheit –, lohnen den Besuch in Wiesmoor. Mit seiner *Freilichtbühne,* auf der professionelle Theater und Laiengruppen Aufführungen geben, ist Wiesmoor auch ein kultureller Anziehungspunkt; vor allem plattdeutsche Stücke werden hier gespielt. Der niederdeutsche Dichter August Hinrichs, aus dem oldenburgischen Ammerland stammend, hat unter dem Eindruck eines Besuchs in Wiesmoor vor vielen Jahren sein Märchen von der ›Moorhexe‹ geschrieben. Eine bildhübsche Prinzessin wird von einer Hexe verzaubert und muß im sumpfigen Moor darben. Sie wird erlöst und steigt als prachtvolle Königin aus dem Morast. »Ant Hörn biet Für«, zu Hause am flackernden Herd, mögen ältere Ostfriesen heute noch solche Geschichten erzählen. Allerdings ist es mit der Moorromantik auch eine ganz besondere Sache. In der Rückschau erscheint die Kultivierungszeit als ›gute alte Zeit‹, doch damals herrschten im unwegsamen, tödlichen Moor unbeschreiblich elende Lebensbedingungen. In Voßbarg, dem nächsten Ort, steht eine alte *Moorkate* unter Denkmalschutz als Erinnerung an diese schwere Zeit.

157

UPLENGEN UND MOORMERLAND

Die *Kirche* von Strackholt ist bemerkenswert wegen ihres kreuzförmigen Grundrisses. Ursprünglich ist sie um die Mitte des 13. Jahrhunderts als einschiffiger Saalbau geschaffen worden, der durch zwei Anbauten (1853 und 1881) zur Kreuzform erweitert wurde. Das älteste der Stück der Innenausstattung ist der Flügelaltar von 1654 mit Darstellungen aus dem Neuen Testament. Das Kruzifix kam 1881 mit der letzten Erweiterung in die Kirche, die in den 50er Jahren renoviert wurde. Nördlich von Strackholt liegt die Gemeinde Großefehn, die älteste Fehnsiedlung Ostfrieslands (seit 1633). Als erste ihrer Ortschaften erreicht man Spetzerfehn. Am Ortseingang steht links der Straße eine wunderschöne *Mühle*. Der Galerieholländer aus dem Jahr 1886 arbeitet noch mit Windkraft, er kann besichtigt werden.

Nur wenige Kilometer nördlich liegt Ost-Großefehn, und hier befindet man sich im Herzen des Mühlenlandes Ostfriesland. Das *Mühlenmuseum* in der gut erhaltenen Mühle am Kanal gibt einen Einblick in die Wirkungsweise und Geschichte dieser altgebrachten Technik. Hoch oben in der Mühlenkappe erkennt man deutlich die Flügelwelle und das Kammrad oder Achsrad, das die Kraftübertragung auf den ›König‹ vornimmt. Die außen angebrachte Windrose dreht die Flügel selbsttätig in den Wind. Die Mühle von Ost-Großefehn, ein Galerieholländer von 1804, konnte in ihren besten Tagen 25 Zentner Getreide in der Stunde mahlen. Allerdings waren die Maßeinheiten der ostfriesischen Müllermeister geeichte Fässer. Eine solche Tonne hatte zwei Sack oder vier ›Vierdup‹, was wiederum acht ›Scheffeln‹ oder sechzehn ›Vaatjes‹ entsprach. Ein solches Vaatje vom Mahlgut, dem ›Matt‹, erhielt der Müller als Bezahlung. In Ost-Großefehn wurde nicht mit Geld, sondern in Naturalien für die Müllerarbeit gezahlt; daher stammt auch die Bezeichnung ›Mattmühle‹. Viele Mühlenbauer waren in Großefehn zu Hause. Der Mühlenbau war mehr als bloßes Handwerk, fast schon eine Wissenschaft. Davon zeugen auch zeitgenössische Bücher, die im Mühlenmuseum gezeigt werden, z. B. das 1838 erschienene »Handbuch der Mühlenbaukunst und Mehlfabrikation« oder »Der practische Mühlenbauer und Zeugarbeiter« (1843). Werkzeuge und Gerätschaften aus dem Moor vervollständigen die Sammlung des Mühlenmuseums. Es ist sonntags von 10 bis 12 Uhr und von 14 bis 18 Uhr geöffnet. Die Mühle von Ost-Großefehn zählt mit der Frouwe-Johanna-Mühle am Marienwehrster Zwinger in Emden zu den ältesten Galerieholländern in Ostfriesland. Das Ensemble ›Mühle und Kanal‹ entfaltet erst bei Dunkelheit seinen besonderen Reiz.

Durch Mitte-Großefehn fließt der Kanal weiter nach West-Großefehn. Immer wieder führen kleine Brücken über das Wasser. Mehrere Schleusen sind angebracht, da zwischen West-Großefehn und der Kanalmündung in Wilhelmsfehn ein Höhenunterschied von 6,6 m besteht. Insgesamt umfaßt das Kanalnetz in Großefehn etwa 30 km; der Hauptkanal ist 17 km lang. Auf dem nicht mehr für die Schiffahrt benutzten Kanal haben Wasserwanderer

Aufriß einer Holländerwindmühle
1 Backenbremse 2 Kammrad 3 Flügelwelle 4 Rollenlager der Dauchhaube 5 Bunkler oder Kron- ▷
rad 6 Königswelle oder König 7 Sackaufzug 8 Stirnrad 9 Spindelrad 10 Spindel 11 Steinkran 12 Mahltrichter 13 Steinboden 14 Mahlgang 15 Mehlrutsche 16 Hebevorrichtung für den Läuferstein 17 Mehlboden

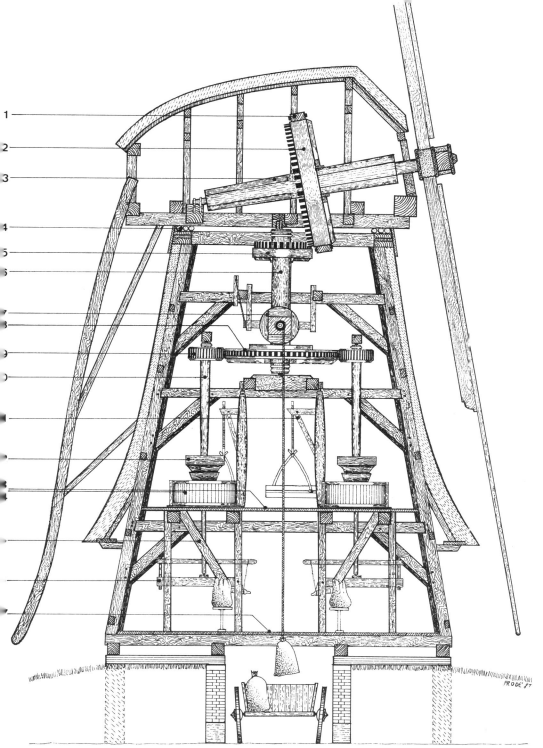

UPLENGEN UND MOORMERLAND

freie Fahrt. Am westlichen Ende in West-Großefehn steht gewissermaßen das Gegenstück zur Mühle in Ost-Großefehn. Die ›Onkensche Mühle‹ in West-Großefehn – unmittelbar am Kanal mit einer Zugbrücke davor – bildet mit dem alten Müllerhaus hier ein romantisches Ensemble. Die 1889 errichtete Mühle wird auch heute noch für den Mühlenbetrieb genutzt – allerdings motorgetrieben. Die Mühlen, der Kanal, die Brücken sind beliebte Motive für Maler und Fotografen. Auf Kupferstichen ist auch der Schiffbau in Großefehn festgehalten. Diesem war allerdings – wie überall in den Fehngemeinden – eine Grenze gesetzt: Die hier gebauten Schiffe durften die Breite der Kanalschleusen nicht überschreiten. Das Eichenholz für die Bootsbauer wurde übrigens aus Oldenburg herbeigeschafft. In Großefehn wurde zeitweise mehr Schiffe gebaut als in der Hansestadt Lübeck. Großefehn lebt heute von einigen mittelständischen Betrieben, zahlreiche Bewohner der Gemeinde arbeiten als Pendler in Aurich, Leer oder Emden.

In zunehmenden Maße ist der Ortsteil Timmel mit dem *Boekzeteler Meer* Ausflugsziel geworden. Die *Kirche* von Timmel kann mit einer besonderen Sehenswürdigkeit aufwarten, nämlich mit Wappenscheiben in den Chorfenstern. Die farbenprächtigen Glasmalereien wurden von Timmeler Familien zur Einweihung der Kirche 1736 gestiftet. Sie tragen Ornamente mit Blumenmotiven und sind teilweise beschriftet. Wahrscheinlich wurden sie in Emder Glashütten gefertigt zu einer Zeit, als diese Art der Glasmalerei schon fast in Vergessenheit geraten war. Darum sind die farbigen Scheiben heute von besonders hohem Wert. Nordöstlich von Timmel an der Straße nach Großefehn liegt ein kleiner See, das ›Frauenmeer‹. Nach einer Sage sollen auf dem Grund des Sees die Häuser dreier reicher Frauen ruhen, die ihrer Hartherzigkeit wegen von einem göttlichen Strafgericht ereilt wurden.

Die wenigen Zugänge zum *Boekzeteler Meer* sind nur schwer zu finden. Um ans Meer zu gelangen, fährt man bis Hatshausen und biegt dort in die Klosterstraße ein. Einen anderen Zugang gibt es über Boekzetelerfehn zum südlichen Ufer. Dazu fährt man die Hookwieke bis an ihr Ende. Nachdem die befestigte Fahrbahn endet, muß man zu Fuß weitergehen. In diesem Naturschutzgebiet erklingt Vogelgesang von unbeschreiblicher Intensität. Wie alle Binnenmeere Ostfrieslands ist auch das Boekzeteler Meer ein Eldorado für Vogelfreunde und Naturliebhaber. Jeglicher Motorbetrieb ist auf dem Meer verboten. Für Freizeitkapitäne mit genügend eigener Muskelkraft aber ist der See groß genug. Gleichwohl ist auch das Boekzeteler Meer von Umweltbelastungen bedroht. Überdüngungen durch die Abwässer der Landwirtschaft führen zu Sauerstoffmangel für Fische und Wasserpflanzen, und der zunehmende Tourismus wirkt sich ebenfalls nachteilig auf das Wohlbefinden des Sees aus. Allerdings hat das Boekzeteler Meer schon früher Eingriffe in die Umwelt zu spüren bekommen. Ursprünglich ist der See, der in der Nacheiszeit durch Verwehung von Sanden

1 WESTRHAUDERFEHN   Hauptwieke ▷

2 LEER   Panorama mit ›Waage‹ (Mitte) und Rathaus (rechts) ▷▷

3 Leer Wilhelminengang

4 Leer Königstraße

5 Esens Rathaus

6 NORDEN   Schöningh'sches Haus, erbaut 1576

7 GREETSIEL   ›Hohes Haus‹

8 EMDEN   Rathaus

9   AURICH   Sitz der ›Ostfriesischen Landschaft‹

10   AURICH   Schloß, erbaut 1852

11   LÜTETSBURG   Vorburg ▷

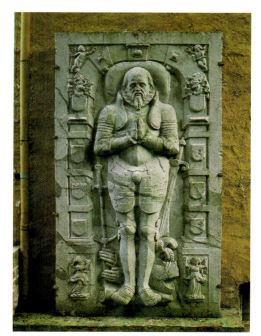

12 LEER Krypta, Reliefplatte

13 PEWSUM Burg Pewsum. Reliefplatte an der Vorburg

14 LEER Die Haneburg

15 POTSHAUSEN Zugbrücke auf der Straße nach Holte

16 Landschaft bei HESEL ▷

17 Bei AMDORF   Zusammenfluß von Jümme und Leda, im Vordergrund die Jümmefähre

18 Bei AURICH   Ewiges Meer

19 Bei Ditzum   Kühe auf dem Deich

20 DORNUM   Bockwindmühle

21 ALTFUNNIXSIEL   Ein sog. Erdholländer

22 NEUHARLINGERSIEL   Die Seriemer Mühle

23 GREETSIEL   Die sog. Zwillingsmühlen

24 Die Ems bei Driever mit dem Blick nach Kirchborgum

25 Leer Leda-Sperrwerk

27 Ditzum Der 1846 erbaute Glockenturm

▷ 26 Pilsum Die am reichsten gegliederte Kirche Ostfrieslands

28   RYSUM   Ev.-reformierte Kirche. Die wahrscheinlich älteste Orgel Deutschlands, gefertigt 1513

30   MARIENHAFE   Ev. Kirche St. Marien. Orgel von Gerhard von Holy zwischen 1710 und 1713 gefertigt

29   WEENER   Reformierte St.-Georgs-Kirche. Orgel von F. C. Schnitger (1710)

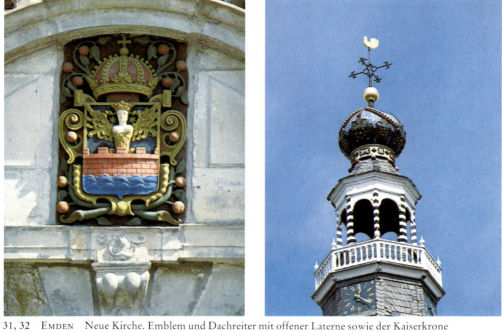

31, 32 EMDEN Neue Kirche. Emblem und Dachreiter mit offener Laterne sowie der Kaiserkrone
33 MIDLUM Reformierte Kirche. Freistehender Glockenturm
34 ARLE Ev. Kirche. Romanischer Tuffsteinbau, 2. Hälfte 12. Jh., Turm von 1887

35 RHAUDE   Lutherische Kirche. Innenansicht

36 NESSE   Ev. Kirche. Innenansicht

37 AURICH Lambertikirche. Der sog. Ilohwer Altar, errichtet um 1510

38 EMDEN Ruinen der Großen Kirche ▷
39 Heidelandschaft bei AURICH (Kollrunge) ▷

40 NORDEN Leybuchtpolder

41 AURICH Großes Meer

42 NORDDEICH Seezeichen vor der Einfahrt   43 BORKUM Heimatmuseum

44 BORKUM Strandszene

45 SPIEKEROOG Dünenlandschaft

46 Auf SPIEKEROOG

47 Vor Norderney

49 Wattenmeer vor Spiekeroog ▷

48 Wangerooge mit altem und neuem Leuchtturm

entstand, nämlich in seiner Oberflächenausdehnung viel größer gewesen. Durch den Torfabbau und durch den Bau des Ems-Jade-Kanals sank aber in dieser Gegend der Grundwasserspiegel, und damit setzte ein Austrocknen und Verlanden des Sees ein. Durch die Menschen, die den See heute bevölkern, sind auch viele Wasservögel in ihrer Existenz bedroht. Höckerschwäne, einst hier zahlreich anzutreffen, zählen heute zu den Seltenheiten. Die Gräben der Kanäle sind häufig mit einer grünlichen Schicht überzogen, und aus den Gräben steigen üble Gerüche – Anzeichen, daß ungeklärte Abwässer in die offenen Gewässer gelangen, die vielfältig miteinander verbunden sind.

Eine besonders ausgeprägte Kanallandschaft finden wir in der Gemeinde Moormerland, die den Namen des gesamten Landstrichs trägt. Hier gehen die Ortsteile von Warsingsfehn beinahe nahtlos ineinander über. Als ›Bowkesete‹ ist 1319 erstmals ein Ort urkundlich erwähnt, der Standort eines Johanniterklosters war. Die Johanniter hatten das Kloster von den Benediktinern übernommen, die 1183 an dieser Stelle das erste Kloster in Ostfriesland gegründet hatten. Die Klosterkirche wurde im 16. Jahrhundert abgerissen, die Steine wahrscheinlich als Baustoff für die Befestigungsanlagen von Aurich benutzt. Zur Blüte gelangte Boekzetelerfehn nach 1647, als Graf Ulrich II. den Morast an drei Erbpächter übergab und diese nach dem niederländischen Vorbild der Fehnkultur die Moorkolonisation in Angriff nahmen.

Von Warsingsfehn aus nähert man sich Neermoor. Die *Kirche* beherrscht das Ortsbild durch ihre zentrale Lage und den hohen Westturm. Nach einem ersten Bauabschnitt im Jahr 1795 wurde die Kirche 1877 vollendet. Die eher schlichte Einrichtung stammt aus der Erbauungszeit. Durch den Autobahnanschluß in Neermoor ist die Strecke unterhalb des Deichs nach Emden sehr ruhig geworden. In Terborg gelangt man zunächst zum ›Emsblick‹; hier ist der Deich noch einmal erhöht und befestigt worden. In Rorichum, das rechts ab von der Straße liegt, thront einmal mehr die *Kirche* auf einer Warf. Am Backsteinbau aus der zweiten Hälfte des 13. Jahrhunderts fallen vor allem die größtenteils zugemauerten Fensterbögen auf. Ein massiver Turm steht abseits der Kirche.

Interessanter ist da schon der nächste Ort auf der rechten Emsseite – Oldersum. Oldersum hat eine bewegte Geschichte. Auf halbem Wege zwischen Leer und Emden gelegen, war es zwischen ostfriesischen Häuptlingen lange umstritten und umkämpft. Einst gab es in Oldersum zwei Burgen, die aber ebenso wie die mittelalterliche Kirche verschwunden sind. Dafür ist der kleine Emshafen erhalten geblieben, hier ist sogar ein Werftbetrieb noch ansässig. Im ganzen ist das Ortsbild Oldersums aber stark durch Modernisierung gekennzeichnet. Deren letzter Effekt war die Schließung des traditionsreichen Gasthofs und Hotels ›Weißer Schwan‹, der 1790 gegründet worden war und die Blütezeit der Schiffahrt von Oldersum aus (1850–1865) miterlebt hat. Die verwinkelte Ortsdurchfahrt führt über den Ems-Seiten-Kanal hinweg, der hier in Oldersum durch eine Schleuse von der Ems her zu erreichen ist und unmittelbar in den Emder Hafen mündet.

◁ 50 VAREL Schloßkirche, Münstermannaltar

UPLENGEN UND MOORMERLAND

Über Gandersum strebt man zum nächsten Ziel, nach Petkum. Petkum ist heute ein Stadtteil und Vorort von Emden mit stark dörflichem Charakter. Hier legt die Fähre ins gegenüberliegende Ditzum im Rheiderland ab. Die erste urkundliche Erwähnung fand dieses Fischerdorf im Einflußbereich Emdens um 900. Die *Kirche* auf der Warf ist ein langgestreckter, einschiffiger Backsteinbau aus dem 13. Jahrhundert. Besondere Erwähnung finden immer wieder die Deckenbemalungen des spätgotischen Hochchores, die reiche Ornamentik und die Orgel. Diese kam gegen Ende des 17. Jahrhunderts aus der Werkstatt des Auricher Orgelbaumeisters Valentin Ulrich Grotian. Die niedrigen kleinen Fischerhäuschen Petkums ähneln sehr stark den Bauten auf der anderen Seite der Ems in Ditzum und Pogum. Trotz der dörflichen Erscheinung Petkums werfen aber die Schiffskräne und Kraftwerksschornsteine Emdens ihre Schatten auch auf diesen Ort.

Mit diesem vierten Abschnitt endet die Beschreibung des südlichen und südöstlichen Teils Ostfrieslands. Dabei ist gerade in diesem Kapitel »Uplengen und Moormerland« sehr weit über den eigentlich landesgeschichtlich so bezeichneten Raum – bis ins Auricherland – hinausgegriffen worden. Allerdings sollte auch eher eine Begleitung für denjenigen angeboten werden, der sich dieses Gebiet Ostfrieslands kreuz und quer erschließen will, als eine Beschreibung der relativ kleinen Landstriche Uplengen und Moormerland. Die naheliegenden Orte ringsum wurden bewußt mit einbezogen.

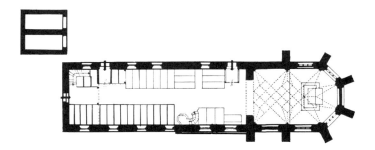

Grundriß der Kirche von Petkum

Brookmerland

Das historische Brookmerland erstreckt sich von der Leybucht über Marienhafe bis Victorbur und nach Süden hin über Engerhafe, das Große Meer und Riepe fast bis nach Oldersum. Zentrum des Brookmerlandes ist heute wie früher Marienhafe. Im Süd-Brookmerland konzentriert sich alles um das Große Meer und die Hieve mit den Orten Bedekaspel und Forlitz-Blaukirchen. Östlich von Marienhafe liegen die Dörfer aufgereiht auf einem sandigen Geestrücken. Das Brookmerland ist ein Kolonisationsgebiet, das im Hochmittelalter erschlossen wurde. Die planmäßige Anlage von Victorbur und Engerhafe erfolgte im 11. und 12. Jahrhundert. Aus den Marschgegenden kamen infolge des Bevölkerungsdrucks Neusiedler, die durch systematische Abtorfung des Hochmoors und Entwässerung des Niederungsgebietes vom Geestrand aus in die bislang unbewohnbaren Gebiete vorstießen. Die Häuser wurden in einer Reihe angelegt, und in gleich breiten Streifen (Hufen) drangen die Siedler hinter dem Hausgrundstück ins Hochmoor vor (›Upstrecken‹). Das bewirkte im Anfang eine homogene Besitz- und Sozialstruktur. Wahrscheinlich waren hervorgehobene Lokatoren die Organisatoren. Auch in den südlichen Teilen Ostfrieslands – im Moormerland und im Overledingerland – gab es um diese Zeit einen planmäßigen Landausbau, aber im Brookmerland lief die Entwicklung anders, weil sich hier ein rascherer ökonomischer Wandel der ganzen Region vollzog. Der Bischof von Münster erlaubte 1251 den ›Brokmannen‹ den Besuch der Märkte des Emslandes. Durch den Handel kam Wohlstand ins Brookmerland. In dieser Zeit entstanden die mächtigen *Kirchen* von Marienhafe (mit dem Störtebeker-Turm) und von Engerhafe. Zwischen 1240 und 1270 wurden diese für ostfriesische Verhältnisse ungemein prächtigen und repräsentativen Kirchenbauten von reichen Bauern und den Lokatoren gestiftet. Die heilige Maria zu Marienhafe gilt seither auch als die Schutzpatronin des Brookmerlandes.

Ubbo Emmius bezeichnete den Kirchbau von Marienhafe als »den großartigsten Tempel zwischen Weser und Ems«. Auch heute noch ist vielfach vom ›Marienhafer Dom‹ die Rede, wenn es um die Kirche St. Marien geht. Es ist aber nicht nur die kunsthistorische Bedeutung, die Marienhafe und die Kirche fast zu einem Mythos gemacht haben. Genauso wichtig ist die Tatsache, daß der Seeräuber Klaus Störtebeker hier mit seinen Vitalienbrüdern mit Hilfe der tom Brok von 1396 bis 1402 Unterschlupf fand. Die ›Likedeeler‹ (die alles gleich verteilten) sind noch heute von Sagen umwoben und gelten als seefahrende Brüder Robin Hoods. Die

BROOKMERLAND

*Angebliches Porträt des Seeräubers
Klaus Störtebeker*

Sage verklärt sie zu Freunden des Volkes, doch die historische Wirklichkeit über die Taten der Seeräuber ist nur noch schwer zu rekonstruieren. Der Sage nach war Marienhafe der Hauptstützpunkt von Klaus Störtebeker und seinen Likedeelern, den sie von See her durch das später so genannte Störtebekertief erreichten. Das, was sie beim Kapern englischer, dänischer und hansischer Schiffe erbeutet hatten, verteilten sie an Arme oder stapelten sie im Turm der Kirche. Unmengen von Tuchen, Gold und Pelzen müssen sich dort befunden haben. Dem Störtebeker wird nachgesagt, daß er sechs Liter Bier in einem Zug austrinken konnte. Die Trinkfestigkeit wurde ihm schließlich zum Verhängnis. In Hamburg wurde er mit seinen Mannen nach einem Saufgelage überwältigt. Alle Seeräuber wurden zum Tode verurteilt, doch diejenigen Kumpanen von Störtebeker, an denen er ohne Kopf vorbeilaufen würde, sollten vom Henker verschont bleiben. Elf Vitalienbrüder soll Störtebeker so gerettet haben.

Dichtung und Wirklichkeit sind nur schwer zu trennen. In der Rufus-Chronik wird 1402 ein »Clawes Störtebeker« erwähnt, der vor Helgoland (Hilghelande) gefangengenommen wurde. Aber auch aus anderen Gegenden werden Störtebekers gemeldet. Wahrscheinlich war Störtebeker eine nicht so seltene soziale Erscheinung des ausgehenden 14. Jahrhunderts: Anführer einer sozial bedrängten Gruppe von Leuten, die sich durch das Aufbringen von Schiffen das Überleben sicherten. Als eine Art Söldnertruppe wurden diese Seeräuber nicht selten auch im Auftrag regionaler Herrscher und ostfriesischer Häuptlinge tätig. »Ein Seeräuber Klaus Störtebeker ist quellenkundlich nicht nachzuweisen« (Reemt Reints

Marienhafe. Rekonstruktionszeichnung der Wand des Mittelschiffs vor 1819 ▷

Grundriß der St. Marien-Kirche in Marienhafe. Die dreischiffige Gewölbebasilika mit kreuzförmigen Ostteilen wurde 1829 teilweise abgerissen; erbaut vor 1250

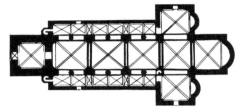

Poppinga). Vielleicht gerade darum bietet Störtebeker für Literaten seit jeher ein dankbares Objekt. Theodor Fontane hat Material für einen Störtebeker-Roman gesammelt, und der sozialistische Autor Willi Bredel schrieb »Die Vitalienbrüder«.

In Marienhafe ist der Sakralbau das steinerne Zeugnis jener vergangenen Zeit. Der *Marienhafer Dom* war mit 72 m Länge und 23 m Breite des Langhauses der größte Kirchenbau in Ostfriesland. Die dreischiffige Basilika hat ein Querschiff, deren Maß das Chorquadrat bestimmt. Die beiden Seitenschiffe haben nur ein Drittel der Breite des Mittelschiffes. Dafür sind die Hauptpfeiler mit 3,70 m Umfang erstaunlich mächtig ausgefallen. 1829 wurden große Teile der Kirche abgerissen, weil sie sich in einem sehr schlechten Zustand befand. Die Restkirche besteht heute aus dem monumentalen Westturm und dem Mittelschiff. Die kunsthistorische Bedeutung der Kirche wird aber nicht nur von der Architektur, sondern auch von der Bauplastik bestimmt. Bis zum Teilabbruch verlief auf der Außenwand der Kirche unter dem Dachgesims ein 250 Meter langes Sandsteinrelief mit 127 Einzelbildern. Seine Reste sind heute innerhalb des Turmes angebracht. Hinzu kommen Zeichnungen der zerstörten Reliefs, die der Emder Baumeister Martens 1845 in seinem Skizzenbuch veröffentlichte. Martens hatte die Abbrucharbeiten an der Kirche geleitet. Dargestellt sind Motive der Reinecke-Fuchs-Fabel, Spottbilder, die sich gegen den Papst und die Ausschweifungen kirchlicher Würdenträger wenden, und Reiterkämpfe. Neben biblischen Szenen stehen Darstellungen aus der altgermanischen Sagenwelt. Tierfabeln und erotische Darstellungen sind ebenso zu finden wie die sogenannten ›Bestiarien‹, dämonische Gestalten, halb Mensch, halb Tier, in denen sich die heidnische Vorstellungswelt mit christlichem Gedankengut mischt. Hinzu kamen als Bauplastik in der Kirche 41 Statuen, die Figuren aus der biblischen Überlieferung verkörperten; auch diese wurden weitgehend

BROOKMERLAND

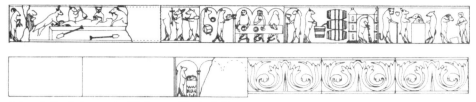

Fries mit Bestiarien an der Kirche von Marienhafe

zerstört. An der südlichen Chorwand stehen noch als letzte Überreste eine Marienstatue und eine Heiligenstatue. Chor und Querschiff stammten noch aus der Zeit vor der Mitte des 13. Jahrhunderts, das Mittelschiff wurde um 1250–1260 ausgeführt. Die Kanzel von 1669 ist ebenfalls mit figürlichen Plastiken versehen. Die beachtliche Orgel wurde 1712 bis 1715 von Gerd von Holy geschaffen.

Neben der Marienkirche mit dem Störtebeker-Turm verdankt Marienhafe seine Anziehungskraft auch den drei *Windmühlen* im Ort, allesamt Galerieholländer. Die Mühle im Mühlenloog liegt im Ortsteil Upgant-Schott. Man verläßt Marienhafe in südlicher Richtung und biegt dann in die Krummhörn (Landstraße nach Wirdum) ein. Die 1880 errichtete Mühle wurde nach einem Brand 1934 wieder aufgebaut. Im Ortsteil Tjüche, östlich der Bundesstraße 70, erhebt sich eine restaurierte Mühle von 1896. In Marienhafe selbst steht die Friesenborgsche Mühle aus dem Jahre 1821 (nach dem Besitzer auch Schevelingsche Mühle genannt).

Der Abriß der Marienkirche in Marienhafe

Nördlich von Marienhafe liegt als nächster Ort Osteel, dessen evangelische *Kirche* viele Ähnlichkeiten mit dem Bau in Marienhafe aufweist. Der ehemals kreuzförmige Gewölbebau aus Backstein aus dem 13. Jahrhundert wurde 1830 ebenfalls teilweise abgebrochen und mehrfach umgebaut. Seine reichverzierte Kanzel wurde 1699 vom Meister Egbert Harmens Smit aus Norden gearbeitet; Meister Edo Evers hat 1619 die Orgel hergestellt. Auf dem benachbarten Friedhof erinnern Gedenksteine an einen großen Sohn des Brookmerlandes, an den Astronomen David Fabricius, der 1611 mit seinem Sohn Johann die sogenannten ›Sonnenflecken‹ entdeckte. David Fabricius wurde 1564 in Esens geboren. Von 1584 bis 1603 wirkte er in der Kirche von Resterhafe, südlich von Dornum. Dann wurde Fabricius Pastor in der Kirche von Osteel, von deren Kirchtürmen aus er seine astronomischen Beobachtungen machte. 1617 wurde der sternkundige Pastor, der mit anderen großen Astronomen der Zeit wie Tycho Brahe und Johannes Kepler in Kontakt stand, von einem Bewohner Osteels mit dem Spaten erschlagen. 1895 setzten die Osteeler Vater und Sohn Fabricius auf dem Friedhof ein *Denkmal*. Das Grabmonument zeigt eine sitzende weibliche Gestalt mit Fernrohr und Sonnenscheibe, auf der die von Fabricius entdeckten Sonnenflekken zu erkennen sind.

Wenige Kilometer hinter Osteel auf der Bundesstraße 70 zweigen wir in Süderneuland II rechts in östliche Richtung nach Berumerfehn ab. Berumerfehn gehört zur Gemeinde Großheide und ist ein nur wenige Kilometer hinter der Küste versteckter idyllischer Ort. Am Waldrand liegt das ›Kompaniehaus‹, ein gastronomischer Betrieb. Die ›Kompanie‹ war eine Gesellschaft von Norder und Hager Bürgern, die 1794 gegründet wurde, um die 2000 Hektar große Moorfläche des Fehns zu erschließen. Aus dieser Zeit noch verläuft von Berumerfehn nach Westen ein Kanal über Westermoordorf und Halbemond. Halbemond ist übrigens immer wieder Anziehungspunkt für Motorsportfreunde, wenn hier im Stadion Motorradfahrer Sandbahnrennen austragen. Wir wenden uns von Berumerfehn, wo es ein *Waldmuseum* und einen *Forstlehrpfad* gibt, weiter nach Osten in Richtung Eversmeer. Bald kommt ein Abzweig nach rechts, der zum ›Ewigen Meer‹ führt. Deutschlands größter Hochmoorsee ist durch ein Naturschutzgebiet gesichert. Von einem Parkplatz aus führt ein Weg unmittelbar ans Meer heran. In einem kleineren Bogen kann man den See umwandern. Wer längere Fußmärsche nicht scheut, sollte auch noch das ›Eversmeer‹ und die ›Dobbe‹, kleinere stehende Gewässer, besuchen. Man kann dieses sogenannte Ewige Meer auch zu Fuß vom Wald in Berumerfehn aus erreichen.

Das Ewige Meer ist aufgrund besonderer geologischer Gegebenheiten zwischen 5000 bis 7000 v. Chr. entstanden, als sich zwischen mehreren Hochmoorkörpern eine Wasserlinse bildete. Die Wasserfläche des Meeres ist etwa 90 ha groß, die des Eversmeeres 8 ha. Der Boden des Ewigen Meeres aus glattem Sand fällt nach Westen hin bis auf drei Meter Tiefe ab. Der Hochmoorsee ist an seinen Rändern durch Pfähle gefestigt, weil bei Starkwind der Uferrand einen erheblichen Wellenschlag abfangen muß. Der See hat keinen Fischbesatz, weil dem trüben Moorwasser das lebenswichtige Plankton fehlt. Entsprechend gering ist auch der Vogelbestand. Dafür dient das Ufer des Ewigen Meeres aber zahlreichen Zugvögeln als Rastplatz. Das kleine Eversmeer besitzt dagegen zahlreiche selten gewordene

BROOKMERLAND

Vogelarten. Niederwild, Rehe und sogar Füchse sind hier im Naturschutzgebiet anzutreffen. An Pflanzen sind besonders Wollgras, Sonnentau und Blutwurz zu nennen. Durch das Wollgras schlängeln sich gelegentlich Kreuzottern, die an warmen Tagen auch zusammengerollt auf einem Moorflecken in der Sonne liegen. In dem sumpfigen Gelände neben den Wegen quaken Frösche, springen Kröten und flitzen Eidechsen. In einigen Teilen des Naturschutzgebietes sind die in dieser Gegend unüblichen Birken emporgewachsen. Birkenwuchs deutet immer auf einen niedrigen Grundwasserspiegel hin. Es gibt hier im Moor ein altes Entwässerungssystem, das in manchen Sommern das Gebiet zu stark austrocknen läßt. Moorverwaltung und Umweltschützer haben jedoch schon seit langem ein Auge darauf, daß die Moorlandschaft erhalten bleibt. Die Moore als Feuchtgebiete sind ein wesentliches Charakteristikum Ostfrieslands; sie gilt es zu bewahren.

Vom Ewigen Meer geht es zurück über Südarle nach Arle, das noch zur Gemeinde Großheide zählt. Die *Kirche* von Arle ist ein einschiffiger romanischer Bau, der etwa in der zweiten Hälfte des 12. Jahrhunderts entstanden sein dürfte. Große Teile der Kirche sind in dem ursprünglich verwandten Tuffstein erhalten; andere Teile sind mit Mauerwerk aus Backstein ausgebessert worden. Der Turm an der Westseite wurde erst 1887 erbaut, doch weiß man, daß auch schon im Mittelalter ein Turm zur Kirche gehörte. Er diente in der Zeit der Fehden zwischen den ostfriesischen Häuptlingen als Wehrturm, in den sich die kämpfenden Truppen zurückzogen. Nach der Eroberung des Turmes 1430 wurde der Bau geschleift. Im Innenraum findet man Grabplatten aus dem 16. und 17. Jahrhundert. Bemerkenswert ist ein Sakramentshaus aus Kalksandstein, das um 1500 entstand und spätgotische Formen aufweist. Der Flügelaltar stammt aus der zweiten Hälfte des 15. Jahrhunderts. Die Kanzel von 1675 wurde aus der Werkstatt des Esenser Meisters Cröpelin geliefert. Arle, darauf weist die Geschichte der Kirche hin, ist ein altes Geestdorf; um 1100 war es als ›Erle‹ bekannt, was auf einen früheren Erlenwald in der Gegend hinweisen könnte.

Über Westerende und Blandorf kommt man nach Berum. Am Waldrand in Berum liegt die ehemalige ›*Burg Berum*‹. Sie war einstmals ein bedeutender Häuptlingssitz in Ostfriesland, später Amtssitz und Witwensitz der Cirksena. Heute ist nur noch ein Rest der ehemaligen Hauptburg erhalten, die 1764 auf Befehl Friedrichs des Großen abgerissen wurde. Die hohen Wälle, die Vorburg und ein Wassergraben sind erhalten geblieben. Die efeubewachsene Vorburg ist ein langgestreckter, verputzter Backsteinbau. An ihrer Straßenseite steht ein Turm, am anderen Ende der Vorburg blieb das barocke Portal erhalten. Es wird seitlich von zwei Säulen gestützt, darauf lagert ein Dreiecksgiebel mit dem württembergischen Wappen der Fürstin Christine Charlotte, die während ihrer Witwenschaft hier von 1690 bis 1699 lebte. In den Besitz der Cirksena von Greetsiel kam die Burg Berum durch Heirat. 1443/1444 erbaute Ulrich Cirksena an Stelle einer älteren Burg die ›neue‹ Burg Berum, die seither die Herrschaft der Cirksena in diesem Raum symbolisierte. Heute kann man sich im alten Gemäuer der Vorburg wie ein Cirksena fühlen: Ferienwohnungen sind eingerichtet worden, so wie in vielen Häusern Berums, das durch seinen ›Ferienpark‹ mit Schwimmbad und Wald zu einem beliebten Erholungsort geworden ist. Auf der anderen Seite der Straße steht das Schloß Nordeck, das erst 1951 errichtet wurde.

Hage trägt seinen Namen nach der bewaldeten Umgebung (›Hag‹ heißt ›Wald‹). Die Galerieholländer-Windmühle zeugt davon, daß hier schon seit 1597 die Kraft des Windes genutzt wurde. Die mit 42 Metern höchste Mühle in ganz Ostfriesland wurde nach einem Brand 1870 zu ihrer heutigen Größe aufgestockt. Weil Hage durch seine waldreiche Umgebung relativ windgeschützt liegt, mußten die Mühlenbauer ein bis zwei Stockwerke zu der gebräuchlichen Höhe zulegen, um den Wind optimal nutzen zu können.

Die *romanische Kirche* Hages aus der 1. Hälfte des 13. Jahrhunderts steht erhöht auf einer Warf. Der um die Mitte des 13. Jahrhunderts hinzugefügte massive Wehrturm zeigt eine leichte Schieflage. Die Kirche bot der Bevölkerung in Notzeiten auch Schutz. Der Backsteinbau ist 42 Meter lang. Das rechteckige gotische Chor wurde erst gegen Ende des 15. Jahrhunderts hinzugefügt. Ein prächtiger, geschnitzter Altar aus der Zeit um 1500 stellt die Leidensgeschichte dar. Der Taufstein wird von Löwen getragen und dürfte Anfang des 13. Jahrhunderts entstanden sein. In den Jahren 1963/64 wurde die Hager Kirche statisch abgesichert, indem zwischen Chor und Schiff ein Betonbogen eingezogen wurde. Mehr als 700 Jahre in Sturm und Wind auf der hohen Warf hatten an der Konstruktion Veränderungen hervorgerufen. Heute wirkt der geneigte Turm so, als ob auch er irgendwann einmal eine Stütze bräuchte. Eine gesundheitliche Stärkung versprechen die Gemeindevertreter denjenigen, die im großzügig und kostspielig errichteten Kurzentrum von Hage etwas gegen ihre

Schloß Lütetsburg von der Parkseite, um 1850

BROOKMERLAND

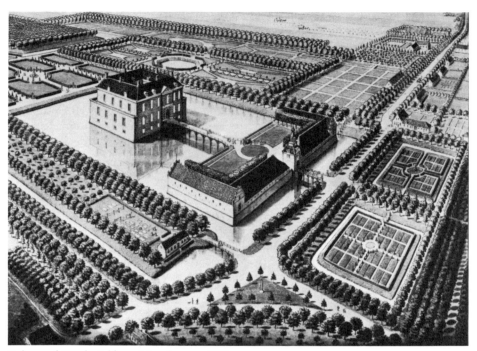

Rekonstruktion des Schlosses Lütetsburg um 1750

großen und kleinen Leiden tun. Von Hage aus sind es noch fünf Kilometer in nördlicher Richtung bis zur Küste.

Folgt man dem Verlauf der Straße nach Westen, so trifft man in Lütetsburg auf einen weiteren kunsthistorisch bedeutsamen Bau Ostfrieslands, das ›Schloß Lütetsburg‹. Dazu gehört ein weitläufiger Park, der zu Beginn des 18. Jahrhunderts im Barockstil angelegt wurde und heute noch durch Rhododendronsträucher und Azaleenblüten begeistern kann. 1790 verwandelte der Oldenburger Hofgärtner Carl Ferdinand Bosse Schloß Lütetsburg in einen Englischen Garten mit seiner vielfältigen Landschaftsformung. Eine Kapelle und ein ›Freundschaftstempel‹ wurden in die Anlage eingepaßt. Die künstlich angelegten Wasserläufe und Hügel sind bis heute sehenswert. In Lütetsburg stand im späten Mittelalter die erste Burg, die in der Sächsischen Fehde zerstört und 1557 bis 1576 wieder aufgebaut wurde. Die langgestreckte Vorburg im Renaissancestil an der Straße stammt aus dieser Zeit. Das Hauptschloß wurde im 17. Jahrhundert völlig im Stil des barocken Klassizismus verändert, der Torturm im frühen 18. Jahrhundert eingefügt. Diese Hauptburg brannte 1897 ab, ein Neubau war in den Formen der Neo-Renaissance gehalten. Nach der Beschädigung im Zweiten Weltkrieg und einem Brand 1956 wurde die gesamte Hauptburg auf den alten

Grundmauern neu errichtet. Das Wasserschloß Lütetsburg und sein Park zählen zu den schönsten norddeutschen Anlagen.

Seit 1581 sind die Herren zu Inn- und Knyphausen Besitzer des Schlosses. Ihr Familienwappen ziert die Nordseite des Torturms. Die Mitglieder der fürstlichen Familie wurden im Park auf einer Insel beigesetzt. Der auch für die ostfriesische Landesgeschichte bedeutende Graf Edzard zu Innhausen und Knyphausen wurde 1900 von Kaiser Wilhelm II. in den Fürstenstand erhoben. Selbstbewußt zählen sich seine Nachfahren noch heute zu den Vertretern des ältesten ostfriesischen Adelsgeschlechts.

Von Lütetsburg ist es nur noch ein Katzensprung bis in die Stadt Norden. Über die Bundesstraße 70 nach Süden stößt man auf Georgsheil. Kurz zuvor geht es rechts ab nach Engerhafe, dessen ungemein großer Kirchenbau einen Abstecher lohnt. Die ursprünglich 61 Meter lange *Kirche*, die unter dem Patronat der tom Brok stand, wurde in ihrem ersten romanischen Teil um 1250 errichtet. Allerdings war der Boden für eine so massive Baukonstruktion auf die Dauer wohl nicht fest genug. Der heftige Wind tat ein übriges, und 1775 kam es zum Einsturz der Gewölbe. Nach dem Zusammenbruch der Gewölbe erhielt die Kirche ein schiefergedecktes Walmdach. Die ehemals aus fünf gleichartigen Grundrißfeldern – den Jochen – bestehende Kirche mußte im Laufe der Zeit auf drei Joche verkürzt werden. Mit dem Abriß einzelner Joche mußten auch immer neue Giebelwände eingezogen werden, die entsprechend schlicht ausgefallen sind.

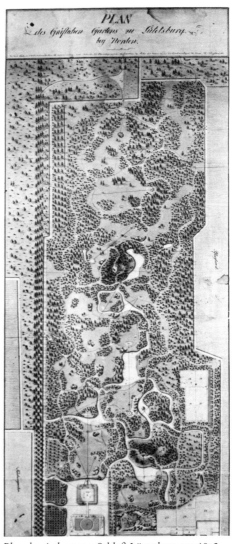

Plan der Anlage von Schloß Lütetsburg um 1812

Im Inneren sind heute eine Flachdecke im Westjoch und ein Gewölbe im Ostjoch eingezogen, die aber erst 1908 bis 1910 geschaffen wurden.

BROOKMERLAND

Nach dem Abstecher zur Kirche von Engerhafe zieht es den Besucher wahrscheinlich ans ›Große Meer‹. Von Georgsheil muß man etwa drei Kilometer in Richtung Emden auf der Bundesstraße 70 fahren und dann linker Hand nach Bedekaspel und Forlitz-Blaukirchen abbiegen. Beide Dörfer liegen östlich des Großen Meers.

Zwischen der ostfriesischen Geest und den jüngeren Marschen der Küste liegt das ›Große Meer‹, das mit 460 ha Wasserfläche der größte Binnensee Ostfrieslands ist. Nur an wenigen Stellen ist es tiefer als 70 cm. Im Süden schließt sich das ›Kleine Meer‹, die ›Hieve‹, an. In den Schilfwäldern am Ufer nisten Bläßhühner, Austernfischer, Uferschnepfen, Fischreiher und viele andere Sumpf- und Wasservögel. Angler können ihr Glück versuchen, wenn sie auf Aal, Brasse, Karpfen, Hecht oder Zander gehen. Das Große Meer hat sich zu einem Erholungszentrum mit Campingplätzen, Ferienhäusern direkt am Wasser und Wanderwegen entwickelt. Motorfahrzeuge sind auf dem Wasser nicht zugelassen. Dafür haben Surfer, Segler, Paddler und Ruderer freie Fahrt auf dem 4,5 km langen und 1 km breiten See. Im Winter kann er wegen seiner geringen Tiefe leicht zufrieren. Dann finden sich hier Tausende zum Schlittschuhlaufen ein – zum ›Schöffeln‹, wie die Ostfriesen eine ihrer liebsten Sportarten nennen. Zwischen Naturschutz und Freizeitbetrieb besteht auch am Großen Meer ein Spannungsverhältnis. Die Gemeinde Südbrookmerland hat ein Interesse am Fremdenverkehr, dagegen stehen Sorgen von Umweltschützern, die über das bisherige Maß hinaus keine Eingriffe in das Naturschutzgebiet zulassen wollen. Alljährlich im Spätherbst wird das Schilfrohr am Ufer geerntet und zu großen Haufen aufgeschichtet. Das Ried hat lange Zeit als Deckmaterial für Dächer gedient. Es gibt in dieser Gegend auch heute noch Dachdecker, die das Rohr verarbeiten können, die ›Riedschläger‹.

In Bedekaspel steht noch der wuchtige Glockenturm der Kirche von 1250. Die heutige Kirche ist von 1728. Vom Turm aus hat man einen guten Blick auf das Große Meer und die Hieve, die in einer weiten, schwachbesiedelten Landschaft liegen. In Forlitz-Blaukirchen endet die Straße. Nur noch einige Wege erschließen die Marsch und das darin liegende Naturschutzgebiet. Die Wasserwanderer können überdies Kanäle benutzen, die z. B. das Große Meer mit der Hieve verbinden, aber auch einen Törn nach Emden ermöglichen. Den Rückweg nehme man über Wiegboldsbur und Theene, zwei hochmittelalterliche Reihendörfer, die wahrscheinlich von Marschbauern im Zuge der Binnenkolonisation angelegt wurden. Wiegboldsbur zählt nur wenige Häuser, doch steht hier ein *Galerieholländer* von 1811, der fast vollständig mit Ried gedeckt ist. Die Mühle wurde zu ihrer jetzigen Größe erst 1912 erhöht. Die alte *romanische Kirche* steht auf einer Warf mit einem Wohnhaus davor.

Die dünnbesiedelte Gegend des Südbrookmerlandes zeigt wieder eine andere Facette der ostfriesischen Landschaft: In der Einsamkeit der Wiesen liegt ein See, das ›Große Meer‹. Damit wird der alte Spruch: »Ostfreesland is as een Pannkoken, de Rand es dat Beste« (»Ostfriesland ist wie ein Pfannkuchen, der Rand ist das Beste«) einmal mehr Lügen gestraft. Das Binnenland bietet genauso viele Reize wie die Küste und die großen Städte.

Über die Bundesstraße 72 hinweg liegt Uthwerdum mit der angrenzenden mächtigen langen Kirche und einem abseits gelegenen Turm in Victorbur. Ein Schild mit der Aufschrift »Parkplatz freihalten für unseren Organisten« zeugt von rührender Fürsorge. In Victorbur sind viele Häuser riedgedeckt, was auf die Nähe zum Großen Meer zurückzuführen ist. Die *Kirche St. Victor* stellt einen einschiffigen Backsteinbau dar, der ab 1220 in mehreren Abschnitten errichtet wurde. Südlich der Kirche erhebt sich ein mittelalterlicher Glockenstuhl. Die Kanzel von 1697 wird der Werkstatt des Meisters Cröpelin zugeschrieben. Von Victorbur aus unternimmt man eine Rundfahrt, die über Ost-Victorbur und Münkeboe wieder zum Ausgangspunkt zurückführt. Von Ost-Victorbur erstreckt sich in östlicher Richtung das Tannenhauser Moor. An der Siedlungsform dieser Gegend kann man auch ein wenig die Sozialgeschichte Ostfrieslands studieren: Die kleinen Moorsiedlerhäuser zeigen – im Gegensatz zu den Marschhöfen der Krummhörn und des Rheiderlandes –, daß hier das Land erst unter Mühsal kultiviert werden mußte, während in den Marschgebieten die Natur den guten Boden kostenlos lieferte. In Münkeboe verrottet der Überrest einer Mühle. Man möchte ob dieses Anblicks heulen wie die Sirene, die zu alledem obenauf montiert wurde; aber der Wiederaufbau hat begonnen. Ebenfalls nur noch der Rumpf einer Windmühle steht in Moorhusen.

Von Moorhusen fährt man nach Moordorf, das in der jüngeren Geschichte Ostfrieslands eine besondere Rolle gespielt hat. 1767 unter Friedrich dem Großen gegründet, durchlitt es alle Nöte der Moorkolonisation. »Bei den meisten Moorkolonien waren die Verhältnisse bedrückend, in Moordorf aber war es besonders schlimm. Kinder aus Moordorf, barfüßig und abgemagert, versuchten bettelnd in den umliegenden Alt-Dörfern zu überleben. Doch mit der Barmherzigkeit war das so eine Sache. Die Dörfer hatten ›Armenwächter‹ eingestellt, deren Aufgabe aber war nicht die Armen vor dem Hunger, sondern die Dörfer vor den Armen zu ›beschützen‹. Kinder und sonstige Bettler wurden erbärmlich verprügelt, wenn sie sich schnappen ließen. Erst gegen Ende des 19. Jahrhunderts begann sich die Lage etwas zu bessern, als einige Arbeiter aus Moordorf Arbeit in der Hafenstadt Emden fanden. Doch noch um die Wende zum 20. Jahrhundert waren ein großer Teil der Häuser in Moordorf karge Lehmhütten« (Onno Poppinga). Moordorf wurde zum Zentrum der KPD in Ostfriesland. Damit wurden viele Moordorfer Ziel der Verfolgung durch die Nationalsozialisten. Hinzu kam, daß Moordorf seit jeher als verrufenes Dorf bekannt war, weil die

Moordorf, Alte Lehmhütte, 1921

BROOKMERLAND

ersten Moorkolonisten Zigeuner gewesen sein sollen. »Hier laufen die Verachtung der sozialen Notlage der Moordorfer und der Lebensart der Zigeuner zusammen« (Onno Poppinga). Die Nazis in ihrem rassenideologischen Wahn führten die soziale Lage der Moordorfer darauf zurück, »daß das Erbgut der ersten Moordorfer Siedler in hohem Maße minderwertig war« (so eine Untersuchung von 1940 im Auftrag des NS-Reichsbauernführers Darré). Arbeiter und Kolonisten aus Moordorf wurden in der NS-Zeit wegen ihres Widerstandes verhaftet und in Konzentrationslager verschleppt. Heute ist Moordorf ein unauffälliger Ort wenige Kilometer vor Aurich.

Von Moordorf sucht man über Georgsfeld Tannenhausen zu erreichen. Im Moor lauschen große Parabolspiegel in den Himmel. In Ostfriesland sind zahlreiche Bundeswehreinheiten stationiert und Nato-Einrichtungen untergebracht. Immer wieder kann man auf Schilder treffen, die das Fotografieren untersagen und militärisches Sperrgebiet anzeigen Von einer besonders großen Kaserne wird Aurich geprägt, während bei Wittmund ein wichtiger Flughafen liegt. Unterirdische Raketen stören die Idylle der Landschaft zwar nicht, aber auch sie gehören zur Realität dieser friedlichen Gegend. Etwas versteckt liegt hier ein vorzeitlicher Fund, drei Findlinge, die ob ihrer Form im Volksmund ›Botter, Brod un Kees‹ heißen. ›Butter, Brot und Käse‹ sind die Reste eines neolithischen *Großsteingrabes* (um 3000 v. Chr.). Die viele Tonnen schweren Steine liegen in einer Vertiefung. Bei Grabungen sind wertvolle Grabbeilagen und Aschenreste gefunden worden.

Von Tannenhausen aus erreicht man bequem ein zweites steinernes Zeugnis ostfriesischer Geschichte, den *Upstalsboom*. Über Sandhorst fährt man nach Aurich hinein, hält sich in Richtung Emden und zweigt dann nach links in Richtung Riepe und Westerende ab. Durch den Ortsteil Haxtum, vorbei an der Auricher Stiftsmühle, kommt man nach Rahe. Hier liegt rechter Hand in einem Gehölz auf einem Hügel eine steinerne Pyramide, auf die eine Allee von der Straße hinführt. Sie trägt die Inschrift: »Auf der Versammlungsstätte ihrer Vorfahren, dem Upstalsboome, errichtet von den Ständen Ostfrieslands im Jahre 1833.« Hier sind im 13. und 14. Jahrhundert die Versammlungen der freien Friesen zwischen Zuidersee und Unterweser abgehalten und Rechtsprobleme verhandelt worden. In frühmittelalterlicher Zeit hat sich hier wahrscheinlich auch eine Begräbnisstätte befunden (zur Tradition des Upstalsboom vgl. den historischen Teil).

Westerende-Kirchloog, der nächste Ort in westlicher Richtung, gehört zur Gemeinde Ihlow. Kirchloog hat eine Hafenanlage am Ems-Jade-Kanal und besitzt eine *romanische Backsteinkirche* aus dem 13. Jahrhundert. Die Portale und Fenster sind allerdings im Laufe der Jahrhunderte verändert worden. Im Innern begegnet uns wieder eine Arbeit des Meisters Cröpelin, der 1670/1680 die reichdekorierte Kanzel geschaffen hat. Hinter Westerende-Holzloog überquert man den Ems-Jade-Kanal. Unmittelbar hinter der Brücke geht es links ab nach Bangstede. Von hier aus sind schier endlose Wanderungen durch den Hammrich möglich. Auf der Landstraße kommt man nach Riepe hinein, das entlang eines Dorfbaches, des Ridding, aufgereiht ist. Der Riddingspark mit Schule und Freibad stellt das Zentrum von Riepe dar. An der Friesenstraße erhebt sich auf einer Warf die *spätgotische Backsteinkirche*. Der Bau stammt aus dem späten 13. Jahrhundert und wurde im 14. und frühen 15. Jahrhundert umgebaut. Vor der Nordwand steht ein wuchtiger Turm, der sich aus einem viereckigen Unterbau, einem achteckigen Aufsatz und einer ebenfalls achteckigen, geschwungenen Haube zusammensetzt. Dieser Helm gibt dem Turm ein barockes Aussehen und ist in der ostfriesischen Kirchenlandschaft einmalig. Der Kirchturm von Riepe trägt auch den Namen ›Teebüsse‹ (= Teedose), weil er die Form dieser Messingbehältnisse hat.

In Richtung Leegmoor steht mitten im Land eine Mühle, die anders gebaut ist als die große Mehrzahl der ostfriesischen Mühlen. Diese Mühle diente auch nicht zum Kornmahlen; es ist vielmehr eine *Wasserschöpfmühle,* mit deren Hilfe tiefer liegende Flächen entwässert werden konnten. Diese mit öffentlichen Mitteln erhaltene sogenannte ›Kokermühle‹ ist einzigartig in Ostfriesland. Technisch ist die Kokerwindmühle eine Weiterentwicklung der Bockwindmühle, von der man ein Exemplar heute noch in Dornum findet. In der Bockwindmühle konnte nur im oberen Teil gemahlen werden. Im 15. Jahrhundert kam man auf die Idee, den Ständer der Bockwindmühle zu durchbohren, damit die nach unten reichende Achse hindurchgeführt werden konnte. Die Durchbohrung ähnelte einem Köcher, plattdeutsch ›Koker‹. Daher rührt der Name dieses Mühlentyps. An der Achse wurden Schöpfräder oder schneckenförmige Schrauben angebracht, mit deren Hilfe dann Wasser aus Niederungsgebieten in höher gelegene Gräben gehoben werden konnte. Die Kokermühle Riepe-Leegmoor sitzt geduckt auf einem Backsteinunterbau und hat einen hölzernen Aufbau und eine ebensolche Kappe.

Kurz nachdem man die Autobahn überquert hat, muß man nach links abbiegen, will man Simonswolde und Ihlowerfehn kennenlernen. In Simonswolde findet man das *Naturschutzgebiet ›Sandwater‹.* Das Sandwater ist ein stiller, schilfumsäumter Binnensee, der eine reiche Fauna und Flora vorweisen kann. Am nördlichen Seeufer hat sich ein Privatmann einen riedgedeckten Galerieholländer von 1813 zu einer Wohnung umgebaut. In Ihlowerfehn befindet sich das Zentrum der Gemeinde Ihlow. Ein modernes Rathaus, eine neue Mehrzweckhalle und ein zeitgemäßes Schulzentrum stehen dicht beisammen und vermitteln den Eindruck einer lebhaften, aufstrebenden Gemeinde. Sehenswürdig jedoch ist der südlich des Zentrums gelegene *›Ihlower Forst‹.*

Dieses über 300 ha große Waldgelände ist als Landschaftsschutzgebiet ausgewiesen und hat für das ökologische Gleichgewicht der Fehn- und Moorlandschaft eine überragende Bedeutung. Der Mischwald hat mehrhundertjährige Eichen bewahrt. Einst befand sich inmitten des Waldes ein Kloster, die ›schola dei‹, auch ›Ylo‹ genannt. Es waren ehemalige Benediktiner, die – in den Zisterzienserorden aufgenommen – etwa um 1230 das neuerbaute Kloster bezogen. Die frommen Brüder verharrten aber nicht nur im Gebet, sondern begannen mit der Rodung der Wälder und der Urbarmachung der Hoch- und Niederungsmoore in der Umgebung des Klosters. Erste Wege und Straßen wurden angelegt. Die Äbte nahmen im Mittelalter auch Einfluß auf die politischen Entscheidungen in Ostfriesland und waren hoch angesehen. Der letzte Abt des Klosters trat zum Protestantismus über. Nach der Säkularisation wurde die Klosterkirche im Jahre 1529 abgebrochen. 1977 wurden bei Grabungen auf dem ehemaligen Klostergelände an zentraler Stelle ein Skelett gefunden. Weil es an so herausgehobener Stelle begraben war, vermutet man, daß es sich um eine vornehme

BROOKMERLAND

Person gehandelt hat. Von Graf Enno III. wurde auf dem Gelände des Klosters ein Schloß gebaut, dessen Existenz heute aber nur noch schattenhaft nachzuweisen ist. Heute steht ein Forsthaus an der Klosterstätte. In dem von einer Lindenallee durchzogenen Wald sind noch die ehemaligen Fischteiche zu erkennen.

Von Ihlowerfehn führt der direkte Weg nach Aurich über Kirchdorf, wo man wieder den Ems-Jade-Kanal kreuzt. Der Treidelpfad am Uferkanal ist heute ein befestigter Spazierweg. Wer einen kleinen Umweg in Kauf nimmt, gelangt über Westersander und Ostersander nach Weene. Hier steht eine einschiffige *Backsteinkirche* aus dem 13. Jahrhundert. Im Zuge häufiger Umbauten ist an der Nordseite ein Kreuzarm angefügt worden; der Glockenstuhl steht abseits des Kirchenschiffs. Der erste Ort auf der anderen Seite der Bundesstraße 72 heißt Holtrop (Gemeinde Großefehn). Seine *Hallenkirche* mit einem abseits stehenden Turm hat in der Nordwand die ursprünglichen Fensterformen bewahren können. Das Kirchenschiff wurde in der Mitte des 13. Jahrhunderts gebaut.

Durch einen Abzweig nach links in Wrisse erreicht man Felde. Hier steht völlig frei noch eine *Windmühle*, ein Galerieholländer von 1866. Folgt man der Landstraße weiter, so verliert sich der Weg im Moor nördlich von Wiesmoor. Der Weg zurück eröffnet zwei Möglichkeiten: nach Süden findet man über Aurich-Oldendorf den Weg nach Großefehn, nach Norden geht es über Wiesens und Wallinghausen in wenigen Autominuten nach Aurich. Wiesens hat seit dem 13. Jahrhundert seine *Johanneskirche.* Die Außenwände sind zweigeschossig gegliedert; die Langseiten tragen jeweils neun vermauerte Rundbogen. Im Innenraum ist jetzt eine Flachdecke, während die Kirche ehemals durch Gewölbe abgeschlossen wurde. Zwischen Wiesens und Wallinghausen liegt der ausgedehnte ›Forst Egels‹ mit über 500 ha Fläche, die zumeist mit Nadelgehölz bestanden ist. Nahe beim Dorf Egels liegt die ehemalige Richtstätte. Erst 1819 fand hier die letzte öffentliche Hinrichtung durch das Rad statt, »zu der der Verurteilte auf einer Kuhhaut geschleift wurde. Vom Volk wird die Richtstätte Jann-Hinnerks-Hügel genannt, bei dem nachts der Gehenkte umgehen soll« (Siebels). Die letztgenannten Orte gehören heute zur ehemaligen ›ostfriesischen Hauptstadt‹ Aurich.

Aurich

In Aurich sollte man sich durch einen ersten vorbehaltlosen Rundgang vom Charme der ehemaligen Residenzstadt gefangennehmen lassen. Vielleicht beginnt man den Spaziergang vom Marktplatz aus, dessen Ausmaße (150 m Länge; 50 m Breite) ihn zu einem der größten Marktplätze Norddeutschlands machen. Leider ist er ein Beispiel für halbherzige stadtplanerische Unternehmen: Zur Hälfte ist dieser Platz mit seinem Kopfsteinpflaster als Parkplatz ausgewiesen und zieht dadurch den Autoverkehr ins Herz der Stadt und in die benachbarten Straßen. Die Westseite des Platzes schmückt jedoch ein gekonnt und schön restauriertes Haus (Nr. 23), in dem seit der Renovierung 1975 die Volkshochschule residiert. Das ehemalige ›Knodt'sche Haus‹ ist ein klassizistisches Bürgerhaus aus dem Jahre 1731. Vom Marktplatz aus wendet man sich nach rechts in die Burgstraße, die als eine reine Fußgängerzone gestaltet ist. Hier in dieser Straße sind historische Bürgerhäuser genauso erhalten wie die *Lambertikirche* mit ihrem Turm. Die neu hinzugekommenen Bauten sind in der Höhe an die historischen Bauten angepaßt, so daß sich die gesamte Burgstraße zu einem harmonischen Ensemble fügt. Auf der linken Seite der Burgstraße vom Marktplatz aus findet man zunächst einen wunderschönen Barockgiebel. Im Haus der Landkreisverwaltung war früher die Kanzlei der ostfriesischen Grafen und Fürsten untergebracht. Das Gebäude, das auch das erste Rathaus in Aurich war, hat daher den Namen ›Alte Kanzlei‹. Über dem Nebeneingang findet sich eine Darstellung der Justitia von 1568 mit Gerichtswaage und Schwert, denn hier stand einstmals das Gerichtsgebäude. Das Eckhaus Burgstraße/Hafenstraße vom Ende des 17. Jahrhunderts fällt durch seinen herrlichen Barockgiebel aus Backstein ins Auge, unter welchem Sandsteinornamente aufgebracht sind, die wie Blumenranken aussehen. Die Hafenstraße hinab trifft man auf Bürgerhäuser, deren klassizistische Architektur auf den Baumeister Conrad Bernhard Meyer zurückgeht. Meyer war Kaufmann und Architekt und hatte, als er 1830 starb, in Aurich zahlreiche klassizistische Bauten hinterlassen. Herausragend ist das 1804 errichtete *Conring'sche Haus* auf der Burgstraße. Das großzügig konzipierte Wohnhaus ist an seiner Toreinfahrt erkennbar. Conrad Bernhard Meyer baute 1812 bis 1814 die *evangelisch-reformierte Kirche,* die in der Kirchstraße zu finden ist. Ihre Vorhalle wird gebildet von vier toskanischen Säulen, die Gebälk und Giebel tragen. Durch wuchtige Säulen wurde die Kirche als Rundbau ausgeführt.

An der Ecke Kirchstraße/Burgsraße steht der *Lamberti-Turm* abseits der evangelischen Lambertikirche auf dem Lambertshof. Der Helm ragt über das Häusermeer hinweg und gilt

209

AURICH

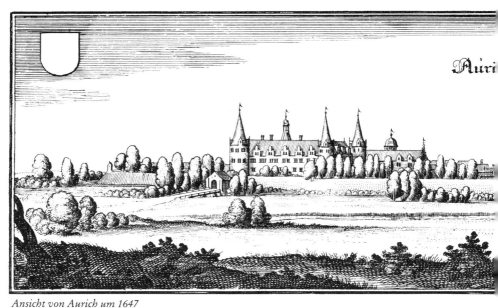

Ansicht von Aurich um 1647

Marschall von Blücher (1742–1819) und seine Frau Katharina Amalie (1772–1850), eine gebürtige Colomb aus Aurich und dort verheiratet

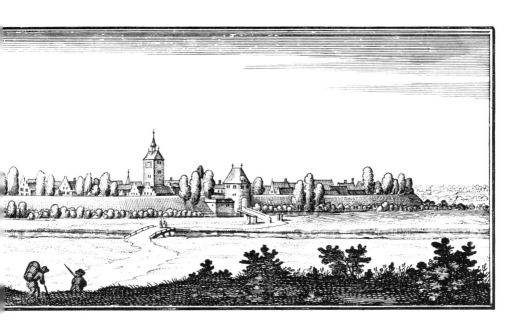

als ein Wahrzeichen Aurichs. Der Turm besteht in seinem Kern aus Bauteilen, die im 13. Jahrhundert zusammengefügt wurden. Der obere Aufbau kam 1660 bis 1662 dazu, und vollendet wurde der Glockenstuhl durch das Aufbringen des Helms im 18. Jahrhundert. Die *Lambertikirche* von 1835 ist ein klassizistischer, rechteckiger Backsteinbau. Bereits vor 800 Jahren hatte hier erstmals eine Kirche gestanden, die dem heiligen Lambertus geweiht war. Um diese Kirche entstanden auch die ersten Ansiedlungen in Aurich. Das Innere der Lambertikirche ist sehenswert wegen der Schnitzarbeiten auf dem figurenreichen Kreuzigungsaltar, einer Antwerpener Arbeit aus dem ersten Viertel des 16. Jahrhunderts. Bis zur Säkularisation stand dieser Altar im Zisterzienserkloster in Ihlow, 1529 kam er nach Aurich. Die drei Messingleuchter werden auf das 17. Jahrhundert datiert. In der Nürnberger Straße ist ein ganzes Häuserensemble erhalten. Über die Norder Straße kann man auf den Marktplatz zurückkehren. Wer die Fußgängerzone von der Lambertistraße aus weitergeht, stößt am Ende der Burgstraße auf die griechischen Göttinnen Pallas Athene und Bellona, die auf den Säulen des ehemaligen Burgtores thronen. Von hier findet man über einen kleinen Weg zum Schloßplatz.

Das *Schloßgebäude* entstand 1852 unter Georg V. an derselben Stelle, an der die Cirksena 1447 ihren Wohnsitz errichtet hatten. Von der älteren Schloßanlage ist noch das Marstallgebäude, die ›Neue Kanzlei‹, erhalten geblieben. Der langgestreckte, zweigeschossige Backsteinbau wurde 1731 als fürstlicher Marstall und als Regierungsamt hiergesetzt, wobei

AURICH

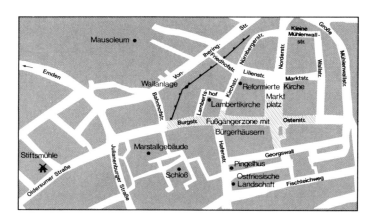

Stadtplan von Aurich

Teile des Vorgängerbaus aus dem 16. Jahrhundert verwandt wurden. Das neue Schloß war Sitz der Landdrostei und Regierung und beherbergt heute eine Außenstelle der Bezirksregierung Weser-Ems. Zum Schloßhof hin öffnet sich eine Reihe von Arkaden. Die darüberliegende Galerie wird durch prachtvolles, handgeschmiedetes Gitter begrenzt. In den Dreiecksgiebel ist das ostfriesische Landeswappen eingelassen. Wer einen längeren Spaziergang nicht scheut, kehrt zum Burgtor zurück und wendet sich dann stadtauswärts zur Oldersumer Straße nach Aurich-Haxtum.

Hier stößt man auf die unübersehbare Auricher *Stiftsmühle*, die der Auricher Heimatverein zu einem lebendigen Mühlenmuseum gestaltet hat. Mit Windkraft wird in diesem Galerieholländer von 1858 noch Getreide gemahlen; von Mai bis September wird täglich (außer montags) ein Mahlgang vorgeführt. Die größte Kornmühle Ostfrieslands dient auch der Ausbildung von Müllern. Mehrfach schon hat die Volkshochschule Kurse angeboten, in denen Entwicklung, Bau, Technik und Pflege der Mühlen erläutert wurden, außerdem lernten die Windmüller die Herstellung einzelner Mehlsorten kennen. Für den Besucher bietet sich nicht nur eine interessante Ausstellung zur Geschichte des Mühlenwesens und Müllergewerbes, sondern von der 17 Meter hohen Galerie auch ein Blick über Aurich und das umliegende weite Land. Die Besichtigung der Mühle ist werktags von 10 bis 12 Uhr und von 15 bis 17 Uhr, sonntags von 15 bis 18 Uhr möglich. Für müde Müller wartet in der benachbarten Teestube ein ›Koppke Tee‹ auf dem Stövchen.

Zwei weitere historische Gebäude im Zentrum von Aurich dürfen nicht außer acht gelassen werden: das ›Pingelhus‹ und die ›Ostfriesische Landschaft‹. Das *Pingelhus,* efeuumrankt und niedrig hingeduckt, ist das ehemalige Hafenwärterhaus des alten Hafens, der hier lag und über den Treckfahrtskanal mit Emden verbunden war. Die Glocke auf dem Dach wurde bei Abfahrt oder Ankunft der von Pferden gezogenen Treckschiffe geschlagen (›pingeln‹). Das *Gebäude der ostfriesischen Landschaft* mit Türmen und Giebelfronten ist in den Jahren 1897 bis 1900 im Stil der niederdeutschen Neo-Renaissance entstanden. In dem

Das Schloß von Aurich, 1632 (Aus dem »Skizzen- und Reisetagebuch eines Arztes im Dreißigjährigen Krieg«)

großen Sitzungssaal hängen Portraits der ostfriesischen Grafen und Fürsten; eine Sammlung ostfriesischer Möbel und alter Gegenstände ist im Prunkzimmer ausgestellt. In erster Linie dient das Gebäude aber als Verwaltungssitz für eine recht einzigartige Institution in Deutschland. Die Ostfriesische Landschaft ist heute eine zentrale Instituion der kulturellen Selbstverwaltung im ostfriesischen Raum, ein ›Kulturparlament‹. Ihre Verfassung von 1949 legt fest, daß die Landschaft als »Hüterin der friesischen Überlieferung« zu wirken habe mit regionalen Aufgaben auf den Gebieten der Kultur, Wissenschaft und Bildung. Die Kreistage und der Rat der Stadt Emden entsenden 49 Vertreter in die Landschaftsversammlung, die alljährlich im Frühjahr und im Herbst zusammentritt.

Ursprünglich war die ›Ostfriesische Landschaft‹ die Repräsentation der gesamten ostfriesischen Bevölkerung, danach jahrhundertelang eine ständische Vertretung, die auf die staatlichen und politischen Verhältnisse maßgeblich einwirkte. Nach dem Ende der Cirksenaherrschaft und der Übernahme Ostfrieslands in preußische Hoheit wurde die politische Bedeutung der Landschaft stark beschnitten. Gleichwohl beließ Friedrich der Große den Ständen ihre historischen Rechte. Die ›Landschaft‹ bekam die 1754 gegründete ›Feuersozietät‹ von Friedrich dem Großen zur Verwaltung übertragen, aus der später die ›Ostfriesische Landschaftliche Brandkasse‹ hervorging. Als Ostfriesland 1866 von Hannover zu Preußen zurückkehrte, verlor die ›Landschaft‹ vollends ihre gesetzgeberische Gewalt. In den 20er Jahren, der Zeit der Republik, wurde die Ständeverfassung der ›Landschaft‹ heftig kritisiert; diese wurde 1942 aufgehoben und die ›Landschaft‹ im nationalsozialistischen Sinne umfunktioniert. Nach der Entnazifizierung auch der ›Landschaft‹ begann Jann Berghaus als erster Landschaftspräsident, die ›Landschaft‹ auf demokratischer Grundlage

AURICH

Reformierte Kirche in Aurich. Kupferstich von 1814

neu aufzubauen und an die Traditionen der ›friesischen Freiheit‹ anzuknüpfen. Mit der Landschaftsbibliothek, dem Forschungsinstitut für den ostfriesischen Küstenraum und dem Ostfriesischen Kultur- und Bildungszentrum ist die ›Ostfriesische Landschaft‹ heute auch als eine ernstzunehmende kulturelle und wissenschaftliche Einrichtung anzusehen. Neben der Traditionspflege sind heute die Landes- und Volkskunde sowie die Archäologie und die Denkmal-, Landschafts- und allgemeine regionale Kulturpflege mit Anwendung für Schule und Unterricht die intensivsten Arbeitsgebiete der Landschaft. Sie wird darin von den ostfriesischen Gebietskörperschaften und dem Land Niedersachsen nachhaltig unterstützt.

An weiteren Stellen Aurichs kann man sich mit viel Phantasie in die ostfriesische Vergangenheit zurückversetzen. An der Durchgangsstraße in Richtung Emden erhebt sich hinter einer Grünanlage der Überrest des ehemaligen *Stadtwalls*. Der Wall aus dem 16. Jahrhundert umschloß einstmals die Stadt ringförmig. Oben auf dem Wall erinnert eine Gedenktafel an die jüdische Synagoge. Diese wurde 1810/22 gegenüber der reformierten Kirche gebaut und 1938 vom nationalsozialistischen Mob zerstört. Vom Wall blickt man hinüber auf das Auricher Gymnasium, das 1646 von Graf Ulrich II. gegründete Ulricianum. An den Gebäudeteilen ist die Entwicklung der Schule ablesbar: Unmittelbar an der Straße steht noch das alte Schulgebäude von 1908, dahinter erhebt sich der moderne Ausbau. Einige hundert Meter weiter findet man das ›de Poterre-Haus‹, welches die ›Deutsch-Niederländische Heimvolkshochschule‹ beherbergt. Sie ist Tagungsstätte für Bildungsveranstaltungen und Begegnungsstätte über die Grenzen hinweg. Hinter der Heimvolkshochschule wurde Anfang der 50er Jahre ein Botanischer Garten angelegt. Etwas weiter nördlich liegt der Friedhof, auf dem berühmte Auricher Bürger begraben liegen, wie der Philosoph und Nobelpreisträger Rudolph Eucken (1846–1926) und der ostfriesische Landsyndikus und Geschichtsschreiber Tilemann Dothias Wiarda. In einem *Mausoleum* aus dem Jahre 1876 befinden sich heute die Särge der Cirksena-Herrscher. Die Prunksarkophage mit ihren

Kirchstraße in Aurich; Radierung von Ernst Petrich, 1934

AURICH

reichen barocken Formen sind Amsterdamer Arbeiten von 1703/1704. Der Schlüssel zum Mausoleum ist beim Friedhofswärter oder beim Verkehrsverein zu bekommen.

Aurich ist von seiner ganzen Anlage her eine alte Residenzstadt, die mit der ostfriesischen Landesgeschichte eng verknüpft ist. Im Zuge der Gebiets- und Verwaltungsreform in Niedersachsen in den 70er Jahren verlor Aurich aber viel von seiner Bedeutung. Einstmals Sitz des Regierungspräsidenten und Mittelpunkt des Regierungsbezirks Aurich, ist in der Stadt heute nur noch eine Außenstelle der Bezirksregierung Weser-Ems mit Sitz in Oldenburg, seit die Regierungsbezirke Aurich, Oldenburg und Osnabrück gegen heftigen ostfriesischen Widerstand zum Bezirk Weser-Ems zusammengefaßt wurden. Dennoch prägen Verwaltung, Gerichtsbarkeit und nicht zuletzt auch die Bundeswehr (4. Luftwaffen-Division) mit einer großen Kaserne den Charakter weiterhin. Wenn Emden die ›Drehbank Ostfrieslands‹ ist, dann übernimmt Aurich die Funktion des ›Schreibtischs Ostfrieslands‹. Selbstverständlich gibt es aber auch in Aurich Industrie, Handel und Handwerk. Die 34 000 Einwohner zählende Stadt hat ein Einzugsgebiet von etwa 125 000 Menschen. Es gibt ein ›Landesplanerisches Rahmenprogramm‹ für die Stadt und den Landkreis Aurich, das für Aurich erschlossenes Industriegelände gebracht hat. Die wichtigsten mittelständischen Betriebe sind in den Branchen Elektronik, Baustoffe, Bekleidung, Nahrungs- und Genuß-mittel tätig. Wie die gesamte Region leidet aber auch Aurich unter den wirtschaftlichen Strukturschwächen Ostfrieslands. Für Tagungen, Kongresse und Kulturveranstaltungen steht seit 1980 die neue Stadthalle zur Verfügung. Hinzu kommen die heute üblichen Freizeit- und Sportanlagen. Mit seinen vielen Annehmlichkeiten und Sehenswürdigkeiten ist das zentral gelegene Aurich fast immer ein Anziehungspunkt für den auswärtigen Besucher.

Harlingerland

Der Überblick über das Harlingerland schließt auch Orte zwischen Norden und Wittmund ein. Wir beginnen mit der ›Herrlichkeit Dornum‹. Dornum ist ein Kleinod, wenige Kilometer vor der ostfriesischen Küste. In dieser etwa 5000 Einwohner zählenden Gemeinde ist die ostfriesische Geschichte Stein geworden, Schlösser, Burgen und Häuser erzählen hier von der Vergangenheit des Küstenlandes. Der Beiname ›Herrlichkeit‹, der der Ort seit dem 15. Jahrhundert trägt, ist allerdings nicht dem äußeren Erscheinungsbild zu verdanken – das aber gleichwohl als herrlich zu bezeichnen ist –, sondern beschreibt Dornum lediglich als Häuptlingsherrschaft mit eingeschränkter Autonomie. Die Anfänge Dornums werden auf die Zeit weit vor dem Jahre 1000 datiert. Wer von Süden aus Westerholt kommend Dornum erreicht, sieht zur Rechten eine Windmühle, deren Gestalt ganz erheblich von der Form anderer ostfriesischer Windmühlen abweicht. Es handelt sich nämlich um eine ›Bockwindmühle‹ – die einzige, die es noch in Ostfriesland gibt.

Zum Ambiente Dornums gehören aber auch das Dornumer Schloß mit seinem Park, die Beningaburg und die Kirche St. Bartholomäus. Im 14. Jahrhundert waren in Dornum 3 Burgen errichtet worden, die allerdings während der Sächsischen Fehde zerstört wurden. Von den beiden im Jahre 1541 wieder neugebauten Burgen sind heute die Nachfolgebauten erhalten: das Schloß und die *Beningaburg*, auch Osterburg genannt, die einen Hotelbetrieb, ein Restaurant und ein Burgcafé beherbergt. Die Burg soll um 1380 vom Häuptling Hero Attena gegründet worden sein. Mit viel Aufwand ist der ehemalige Häuptlingssitz renoviert worden. Ein Burggraben umgibt das Gemäuer. Der Ostflügel von 1567 hat eine rundbogige Durchfahrt, der Südflügel besitzt ein ähnliches Säulenportal wie das Dornumer Schloß. Der kleine, viereckige Schloßhof erinnert noch an die ursprüngliche Burganlage, die im Geviert umgebaut war. Heute ist der Hof zur Nordseite offen. Im ehemaligen Ahnensaal hängen Reproduktionen, die die ehemaligen Burgherren und Burgdamen zeigen.

Von der Beningaburg sind es nur wenige Schritte zum *Schloß*, der ehemaligen Norderburg. Auch diese wurde wahrscheinlich unter Hero Attena, dem Herrn der Herrlichkeiten Dornum und Nesse, erbaut. Sie wurde 1698 zur heutigen Form ausgebaut und beherbergt seit 1951 die Kreisrealschule. Eine große Graft umgibt das Hauptgebäude, das ein Geviert

HARLINGERLAND

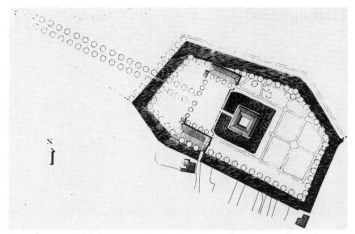

Schloß Dornum, Torturm; Zeichnung von Oskar Schwindrazheim, um 1928

Lageplan von Schloß Dornum (nach einer Bauaufnahme aus dem Jahre 1952)

bildet. Den Zutritt erlangt man über eine von zwei steinernen Löwen bewachte Holzbrücke durch eine rundbogige Durchfahrt. Über der Durchfahrt prangt ein Giebeldreieck mit Wappen und einem Sandsteinrelief, das Pallas Athene zeigt; auf den schräg abfallenden Flächen des Giebels lagern Figuren. Die Vorburg vor dem Hauptgebäude besteht aus zwei Flügelbauten. Im westlichen Bau befindet sich eine Tordurchfahrt, über der sich ein schlanker, von einem geschwungenen Helm gekrönter Turm erhebt. Das Geläut des Turmes sagt heute noch, was die Stunde in Dornum geschlagen hat. Obschon der Schloßbau relativ schmucklos wirkt, zählt die Gesamtanlage zu den schönsten Schlössern und Burgen Ostfrieslands. Der Rittersaal im Innern des Schlosses wird von einer Decke mit barockem Gemälde überwölbt. In diesem Rahmen finden immer wieder festliche Konzerte statt. Einen zusätzlichen Akzent erhält die Burg durch ihre weitläufigen Parks.

An der Straße, die zur Torburg führt, liegt links das ehemalige Amtshaus, in dem der Dichter Enno Hektor, der 1820 in Dornum geboren wurde, lange Zeit lebte. Enno Hektor ist für die Ostfriesen von besonderer Bedeutung, weil er das Ostfriesen-Lied gedichtet hat, in dem es heißt:

»In Ostfreesland mag ik wesen,
anders nargens leefer wesen,
Over Freesland geit der nix«

Und der Titel des Liedes »In Ostfreesland is't am besten« ist der heimliche Stoßseufzer, den Ostfriesen auch heute noch ausstoßen mögen, wenn sie außerhalb der Landesgrenzen leben müssen. Damit sie in der Ferne nicht alleine sind, haben sich in vielen Städten ›Buten-Ostfriesen-Vereine‹ gebildet. ›Buten‹ heißt im Plattdeutschen so viel wie ›außen‹ oder

›draußen‹. Buten-Ostfriesen sind also solche bedauernswerten Menschen, die nicht zwischen Weiden, Wasser und Wolken leben können. Buten-Ostfriesen und ihre Vereine trifft man sogar in den Vereinigten Staaten; denn die USA waren ja für die verarmten Menschen dieses Landstriches bis zur Jahrhundertwende ein beliebtes Auswanderungsziel. In Iowa und Nebraska wurden die Hinnerks, Ennos und Okkas schnell heimisch, viele Bindungen sind bis heute geblieben. Vor der Naziverfolgung flüchteten auch ostfriesische Juden nach den Vereinigten Staaten. Dornum hatte eine kleine jüdische Gemeinde, die sogar eine winzige Synagoge besaß. Heute erinnert an sie nur noch die stark veränderte ehemalige Synagoge und der kleine jüdische Friedhof mit dem Grabstein der letzten jüdischen Bewohnerin Dornums, die im KZ Theresienstadt umgebracht wurde.

Ein größerer Friedhof umgibt die *Kirche* von Dornum, die einstmals St. Bartholomäus geweiht war. Hinter den schmucklosen Backsteinmauern verbirgt sich eine formen- und farbenprächtige barocke Innenausstattung, die einen Blick lohnt. Die Kanzel beeindruckt den Besucher ob ihrer barocken Fülle: Figuren schmücken den Kanzelkorb, und auch auf dem Schalldeckel darüber drängen sich die Heiligenfiguren. Das mit Ornamenten dekorierte Werk des Frühbarocks ist ein Geschenk der Familie von Closter, die zu jener Zeit im Besitz der Herrlichkeit Dornum war. Neben der Kanzel steht der Taufstein in gotischen Formen, der zwischen 1270 und 1280 gefertigt worden sein dürfte. Er ist aus Sandstein mit Säulen und Ranken geformt. Der ebenfalls von Haro Joachim von Closter gestiftete Altaraufsatz (1683) stammt von Meister Cröpelin. Als Vorlage diente ein Bild des Malers Anthony van Dyck,

Grundriß und Querschnitt der Backsteinkirche von Dornum; erbaut zwischen 1270 und 1300

HARLINGERLAND

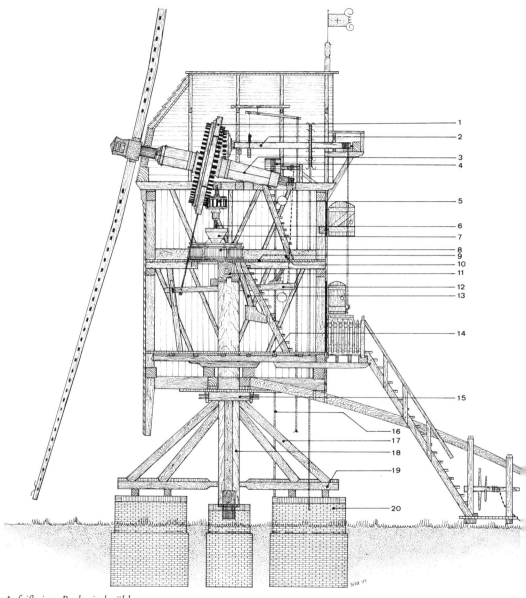

Aufriß einer Bockwindmühle
1 Kammrad mit Backenbremse 2 Aufzug 3 Flügelwelle 4 Trommelbremse 5 Spindelrad 6 Spindel 7 Mahltrichter 8 Mahlwerk 9 Steinboden 10 Mehlleiste 11 Hammer oder Mehlbalken 12 Bremsbalken 13 Mehlrutsche 14 Mehlboden 15 Sattel 16 Bremsseil 17 Kreuzstrebe 18 Hausbaum oder Ständer 19 Kreuzschwelle 20 Steinsockel

das die Kreuzigungsszene zeigt. Der Innenraum wird beherrscht und geprägt von den doppelgeschössigen Emporen an der Nord- und der Westseite. Auf der Westempore nimmt die Orgel des Auricher Orgelbaumeisters Gerhard von Holy fast die gesamte Breite des Kirchenschiffes ein. Das Baujahr der Orgel wird mit 1711 angegeben. Die herrschaftlichen Kirchensitze waren für die Besitzer der Norderburg und der Beningaburg reserviert, das übrige Gestühl dem einfachen Volk vorbehalten. Die reichen Stifter sind auch zum großen Teil in der Kirche beerdigt. Eine Grabplatte im Chor, kostbar ausgearbeitet, bedeckt das Grab Gerhard von Closters, der 1594 verstarb; sie zeigt den Verstorbenen in voller Rüstung. In einem Grabkeller unter dem Chor sind die Angehörigen anderer Dornumer Häuptlings-familien bestattet. Die Kirche wurde vermutlich gegen Ende des 13. Jahrhunderts aus schweren Klosterziegeln auf der Warf zusammengefügt. Zum Teil sind im Laufe der Jahrhunderte bauliche Veränderungen an dem Gebäude vorgenommen worden, Fenster wurden vergrößert, auf der Südseite eine Tür zugemauert. Man nimmt an, daß die beiden Türen auf der Nord- und auf der Südseite dazu dienten, Männern und Frauen ein getrenntes Betreten der Kirche zu ermöglichen. Nördlich der Kirche wacht ein geschlossener Turm, dessen Glocken im 13. Jahrhundert gegossen wurden und schon in so mancher windduzch-tosten Nacht Sturm geläutet haben dürften.

Der Besuch Dornums wäre unvollständig, ließe man die *Bockwindmühle* in Ständerbauart aus. Diese letzte Mühle ihrer Art in Ostfriesland entstand schon 1626. Vor dem Aufkommen der Galerieholländer waren diese Bockwindmühlen im ganzen Ostfriesland verbreitet. Durch ein großes Rad, das ›Kröjrad‹, wurde der ganze Mühlenkörper und nicht nur die Haube in den Wind gedreht. In einem engen, schwarzen Kasten, dem ›Duufkast‹ (= Taubenkasten, Taubenschlag) hantierte früher der Müllermeister, wenn er Schrot und Korn mahlte. Besichtigungen sind am Sonntagvormittag möglich oder vielleicht auch durch gutes Zureden, wenn man zu anderen Zeiten in der Bahnhofstraße 9 klingelt.

Die reizvolle landschaftliche Umgebung Dornums lädt zu weiten Spaziergängen durch die endlosen Hammriche ein. Wer es vorzieht, gegen eine steife Brise anzumarschieren, der möge an den Deich bei Neßmersiel fahren. Zuvor kommt er allerdings noch durch Nesse, eine typische frühmittelalterliche Handelssiedlung auf einer Langwurt, wo ebenfalls ein sehenswerter Kirchenbau wartet. Die einschiffige, 35 m lange *Kirche* wurde um 1200 aus Tuffstein errichtet, aber seither mit vielen anderen Steinsorten ausgebessert. Der Schlüssel des Küsters eröffnet eine weitere prunkvolle Innenausstattung. Charakteristisch ist das Kastengestühl mit Türen und Gittern aus dem Jahre 1706. Kirchenschiff und spätgotischer Chor werden durch eine steinerne Schranke, den ›Lettner‹ getrennt. Der Lettner stammt aus dem späten 15. Jahrhundert und hatte vor allem in Stiften und Klosterkirchen die Aufgabe, die hohe Geistlichkeit vom niederen Volk abzusondern. Der Lettner der Kirche von Nesse hat Durchgänge und Gewölbe und trägt eine Orgelempore aus dem 17. Jahrhundert. Das heutige Orgelwerk entstand allerdings erst im 19. Jahrhundert. Gemälde zeigen Christus und die 12 Apostel sowie Abbildungen von Stifterpersönlichkeiten. Ein künstlerisches Kleinod ist die Sandsteintaufe aus dem 13. Jahrhundert. Im Umfeld der Kirche verdienen der Glockenturm und die alten Grabsteine ebenso Beachtung wie der Torbogen von 1759, der

221

HARLINGERLAND

den Zutritt zu Kirche und Kirchhof eröffnet. Westlich des Kirchbaus findet man ein zweigeschossiges Haus aus großformatigen Backsteinen mit steilen Giebeln. Es ist das ehemalige Pfarrhaus und wurde in der ersten Hälfte des 16. Jahrhunderts erbaut.

Der tote Eindruck, den der Küstenort Neßmersiel im Winter macht, weicht im Sommer dem bunten Bild der Boote und Strandkörbe. Der Deich ist hier erhöht worden, und der Schiffsanleger, den die Fähre von Baltrum mehrmals täglich anläuft, wurde an eine Außenreede verlegt. Von Neßmersiel aus sind stundenlange Deichwanderungen nach Westen bis Hilgenriedersiel möglich. Vom Sturm gebeutelt, kann man zurück auf der Binnenseite des Deiches gehen, der den kräftigen Nordwestwind ein wenig abhält. Neßmersiel ist mehr als nur ein Sielort. Die Tradition des Dorfes reicht bis in die Zeit der Preußenkönige zurück. Unter der Herrschaft Friedrichs des Großen wurde hier 1779 im Gedenken an die Taten des ›Alten Fritz‹ das ›neue Siel‹ zur Entwässerung des Hinterlandes in den Deich gefügt. Bis in die dreißiger Jahre unseres Jahrhunderts war der kleine Hafen von Neßmersiel Umschlagplatz für Raps, der nach Bremen, Hamburg und sogar Norwegen ging. Lange Zeit genoß der Fischerort auch den Ruf eines Schmugglerhafens, in dem verwegene und wilde Kapitäne und Steuerleute ansässig waren.

Schaurige Geschichten spinnen sich um Neßmersiel – wie die vom Fischer Jan Hugen, der am letzten Tag eines jeden Monats den geheimnisvollen Auftrag bekam, mit seinem Boot zur Insel Aaland weit draußen im Meer zu fahren. Jan Hugen kannte den Auftraggeber nicht, und er kannte die Fracht nicht, die sein Boot tief ins Wasser hinabdrückte, wenn er Fahrt aufnahm zur ›weißen Insel‹. Ihm war unheimlich zumute bei der Fahrt mit der geheimnisvollen Fracht; er wußte nur, daß es eine Fahrt war, zu der jeder einmal aufbrechen muß. Den Lohn für seinen letzten Törn erhielt Jan Hugen nie, denn auch er kehrte nicht zurück vom ›Witte Aaland‹, der Insel der Toten, wo er die Seelen der Verstorbenen anlandete.

Neßmersiels Ortsbild weist als markanten Orientierungspunkt den ›*Plaats Heykena*‹ auf, den Bauernhof Heykena. An der Straße zum Fähranleger steht ein imposanter Hof, dessen Klinkerfassade wohlproportioniert von Sprossenfenstern durchbrochen wird. Eine schmucke Haustür in der Mitte der Giebelfront rundet das harmonische Erscheinungsbild ab, und das Gittertor begrenzt den Hof zur Straße hin. Seit Generationen wird der ›Plaats‹ von der Familie Heykena bewirtschaftet. Das erste Gehöft entstand 1779, brannte ab und wurde 1842 durch einen Neubau ersetzt, der damit zwar nicht der älteste, aber einer der schönsten Höfe Ostfrieslands ist.

Nächste Station entlang der ›Costa Granata‹ – wie die ostfriesische Küste mit Anspielung auf die dort angelandeten Krabben (= ›Granat‹) auch genannt wird – ist der Küstenbadeort Dornumersiel. Der Hafenort hat etwa 1700 Einwohner und ist mit 1300 Fremdenbetten ganz auf den Urlauber ausgerichtet. Die meisten Übernachtungsmöglichkeiten bieten sich in Privathäusern, wo ein Frühstück serviert wird und ein zwangloser ›Klönschnack‹ mit den einheimischen Vermietern möglich ist. Manche Übernachtungsmöglichkeit findet sich auf einem der stattlichen Bauernhöfe hinter dem Deich. Gesellschaftliche Veranstaltungen, Kurkonzerte darf man an der gesamten ›Küste der Krabbenfischer‹ nicht erwarten. Dafür kann man in den Gaststuben bei ›Köm un Beer‹ – bei Korn und Bier – aber den einen oder anderen Kutterfischer treffen, der von der harten Arbeit auf hoher See erzählt und dabei kein Seemannsgarn spinnt. Weil der Krabbenfang nicht mehr soviel abwirft, ist so mancher Kuttereigner dazu übergegangen, am Wochenende mit den Fremden zu den Fanggründen hinauszufahren, wo der Hobbyangler dann Makrelen aus dem Wasser ziehen kann – so ihm das Anglerglück hold ist. Ende der siebziger Jahre kostete ein über 20 Jahre alter Kutter immer noch 75 000 DM, so daß für die meisten Fischer an den Neubau von Booten erst recht nicht zu denken ist. Und so nimmt es nicht wunder, daß man an der Küste auf die auswärtigen Besucher setzt. Mit staatlicher Hilfe wurden so in Orten wie Dornumersiel Fremdenverkehrseinrichtungen geschaffen wie z. B. ein beheiztes Meerwasserschwimmbad. Neue Deiche und Schöpfwerke erschlossen das Land, auf dem solche Bauten errichtet werden konnten.

In Westeraccumersiel, das ein Ortsteil von Dornumersiel ist und auf der anderen Seite des Siels liegt, gehört neben Strandfesten die Kutterregatta zu den spärlichen Attraktionen für Touristen. Wer hierher kommt, muß mit sich selbst etwas anzufangen wissen und Einkaufsstraßen, Diskotheken und andere großstädtische Lustbarkeiten vergessen. Karge Landschaft, schlechtes Wetter und mittelmäßiger Komfort sind alles, was der Küstenstreifen zu bieten hat. Ruhe, Reizklima und rare Reiseerlebnisse sind die Angebote, die dagegen stehen und seit Jahren eine immer größere Zahl von Fremden anziehen. Lange Deichwanderungen in einem Klima, in dem die Luft noch wirklich nach Luft riecht, sind hier wie nirgendwo sonst möglich. Die Weite des Horizontes löst die Gedanken aus den engen Bürowänden und lauten Fabrikhallen. Und die Statistiken über die mittlere Niederschlagshäufigkeit zeigen, daß Regen und Sonne hier gleichberechtigte Partner sind, wobei die Sonne überdies immer wieder beweist, wer der Stärkere ist. Westeraccumersiel ist auch als Fischerort interessant, weil seit einiger Zeit mit Unterstützung der Bundesforschungsanstalt für Fischerei eine alte Technik wiederbelebt wird. Üblicherweise schleppen die Kutter weit- und engmaschige Netze durchs Wasser, bis die See einen reichlichen Fang geliefert hat. Mit dieser Schlepptechnik verbrauchen die Kutter große Mengen teuren Dieseltreibstoffes; der Gewinn reduziert sich entsprechend. Bevor es motorgetriebene Kutter gab, war die ›stille‹ Fischerei an der Küste weit verbreitet: Sogenannte Stellnetze werden ins Wasser gelassen, und durch die sich beim Wechsel von Ebbe und Flut verändernden Strömungsverhältnisse werden die Schollen und Seezungen in die Netze getrieben. Das Boot dümpelt währenddessen an einem festen Platz. Im zu Dornumersiel gehörenden Ortsteil Westerbur trifft man auf eine *Windmühle* aus dem Jahre 1870 und eine *Kirche* von 1783.

Im nur wenige Kilometer weiter östlich an der Krabbenküste gelegenen Bensersiel sind schon seit vielen Jahren Freizeiteinrichtungen vorhanden, die einen Urlaubsaufenthalt attraktiv machen. Neben dem Strand findet der Gast ein Meerwasserschwimmbad im Freien und in der Halle. In beiden Bädern können Wellen erzeugt werden, die in dem natürlichen Küstengewässer mangels Brandung fehlen. Bensersiel besitzt auch als einziger Ort an der ostfriesischen Küste eine größere Ferienwohnanlage, die neben Apartments auch Geschäfte, Restaurants, Saunen, Solarien und Bäder beherbergt. Die Anlage hat Dimensionen, die für die grüne Küste ungewöhnlich sind, aber keineswegs die Größe der Urlaubsmaschinen an

HARLINGERLAND

der Ostsee erreichen. Im Sommer treffen an den Wochenenden auch die Leeraner, Auricher, Oldenburger und andere ›Festlandsfriesen‹ in Bensersiel ein. Das große Freibad, der Campingplatz und die Pensionen haben sie bislang alle aufnehmen können. Das Meerwasserschwimmbad im Freien hat seinen besonderen Sinn, weil es eine Abkühlung auch bei Ebbe ermöglicht. Denn bei Ebbe fällt das ganze Watt trocken, und es sind erhebliche Fußmärsche vonnöten, ehe man das Wasser erreicht. Dafür bietet die Ebbezeit die Möglichkeit zu ausgedehnten Wattwanderungen mit einem Führer. Der Yachthafen in Bensersiel bietet Platz für 150 Segel- und Motorboote. Vier Kilometer südlich von Bensersiel liegt die alte Residenz des Harlingerlandes, Esens, das als größerer Ort auch einige Sehenswürdigkeiten und ›gastronomische Ankerplätze‹ anzubieten hat.

Längs der Küste entdeckt man als nächsten Hafenort Neuharlingersiel. Der Weg dorthin ist wieder von Straßenbäumen gesäumt, die im Laufe der Zeiten von den steifen Seebrisen in eine skurril gebogene Form gezwungen wurden. Rund um das enge Hafenbecken, das man durch ein Sieltor erreicht, stehen Hotels, Restaurants und Cafés. An der Kaimauer sind bunte Kutter vertäut. Die Netze sind zum Trocknen ausgehängt. ›Nordseebad Neuharlingersiel‹ ist ein im Jahre 1693 gegründeter Ort, herrlich im fruchtbarsten Teil von Ostfriesland ohne Vorland direkt an der Nordsee gelegen. Es besaß »drei bestens geführte Gastwirtschaften mit Logierzimmern, Restaurationen, Kolonialwaren und sonstigen Bedarfsartikeln, ein Konfektionsgeschäft mit Badeartikeln, Schuhmacher und Schneider, ferner Post- und Telegraphenstation mit zweimaliger Postbestellung, Rezeptur der ostfriesischen Sparkasse und ist der Sitz der Neuharlingersieler Feuer- und Hagelversicherungsgesellschaft mit ca. 90 Millionen Mark Versicherungen. Neuharlingersiel ist außerdem der Anlegeplatz des Fährschiffes, welches die Verbindung zwischen Spiekeroog und dem Festlande vermittelt, wodurch täglich Gelegenheit geboten wird, für wenig Geld die schönsten Wasserfahrten zu machen.« So beschrieb die Badeverwaltung von Neuharlingersiel den Ort im Jahre 1912, als auch schon Feriengäste hierher an die Waterkant kamen. Daneben pries man an: »Strandstühle mietweise 50 Pfg. pro Woche«. Nicht nur die Preise sind in den letzten 60 Jahren gestiegen; auch ansonsten hat sich in Neuharlingersiel einiges verändert.

An Regentagen kann man sich die Zeit im wohl einzigen ›Buddelschiffmuseum‹ der Bundesrepublik vertreiben. Als Miniaturmodelle sind die Schoner, Gaffeln und über 100 Barken in Flaschen eingeschlossen. Vor allem alte Stücke sind hier versammelt, denn heutzutage gibt es an der Küste nur noch selten jene Seebären, die an langen Winterabenden mit unendlicher Geduld die Segelschiffe mit Takelage und Aufbauten in die leeren Flaschen fummeln können. Geöffnet ist die private Sammlung von März bis Oktober.

Am Anfang der sechziger Jahre neuerbauten Schöpfwerk vorbei führt am Siel entlang ein Weg zum ›Sielhof‹. Der ältere Teil des dem Barockstil nachempfundenen Baues wurde 1755 errichtet, 1899 kam der östliche Seitenflügel hinzu. Das schloßartige Gebäude war der Familiensitz des oldenburgischen Gesandten von Eucken-Addenhausen bei der Reichsregierung in Berlin. Die Spitzen des preußischen Staates haben seinerzeit auch den Weg nach Neuharlingersiel gefunden, wie eine alte, unter Glas gerahmte Menükarte heute in der

224

Sturmgewohnt, Seriem; Radierung von Ernst Petrich, 1928

Eingangshalle bezeugt. Ebenfalls 1899 wurde der Park südlich des Sielhofs angelegt, der heute als Kurgarten dient. In Neuharlingersiel ist der Seenotrettungskreuzer ›Siegfried Boysen‹ stationiert. Der Vormann des Bootes hat ein kleines *Museum* initiiert, in dem über das Seenotrettungswesen informiert wird. Zur Sammlung gehört als Mittelpunkt ein altes hölzernes Rettungsboot, mit dem in früheren Zeiten die Retter auf hohe See hinausfuhren, um havarierte Schiffe zu bergen.

Zwei Kilometer südlich von Neuharlingersiel auf der Straße in Richtung Esens biegt man in Groß-Holum links ab und stößt auf die ›*Seriemer Mühle*‹, die auch den Namen ›de goede Verwachtung‹ (= in guter Erwartung) trägt. Der Galerieholländer ist für Besucher geöffnet, und der Müllermeister führt die Gäste über die steilen Stiegen auf die staubigen Mühlenböden und erklärt die Funktionsweise dieser Windmaschine. Am gleichen Ort wurde bereits erstmals 1646 eine Bockwindmühle aufgestellt. Sie stand allerdings zweihundert Meter weiter östlich der noch erhaltenen Mühle, die 1804 gebaut wurde. Die alte Bockwindmühle mußte 1914 auf Anordnung der kaiserlichen Marine abgerissen werden. Man fürchtete, die beiden Mühlenbauwerke könnten eine Navigationshilfe für feindliche Kriegsschiffe sein, die so leichter die Einfahrt in den Jadebusen navigieren könnten. Die ›Goede Verwachtung‹ ist

225

HARLINGERLAND

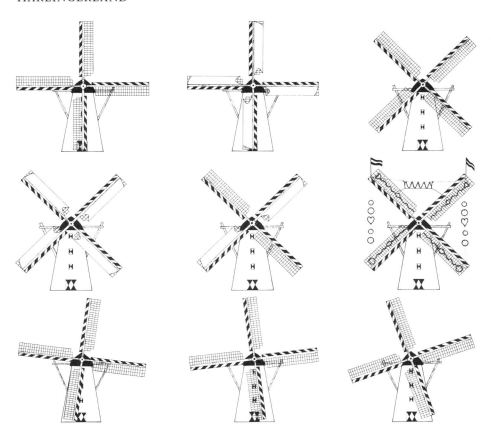

Mühlensprache
Die unterschiedlichen Flügelstellungen können in anderen Ländern oder Landstrichen unterschiedliche Bedeutung haben:
1 Längere Arbeitspause.
2 Wir haben nichts zu mahlen; Kunden werden sofort bedient.
3 Ruhestand an Sonn- und Feiertagen.
4 Protestzeichen einer Poldermühle, wenn das Wasser durch Grabenverschmutzung nicht schnell genug zur Mühle fließt.
5 Diese Haltung diente bei nahender Feuersbrunst zur schnellen Abwehr fliegender Funken.
6 Festschmuck (vor allem in Holland üblich).
7 Freudenschere, Feier in der Familie des Müllers. In Friesland wird dies Zeichen allerdings auch für Trauerfälle benutzt.
8 Trauerfall.
9 Die Mühlsteine werden geschliffen, kein Getreide zur Mühle bringen.

17 m hoch, die Flügel haben eine Spannweite von 20,5 m. Die Flügelstellung zeigt ›Timmerruhe‹, d. h. Reparaturen, dabei ist das Flügelkreuz steil nach links unten geneigt. Die anderen Stellungen des Flügelkreuzes im Ruhestand können ›Arbeitsruhe‹ – das Flügelkreuz steht im rechten Winkel zum Boden – oder ›Trauerstellung‹ signalisieren; in ›Freudenstellung‹ bildet das Flügelkreuz eine Schere. Die Antriebsteile im Innern der Mühle sind aus einem besonders harten Holz, aus Pitchpine, einer nordischen Tanne, die Kappe dagegen aus heimischer Eiche gefertigt. Diese und andere Dinge werden dem interessierten Besucher der Seriemer Mühle erklärt. Im benachbarten Müllerhaus ist eine Teestube eingerichtet worden, die zu einem Koppje Tee geradezu einlädt.

Die nächste Perle in der Kette der Küstenbadeorte ist Carolinensiel. Bei dem Gang durch den Ort erkennt man deutlich den alten Seedeich, der heute von Häusern und einer Windmühle bestanden ist. Einst besaß Carolinensiel drei Windmühlen. Heute grüßt am Ortseingang nur noch die alte *Pelde- und Ölmühle*, die auf eine Tradition bis 1773 zurückblicken kann. Peldemühlen waren Spezialwindmühlen, in denen das Korn nicht zermahlen, sondern durch nur einen Mühlstein von seiner Hülle befreit und in Stücke gebrochen wurde. So wurden aus Gerste Graupen gewonnen, die zur Herstellung von Dicker Grütze benutzt wurden. Dicke Grütze wiederum war in Ostfriesland bis zur Einführung der Kartoffeln vor rund 200 Jahren ein Grundnahrungsmittel. In der Ölmühle wurde aus Raps Speiseöl gequetscht. In der Mühle von Pewsum befindet sich noch eine Ölmühle. Die Mühle ist ausgebaut und kann heute von Touristen bewohnt werden.

Die Geschichte Carolinensiels geht bis auf die Zeit nach der Weihnachtsflut 1717 zurück, als der Amtmann von Münnich die zerstörte Deichstrecke wieder aufbauen ließ und durch weiter vorgeschobene Deiche neues Land gewann. Es entstand bis 1729 ein neuer ›groden‹ (dem Meer abgerungenes Neuland), der nach der Fürstin Caroline benannt wurde. In den Deich war zum Abfluß der Harle ein Siel eingefügt und von vornherein ein Platz für die Anlage eines Hafenbeckens vorgesehen worden. Ab 1730 wurden rund um das Hafenbecken Giebelhäuser gebaut, in denen Siedler aus nah und fern wohnten. Den neuen Sielbewohnern war aufgegeben, »ein gutes von Steinen und Pfannen gebautes Haus um den Siel her‹ zu bauen. Die Häuser mußten auf der »abgeschlichteten Deichkappe in gleicher Höhe und schnurgerader Linie« ausgerichtet werden. Ein Gebäude durfte »nicht das geringste für den anderen hervorstehen«. Vor jedem Haus mußten »acht Fuß zur Passage von der Kappe des Deiches freigelassen werden«. Schon vor dem Einzug der Preußen herrschte also Ordnung in der Bebauung Carolinensiels. Schon 1765 wurde ein weiterer Deich vor den Hafen gezogen, der den Bau einer Schleuse notwendig machte. Nach dem neuen Herrscher über Ostfriesland wurde sie Friedrichsschleuse genannt und entstand an gleicher Stelle, an der auch heute die Durchfahrt zum Hafen sich öffnet. 1956 wurden eine neue Schleuse und ein neues Siel gebaut. Der Hafen von Carolinensiel hat seither nur noch einen Erinnerungswert an die Zeit, als die Seefahrt das Leben in dem Küstenort beherrschte. Als Erinnerung sind auch noch die Häuser am Hafen und die Speichergebäude geblieben. Auf der östlichen Seite des alten Hafens von Carolinensiel steht ein alter Kornspeicher, das sogenannte ›Mammens Groot Huus‹.

227

HARLINGERLAND

Vor dem Schöpfwerk liegt heute der neue Hafen Harlesiel, der Ausgangspunkt für die Fähre nach Wangerooge. Neben den Fährschiffen können in der Marina auch Motor- und Segelyachten vertäut werden. Harlesiel hat einen Flugplatz und den Bahnanschluß Harle. Von Jever führt eine Eisenbahnverbindung unmittelbar bis zum Fähranleger. Auf der westlichen Seite des Siels zwischen Carolinensiel und Harlesiel ist ein hochmodernes ›Haus des Gastes‹ entstanden, das neben einem Meerwasserschwimmbad alle gewünschten Einrichtungen eines Badeortes enthält. Das Wasser für die Schwimmhalle ist Solewasser, das aus 42 Meter Tiefe gefördert wird und in der Qualität und im Salzgehalt in nichts dem Wasser nachstehen soll, wie es vor der Insel Borkum zu finden ist. Carolinensiel ist auch ein wenig ein Kunstzentrum. Die ›Harle-Gruppe‹ sorgt dafür, daß einheimische und auswärtige Künstler immer wieder mit ihren Arbeiten an die Öffentlichkeit treten. Auch wenn Carolinensiel dadurch noch längst kein ›ostfriesisches Worpswede‹ geworden ist, bedeuten die regelmäßigen Kunstausstellungen doch eine Bereicherung der schwachen kulturellen Szene hierzulande.

Von Carolinensiel führt die Bundesstraße 461 direkt nach Wittmund, das man in zehn Autominuten erreicht. Biegt man nach Altfunnixsiel ab, so begegnet man einer weiteren völlig intakten *Windmühle*, einem Erdholländer aus dem Jahre 1802. Der Erdholländer hat wie ein Galerieholländer einen geschwungenen Achtkant; allerdings fehlt die umlaufende Galerie. Als Anziehungspunkt in Altfunnixsiel für Touristen mit Kindern ist das *›Lüttge Land‹* gedacht, eine Miniatursiedlung mit Modellen von Burgen, Schlössern und Häfen.

Weiter westlich liegt die 800-Seelen-Gemeinde Werdum. Das Marschdorf lag einstmals am Wasser, als die Harlebucht noch nicht eingedeicht war. Edenserloog heißt ein Teil Werdums. Hier steht ein Steinhaus, das einstmals die Burg der Häuptlinge von Werdum war, die ›Schinkenburg‹. Dieser Name geht auf die Zeit des Dreißigjährigen Krieges zurück. Damals wurde die Burg von den Mansfeldischen Truppen belagert; die Eingeschlossenen waren vom Verhungern bedroht. Zum Zeichen, daß angeblich noch ausreichend Lebensmittel vorhanden wären, schob man einen Schinken durch den Kamin nach draußen. Die Belagerer ließen sich überlisten und gaben die Belagerung auf. Die Burg ist mehrfach umgestaltet worden, aber im Kern eine spätmittelalterliche Anlage, die schätzungsweise auf das 14. Jahrhundert zu datieren ist. Die eingeschossigen Backsteinbauten in Hufeisenform sind von Gräben umgeben. Im Innern ist noch ein großer, reichverzierter Kachelofen aus dem Jahre 1737 erhalten. Unmittelbar zur Burg gehörte früher die *Mühle* von Werdum. Sie stammt von 1748, ist renoviert und enthält eine kleine Sammlung ostfriesischen Arbeitsgerätes, die täglich besichtigt werden kann. Die Mühle von Werdum gehört ebenfalls in die Familie der Erdholländer, dieses Exemplar zählt zu den schönsten in Ostfriesland. Auffällig neben der fehlenden Galerie ist der eingeschossige Unterbau. Während die Kappe der Galerieholländer durch eine Windrose selbsttätig in den Wind gedreht wird, muß die Kappe des Erdholländers von Hand mit einem ›Steert‹ (›Schwanz‹) in die optimale Position gebracht werden.

Wenn man auf Werdum zufährt, erblickt man aus den hundertjährigen Bäumen herausragend die Spitze der *St. Nicolaus-Kirche*. Der Turm ist schiefergedeckt und wurde mit einer

Höhe von 42 Metern 1763 hochgezogen. Der einschiffigen Kirche aus Backstein (1327) wurde in der zweiten Hälfte des 15. Jahrhunderts der Chor angefügt. Im Chor wurden früher die Häuptlinge von Werdum begraben. Die Grabplatten existieren allerdings nicht mehr: Im vorigen Jahrhundert hat die Kirchengemeinde sie an Privatleute verkauft. Antiquitäten waren also auch schon früher begehrt. Den barocken Altar ziert ein Abendmahlsgemälde, das 1796 von einem Werdumer Meister gemalt wurde. Die Kanzel mit Galerie, Treppe und Schalldeckel (etwa 1670) wurde von einem Werdumer namens Omme Remmers gestiftet. Inmitten der Kirche hängt – wie in der Kirche von Carolinensiel – ein Schiffsmodell, ein Zeichen für die Seefahrertradition Werdums.

Im nächsten Ort lohnt erneut eine Kirchenbesichtigung. Die *romanische Kirche* von Buttforde ist in den letzten Jahren durch Ausgrabungen in ihrem Innern ins Blickfeld gerückt. Unter der Steinkirche fand man Reste einer Holzkirche. Danach hat also die Kirche aus der zweiten Hälfte des 13. Jahrhunderts schon einen Vorgängerbau gekannt. Im 17. Jahrhundert wurden die Fenster verändert, und im Westen erhielt die Kirche einen Vorbau. Die Buttforder Kirche ist wie viele Sakralgebäude des Harlingerlandes innen besonders reich ausgestattet. Dabei fällt das Gemeindegestühl mit Gittern und gedrechselten Knäufen ebenso auf wie der holzgearbeitete Altar aus dem 15. Jahrhundert. Charakteristisch sind eine Anzahl von hölzernen Statuen und ein Gemälde ›Bekehrung des Paulus‹. Die farbenprächtigen Malereien auf den Emporen und Brüstungen vervollständigen den Eindruck von einer üppigen Ausstattung des Kirchenraumes, die in krassem Gegensatz zur kargen Landschaft steht.

Grundriß der Kirche von Buttforde; erbaut im 13. Jahrhundert, ergänzt im 15. Jahrhundert

Bauaufnahme-Zeichnung der Marienkirche, Buttforde, Südseite. Granitwand mit späteren Ausbesserungen aus Backstein

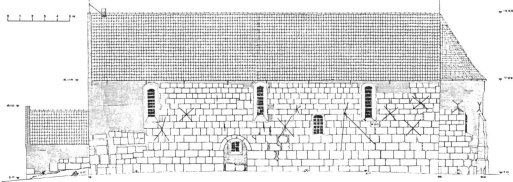

HARLINGERLAND

Auf dem Weg nach Burhafe überquert man die von der Stillegung bedrohte Eisenbahnlinie Norden-Wilhelmshaven. Für Freunde Ostfrieslands ist sie schon fast ein kulturhistorisches Denkmal. Auf der zweistündigen Fahrt von Norden bis Wilhelmshaven berührt der Zug Orte wie Hage, Dornum, Burhafe, Wittmund und Jever, von wo die Geleise nach Harlesiel abzweigen. Der Schienenstrang verläuft fast parallel zum Küstenstreifen – nur wenige Kilometer südlicher. Auf dieser Bahnverbindung kann man das nördliche Ostfriesland an sich vorüberziehen lassen und einen Eindruck von der Marschlandschaft der Küste gewinnen. Von Burhafe gelangt man über Warnsath nach Dunum, das ein erdgeschichtliches Monument aufweist, den *Radbodsberg,* eine 10 Meter hohe Erhebung, die mit ähnlich mystischen Geschichten wie der Upstalsboom verbunden ist. In der Bronzezeit soll dies ein Grabhügel gewesen sein, worauf Urnenfunde hindeuten. Nach einer Sage ist der Berg die Grabstätte des sagenhaften heidnischen Friesenkönigs Radbod. Um Radbod ranken sich Sagen, die mit der Missionsgeschichte Ostfrieslands um die Jahrtausendwende in Zusammenhang stehen. Die folgende hat W. Lüpkes in seiner 1925 erschienenen »Ostfriesischen Volkskunde« festgehalten:

»Bischof Wulfram kam zu Radbod. Dieser wollte eines Tages – so wird erzählt – den Göttern ein Opfer bringen, und das Los traf zwei Brüder von sieben und fünf Jahren. Man setzte sie am Strande auf eine erhöhte Stelle, welche die steigende Flut erst zu umringen und dann zu bedecken pflegte. Schweigend saßen der König und die Vornehmsten des Volkes und warteten, bis die See ihre Opfer hinnähme. Die Flut schwoll und umplätscherte die Füße der Kinder; da umfaßte der ältere Knabe seinen Bruder, hob ihn empor und drückte ihn fest an sich. Dies sah auch Wulfram, und in der tiefen Stille hörte man plötzlich seine Worte: ›Es ist nicht recht, daß ein Mensch, den Gott zu seinem Bilde geschaffen hat, den falschen Götzen geopfert werde. Schenkt mir die Kleinen!‹ Radbod blickte ihn zornig an und rief dann höhnisch: ›Wenn dein Gott Christus sie noch zu retten vermag, so sollen sie dein sein‹. Erfreut flehte Wulfram Gott auf seinen Knien um Beistand an. Da legte sich die Flut. Der Bischof schritt ungefährdet zu den Kindern, trug sie auf seinen Armen ans sichere Land und erzog sie zu Christen. Endlich schien Radbod selbst bereit, sich taufen zu lassen. Mit einem Fuß stand er schon im Taufbade, da sprach er: ›Noch ein Wort, Bischof! Wohin sind meine Vorfahren gekommen: in den Himmel oder in die Hölle?‹ ›Deine Vorfahren‹, erwiderte Wulfram, ›waren Heiden und sind ohne Zweifel in die Hölle gekommen.‹ Da zog Radbod den Fuß zurück und sprach trotzig: ›So will ich lieber mit meinen Vorfahren in der Hölle sein, als mit euch in eurem Christenhimmel.‹«

Aus der Sagenwelt des Radbodsberg kehrt man zurück in die Realität einer ostfriesischen Kleinstadt des 20. Jahrhunderts – nach Esens. Esens ist seit dem 15. Jahrhundert das Zentrum des Harlingerlandes. Die Stadtrechte wurden dem Flecken zu Beginn des 16. Jahrhunderts verliehen. Die erste Befestigung von Esens führte Häuptling Hero Omken aus dem Hause Attena bereits im 15. Jahrhundert durch, der Ausbau erfolgte im 16. Jahrhundert durch Balthasar, den heftigsten Widersacher der ostfriesischen Grafen. Der Bär war das Wappentier der Attena, und so ziert heute noch ein Bär mit einem Stein in der Hand auf einer zinnengekrönten Mauer das Stadtwappen von Esens, das auch gerne die Bärenstadt

Stadtplan von Esens ▷

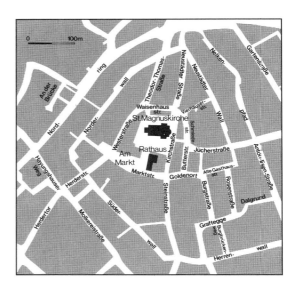

Wappen von Esens

genannt wird. Auf dem neugestalteten Marktplatz steht in Bronze modelliert eine etwa 1 m hohe Bärenplastik. Auch um dies Tier ranken sich Sagen wie diese: Bei einer Belagerung der Stadt Esens im 16. Jahrhundert war auch ein auswärtiger ›Bärenzieher‹ mit seinem Tier eingeschlossen worden. Dieser sperrte den Bären in einen Turm. Das von Hunger getriebene Tier kletterte auf die Plattform des Turmes, konnte aber wegen seiner Tapsigkeit nicht mehr über die Treppe zurückkehren und wegen der Höhe auch nicht vom Turm herunterspringen. So stimmte der Bär ein fürchterliches Gebrüll an, riß Steine aus den Turmzinnen und bewarf die feindlichen Truppen. Ein glücklicher Treffer tötete den feindlichen Kommandanten. Die verstörten Truppen gewannen den Eindruck, daß es den Esenser Bürgern so schlecht noch nicht ginge, wenn sie einen Tanzbären halten und durchfüttern konnten. So wurde die Belagerung aufgegeben, und die Esenser waren seither dem schwarzen Bären zu großem Dank verpflichtet. Auch die Bronzeplastik auf dem Kirchplatz zeigt den Bären mit einem Ziegelstein in der Hand.

Die ehemalige *St. Magnus-Kirche* war ein dreischiffiger Backsteinbau, der aber Mitte des 19. Jahrhundert wegen Baufälligkeit abgebrochen werden mußte. 1848 bis 1854 entstand an gleichem Platze im spätklassizistischen Stil eine dreischiffige Hallenkirche, die ein schmales westliches und ein breites östliches Querschiff erhielt. Die Raumwirkung wird durch die halbrunde Ostapsis verstärkt. Die Innenausstattung enthält viele Teile der älteren Kirche, so etwa die Kniebänke und die Kanzlei, gefertigt vom einheimischen Meister Cröpelin. Siebet Attena, der 1473 starb, liegt in der Esenser Kirche in einem steinernen Sarkophag. Auf dem Deckel ist die Figur des Ritters in Rüstung vollplastisch nachgebildet. Der Kirchplatz rund um St. Magnus ist von Bäumen und Anlagen umgeben. Hier am Kirchplatz steht auch das

HARLINGERLAND

Die Kirche von Esens um 1865

ehemalige Esenser Schulgebäude, das jetzt das Gemeindezentrum der evangelisch-lutherischen Kirche ist. Vom Kirchplatz sind es nur ein paar Schritte auf den Marktplatz, der ebenfalls durch seine alten Laternen gerade am Abend ein besonderes Flair hat. An der Ostseite des Platzes erhebt sich das *Rathaus*, dessen Portal von einem Dreiecksgiebel gekrönt wird. Der Bau ist das ehemalige von Wangelin'sche Witwenstift, das 1756 von der Generalsfrau von Wangelin erstellt wurde. Der ehemalige Ahnensaal ist reich ausgestattet mit Gemälden, Fahnen und Wandteppichen. Durch die Marktstraße gelangt man an die Kreuzung Kirchstraße/Steinstraße. Letztere ist eine schmale Geschäftsstraße, die jetzt als Fußgängerzone ausgebaut ist. Innerhalb des Rundwegs Herrenwall/Süderwall/Norder Wall/Neustädter Wall ist der mittelalterliche Kern von Esens zu finden. Unmittelbar neben dem Bahnhof arbeitete vor sechzig Jahren die ›Dampfmolkerei Germania‹. In einer historischen Schrift findet sich eine Werbeanzeige der Molkerei, die den Kunden empfiehlt: »Feinste ostfriesische Tafelbutter, hergestellt aus keimfreiem Rahm. Großer täglicher Postpaketversand direkt an Private nach allen Gegenden Deutschlands zum billigsten

Tagespreis. Für prompte und sauberste Expedition einer stets gleichbleibenden Qualität bürgt langjährige Erfahrung.« Heute leben die rund sechstausend Einwohner zu einem großen Teil vom Fremdenverkehr. Ein Höhepunkt im Jahr ist der *Junker-Balthasar-Markt*, ein Volks- und Stadtfest im August. Balthasar ist die berühmteste Gestalt unter den Häuptlingen des Harlingerlandes.

Wir verlassen den historischen Siedlungskern von Esens in Richtung Oggenbargen. Vor den Toren von Esens biegen wir in westliche Richtung nach Dornum ab. Südlich der Landstraße erstreckt sich der Schaffhauser Wald, ein Mischgehölz. In Holtrop führt ein Abzweig nach Westerholt in der Samtgemeinde Holtriem. Wer unmittelbar nach Dornum fährt, folgt der Straße parallel zur Eisenbahnlinie. Man kommt durch Fulkum, wo sich noch die Flügel eines *Galerieholländers* von 1903 im Wind drehen.

Ein Besuch Holtriems schließt den Überblick über das Harlingerland. Ochtersum ist der erste Ort der Gemeinde Holtriem, den man von Esens kommend erreicht. Erste urkundliche Erwähnungen datieren aus dem Mittelalter. In einem Vertrag zwischen dem Harlingerland und der Stadt Bremen erscheint Ochtersum 1237. In einem Schriftstück vom 30. November 1411 begegnet uns der Ort abermals. In diesem Schreiben von Papst Johannes wird dem Ochtersumer Pfarrer Gottfried von Reden die päpstliche Dispens für einen Unglücksfall erteilt. Der Pfarrer hatte beim Decken des Daches seiner Scheune einen Ziegelstein achtlos weggeworfen und dabei einen zweijährigen Jungen tödlich verletzt. Die im Ortsteil Westochtersum stehende *Backsteinkirche* stammt aus dem Ende des 13. Jahrhunderts. Südwestlich der Kirche stößt man auf den freistehenden Glockenturm geschlossenen Typs. Hierin hing einst die älteste Glocke Ostfrieslands. Laut Inschrift wurde sie schon 1274 geformt. 1813 goß man sie jedoch um. Der untere Teil des zweistöckigen Glockenturmes beherbergte lange Jahre die Ochtersumer Schule. Als die Schülerzahlen stiegen, richtete man 1831 den westlichen Teil des Kirchenschiffes für den Schulunterricht her. 1866 wurde dann in Ochtersum eine einklassige Schule mit einer Lehrerwohnung gebaut. Die Schule wurde auch noch einmal erweitert, ist inzwischen aber längst abgebrochen worden. Die Kinder besuchen heute das Schulzentrum in Westerholt. Utarp, der nächste Ort am Weg, birgt noch heute ein Geheimnis. Nordöstlich des Ortskerns liegt der ›Utarper Börg‹, ein kleiner, baumbestandener Hügel, der wohl künstlich aufgeschüttet worden ist. Man rätselt, ob hier einstmals ein Steinhaus gestanden haben mag, was einen Hinweis darauf geben könnte, daß auch in Utarp schon vor langer Zeit Häuptlingsfamilien ansässig waren. In den Erzählungen um den Utarper Börg taucht immer wieder die sagenhafte Gestalt des Königs Radbod auf. Ausgrabungen, bei denen Reste von Urnengräbern und Hügelgräbern gefunden wurden, zeigen deutlich, daß Utarp schon in vorgeschichtlicher Zeit besiedelt war.

Westerholt ist das Zentrum der Samtgemeinde Holtriem, die sich in den letzten Jahren stark auf den Fremdenverkehr eingestellt hat. So wurde ein Erholungs- und Freizeitpark angelegt, und die Gemeindevertreter verweisen mit Stolz auf die ausgedehnten Wanderwege durch die 83 ha umfassende Gemeinde. Insgesamt leben rund 7500 Menschen in Holtriem. Westerholt nennt eine einschiffige *Backsteinkirche* aus dem letzten Viertel des 13. Jahrhunderts sein eigen. Hochsitzende Rundbogen-Fenster fallen als charakteristisches äußeres

233

HARLINGERLAND

Merkmal ins Auge. Die Kirche macht einen wuchtigen und massiven Eindruck. Dies entspricht auch ihrer früheren Funktion als Wehrkirche. Der nördlich der Kirche stehende geschlossene Glockenturm (ebenfalls aus dem 13. Jahrhundert) fügt sich harmonisch zum äußeren Bild der Westerholter Kirche.

Nenndorf war einstmals für seine Ziegelei bekannt. Der Ton kam aus der nahen Marsch, und das Heizmaterial für die Ziegeleiöfen war der Torf aus den benachbarten Moorgegenden. Die Mühle in Nenndorf, ein *Galerieholländer,* der 1872 den Betrieb aufnahm, ist zu einem Wahrzeichen Holtriems geworden. Symbol in der Werbung für Holtriem ist das ›Schienfatt‹ geworden. Ein Schienfatt ist eine Laterne, wie man sie früher in ganz Ostfriesland benutzte, wenn man in der Dunkelheit noch vor die Tür mußte. In zum Teil kunstvoll geschmiedeten Messinggehäusen sind Glaszylinder angebracht, in denen Talg oder Wachskerzen brennen. Das Messinggehäuse kann man zusammenschieben, und der Glaszylinder schirmt die Flamme zusammen mit dem oberen geschlossenen Teil des Gehäuses so ab, daß man das Schienfatt auch ohne Brandgefahr mit in Stall und Scheune nehmen konnte. Zur Samtgemeinde Holtriem gehört verwaltungsmäßig heute auch der Ortsteil Eversmeer, an den sich der Hochmoorsee ›Ewiges Meer‹ anschließt.

Wittmund

Wappen der Stadt Wittmund

Wittmund liegt im Nordosten von Ostfriesland, nahe der Grenze zum Jeverland, und ist eine Kreisstadt mit rund 20 000 Einwohnern. Es spielt seit jeher eine Sonderrolle unter den ostfriesischen Städten. In der Zeit der Cirksena gehörte Wittmund wie Esens und das Harlingerland keineswegs zur Grafschaft Ostfriesland, sondern waren Lehen der Grafen von Geldern. Lange Zeit hatten die Cirksena versucht, diese Region gewaltsam in ihren Besitz zu bekommen – vergebens. Durch eine geschickte Verheiratungspolitik und den ›Berumer Vergleich‹ vom 28. Januar 1600 kam Wittmund mit dem Harlingerland dann doch in den Genuß, Bestandteil Ostfrieslands zu sein. Daran hatte man sich so sehr gewöhnt – wie andererseits die Jeveraner an ihre Zugehörigkeit zu Oldenburg, daß die Verwaltungs- und

Ansicht von Wittmund mit dem Raddampfer »Concordia«, 1856/57

WITTMUND

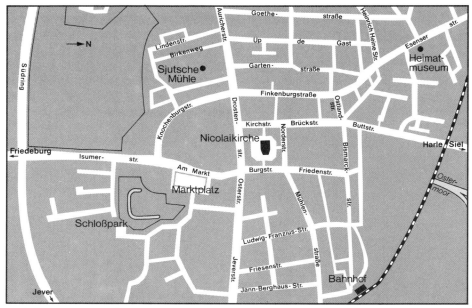

Stadtplan von Wittmund

Gebietsreform der 70er Jahre das Harlingerland und Jeverland auf Dauer nicht zu vereinigen vermochte. Ein Urteil des niedersächsischen Staatsgerichtshofes schied die erzwungene und unerwünschte Ehe wieder, und seit dem 1. 1. 1980 ist Wittmund wieder wie Jever Sitz einer eigenen Kreisverwaltung.

Sicher ist die Stadt kein Zentrum in den Dimensionen von Aurich oder Emden. Aber ein wenig größer und anders strukturiert als Esens oder Weener ist Wittmund allemal. Der zur Küste reisende Besucher durchkreuzt die Stadt auf der Bundesstraße 210. Ein kurzer Stop und Spaziergang durch den Ort erweitern den Blick für die ostfriesische Vielfalt. Von der ›Auricher Straße‹, der Hauptverkehrsader, biegt man ab zum Marktplatz, um den sich interessante Gebäude gruppieren. Am nordöstlichen Rand steht das *Kreisamt*, das über eine schlichte Freitreppe zu betreten ist. Ein erkerartig vorspringender Mittelbau bildet das Zentrum der Fassade. Der Mittelbau endet in einer Turmspitze, die von zwei kleineren, aus dem Dach herausragenden Helmen flankiert wird. Auf der Ostseite des Platzes stehen das *Amtsgericht* mit vorgesetztem Mittelteil und Dreiecksgiebel als Abschluß und ein ebenerdiges Bürgerhaus, das auch wieder einen vorgeschobenen Mittelbau mit einem Stockwerk aufweist; den Abschluß bildet auch hier ein Dreiecksgiebel. An der Südseite des Marktplatzes schließt der 1977 in Betrieb genommene Neubau der *Stadthalle* das Ensemble. Die giebelförmige Front steht dabei in Material und Gestaltung im Gegensatz zu den übrigen

Gebäuden am Markt, paßt sich andererseits aber auch durch die niedrige Bauhöhe an die vorhandenen Häuser an.

In einem Park aus Mischgehölzen hinter dem Amtsgericht und der Stadthalle liegt das Schloßgelände, das noch von dem inneren, wassergefüllten Schloßwall umflossen wird. Ehemals stand hier eine von Siebet Attena im 15. Jahrhundert errichtete Burg, die aber 1764 abgebrochen wurde. Hinter Schloß- und Stadtpark liegt in schöner Umgebung das Kreiskrankenhaus. Verläßt man den Marktplatz in südlicher Richtung über die Isumer-straße, so kommt man am Kasernengelände vorbei. Als Standort der Bundeswehr bekam die Stadt ab 1964 neue Einwohner und damit neue Wirtschaftskraft. Zählte Wittmund 1947 etwa 5200 Einwohner, so stieg deren Zahl bis 1964 auf 6400. In der Umgebung von Wittmund sind Flughäfen der Luftwaffe angelegt worden, so daß die Gegend jetzt in den »Genuß« des Fluglärms startender und landender Düsenjets kommt. Nördlich des Geländes der Bundes-wehr liegt der Friedhof. An der Straße ›Im Schrepel‹ trifft man auf die *Sjutsche Mühle*, einen Galerieholländer von 1884, in dem auch noch bei Bedarf und zu Demonstrationszwecken Korn gemahlen wird. Wer den Marktplatz nach Norden verläßt, stößt auf die Kreuzung von Drostenstraße, Burgstraße und Osterstraße.

Von der Burgstraße gelangt man auf das Areal der *evangelischen Nicolaikirche*, deren barocker Saalbau aus Backsteinen mit einem unmittelbar anschließenden Westturm im Jahre 1775 entstand. Heute wird das Kirchenschiff von Efeupflanzen umschlungen. Die Decke im Innern wird von einem hölzernen Tonnengewölbe gebildet. An drei Seiten umlaufend findet sich eine Empore. Es handelt sich um ein schlichtes Gotteshaus, in das sich auch der einfache Kanzelkorb von 1667 einfügt. Ins Auge springt die Justus-Müller-Orgel von 1777, in die Teile der alten Arp-Schnitger-Orgel von 1684 mit eingebaut wurden. Der Vorgängerbau der Kirche war im späten Mittelalter zu einer umfangreichen Wehranlage ausgebaut gewesen. Wer Wittmund in Richtung Esens verläßt, passiert die alte *Feldmühle*, einen Galerieholländer, der bis auf das Jahr 1741 zurückdatiert wird. Hier haben Stadt und Bürger ein Heimatmuseum eingerichtet.

Norden und Norddeich

Wappen der Stadt Norden

Norden gilt als älteste ostfriesische Stadt; Norddeich liegt nur zwei Kilometer vorgeschoben unmittelbar am Meer und ist der größte Küstenbadeort in Ostfriesland. In Norden befindet sich ein überdimensionaler, baumbestandener Marktplatz, in dessen Mitte die Ludgerikirche sich erhebt, und an dessen Rändern sich zahlreiche ältere Bauten zu einem geschlossenen Ensemble versammeln. Dazu kommt das alte Rathaus hinter der Ludgerikirche.

Die *Ludgerikirche* ist mit 80 Metern Länge der größte Sakralbau Ostfrieslands, der über fast zwei Jahrhunderte zu seiner heutigen charakteristischen Gestalt wuchs. Im 13. Jahrhundert entstand das niedrige Langhaus, mit dem Bau des Querschiffes wurde 1318 begonnen, und der steil aufragende Chor wurde von 1445 bis 1481 errichtet. 1250 wurde auch der südlich des Kirchenschiffs stehende massige Glockenturm geschaffen. Die Spitzbogenfenster im Westgiebel vermitteln noch einen Eindruck von der ursprünglichen frühgotischen Form der Kirche. Die verschiedenen Raumhöhen, die dem Bau eine unverwechselbare Silhouette geben, sind auch im Innenraum erkennbar. Der Chorraum erreicht dabei Höhen einer Basilika. Der Chor wird von einem Chorumgang umschlossen, in dem mehrere Figuren aus Sandstein (etwa von 1250) aufgestellt sind. Der Hochaltar, dessen mächtiger Baldachin noch erhalten ist, stammt aus der zweiten Hälfte des 16. Jahrhunderts. Das Chorgestühl ist spätgotischen Ursprungs. Die in dunklem Holz gehaltene Kanzel ist mit reicher Ornamentik versehen und mit plastisch modellierten Figuren ausgestattet. Sie wurde 1712 vom Baumeister Redolph Garrelts aus Hamburg gearbeitet. Ein weiterer Hamburger hat die Innenausstattung der Ludgerikirche maßgeblich mitgeprägt – Arp Schnitger. Die von ihm geschaffene Orgel entstand zwischen 1685 und 1688 und gilt als besonders wertvolles Stück. Die kunstvolle Front der Orgel ist um den südöstlichen Vierungspfeiler herumgebaut. Neben der Ludgerikirche befand sich im Mittelalter noch eine der Marienhafer vergleichbare Basilika, die Andreaskirche.

An der Südseite des Marktplatzes erstreckt sich eine geschlossene Häuserzeile mit anmutigen älteren Gebäuden. Die *Mennonitenkirche* ist eine palaisartige Gebäudegruppe, bestehend aus einem zweigeschossigen Haupthaus und zwei niedrigen Flügelbauten. Der linke Anbau ist von 1796, der rechte von 1835, während der Mittelbau aus dem Jahre 1662 datiert. Der Backsteinbau besitzt eine Freitreppe und wird von einem geschwungenen Dach überwölbt, auf den ein leichtes Türmchen aufgesetzt ist. Weiße Steinornamente zwischen

Die Ludgerikirche in Norden

Grundriß der Ludgerikirche in Norden. Das Schiff mit der Ostapsis stammt aus dem 13. Jahrhundert, das Querschiff mit Gewölben kam nach 1318 dazu, der Hochchor wurde zwischen 1445 und 1481 durch den Grafen Ulrich Cirksena erbaut ▷

den Geschossen geben den Gebäuden zusätzliches Gepräge. Links an die Mennonitenkirche schließt das Rathaus von 1884 an, neben dem einige ehemalige Bürgerhäuser durch ihre bemerkenswerten Giebel auffallen. An der Westseite des Marktplatzes, hinter der Ludgerikirche, prangt das *alte Rathaus,* das seit 1922 dem Heimatmuseum als Ausstellungsraum dient. Das zweigeschossige Backsteingebäude mit den charakteristischen Sprossenfenstern wurde 1542 fertiggestellt. Die Giebelwände verjüngen sich stufenweise nach oben, wobei einige Stufen und die Spitze geschwungen sind. Die gleiche Giebelform hat der dreigeschossige, massive Treppenturm, der zum Platz hin weist.

Das *Museum* vermittelt einen Eindruck von der Kulturgeschichte Ostfrieslands Es werden auch die sozialen Gegensätze deutlich, die Ostfriesland während seiner langen Geschichte geprägt haben. Kostbare Möbel aus verschiedenen Jahrhunderten sind als Zeichen bürgerlichen Wohlstandes aufbewahrt. Neben Kaminen mit wunderschönen

NORDEN UND NORDDEICH

Das Rathaus in Norden, um 1850

blaubemalten Delfter Kacheln ist aber auch die enge Küche eines Landarbeiterhauses nachgebaut. Handwerk und Handel sind in anderen Räumen verewigt. Ein Kolonialwarenladen und ein Kaufmannskontor aus dem 19. Jahrhundert sind neben einer Schusterwerkstatt und einer Blaufärberei zu bewundern. In der Schusterwerkstatt bemerkt man eine besonders große Petroleumlampe, an deren Glaszylinder die ›Schusterkugeln‹ hängen. Sie brechen und bündeln das spärliche Licht der Petroleumlampen und erhellen so den Arbeitsplatz des Schusters. Man sagt auch, daß kundige Menschen früher aus diesen Schusterkugeln die Zukunft gelesen haben. Zum besonders stolz gehüteten Schatz des Heimatmuseums zählen neben der Blaufärberei die vollständig erhaltene Werkstatt und der Laden eines Zinngießers. Hier lagern an die 200 alte Gußformen, die Drehbank und die Ladeneinrichtung. Hausgeräte wie Spinnräder, Fußwärmer oder etwa eine Spekulatiusmaschine runden die Ausstellung ab. Daneben besitzt das Museum eine Bibliothek mit Literatur über die Region. Das alte Rathaus beherbergt auch einige wenige steinerne Erinnerungen an die 1756 abgerissene Andreaskirche. Im Untergeschoß befindet sich wohl eine in ganz Europa einmalige Einrichtung: die ›*Theelkammer*‹ der ›Theelacht‹.

Gut tausend Jahre alt ist die Institution der ›Theelacht‹, eines bäuerlich-genossenschaftlichen Zusammenschlusses. Die Genossenschaft ist Obereigentümerin eines umfangreichen, erbpachtpflichtigen Grundbesitzes in der Marsch zwischen Norden, Hage und Berum –

57 NORDEN Evangelische Ludgerikirche, Blick in der Chor
56 NORDEN Evangelische Ludgerikirche, Innenansicht mit Blick auf die Arp-Schnitger-Orgel
55 NORDEN Häuser am Markt

58 NORDEN Norddeich Radio

59 NORDEN Mennonitenkirche an der Südseite des Marktplatzes

60 Pewsum   Ehemalige ostfriesische Häuptlingsburg

61 Hinte   Osterburg

62　Hinte　Osterburg, östlicher Zugang mit Holzbrücke und Torbogen

63 PEWSUM Mühle, ein Galeriehollander aus dem Jahre 1843
64 MARIENHAFE St. Marien mit Störtebekerturm
65 PILSUM Ortsansicht
66 Bei PILSUM Deich mit Leuchtturm ▷

68, 69   GREETSIEL   Eingänge zweier Bürgerhäuser am Hafen
◁ 67   GREETSIEL   Ortsansicht
70   SCHOONORTH   Detail aus der Fassade eines Bauernhauses

71, 72   EMDEN   Wohnhäuser in der Mühlenstraße und der Friedrich-Ebert-Straße
73   EMDEN   Stadtansicht, Blick in die Friedrich-Ebert-Straße

74 EMDEN Blick von Pogum auf den Emder Hafen
75 EMDEN Schlepper im Hafen

76 EMDEN Wallanlage

77 EMDEN Standbild Friedrichs des Großen an der Knock

78 EMDEN Das alte Portal in der Fassade des neuen Rathauses
79 EMDEN Portal an der Friedrich-Ebert-Straße
80 EMDEN Rüstkammer im Rathaus
81 EMDEN Frouwe-Johanna-Mühle auf dem Marienwehrster Zwinger ▷

Ostfriesischer Giebelwand-Kamin   *Ostfriesischer Innenwand-Kamin*

eben des ›Theellandes‹. Die Ländereien zerfallen in acht ›Theele‹ (Teile): das Neugroder, Gaster, Osthofer, Eber, Trimser, Hofer, Ekeler und Linteler Theel. Wahrscheinlich entstand die Theelacht im Gefolge der Normannenschlacht von 884. 1586 wurde das Theelrecht erstmals schriftlich abgefaßt und 1759 unter dem Titel »Ius Theelachticum edivivum« gedruckt. Eine Fülle komplizierter Vorschriften regelt die Eigentumsverhältnisse, die Nutzungsvorschriften und die eigentümlichen Bräuche, die bei Zusammenkünften der Theelbauern zu beachten sind. Hauptzweck der Bestimmungen über die Eigentumsrechte an den Theelen ist, daß sie in der Gemeinschaft der Theelbauern bleiben und nicht in fremde Hände gelangen. Ursprünglich durften daher auch keine Erbtheele verkauft werden. Ein kinderlo-

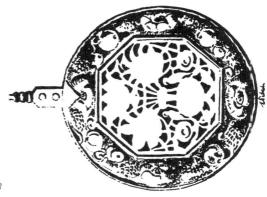

Ein Bettwärmer von 1908

257

NORDEN UND NORDDEICH

Ansicht der Stadt Norden, 1790

ser Theelbauer konnte zwar seine Erbtheele in eine Kauftheele umwandeln und an einen Fremden veräußern, doch sobald der Verkäufer starb, fiel der Besitz wieder an die Theelacht. Auch durch Verheiratung kann der Besitz nicht vermehrt werden. Jeder Arfbur darf in jeder Theele nur eine Erbtheele besitzen. Die Einnahmen werden an die Theelachter verteilt. Alle vier Jahre kommen die ›Arf- und Koopburen‹, die Erb-Bauern, an St. Johann-Baptist (24. Juni) in der Theelkammer zum ›Offräken‹, zur Rechnungslegung, zusammen, wobei die Bücher einer jeden Theele geprüft werden. Ein Neubauer, der das Erbe seiner Vorfahren antreten will, muß nach einem komplizierten Ritual vor die anderen Erbbauern in der Theelkammer treten und seine Ansprüche geltend machen. Wie bei der Austeilung der Theelen fungiert dabei ein ›Theelbote‹ als eine Art Diener, der vor allem Bier in einer ›Klipp‹, einer großen Kanne, heranschaffen muß, das dann aus Zinn-Kannen und hölzernen Bechern getrunken wird. Die Gefäße tragen das Wappen der Theelacht – einen Halbadler und einen geharnischten Mann. Bei der Versammlung auf der Theelkammer wird seit alters her aus ›lange kleien Pipen‹ – langen, tönernen Pfeifen – geraucht. Durch die vielen Jahrhunderte haben sich auch die Bräuche der Theelacht gewandelt. 1984 bestand die Theelacht zu Norden 1100 Jahre.

Verläßt man den Marktplatz nach Norden, so findet man nach ein paar Schritten das 1567 gegründete *Ulricianum*, an dem Ubbo Emmius lehrte. Heute ist es das Ulrichsgymnasium, benannt nach Graf Ulrich II. (1628–1648), der die alte Lateinschule besonders förderte. In der Südostecke ist das neue Weiterbildungszentrum der Volkshochschule entstanden, das auch den Feriengästen kulturelle Bildungsangebote macht. Östlich vom Marktplatz fort führt die Osterstraße. Wieder nach ein paar Schritten muß man vor dem *Schöningh'schen Haus* haltmachen. Über drei Stockwerke erhebt sich das prächtige Patrizierhaus im Stil der Renaissance. Der Bau wurde 1576 geschaffen und dürfte wohl das reichste Zeugnis der Hochrenaissance in Ostfriesland sein. Der rote Backsteinbau wird durch waagerechte Sandsteinbänder gegliedert. Nach oben hin werden die Geschosse immer schmaler, und die Front endet in einem Treppengiebel, dessen Stufen von Verzierungen und Szenen aus der griechischen Mythologie beherrscht werden. Die Fassade ist durch viele Fenster unterbrochen; über jedem der in vier Achsen vertikal übereinander eingelassenen Fenster wölben sich Muschelbögen. Vermutlich der Norder Kaufmann Egbert Crayers ließ 1576 das Haus bauen, 1863 erwarb es Wilhelm Peter Schöningh; 1962 kaufte es dann der Münsteraner Rechtsanwalt Veit Wucherpfennig und rettete es vor dem Abriß. Nach mehrjähriger Renovierungsarbeit strahlt das Gebäude heute wieder in seinem vierhundertjährigen Glanz.

Von der Osterstraße biegt man nach rechts in die Straße ›Neuer Weg‹ ein. Die Häuserzeilen mit Läden aller Art geben der Straße und dem ganzen Ort ein kleinstädtisches Gepräge. Vom Neuen Weg zweigt die ›Doornkaatstraße‹ ab, in der der bekannte Hochprozentige in der viereckigen grünen Flasche hergestellt wird. 1806 mußte der Niederländer Jan ten Doornkaat Koolman aus religiösen und politischen Gründen seine Heimat verlassen. Jan Doornkaat, 1773 im holländischen Midwolde geboren, ließ sich in Norden nieder und begann in einem Haus an der Osterstraße Korn zu brennen, eine Kunst, auf die sich die Holländer besonders gut verstanden. Auch nach 175 Jahren wird das Unternehmen noch von den Nachfahren des Firmengründers geleitet. In einem ›Historien-Raum‹ wird die

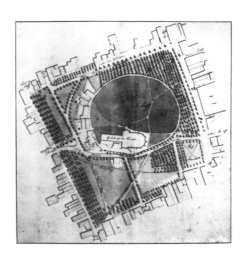

Der Marktplatz von Norden um 1805

NORDEN UND NORDDEICH

Firmengeschichte mit Bildern, Flaggen und altem Destilliergerät dokumentiert. Seit 1899 ist die Brennerei eine Aktiengesellschaft. 1980 erzielte das Unternehmen mit 700 Mitarbeitern einen Gesamtumsatz von 240 Millionen DM. Damit zählt dieser Betrieb – der übrigens auch zu besichtigen ist – zu den wesentlichen Stützen der Norder Wirtschaft, die außerdem noch durch Fabrikationsbetriebe eines Büromaschinenherstellers und eine große Teefirma geprägt wird. Kleinere Firmen der Bauwirtschaft, des Maschinenbaus, der Elektro- und Druckindustrie sowie des Handwerks runden die ökonomische Palette Nordens ab.

Wenn man von Norden aus in das etwa zwei Kilometer entfernte Norddeich fährt, kommt man an der sogenannten *Silbermühle* vorbei. Der Galeriehölländer von 1894 wird heute als Gaststätte genutzt. Im Ortsteil Westgaste, durch den man fährt, wenn man Norden in Richtung Greetsiel verläßt, hat ebenfalls ein Galeriehölländer die Zeitläufte überdauert. Er stammt von 1863. Die jüngste Mühle Nordens liegt am Südausgang der Stadt in der Nähe des Bahnhofs: die *Deichmühle* von 1900, auch als Galeriehölländer ausgeführt, kann täglich besichtigt werden. Von der Norddeicher Straße zweigt man in Höhe der Tennisplatzanlage Norddeich nach links in den ›Dörper Weg‹ ein. Hier stößt man auf eine weitere sehenswerte Rarität Norden-Norddeichs – die *Seehundaufzucht- und Forschungsstation.* Diese Station ist eine dringende ökologische Notwendigkeit. 60 bis 65 % der neugeborenen Seehunde verenden vor unserer Küste. Lange Jahre wurde der Seehund gedankenlos gejagt, weil das Fell gewinnträchtig zu verwerten war; dann kam die immer stärkere Belastung der Nordsee durch Schwermetalle hinzu, und Ende der sechziger Jahre war abzusehen, wann diese für die Nordseeküste typische Tierart ausgestorben sein würde. Dazu gesellt sich noch ein natürlicher Vorgang, der die Seehunde immer schon zu dezimieren drohte: bei Sturm kann es passieren, daß Mutter- und Jungtiere getrennt werden. Die kleinen Hunde treiben irgendwo an, jaulen und schreien – daher auch die Bezeichnung ›Heuler‹ –, bis sie dann, völlig entkräftet, jämmerlich zugrunde gehen. Seit 1971 wurden zunächst von einem privaten Verein diese gestrandeten jungen Seehunde aufgelesen, und in Norden versuchte man, sie so weit aufzupäppeln, daß man sie wieder im Watt aussetzen konnte, um so den Bestand dieser Art zu sichern.

Seit 1980 gibt es die modernere Seehundstation in Norddeich am Dörper Weg, die auch zu Forschungszwecken eingerichtet wurde und darüber hinaus Besuchern offensteht. Hier können sowohl die gefährdeten kleinen Heuler großgezogen als auch kranke Alttiere gepflegt werden. 1960 wurden an der norddeutschen Küste noch 2000 Seehunde gezählt, 1977 waren es nur noch 1100 Tiere, im Jahre 1980 stieg die Zahl wieder auf 1300. Die Seehunde sind Säugetiere, die in Rudeln leben. Daher ist es wichtig, daß die aufgezogenen Jungtiere wieder Anschluß an die Herde finden. Neben der zunehmenden Verschmutzung des Meeres scheint auch der Rückgang des Fisch- und Garnelenbestandes für die Seehunde bedrohlich zu sein. Im Watt sind Seehundschutzgebiete ausgewiesen, die von Juni bis August von Wattwanderern und Bootsfahrern gemieden werden müssen, da in dieser Aufzuchtzeit die ›Kinderstube‹ der Seehunde nicht gestört werden darf. Die in der Station Norddeich mit vielen Kilo Hering großgezogenen Heuler – in zehn Jahren über hundert Tiere – werden im Herbst mit Kuttern in die Seehundschutzgebiete gebracht und dort auf

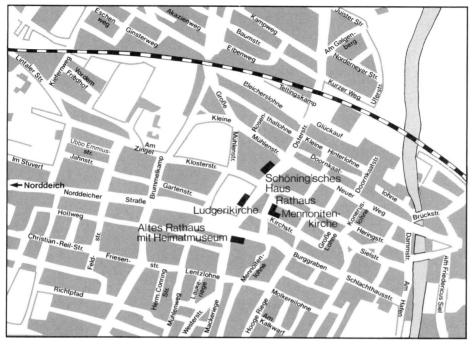

Stadtplan von Norden

Sandbänken ausgesetzt. Nach allen bisherigen Erkenntnissen – vor allem der Suche nach markierten Tieren – haben sie dabei eine sehr hohe Überlebenschance.

Für das Überleben von Menschen kann die Seefunkstelle ‹Norddeich Radio› wichtig werden. Die Küstenfunkstelle ist rund um die Uhr besetzt und fängt unter anderem Notrufe von Schiffen auf hoher See auf. Seit dem 1. Mai 1907 übernimmt diese Küstenfunkstelle die Vermittlung von Kontakten zwischen Land und See. Zunächst diente sie den Zwecken der Kriegsmarine, ehe dann später der Funkverkehr mit Schiffen der Handelsmarine hinzukam. Heute können die Schiffe fast aller Weltmeere ›Norddeich Radio‹ über Kurzwelle erreichen.

Norddeich ist Fähr-, Kutter- und Yachthafen zugleich. Man kann hier mit dem Segelboot anlegen, die ein- und auslaufenden Kutter der etwa 40 Boote zählenden Fangflotte beobachten, die vor allem auf Krabben, Schollen und Muscheln aus sind, und die Fährschiffe nach Juist und Norderney besteigen. Die Eisenbahnzüge fahren auf die Mole von Norddeich, so daß man bequem von der Bahn aufs Schiff umsteigen kann. Da Norderney neben Borkum die einzige ostfriesische Insel ist, die Touristenautos herüberläßt, kann man in Norddeich mit dem Wagen auf die Autofähre rollen. Die Schiffe sind so flach gebaut, daß ihnen Niedrigwasserstand nichts anhaben kann. Wer es vorzieht, die nicht allzu große Insel

NORDEN UND NORDDEICH

vor seinem Auto zu schützen, findet in Norddeich – wie an den anderen Fährstationen – großangelegte Garagenanlagen und Abstellplätze. Für Motorfreunde spezieller Art ist Norden gelegentlich ein besonderer Anziehungspunkt. Im *Motodrom* ›Halbemond‹ – südlich der Stadt – finden Speedway-Rennen statt: abenteuerlich vermummte Männer fahren mit Motorrädern auf einer Sandpiste immer im Kreis herum.

Im Herbst dreht sich für die Norder Bürger alles um den ›Beestmarkt‹. Der Norder Beestmarkt ist ein traditionelles Volksfest im Oktober mit Kirmes, Feuerwerk und allem, was dazugehört. Wer ein wirkliches Volksfest erleben will, muß noch einmal auf den Markt an der Ludgerikirche zurückkehren – allerdings schon früh am Montagmorgen. Zwischen 9 und 10 Uhr gibt es einen *Viehmarkt,* wo von Huhn und Hase bis zum lebendigen Schwein allerhand Kleinvieh den Besitzer wechselt. Auf Plattdeutsch werden die Tiere vom Auktionator an den Mann gebracht, was lautstark und stimmungsvoll zugeht; es sind wohl nicht wenige Marktbesucher, die nur der Atmosphäre wegen kommen, um Bekannte zu treffen oder einen ›Klönschnack‹ zu halten. Die teuren Großtiere werden nicht im Schatten der Ludgerikirche versteigert, sondern kommen in der großen Auktionshalle an der Parkstraße ›unter den Hammer‹. Für auswärtige Besucher ist dies sicher ein ebenso faszinierendes Volksschauspiel wie der Markt an der Ludgerikirche.

Krummhörn

Das Gebiet der Krummhörn läßt sich heute praktischerweise eingrenzen als der Landstrich westlich der Bundesstraße 70, die von Emden über Georgsheil nach Norddeich führt. Die Krummhörn ist das klassische Seemarschgebiet Ostfrieslands und gehört zum Landkreis Aurich. Im Westen erreicht sie das Wattenmeer und erstreckt sich hier vom Rysumer Nacken am Dollart bis hinter die Leybucht kurz vor Norddeich. Der Name heißt soviel wie ›krummes Kap‹ und beschreibt augenfällig die bogenförmig verlaufende Küstenlinie im äußersten Nordwesten Ostfrieslands.

Die Ursprünglichkeit Ostfrieslands ist hier in vielfältiger Form gewahrt. Da sind die weiten Marschen in ihrem satten Grün, aus dem die vor- und frühgeschichtlichen Warfdörfer – schon von weitem erkennbar – bis zu 6 Meter hoch herausragen, da findet man Straßen mit windgebeugten Bäumen und trifft auf mittelalterliche Burgen und Kirchen, die auch als Zufluchtsort dienten in Zeiten der Not, wenn die Häuptlinge sich befehdeten oder die Herbst- und Frühjahrsstürme mit ihren Fluten Mensch und Tier bedrohten. Im Frühling und im Herbst kann man besonders in der Krummhörn den herben Charakter des Landes entdecken und genießen. Mäßiger Autoverkehr herrscht selbst im Sommer auf den Straßen, die alle irgendwann ans Ende führen: an den Fuß der Deiche, von deren Kuppe aus sich der Blick auf das Panorama des Wattenmeeres weitet. Ob man von Norden, Aurich oder Emden her die Krummhörn erkundet – stets bietet sich die gleiche und zugleich doch auch immer andersartige Landschaft dar: im Winter eine schneebedeckte, weite weiße Einsamkeit, im Frühling eine frischgrüne Ebene, im Sommer ein lichtdurchfluteter Raum ohne Ende und im Herbst eine in Nebel gehüllte Geisterlandschaft.

Unsere Betrachtungen über die Krummhörn beginnen ganz willkürlich in Loppersum, das an der Bundesstraße 70 zwischen Emden und Georgsheil liegt. Loppersum, bis zur Gebietsreform im Land Niedersachsen eine selbständige Gemeinde, zählt heute verwaltungstechnisch zur Gesamtgemeinde Hinte. In der Kirchstraße fällt ein weißes, mächtiges Herrenhaus auf, das wie eine ideale Kulisse zur Verfilmung von Thomas Manns Erzählung ›Tristan‹ anmutet; so könnte man sich das Sanatorium ›Einfried‹ vorstellen. Das schloßartige *Fresehaus* von 1859 diente denn auch in der Tat lange Zeit als Altersheim. Es steht heute an der Stelle, an der schon im 14. Jahrhundert die tom Broks einen Häuptlingssitz mit dazugehöriger Burg erobert hatten. Die *reformierte Kirche* ist für ostfriesische Verhältnisse

KRUMMHÖRN

›neuzeitlich‹, denn sie wurde erst 1866 gebaut. Südwestlich von Loppersum in Richtung Emden liegt Suurhusen, das ebenfalls zur Gemeinde Hinte gehört. In seinem alten Ortskern neigt sich der Turm der *Kirche* gefährlich nach Westen; kein Wunder, denn das wuchtige Bauwerk stammt aus dem 15. Jahrhundert. Der einschiffige Kirchenbau selbst wurde in der 1. Hälfte des 13. Jahrhunderts errichtet und trägt daher romanische Stilzüge.

Kurz hinter Wirdum zweigt die Landstraße nach rechts in Richtung der Stadt Norden ab. Als erster Ort kommt Schoonorth in Sicht. Den beherrschenden Eindruck vermitteln prachtvolle Marschhöfe, die die landwirtschaftliche Situation der Krummhörn spiegeln. Hier haben die Bauern noch nie darben müssen; sogar Landarbeiter rückten frühzeitig in den Stand agrarischer Industrieller auf. Wie im Rheiderland, so stößt man auch in der Krummhörn beständig auf das typische ostfriesische Bauernhaus, das ›Gulfhaus‹; Mensch und Vieh leben hier gemeinsam unter einem weit ausladenden Dach, das bis fast auf die Erde hinuntergezogen ist. Man gewinnt den Eindruck, als ob die Häuser sich vor dem Wind in den Boden duckten. Das Dach ist an der rückwärtigen Giebelseite auch abgeplattet, um dem Wind keine zu große Angriffsfläche zu bieten. Der Stallteil – das ›Achterende‹ – liegt als Wirtschaftsgebäude hinter dem Wohnhaus, das einen sehr repräsentativen Charakter mit großen Räumen haben kann. Die ›Polderfürsten‹, wie die reichen Bauern im Neuland seit jeher genannt werden, residieren hier. Da das ostfriesische Bauernhaus keine Nebengebäude besitzt, dient der Wirtschaftsteil sowohl der häufig aufwendigen Viehhaltung als auch der Lagerung von Heu und Futtermitteln auf dem eingezogenen Dachboden, dem sogenannten ›Gulf‹. In den niedrigen Seitenflügeln befanden sich früher das Torflager und der Schweinestall. Ein freier Platz diente als Tenne zum Dreschen des geernteten Getreides.

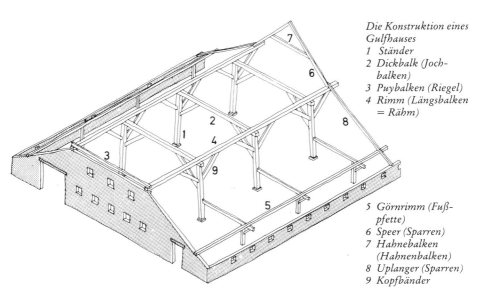

Die Konstruktion eines Gulfhauses
1 *Ständer*
2 *Dickbalk (Jochbalken)*
3 *Puybalken (Riegel)*
4 *Rimm (Längsbalken = Rähm)*
5 *Görnrimm (Fußpfette)*
6 *Speer (Sparren)*
7 *Hahnebalken (Hahnenbalken)*
8 *Uplanger (Sparren)*
9 *Kopfbänder*

In verkleinerter Form, aber nach dem gleichen Prinzip aufgebaut, finden sich überall in Ostfriesland die Landhäuser, die aus dem Wohnteil vorne und dem Wirtschaftsteil dahinter bestehen. Wie es lange Jahre in diesen Häusern ausgesehen hat, schildert die zeitgenössische Beschreibung eines Heimatforschers: »Durch einen kleinen Vorraum, das sogenannte Vöörhus, betreten wir die ca. 4,5 m lange und ebenso breite Küche. An der Stirnseite wurde auf dem offenen Herdfeuer in eisernen Töpfen, die an einer durch den weiten Schornstein geschobenen Stange, dem sogenannten Haalboom, hingen, das Essen gekocht. Links und rechts vom Herd die ›Hörnstee‹, der angestammte Platz für Hausvater und Hausmutter, zugleich auch der Ehrenplatz für Besucher. Platz für einen großen Schrank war kaum vorhanden. Zwischen den beiden seitlichen Außenfenstern hatte gerade eine Kommode Platz, auf welcher das Teegeschirr abgestellt wurde. Zum Schlafen dienten die Wandbetten, die sogenannten Butzen, die durch Vorhänge oder Türen von der Küche abgetrennt waren. Die meist 1,75 bis 1,80 m langen und ca. 1,50 m breiten Butzen, ursprünglich für zwei Personen vorgesehen, mußten oft zusammen mit den Kindern 4–5 Personen aufnehmen. ›Is lögenhaft to vertellen‹, aber nach Erzählungen der alten Bewohnerin fanden in diesem Raum neben den Eltern abends acht Kinder hier ihre Schlafstätte. Es war oft eine bedrückende Enge, doch mit dem Heranwachsen der Kinder begann sich die Familie zu verkleinern, denn mit 14 Jahren ging es in die Lehre oder in den Dienst bei den Bauern« (Gerd Saathoff).

Noch Ende des 19. Jahrhunderts war in der Krummhörn die Kinderarbeit an der Tagesordnung, deren bekannteste Form die ›Jäte-Kinder‹ darstellen. 1878, so kann man dem Bericht eines Lehrers entnehmen, wurden 650 Schulkinder jährlich drei bis sechs Wochen zum Jäten in die Marsch geschickt; ihr Tageslohn dafür betrug 70 Pfennig. In den großen Bauernhäusern der Krummhörn sind die Lebensbedingungen zwar sicher besser gewesen, doch stehen diese Häuser eben nur für eine Seite der Medaille. Zur anderen gehören die verhuschten Landarbeiterhäuser, die für den Zaungast einigen Charme haben, die sich aber – wie viele pittoreske Formen – vor allem aus jahrhundertelanger Armut erklären. Die innere Krummhörn, vom Tourismus noch nicht erschlossen, bietet dem Reisenden die Möglichkeit, in Gasthöfen oder auf Feldern mit Bauern ins Gespräch zu kommen. Und vielleicht

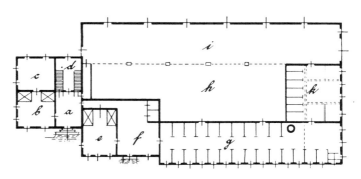

Grundriß eines ostfriesischen Bauernhauses mit Querflur
a Hausflur; b Große Küche (mit Butzen bzw. Wandschränken); c Beste Stube; d Aufkammer (über dem Keller) – Keller- und Bodentreppe; e Kleine Küche (mit Butzen); f Kornhaus; g Viehhaus (Kuhställe); h Gulfen; i Dreschdiele; k Pferdeställe

KRUMMHÖRN

findet sich auch ein freundlicher ›sturer‹ Ostfriese, der den Fremden einen Blick in seinen ›Plaats‹, wie die Bauernhäuser auch heißen, werfen läßt. In Schoonorth ist ein ausgebauter *Mühlenrumpf* von 1803/04 der markanteste Punkt im Dorf. Rund um den Ort ist deutlich der alte Deich erkennbar, dessen erste Anlage auf das Jahr 1604 zurückgeht und der heute funktionslos tief im Land liegt, da die jüngste Deichlinie schon Kilometer weiter vorgeschoben ist. ›Schlafdeich‹ nennen die Einheimischen diese alten Schutzdämme.

Von Schoonorth sind es nur noch wenige Kilometer nach Norden bis zur Küste. Wer sich in die entgegengesetzte Richtung bewegt, trifft in Grimersum auf die *frühgotische Backsteinkirche* mit ihrem bemerkenswerten, geschlossenen Glockenturm, welcher 1641 entstand. Der Backsteinbau der Kirche selbst wird dagegen auf die Zeit zwischen 1270 und 1280 datiert. Da Grimersum Sitz der Häuptlingsfamilie Beninga war und auch eine Burg besaß, befinden sich im Innern der Kirche zahlreiche Grabplatten, die zwischen dem 16. und 18. Jahrhundert für die verstorbenen Familienmitglieder gegossen wurden. Hier liegt auch Eggerik Beninga begraben, der im 16. Jahrhundert die »Cronica der Fresen« schrieb.

In Eilsum beherrschen wieder die großen Marschhöfe das Ortsbild, zu dem aber auch kleine, windschiefe Häuschen auf der Warft gehören. Hier befindet sich eine relativ große *Kirche,* die zwischen 1230 und 1260 erbaut sein dürfte und über 40 Meter in der Länge mißt. Der Turm hat ein Satteldach und erhebt sich – für Ostfriesland untypisch – über dem Chor. Die Kirche von Eilsum weist als Besonderheit etliche Wandmalereien auf, die aus der Zeit des Kirchenbaus stammen und von hoher künstlerischer Qualität sind.

Jennelt, der nächste Ort auf der Rundfahrt durch die Krummhörn, läßt sich am besten zu Fuß erkunden. Nach links endet die Allee ›Unter den Linden‹ vor einer *Mühle,* die ein ›Wohn-Müller‹ verschlimmbessert hat; vom ehemaligen Charakter der Mühle ist dabei wenig erhalten geblieben. Am anderen Ende der Allee trifft man auf eine *Kirche,* an der zwei Bauabschnitte deutlich zu erkennen sind. Der spitzhäubige Turm steht ein wenig abseits. Der Backsteinbau ist in seiner ursprünglichen Form im 15. Jahrhundert entstanden. Auch Jennelt war einst Häuptlingssitz und gehörte seit dem 16. Jahrhundert den Knyphausens. In der reformierten Kirche befindet sich daher auch der Prunksarg des Feldmarschalls Dodo von Knyphausen, der im Dreißigjährigen Krieg in schwedischen Diensten stand und 1636 in der Schlacht bei Haselünne gefallen ist.

In Uttum dagegen steht noch eine *Mühle* aus dem Jahre 1856, die vorbildlich restauriert wurde und mit Ried gedeckt ist. An dem mächtigen *Kirchbau* fällt zunächst einmal die schmucke Eingangstür auf. Das Gotteshaus wurde in der Mitte des 13. Jahrhunderts gebaut, 1527 kam der Glockenturm hinzu. Er war ursprünglich höher und ist erst in unserem Jahrhundert verkürzt worden. In der Kreuzstraße entdeckt man ein efeuüberwachsenes Steinhaus aus dem Jahr 1597 – wie eine Steininschrift bezeugt. Ein Bestandteil dieses Baudenkmals ist die angebaute Scheune im Stil der Gulfhäuser. Gegenüber vom Steinhaus war im Jahre 1980 noch eine Rarität zu finden: ein Kolonialwarenladen mit großen Bonbongläsern und einer Ladeneinrichtung wie aus Großmutters Zeiten. Viele dieser Läden, die auf dem Land alles Notwendige für den Alltag bereithielten, sind inzwischen den modernen Geschäften in etwas größeren Ortschaften gewichen.

Die Osterburg in Hinte

Die Straße von Cirkwehrum legt sich ebenfalls wie ein Ring um die Warf, auf der auch ein kleines Kirchlein ohne Turm steht. Manchmal übrigens sieht man in der Krummhörn verlassene Warften. Die Höfe darauf sind geschleift, die Häuser abgerissen worden; Gras wächst heute über den alten Siedlungsstellen. Die Straße von Cirkwehrum nach Hinte sollte man aufmerksam verfolgen, um nicht die linker Hand hinter Bäumen verborgene Burg zu verpassen. Dieses Gut Wichhusen ist ein Herrenhaus aus der Mitte des 18. Jahrhunderts, das früher eine adelige Besitzung war und von einem Wassergraben umflossen wird. Den Zugang versperrt ein kunstvoll geschmiedetes Gitter zwischen zwei Torpfeilern im Stil des holländischen Barock. In Hinte verdient die weit über 40 Meter lange und sehr schmale Kirche besondere Erwähnung. Sie bildet zusammen mit der Wasserburg Hinte ein zusammenhängendes, beeindruckendes Gebäudeensemble. Die *reformierte Kirche* wurde etwa um 1500 erbaut. Von außen wird die innere Gliederung der Kirche durch die breiten Spitzbogenfenster erkennbar; den Abschluß der einschiffigen Backsteinkirche bildet ein Chor mit mehreren Ecken. Die Kanzel, die Orgel und das kastenartige Gemeindegestühl stammen aus dem 16. bzw. 17. Jahrhundert. Zahlreiche Grabplatten und Grabsteine erinnern an die Angehörigen der hier ansässigen Häuptlingsfamilien. Die Kirche liegt zusammen mit dem südlich des Chores errichteten Glockenturm, der ungefähr aus dem 13. Jahrhundert stammt, auf einer Warf.

Hinter Kirche und Kirchhof erstreckt sich die von einem Wassergraben umgebene Burganlage. Diese *Burg Hinta* wurde in ihrer heutigen Gestalt wenige Jahre nach der Zerstörung 1436 mit einem ersten und um 1480 mit einem zweiten Bau wieder errichtet und im folgenden weiter aus- und umgebaut, doch schon im 13. Jahrhundert ist hier ein festes Haus zerstört worden. Man erreicht die vierflügelige Anlage über eine Holzbrücke. Das dahinterliegende Portal, das in den Innenhof führt, stammt von 1704. Zur Gesamtanlage gehört auch noch eine Vorburg, die etwas östlich liegt und die Wirtschaftsgebäude, zwei langgestreckte Bauernhäuser, enthält. Rechts vom Burgeingang ist noch ein Pumpenschwengel erhalten, der vor Augen führt, wie sich die früheren Bewohner hier mit Frischwasser versorgen mußten. Auch wenn heute alles moderner und bequemer ist, so hat sich Hinte – wie so manche Krummhörnortschaft – doch einen Hauch dörflicher Romantik

KRUMMHÖRN

erhalten können. Es lohnt sich daher, die Straße bis zum ›Hinter Tief‹ hinunterzugehen und etwas von der Atmosphäre des Ortes zu schnuppern. Der Ortsteil Osterhusen war einstmals auch ein bedeutender Häuptlingssitz und ist in die ostfriesische Landesgeschichte eingegangen, seit hier 1611 der ›Osterhusische Akkord‹ geschlossen wurde.

Uns führt der Weg weiter nach Westerhusen. Rechts der Straße steht die *Kirche* aus Backstein, und links thronen auf Erdwällen stolze Gehöfte. Der Sakralbau wie auch der geschlossene Glockenturm entstammen der zweiten Hälfte des 13. Jahrhunderts; die höhere Südwand wurde zu Beginn des 16. Jahrhunderts umgestaltet. Im Innern des Baus stehen die relativ schlichte Kanzel und eine prachtvolle Orgel in auffälligem Gegensatz. Die Orgel aus den Jahren 1642/43 ist eine Arbeit des Göttinger Meisters Joest Sieborgh, der hierfür auch Teile einer früheren Orgel verwendete. Noch im 17. Jahrhundert wurde das Instrument bemalt und vergoldet. Groß-Midlum ist die nächste Station. Die turmlose *Kirche* mit vielen vermauerten Fenstern ist ein auffälliger Backsteinbau von 42 Metern Länge und datiert aus dem letzten Viertel des 13. Jahrhunderts. Am Ortseingang biegt man in den Groß-Midlumer Ring ein, der im Bogen um den alten, höher liegenden Ortskern herumführt. In der Dorfstraße findet sich ein altes Haus, das bemerkenswert gründlich renoviert worden ist. Von Groß-Midlum geht es über Sielmönken, das heute nichts weiter als eine Versammlung von Bauernhöfen darstellt, nach Freepsum. Sielmönken war einstmals ein Kloster, in dem Benediktiner und Augustiner siedelten. An der Außenfront der romanischen *Kirche* aus dem letzten Viertel des 13. Jahrhunderts sind fast alle Fenster zugemauert. Der mächtige geschlossene Glockenturm, etwa aus dem 16. Jahrhundert, fällt dem Betrachter ins Auge, der an der Südseite der Kirche eine Sonnenuhr aus der gleichen Zeit findet.

Canum, der nächste Ort an der Landstraße, ist wegen seiner Anlage auf einer Warf wieder gut zu erkennen. Der einschiffige romanische *Kirchbau* ragt mit seinem Turm aus den Häusern heraus. Hier sind die Rundbogenfenster nicht vermauert, sondern ganz im Gegenteil nachträglich nach unten verlängert worden. Grabplatten mit Inschriften und Wappen aus dem 16. bis 18. Jahrhundert sind im Innern der Kirche aufzufinden.

Als nächstes besuchen wir einen größeren Ort: Pewsum, im Herzen der Krummhörn. Zwei Hotels am Platz sehen einladend aus: das ›Hotel zur Post‹ und das ›Burghotel‹. Die alte *Wasserburg* und die *Windmühle* sind Teile des ›Ostfriesischen Freilichtmuseums‹. Seine erste urkundliche Erwähnung fand Pewsum um 1000. Später wurde es Häuptlingssitz der Familie Manninga. Seit 1565 gehörte es den Cirksena, nachdem Graf Edzard II. Cirksena die Herrlichkeit von Häuptling Haiko Manninga gekauft hatte. Edzard war mit der schwedischen Königstochter Catharina vermählt, und die Mitgift seiner Frau ermöglichte dem Cirksena-Herrscher diesen Erwerb. In ihrem Kern geht die heutige Burg auf das Jahr 1458 zurück; im 16. Jahrhundert wurde der Nordflügel, das Torhaus, angelegt. Er ist in sogenannten ›Specklagenschichten‹ errichtet – d. h. Sandstein und Backstein wechseln einander ab. Diese Bauweise geht auf holländische Vorbilder zurück. Ursprünglich gehörten zur gesamten Burganlage noch eine Vorburg mit Marstall und eine vierflügelige Renaissance-Schloßanlage, die aber abgebrochen wurden. Modelle und Reste der Ornamente dieser Bauten sind in der Burg aufbewahrt, die heute als Museum dient und, von

268

gelbem Wasser und Bäumen umgeben, etwa in der Ortsmitte liegt. Verläßt man Pewsum in Richtung Woquard, findet man die Windmühle von 1848 mit Packhaus und Gulfscheune, die das Mühlenmuseum beherbergen und ebenfalls Teil des Freilichtmuseums von Pewsum sind. Vor der Mühle liegt eine ›Schnecke‹, eine Archimedische Schraube, mit deren Hilfe man das Wasser aus den Gräben hochgezogen hat. Die *Kirche* Pewsums stammt aus dem 13. und 15. Jahrhundert, wurde im 19. Jahrhundert allerdings völlig umgebaut und mit dem heutigen Turm versehen. In ihr ist die Frau des Häuptlings Haiko Manninga, Tetta, beigesetzt, deren Wandgrabmal sehenswert ist. Die hölzerne gewölbte Decke wurde im 19. Jahrhundert eingezogen.

Ein etwas südlicher Umweg nach Woquard führt über Woltzeten. Die *Kirche,* ein schlichter Saalbau von 1727, wirkt eher wie eine Kapelle, deren mittelalterlicher geschlossener Glockenstuhl dagegen überdimensioniert anmutet. In Woquard steht ebenfalls eine verhältnismäßig ›neue‹ *Kirche.* Der einschiffige Backsteinbau entstand 1789 an Stelle einer älteren mittelalterlichen Kirche. Die Orgel dürfte aus dem Erbauungsjahr der Kirche stammen.

Groothusen, eines der ältesten und intaktesten Dörfer der Krummhörn, ist als Handelsplatz auf einer Langwurt im frühen Mittelalter gegründet worden, denn – wie andere Orte der Krummhörn auch – lag es damals unmittelbar an einer Meeresbucht und war so für Handel und Schiffahrt nutzbar. Einst besaß Groothusen drei Burgen, von denen nur die ›Osterburg‹ übriggeblieben ist. Sie liegt unmittelbar nach dem Abzweig in Richtung Greetsiel rechter Hand in einem Park. Zu der dreiflügeligen Anlage gelangt man durch vier barocke Torpfeiler. Während der Mittelbau ältere Mauerteile aus der ursprünglichen Anlage im 15. Jahrhundert enthält, stammen die beiden flankierenden Seitenflügel vollständig aus dem 18. Jahrhundert. Im Inneren werden noch wertvolle Möbelstücke aufbewahrt. Der massive romanische Turm der *Kirche* von Groothusen stammt aus dem 13. Jahrhundert und ist älter als das langgestreckte Kirchenschiff aus Back- und Tuffstein, das erst im 15. Jahrhundert entstanden sein dürfte. Die alte Glocke trägt die Jahreszahl 1526; als besondere Kostbarkeit gilt der Grabstein von Adda van Meckenaborg, der einstigen Herrin von Groothusen, der 1590 als ganzfigürliche Nachbildung der Verstorbenen in Blaustein ausgeführt wurde. Von Groothusen aus wenden wir uns nordwärts in Richtung Greetsiel.

Auf dem Weg nach Greetsiel passiert man Manslagt, wo rechts neben der Straße ein *Mühlenrumpf* wartet. Ein geschlossener, verputzter Glockenturm steht neben der spätgotischen Kirche mit ihrer gewölbten Tonnendecke. Ältestes Inventarstück ist der Taufstein aus dem 13. Jahrhundert. In Manslagt gibt es auch noch eine Schmiede und eine Schlosserei. Auch dieser Ort war einst Sitz der Beninga-Häuptlinge, doch sind in der Mittelstraße nur noch Reste der alten Burg zu erkennen: lediglich die Giebelwand mit Giebelankern ist erhalten geblieben. Ansonsten wurde das ganze Haus mit neuen, unpassenden Fenstern ausgestattet. In Pilsum stößt man auf einen der interessantesten Sakralbauten der Krummhörn. Die *Kirche* hat einen kreuzförmigen Grundriß; über der Vierung erhebt sich ein massiver Turm, und darüber hinaus steht etwas abseits noch ein zweiter Turm, der als Glockenstuhl dient. Die Kirche liegt wie der gesamte Ort auf einer Warf. Der mächtige Bau

KRUMMHÖRN

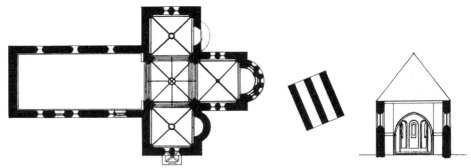

Grundriß der Kreuzkirche von Pilsum (vor 1250); der Vierungsturm stammt aus dem beginnenden 14. Jahrhundert

Kreuzkirche von Pilsum; Schnitt durch das Schiff

vermittelt den Eindruck einer Mischung aus Gotteshaus und Wehrturm; beide Funktionen hat die Kirche in der Tat im Mittelalter und später auch erfüllt. Der Vierungsturm ist an allen Seiten reichlich mit Blenden verziert, die sich mit weißen Fassungen leuchtend vom roten Backstein abheben. Den Abschluß bilden kleine, rundumlaufende Zinnen. Ursprünglich befanden sich an allen vier Ecken des Turmes kleinere Türmchen, die aber im 15. Jahrhundert abgerissen wurden. Das Langhaus ist zweigeschossig gegliedert und besitzt eine Giebelwand mit zugemauerten Fenstern. Man geht davon aus, daß die Pilsumer Kreuzkirche in der zweiten Hälfte des 13. Jahrhunderts entstanden ist. Als bemerkenswertes Detail im Innern sei die barocke Kanzel von 1704 erwähnt, die von einer Emder Werkstatt ausgeführt wurde. Außerdem hat man unter den weißgetünchten Innenflächen zahlreiche Malereien entdeckt, die dadurch vor der Zerstörung durch Feuchtigkeit geschützt waren. Bei einer Renovierung der ehemals St. Stephanus geweihten Kirche entdeckte man mehrere übereinanderliegende Fußbodenschichten aus Ziegeln, Platten und Fliesen. Da die Kirche zwar auf einer eigens für diesen Bau noch einmal erhöhten Warf liegt, der Grundwasserspiegel aber auch relativ hoch ist, hat sich die Statik des Baus im Laufe der Jahrhunderte verschlechtert. Bis heute wurden über lange Jahre aufwendige Sanierungsarbeiten vorgenommen, um die Pilsumer Kreuzkirche der Nachwelt gesichert zu erhalten.

Ein Seezeichen moderner Prägung ist nicht weit vom Ortskern Pilsums aus zu entdecken: auf der grünen Deichkrone wacht ein gelb-rot gestreifter *Leuchtturm*. Von hier geht der Blick hinaus ins ›Pilsumer Watt‹, und bei klarer Sicht ist die ›Vogelinsel‹ Memmert zu erkennen.

Von Pilsum aus fährt man von Süden her nach Greetsiel hinein, das sich als Hafenort an der Leybucht zu einem touristischen Zentrum entwickelt hat. Man sollte hier ruhig etwas länger verweilen, denn Greetsiel gehört gewiß zu den hübschesten und attraktivsten Orten an der ganzen ostfriesischen Küste. Mit aufwendigen Restaurierungsarbeiten an Häusern und Straßen hat die Gemeinde das alte Flair eines friesischen Fischerdorfes wiederhergestellt. Gassen und Winkel sind mit den typischen roten Klinkern neu gepflastert worden. Entlang des Hafenbeckens, in dem die Fischkutter bei Ebbe auf dem Schlick festliegen, stehen spitzgiebelige Wohnhäuser mit prächtig verzierten Haustüren. Am Ortsausgang in

Wappen von Greetsiel-Krummhörn

Der Kirchturm von Greetsiel; Zeichnung von Oskar Schwindrazheim, um 1928

Richtung Eilsum und Hinte grüßen die beiden ›Zwillingsmühlen‹, Galerieholländer von 1856 und 1921 (nach einem Brand wieder aufgebaut), die unmittelbar am Sieltief liegen. Beide Mühlen sind längst außer Dienst gestellt, doch kann man sie besichtigen oder Kunstausstellungen besuchen, die in ihnen veranstaltet werden. Die ›Greetsieler Wochen‹ haben inzwischen bei einheimischen und auswärtigen Künstlern einen guten Ruf, und im Gemeindebüro ist man stolz darauf, daß Maler, Fotografen und Filmer Greetsiel als Motiv entdeckt haben. Seit die Fremden Greetsiel aufsuchen, wissen auch die Gastronomen, wie man Preise gestaltet. Unter Pensionsbesitzern und Wirten gibt es manchen, der sich den nostalgischen Trip in die friesische Ursprünglichkeit teuer bezahlen läßt. Vielleicht ist auch die ganze Rekonstruktion des Ortes schon zu gewollt, als daß wirklich die Ursprünglichkeit eines Fischerdorfes wiederkehren könnte. Heute jedenfalls sieht es in Greetsiel ganz anders aus als zu der Zeit, in der Ubbo Emmius in einem Haus am heutigen Marktplatz geboren wurde.

Seit seiner Gründung im späten 14. Jahrhundert ist Greetsiel ein Hafenort. Die große Marcellusflut hatte die Leybucht aus dem Festland herausgerissen; seit dieser Zeit gab es auch in Greetsiel eine Burg der Cirksena. 1682 eroberten brandenburgische Truppen des großen Kurfürsten den Ort. Nachdem Ostfriesland 1744 preußisch geworden war, ließ Friedrich der Große 1778 die Burg der ehemaligen Ostfriesenherrscher schleifen; seither bestimmen die Krabbenfischer mit ihren Schiffen das Hafenbild. Den Hafen trennt vom inneren Sieltief ein Sieltor mit buntem Schlußstein. An der Ecke Hohe Straße/Sielstraße neigt sich der Turm der *evangelisch-reformierten Kirche,* der südöstlich des Kirchenschiffs

KRUMMHÖRN

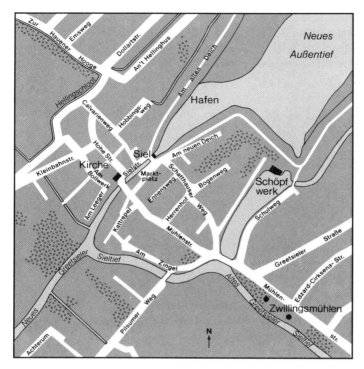

Stadtplan von Greetsiel

aus dem 15. Jahrhundert steht. Neben solchen Besichtigungsgängen kann man von hier aus aber auch weite Deichwanderungen unternehmen – z. B. zum Leybuchtenpolder, um dort die neugewonnenen Wattflächen zu sehen. Die Leybucht stellt mit ihrem Feuchtgebiet im Watt ein einzigartiges ökologisches System dar, in dem Pflanzen und Tiere leben, die es teilweise nirgendwo anders auf der Welt gibt. Ursprüngliche Pläne, die gesamte Leybucht einzudeichen, haben zu großen Kontroversen zwischen Umweltschützern und Deichbauern geführt. Am Leybuchtsiel kann man das Entwässerungssystem gut erkennen und zugleich einen weiten Blick über die Leybucht werfen. An ihrem südlichen Rand liegt die Hauener Hooge, ein eingedeichtes Weidegebiet, auch ›Hellerweide‹ genannt. Hauen selbst ist ein Warfdorf mit wenigen Häusern südwestlich von Greetsiel am Wegesrand nach Pilsum.

Von hier geht es zurück über Pilsum, Manslagt und Groothusen zu den Orten im südwestlichen Zipfel der Krummhörn. Hier lädt Campen zum Verweilen ein. Bemerkenswert ist die *Einraumkirche* aus dem Ende des 13. Jahrhunderts, deren mittelalterliche Form weitgehend erhalten geblieben ist; nördlich von ihr steht der geschlossene Glockenturm. Das in die Glocke eingeprägte Datum 1295 deutet auf den Zeitpunkt des Baus von Turm und

Kirche hin. Drei Eingänge wurden im Laufe des 16. Jahrhunderts vermauert und durch die spätgotisch gestaltete Tür in der Westwand ersetzt. Schiff und Chor werden von einem reich verzierten und ausgemalten Gewölbe überspannt. Die Kanzel mit ihrem Schalldeckel zeichnet sich durch reiche ornamentale Schnitzereien aus. Zwei Kilometer vom Ort – hoch auf dem Deich – liegt das eigentliche Wahrzeichen von Campen: der *Leuchtturm*, der 1388 aus Stahlträgern montiert wurde. Er ist für die Emden anlaufenden Schiffe und die Wattfischer ein wichtiges Orientierungszeichen.

Am Deich bei Campen sind im Herbst auch ›Dieksticker‹ zu beobachten – Fachleute, die kleinere Schäden in den Grassoden des Deiches flicken: mit einer zweizinkigen Gabel und mit Stroh ›vernähen‹ sie regelrecht neue Grassoden auf dem Deichboden. Dazu muß der Dieksticker seine ›Nadel‹ mit geballter Körperkraft aus dem Unterleib in den Deich hineinschieben. Zum Schutz tragen die Dieksticker Strohkissen und Stahlplatten, die sie vor Körperschäden bewahren sollen. Auf zwei Meter kommen etwa 15 Strohnähte, mit denen alte und neue Grassoden zusammengefügt werden, damit die hereinbrechenden Wellen keinen schwachen Angriffspunkt finden.

Vom Deich zurück geht es über Campen nach Loquard. 34 Meter lang und im 13. Jahrhundert gebaut, dies sind die äußeren Daten der einschiffigen geklinkerten *Kirche*, in deren Innerem der kostbar geschnitzte Altar mit einer Darstellung der Leidensgeschichte Christi einen bleibenden Eindruck hinterläßt. Nach der Beurteilung von Kunsthistorikern handelt es sich um eine flämische Schnitzarbeit, die um 1520 entstanden sein muß. In Rysum lohnt es sich, den Weg zur *Kirche* und zum Küster zu suchen. Im Inneren der rechteckigen Saalbaukirche aus Tuff- und Backstein (wahrscheinlich im 15. Jahrhundert fertiggestellt) findet sich eine der ältesten Orgeln wohl ganz Deutschlands. Die spätgotische Orgel von 1457 wurde auf der Empore 1513 vollendet. Sie besitzt ein aufwendiges Faltwerk, dessen Flügel rechts und links Mond und Sonne zeigen, um die die Gestirne kreisen. Die Rysumer Orgel ist ein weiterer Beleg dafür, daß die Region rund um den Dollart eine der orgelreichsten Landschaften Deutschlands ist. Außerhalb der Gottesdienstzeiten wird das Instrument von profilierten Künstlern gespielt und ist damit auch ein Anziehungspunkt für Musikliebhaber, die ansonsten der Kirche eher fernstehen.

Das ›runde Rysum‹ ist in der Krummhörn schon fast zu einem stehenden Begriff geworden. Rysum ist ein Runddorf mit der Kirche in der Mitte (die Suche nach Kirche und Küster dürfte also keine Schwierigkeiten bereiten), in dem alle Straßen kreisförmig verlaufen. Von der zentral gelegenen Kirche aus führen strahlenförmige Straßen und Gassen zu den ringförmigen Wegen. Vom Kirchturm aus, der übrigens innen mit dem Kirchenschiff durch große Rundbogen verbunden ist, hat man einen guten Überblick über den Ort und seine Anlage. In dieser fruchtbaren Marschlandschaft waren die Erträge der Landwirte immer reichlich, doch die zunehmende Industrialisierung des nahen Emden zog immer mehr Menschen zu den Arbeitsplätzen in Werften und Fabriken. So ist Rysum heute ein Wohnquartier für viele, die in Emden tätig sind, und droht selbst auch von der umweltbelastenden Industriewelt eingeholt zu werden. Der ›Rysumer Nacken‹, der südwestlichste Zipfel der Krummhörn – ein dem Meer abgerungenes Stück Land an der Emsmündung im

KRUMMHÖRN

Dollart –, ist als Industriestandpunkt ausersehen worden. Auf dem Weg nach Emden überquert man das ›Knockster Tief‹ mit einem modernen Siel- und Schöpfwerk. Hier stehen rechts und links der Straße eherne Standbilder zweier preußischer Herrscher, die eine überragende Bedeutung für die Entwicklung Ostfrieslands hatten: der Große Kurfürst Friedrich Wilhelm und Friedrich II., genannt ›der Alte Fritz‹.

Emden

Ein Aufenthalt in Emden beginnt am besten mit einer Kletterpartie am Delft. Es lohnt sich, die Stufen bis in die Spitze des neuerrichteten Rathausturmes hinaufzusteigen. In alle vier Himmelsrichtungen bietet sich von hier oben ein hervorragender Rundblick: die Brückstraße, der Wall, die Mühlen, der Wasserturm, die Neue Kirche, das Ratsdelft, der Hochbunker, die Große Kirche, die Neutorstraße – und natürlich nach Westen hin der Hafen mit seiner verwirrenden Landschaft aus Kränen, Trockendocks und Schiffsbäumen.

Älteste Ansicht der Stadt Emden. Kupferstich von Bertius, um 1600

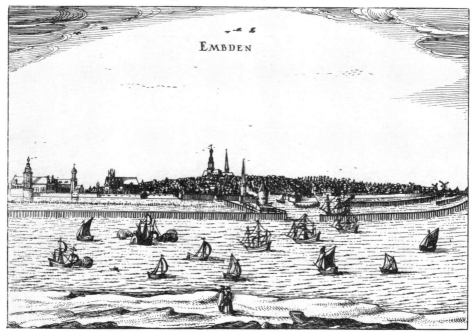

EMDEN

So gewinnt man leicht einen ersten Eindruck von der über 50000 Einwohner zählenden Seehafenstadt an der Mündung der Ems. Unterhalb des Rathauses am Delft legen Boote an und ab, die Besucher zu einer Hafenrundfahrt an Bord nehmen.

Die Verästelungen des *Hafenbeckens* wirken auf den Außenstehenden wie ein wirres Durcheinander, und die hohen Bordwände der großen Schiffe, die hier festgemacht haben, erscheinen übermächtig. Im Industriehafen ist die größte Werft des Hafens angesiedelt, die ›Thyssen Nordseewerke‹, wo in guten Zeiten 5000 Menschen Arbeit finden. Der Hafen ist der entscheidende Wirtschaftsfaktor für Emden und Umgebung; von ihm leben mittelbar oder unmittelbar die meisten Bewohner der Region. Bei den Nordseewerken können Schiffe mit einer Kapazität bis zu 120000 Tonnen vom Stapel laufen. Ein unübersehbarer Portalkran sorgt dafür, daß Schiffe dieser Größe aus vorgefertigten Teilen zusammengefügt werden können. Stapelläufe auf der Werft der Nordseewerke oder den anderen Werften des Hafens sind kein alltägliches Schauspiel und ziehen gerade darum immer wieder viele Schaulustige an. Wenn mit Getöse und Sirenenklang der Stahlkörper ins Wasser rauscht und dann von winzig klein erscheinenden Schleppern auf den Haken genommen wird, ist der vorläufige Endpunkt jahrelanger Arbeit gekommen. Die schon rostigen Neubauten werden nach dem Stapellauf an den Ausrüstungskai geschleppt und dort vollendet. »Schwimmt es oder schwimmt es nicht« – diese Frage wird sich beim Anblick eines Stapellaufs wahrscheinlich

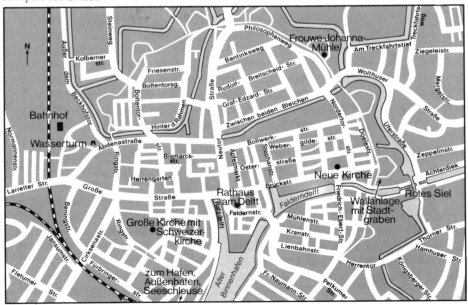

Stadtplan von Emden

nur ein Binnenländer stellen. Denn natürlich haben die Schiffsleute alles bis ins Detail ausgerechnet, und dennoch – Spannung liegt bei jedem Stapellauf in der Luft.

Am 10. September 1651 ereignete sich bei einem Stapellauf im Emder Hafen ein großes Unglück: 255 Menschen ertranken, als der Neubau beim Hineingleiten in das Wasser kenterte. Das mittelgroße Schiff war mit Schaulustigen – darunter vielen Kindern – voll besetzt gewesen. Der Emder Pastor Petrus Fremautius hat das Ereignis in einer religiösen Ansprache festgehalten, in der es heißt: »Niemals zuvor hat man gehört, daß ein Schiff vor dem Stapellauf von so vielen Menschen so ungestüm betreten worden ist – alle in Unwissenheit ihres Todes. Es waren sowohl Einwohner, denen ein Stapellauf doch nichts Neues war, als auch Fremde und Reisende, die neugierig meinten, wunder was zu sehen und dafür mit ihrem Leben zahlen mußten. Ein Bauer, der in die Stadt gekommen war, lief in großer Eile von dem Platz, wo er seinen Wagen stehen ließ, zu dem Schiff, als treibe ihn eine Stimme, noch rechtzeitig zu seinem Sterben zu kommen.«

Jenseits des Industriehafens liegt der Ölhafen mit Anlandungsmöglichkeiten für Tanker, die die Frisia-Raffinerie mit Rohöl versorgen. Im Neuen Binnenhafen dienen die Kais für den Umschlag von Kohle und Erz. Am Südkai ist ein Umschlagplatz für Erz angelegt worden. Die Erzfrachter, die bis zu einer Größe von 80000 Tonnen hier festmachen können, werden entladen, und das meist aus Skandinavien kommende Erz wird mit Eisenbahnwaggons weiter zu den Hochöfen im Ruhrgebiet und im Saarland transportiert. Die größten Erzfrachter müssen aber auf der Außenems ›geleichtert‹ werden, d. h. ein Teil der Ladung wird auf kleinere Schiffe übernommen, damit das ›Dickschiff‹ problemlos in den Hafen gelangt. Um das Hafenbecken vor dem Wechsel der Gezeiten zu schützen, ist die große Seeschleuse gebaut worden. Der Emder Seehafen geht in seiner heutigen Form auf die Aktivitäten in der wilhelminischen Zeit zurück. Um die Jahrhundertwende erreichten die Baumaßnahmen ihren Höhepunkt und bildeten die Grundlage für die Entwicklung Emdens zur größten Industriestadt in Ostfriesland. 1888 wurde die damals bedeutsame Nesseländer Seeschleuse fertig, die heute jedoch eine untergeordnete Rolle spielt und den Binnenhafen vom Außenhafen trennt. Hier liegt der Borkumkai, an dem die Autofähren zu ihrer zweistündigen Fahrt nach Borkum abgefertigt werden.

Nach der Besichtigung des Hafens steht dem Besucher vielleicht wieder der Sinn nach etwas Historischem. Allerdings ist die Auswahl an historischen Bauten in Emden heute nicht mehr sehr groß, da im Zweiten Weltkrieg die Stadt zu fast 80 Prozent zerstört wurde und bedeutende kunsthistorische Bauten den Bombenangriffen in den letzten Kriegsjahren zum Opfer fielen. Einiges konnte aber wieder aufgebaut oder renoviert werden. Da ist zunächst das *Rathaus,* dessen mittelalterlicher Renaissance-Vorläufer im Krieg dem Erdboden gleichgemacht wurde. In das Ende der 50er Jahre neu erbaute Verwaltungsgebäude sind noch das alte Portal und eine stehengebliebene Eingangstür integriert worden. In der Neubaufassade finden sich Anklänge an das historische Vorbild wieder; sie birgt unter anderem die Sammlung des ›Ostfriesischen Landesmuseums‹, dessen Besichtigung mehr als empfehlenswert ist. Denn die Ausstellungstücke, Bilder und Karten ermöglichen es dem Betrachter, einen sinnlichen Eindruck von der Entwicklung der Seehafenstadt und der

EMDEN

Das Rathaus in Emden, von der Börse aus gesehen

ostfriesischen Landschaft zu gewinnen. Im ersten Raum findet man die älteste, 1589 in Emden gedruckte Landkarte Ostfrieslands von David Fabricius aus Esens (s. S. 12/13). Daneben hängt ›die älteste Seekarte der Emsmündung mit Einfahrten in die Jade und in das Groninger Tief‹ (nach Lucas Janß Wagenaer, 1584 – s. S. 32/33); deutlich zu erkennen sind die völlig anders als heute verlaufende Deichlinie und die Tatsache, daß 1648 etwa das Nesseland – die Gegend des heutigen Seehafens – noch eine Insel war. Die Ems floß seinerzeit unmittelbar am Rathaus vorbei, was auf der entsprechenden Karte nach Martin Faber besonders gut zu sehen ist.

Interessant ist der Vergleich von vier Ostfriesland-Karten aus unterschiedlichen Zeiten und von verschiedenen Kartographen. Sie zeigen, wie sich zu Beginn der Neuzeit einerseits das Bild von Ostfriesland für die Zeitgenossen wandelte und wie andererseits die Landnahme und die historische Entwicklung sich vollzogen. Die farbigen Karten stammen von David Fabricius (1613 – s. S. 16/17), C. Allard (Amsterdam 1670 – s. S. 46/47), Ubbo Emmius (1730, Neubearbeitung – s. S. 66/67) und aus dem Jahr 1809 (s. S. 74). Auf der Karte von Emmius sind in der Neubearbeitung die ›Ämter‹ und ›Herrlichkeiten‹ Ostfrieslands eingetragen, und die französische Karte von 1809 weist die Kreiseinteilung der Zeit nach, in der Ostfriesland zum Kaiserreich Napoleons gehörte und in Departements gegliedert war. Darüber hängt das Ölgemälde eines unbekannten Malers, das eine große Stadtansicht Emdens um 1635 zeigt. Die Neue Kirche ist zu diesem Zeitpunkt deutlich erkennbar noch nicht vollendet.

Im zweiten und dritten Raum sind Schiffsmodelle und Karten ausgestellt, die die Entwicklung der ostfriesischen Schiffahrt und des Emder Hafens erkennen lassen. Hier hängt naheliegenderweise auch das Statut des ›Vereins zur Rettung Schiffbrüchiger in Ostfriesland‹, aus dem sich später die ›Deutsche Gesellschaft zur Rettung Schiffbrüchiger‹ entwickelte. In den beiden nächsten Räumen finden sich Mobiliar und Inventar einer ostfriesischen Bauernstube sowie eine Sammlung von Trachten und Schmuck aus der Region. Auch das Emder Tafelsilber, das heute noch zu Repräsentationszwecken dient, ist hier aufgestellt. Es handelt sich dabei um Goldschmiedearbeiten aus dem 16. und 17. Jahrhundert und zeugt vom Reichtum und Wohlstand jener Zeit.

Im Obergeschoß werden ur- und frühgeschichtliche Funde gezeigt, wie sie auch heute immer wieder bei archäologischen Grabungen in Ostfriesland ans Licht kommen. Darüber hinaus fallen die eindrucksvollen und dekorativen Glasfenster des alten Emder Rathauses auf. Sie datieren aus dem Jahre 1576 – dem Baujahr des Renaissancegebäudes – und sind teils unversehrt bis in unsere Zeit erhalten geblieben, teils von einem Worpsweder Künstler wieder in ihrer alten Form restauriert worden. Die prachtvollen Darstellungen wurden von dem niederländischen Glasmaler Jan Janssen entworfen und ausgeführt; sie zeigen u. a. Brutus, David, Salomon und Moses. Zu den darüber hinaus vertretenen Malern zählen der Niederländer Klaes Molenaer ebenso wie der Emder Maler Ludolf Backhuizen (1631–1709). In einem Raum wurde eine Emder Apotheke aus der Mitte des 19. Jahrhunderts nachgebaut. Glas- und Porzellangefäße werden in Vitrinen an der Wand präsentiert. Noch eine Etage höher findet sich die bekannte Emder Rüstkammer mit ihren Spießen, Hellebarden, Morgensternen, Kanonen, Rüstungen, silbern glänzenden Harnischen und Brustpanzern; das gesamte Arsenal stammt aus dem 15. bis 18. Jahrhundert.

Wenn man durch den alten Torbogen des Rathauses hindurch die Brückstraße hinuntergeht, erreicht man die *Neue Kirche*, die 1643–1648 von Martin Faber entworfen und ausgeführt wurde. Teilweise ist der Sakralbau 1944 durch Kriegseinwirkungen zerstört worden; 1947–1950 erfolgte der Neuaufbau und die Renovierung. Der T-förmige Grundriß der Kirche ist der ›Groote Kerk‹ in Amsterdam nachgebildet. Die Seitenflügel der Kirche schließen mit steilen Giebelwänden ab, und die hohen Rundbogenfenster tragen die schlichten Barockformen des gesamten Baus. Über dem Schnittpunkt der Dachfirste erhebt sich ein leichtes Türmchen. Zwischen den Flügeln sind Nebenräume mit schrägen Pultdächern abgemauert. Der Innenraum ist ein in sich geschlossener Versammlungsplatz für die Gemeinde, die sich um die zentral gelegene Kanzel gruppieren kann. Damit entspricht der Bau dem Typ der protestantischen Predigtkirche, in der die Gemeinde mit dem Pastor in engem Kontakt steht.

Von der Neuen Kirche aus erstreckt sich nach Süden die *Friedrich-Ebert-Straße* über das Rote Siel bis zum Herrentor. Diese Straße und die abzweigenden Seitenstraßen vermitteln

Statut
des
Verein zur Rettung Schiffbrüchiger in Ostfriesland.

§ 1.
Der Verein bezweckt die Rettung Schiffbrüchiger vorerst an den ostfriesischen Küsten, beziehungsweise im Oldenburgischen. Einem an der Elbe oder Weser sich bildenden ähnlichen Vereine kann man sich zum Zwecke gegenseitiger Unterstützung anschließen.

§ 2.
Wer sich zur Entrichtung eines jährlichen Beitrages von wenigstens Einem Thaler auf drei Jahre verpflichtet, ist Mitglied des Vereins und stimmberechtigt.

§ 3.
Der Verein wählt einen in der Provinz wohnenden Ehren-Präsidenten. Dieser beruft die General-Versammlung nach einer der § 5 gedachten Städte, präsidirt derselben, schließt dieselbe. Er hat die Direktion zu installiren.

§ 4.
An denjenigen Orten, wo mehrere Mitglieder des Vereins wohnen, können die Stimmberechtigten aus ihrer Mitte erwählten Deputirten oder einem Directions-Mitgliede Vollmacht geben, und durch diese in der General-Versammlung ihre Stimmen abgeben lassen. Diese Deputirten haben auch in den Directions-Sitzungen eine berathende, aber keine beschließende Stimme. Die Bildung von Zweigvereinen ist nicht ausgeschlossen.

§ 5.
Die Direction, welche ihren Sitz in Emden hat, besteht aus fünf Mitgliedern, die sich in die Geschäfte zu theilen haben, nämlich den Director und vier Beistehen, von denen einer die Casse führt. Von den Directions-Mitgliedern sind zwei aus Emden und je eins aus Leer, aus Papenburg und aus Norden zu wählen. Selbige können sich in Behinderungs-Fällen durch Ersatzmänner vertreten lassen. Sie sowohl als die Ersatzmänner werden in der General-Versammlung nach absoluter Stimmen-Mehrheit auf drei Jahre erwählt. Austretende Mitglieder sind wieder wählbar.

§ 6.
Die Direction hat für die weitere Ausdehnung des Vereins mit allem Fleiße zu sorgen,
die jährlichen Beiträge einziehen zu lassen,
für die Anschaffung fernerer Beihülfen Seitens der Königlichen Regierung, aus den Hansestädten und dem Oldenburgischen zu sorgen, Aufrufe zu erlassen u. s. w.

§ 7.
Sie hat mit Genehmigung der Königlichen Regierung das Rettungswesen auf den Inseln und wo sonst erforderlich erscheint, derart zu organisiren, daß einem Vertrauensmann, dem eine angemessene Belohnung zuertheilt werden kann, die Leitung übertragen wird.

§ 8.
Sie hat die Beschlußnahme über die Anschaffung von Apparaten, Aufstellung, Unterbringung und Instandhaltung derselben.

§ 9.
Sie beschließt über Prämien, die Rettenden zu gewähren, sowohl auf Antrag als aus eigenem Antriebe.

§ 10.
Sie hat die Bestimmungen über Unterstützungen, welche Hinterbliebenen solcher Personen, die bei der Rettung Schiffbrüchiger umgekommen sind, gezahlt werden können.

§ 11.
Sie läßt durch eins ihrer Mitglieder den Zustand der Apparate alljährlich untersuchen.

§ 12.
Sie veröffentlicht alljährlich einen Bericht über ihre Thätigkeit, verbunden mit dem Status der Einnahme und Ausgabe.

§ 13.
Sie genießt keinerlei Gehalt, läßt sich jedoch ihre baaren Auslagen aus der Vereins-Casse vergüten.

§ 14.
Am ersten Freitag im Quartale und sonst auf Antrag eines Directions-Mitgliedes hält sie Versammlung. In derselben führt in Abwesenheit des Directors das die Casse führende Mitglied den Vorsitz.

§ 15.
In der Direction entscheidet bei Stimmengleichheit der Director, sonst absolute Majorität. Bei drei Mitgliedern ist die Direction beschlußfähig.

§ 16.
Die Direction ist der General-Versammlung verantwortlich. Die letztere ernennt eine aus zwei Mitgliedern bestehende Revisions-Commission, behuf Prüfung der vom Cassenführer aufzustellenden Rechnung, und ertheilt, nachdem sie richtig befunden, Decharge.

§ 17.
Zur Abänderung gegenwärtiger Statuten ist die Zustimmung von ⅔ der in der General-Versammlung vertretenen Stimmen erforderlich.

Beschlossen Emden, den 2. März 1861 in der General-Versammlung.

Bekentmaakking

Zoo draa een Schip of wrak, in het aannaderen onzer Kust is, wordt het Singenaal geset, by het Voogts huis, of op den Vuurtooren, het Singenaal is een blauw Vlag, in den vorm van een drie hoik, dan moeten de bootslieden sich by de zoo genaamde Schoperi al waar de Reddings-boot bestendig in Staat Verzaamelen.

Borkum, den 8. Spt. = 63 =

Vor- man. G. J. Teerling jr.

Links und oben:
Statuten des »Vereins zur Rettung Schiffbrüchiger in Ostfriesland« vom 2. 3. 1861

EMDEN

Die Große Kirche mit Burg an der Ems

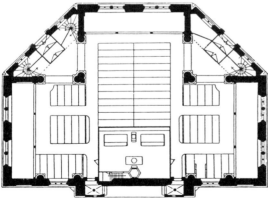

Grundriß der Neuen Kirche in Emden (erbaut von 1643 bis 1648)

noch einen Eindruck vom alten Emden. Alte Bürgerhäuser sind noch erhalten oder gar restauriert worden, und ganze Ensembles lassen das Bild des ehemaligen Emden wieder wach werden. Die Sleedriefestraße verkörpert solch ein Stück altes Emden ebenso wie die

Mühlenstraße oder die Kranstraße. Vom Herrentor bis fast zum Bahnhof im Westen der Stadt schließt sich ringförmig um Emden eine grüne Parkanlage, der Wall. Spaziergänger auf dem Wall kreuzen Sieltiefs und gehen an Wassergräben entlang. Emden ist überhaupt stärker als andere ostfriesische Städte von Kanälen im Stadtinnern geprägt. Es erhält dadurch in manchen Winkeln einen niederländischen Charakter oder erinnert an Straßenzüge in Hamburg – alles eben nur kleiner. Wo die Brückstraße auf den Wall trifft, steht die achteckige *Rote Mühle,* von der heute nur noch der Rumpf erhalten ist. Sie entstand 1795, wurde 1823, 1913 und 1916 jeweils erneuert und 1970–1973 endgültig zu ihrer heutigen Form umgebaut. Etwas weiter nordwestlich auf dem baumbestandenen Wall findet man die intakte *Frouwe-Johanna-Mühle* am Marienwehrster Zwinger. Sie stammt aus dem Jahr 1304 und ist äußerlich gut erhalten, aber nicht zu besichtigen. Über den Wall, der im 17. Jahrhundert mit Befestigungen – den ›Zwingern‹ – ausgebaut wurde, kann man entlang des Stadtgrabens in Ruhe am Wasserturm vorbei in Richtung Bahnhof spazieren. Biegt man an der Auricher Straße in Richtung Süden ab, so geht es zurück über die Neutorstraße zum Rathausplatz am Delft. Die Neutorstraße durchquert als Hauptstraße Emden in Nord-Süd-Richtung. Von ihr zweigt die Fußgängerzone ab, die zum Markt führt und in der die für eine Hafenstadt unvermeidlichen Bars und Lokale Tür an Tür liegen. Die jungen Leute aus der näheren Umgebung und ihre typischen Kneipen geben der Stadt ein etwas bunteres Bild, als es die rotgrauen Backsteinbauten auf den ersten Blick vermuten lassen.

Südlich des Marktes und jenseits der Großen Straße liegen die zertrümmerten Überreste der *Großen Kirche,* in deren Haupt- und Seitenschiffen heute Gras und Blumen wachsen. Die Decken sind herabgestürzt. Der Turm wurde nach der Kriegszerstörung wieder hochgezogen, und ein Kirchenausbau entstand 1948–1949 neben der Ruine (mit Hilfe der Evangelischen Kirchen der Schweiz; daher die Bezeichnung ›Schweizer Kirche‹). Die Große Kirche wird auch ›Moederkerk‹ des nordwesteuropäischen Calvinismus genannt. Zur Zeit der Reformation war Emden ein Zentrum der religiösen Bewegung, da es als Zuflucht für all die Glaubensflüchtlinge aus den Niederlanden diente, die in den katholischen Gebieten verfolgt wurden; die Stadt hat dank dieses Zuzugs damals ihre Hochblüte erlebt.

»In der Stadt selbst fanden neben den beiden großen Richtungen der Reformation auch die taufgesinnten Bewegungen einen nicht unerheblichen Anklang. Im folgenden Jahrzehnt vollzog sich daher eine allmähliche Umstellung des religiösen Lebens in der Stadt auf die neue Lehre, deren konfessionelle Prägung nach und nach die Züge der Schweizer Reformatoren annahm. Entscheidend für die Entwicklung der Stadt wurden indes die Vorgänge in den benachbarten Niederlanden, wo der Druck der spanischen Herrschaft zahlreiche Anhänger der Reformation zur Auswanderung veranlaßte. Für viele dieser Religionsflüchtlinge wurde das in der Nachbarschaft der Niederlande liegende Emden ein Zufluchtsort, dessen geistige und wirtschaftliche Atmosphäre den Hoffnungen und Erwartungen der Flüchtlinge entsprach... Diese Neubürger brachten neben ihrer religiösen Haltung und politischen Gesinnung auch ihre Kenntnisse und Fähigkeiten, vielfach auch ihr Kapital und ihre Tonnage mit und steigerten damit die Wirtschaftskraft der Stadt um ein vielfaches« (W. Schönigh).

EMDEN

Heute verspricht sich die Stadt Emden eine Steigerung ihrer Wirtschaftskraft durch ein ehrgeiziges Projekt mit dem Namen ›Dollarthafen‹. Im Dollart – bis in das Ems-Fahrwasser hinein – soll ein neues Hafenbecken angelegt werden, mit einer neuen Seeschleuse und dem Außenhafen auf der Knock. Damit würde ein riesiges Industrieareal, das bis zum Rysumer Nacken reicht, erschlossen. Das Projekt ist seit Jahren ökonomisch zumindest umstritten, ökologisch jedoch – wie schon oben gesagt – eindeutig abzulehnen. Im Eingang des Ostfriesischen Landesmuseums steht übrigens ein Modell, das die Ausmaße der geplanten Hafenerweiterung deutlich macht. Die Planungsdiskussionen reichen weit über die Grenzen der Emdener Kommunalpolitik hinaus und beziehen auch den Nachbarn auf der anderen Dollartseite, die Niederländer, mit ein.

Jeverland, Wangerland und Friesische Wehde

Wappen von Jever

Die Darstellung Ostfrieslands wäre unvollständig, bezöge sie nicht auch Jever- und Wangerland mit ein – obwohl der östliche Teil der ostfriesischen Halbinsel zwischen Dollart und Jadebusen historisch eigentlich Oldenburg zuzuordnen ist. Doch für den Außenstehenden ist die Grenze zwischen Ostfriesland und Oldenburg, die irgendwo zwischen Wittmund und Jever verläuft, sowieso nicht zu erkennen.

Jever ist der Hauptort des oldenburgischen Landkreises Friesland, der das Jeverland mit Wangerland und die Friesische Wehde mit Varel umfaßt. Jever liegt auf einem leichten Geestrücken aus der Eiszeit, dem es wahrscheinlich – wegen der kaum erkennbaren Höhenlage von knapp zehn Metern über dem Meeresspiegel – seine Existenz verdankt. Auch schon zu Zeiten, als noch keine Deiche gebaut wurden, bot dieser Platz in der Nähe des Meeres Schutz vor den Fluten. Einstmals war Jever durch eine Bucht, später durch eine Fahrrinne mit dem Meer verbunden; so konnte der Ort von Schiffen erreicht werden. Er war im Mittelalter ein wichtiger Umschlagplatz. Eine urkundliche Erwähnung der Gründung Jevers gibt es nicht, doch hat man in Ländern rund um die Ostsee Münzen gefunden, die schon im 10. und 11. Jahrhundert in Jever geprägt worden sind. In Jever selbst wurden 1850 etwa 5000 römische Silbermünzen geborgen, die um 160 n. Chr. geschlagen worden sind. 1158 findet ein ›Geverae‹ Erwähnung, die lateinische Form des niederdeutschen ›Gevere‹. Beeinflußt von Bremer Erzbischöfen, umkämpft von auswärtigen und ostfriesischen Potentaten, hat das Jeverland eine wechselvolle Geschichte durchlebt. Normannen, Dänen und Oldenburger herrschten hier. Ein Häuptling Fredo baute im 14. Jahrhundert in Jever eine Burg. Nach ihm kämpften Edo Wiemken I. und die tom Brok um die Vorherrschaft in diesem Raum. Erst mit dem Niedergang der tom Brok 1427 gelangte der Enkel Edos, Sibet, wieder in ruhigeren Besitz Jevers. Sein Halbbruder Hayo Harlda behauptete die Stellung in Jever und begann die inzwischen zerstörte Burg wieder aufzubauen, samt dem steinernen Unterbau des jetzigen Schloßturms. Mitte des 15. Jahrhunderts war dann die Herrschaft Jevers abgesichert, und die folgenden Jahrzehnte dienten dem Ausbau, der in seiner Struktur noch heute zu erkennen ist.

Hajo Harldas Enkel war Edo Wiemken der Jüngere, der auch 1505 den Schloßbau vollendete. Zur Sicherung seiner Herrschaft verbündete er sich mit dem mächtigen Grafen von Oldenburg, indem er einfach dessen Schwester heiratete. Zu dieser Zeit herrschte in

Ansicht der Stadt Jever, um 1671

Ostfriesland der ebenso mächtige Graf Edzard der Große, der dann auch in Jever die Macht an sich zu reißen versuchte. Nach dem Tode Edzards nahm Edas Tochter, ›Fräulein Maria‹, als rechtmäßige Erbin die Regentschaft in die Hand und suchte Schutz bei Kaiser Karl V. Jever wurde daraufhin burgundisch-niederländisches Lehen und sicherte sich dadurch eine gewisse Unabhängigkeit von den Nachbarn. ›Fräulein Maria‹ wurde eine gleichsam mythische Gestalt der Jeveraner Geschichte, da mit ihrer Herrschaft ›goldene Jahre‹ über Jever kamen. 1536 erhielt Jever die Stadtrechte. In dieser Zeit wurde Jever zur Festung mit Gräben und Wällen ausgebaut. 1556 ließ Maria den Chor der mehrfach zerstörten Steinkirche in eine Grabkapelle umwandeln, in der 1561 bis 1564 das bis heute bewunderte Renaissance-Grabmal Edo Wiemkens d. J. aufgestellt wurde. Als Maria am 21. Februar 1575 im Alter von 75 Jahren starb, stand fest, daß Jever künftig dem Grafen Johann von Oldenburg gehören würde.

In den folgenden Jahrhunderten wechselte das Jeverland noch mehrfach seine Besitzer. 1667 kam es zu den Fürsten von Anhalt-Zerbst. Das Fürstenhaus Anhalt-Zerbst war mit dem russischen Zarenhof verwandt, woher denn Jever auch auf eine Zeit der russischen Oberhoheit zurückblicken kann: der letzte Fürst von Anhalt-Zerbst war ein Bruder der russischen Kaiserin Katharina II., die ab 1793 Jever ihr Eigentum nannte. Erst 1818 erhielten die Oldenburger ihren Besitz an der Küste zurück.

Die Vergangenheit Jevers holt einen sofort ein, wenn man sich zur Besichtigung des *Schlosses* aufmacht, dessen Turmspitze schon von weitem aus dem flachen Land herausragend zu erkennen ist. Eine Bronzestatue des Fräulein Maria von Jever steht vor dem Schloß. Der Sage nach ist das Fräulein Maria nicht verstorben, sondern hat vielmehr ihr Burgschloß durch einen unterirdischen Gang verlassen – nicht ohne zu hinterlassen, daß sie eines Tages wiederkomme und bis dahin jeden Abend eine Glocke geläutet werden solle. Bis auf den heutigen Tag läutet daher allabendlich die Marienglocke. Die aufgeklärteren Bürger Jevers wissen aber zu berichten, daß das Marienläuten kein Spuk um das verstorbene Fräulein Maria war, sondern schlicht und einfach zur Ankündigung der Polizeistunde diente. Das Schloß wurde einstmals von einem Graftenviereck umgeben, dessen äußerer Teil heute noch als Schloßgraben sichtbar ist. Mit ihrem Baumbestand prägen diese Graften und Gräben, die

Fräulein Maria von Jever

JEVERLAND, WANGERLAND UND FRIESISCHE WEHDE

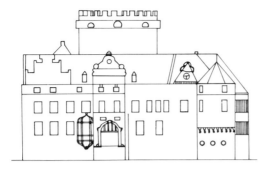

Burg und Schloß zu Jever zur Zeit Fräulein Marias

auch um den mittelalterlichen Kern der Stadt Jever herumgelegt sind, den grünen Charakter des Ortes. Das Innere des Schlosses verdankt Teile seiner prachtvollen Ausstattung ebenfalls dem Fräulein Maria, die 1560 bis 1564 den Audienzsaal einrichten ließ, dessen kunstvolle Kassettendecke besondere Beachtung verdient. Die eichenhölzerne Decke ist in 28 Felder unterteilt und stammt aus derselben Künstlerwerkstatt, die etwa zur gleichen Zeit auch das Edo-Wiemken-Denkmal in der Grabkapelle der Stadtkirche errichtete: die Werkstatt des Meisters Cornelius Floris in Antwerpen. Die Monogramme der ausführenden Handwerker sind am Grabmal wie an der Decke im Audienzsaal des Schlosses zum Teil identisch. Der barocke Turmhelm stammt aus dem 18. Jahrhundert; Schöpfer dieses Bauabschnitts waren die Herren von Anhalt-Zerbst. Die Arbeiten wurden ab 1736 mit Hilfe von Fachleuten aus Zerbst und Jever ausgeführt. Im Laufe des 19. Jahrhunderts wurden noch einige Änderungsarbeiten am Schloß vorgenommen, zu dessen wertvollsten Einrichtungsgegenständen Gobelins und Ledertapeten gehören. Portraits der ehemaligen Herrscher zieren die Wände. Seit 1919 ist die Sammlung des *Heimatmuseums für das Jeverland* in den Schloßräumen untergebracht. Das Museum wird vom 1886 gegründeten Jeverländischen Altertums- und Heimatverein mit Unterstützung durch Stadt und Kreis unterhalten und zeigt neben Trachten vieler Jahrhunderte auch die Wohnumwelt der jeverländischen Ackerbauern: Küche, Kamin und Kacheln sind ebenso aufbewahrt wie Alkoven, Arbeitsgeräte und altertümliche Figuren. Das Erscheinungsbild des Schlosses wird abgerundet durch den Schloßgarten, der zu einem kurzen Spaziergang einlädt.

Ein schmaler Weg führt vom Schloß zum Kirchplatz, wo das *Renaissance-Rathaus* als eine weitere Sehenswürdigkeit auf Besucher wartet. Der zweigeschossige Backsteinbau entstand zwischen 1609 und 1616 unter Anleitung des Meisters Albrecht von Bentheim. Pfeiler von 1621 zieren die Freitreppe, die zu einem rundbogigen Portal führt. Rechts und links des Portals ist die Fassade von großflächigen Fenstern und Erkern gegliedert. Die von Folkhard Fremers 1619 angefertigten reichen Barockschnitzereien für die Holztäfelung des kleinen Sitzungssaales wurden in den Neubau übernommen. Vor dem Rathaus steht die ›Ratspütt‹ von 1821; Putten waren früher die öffentlich zugänglichen Brunnen. Der Kirchplatz ist

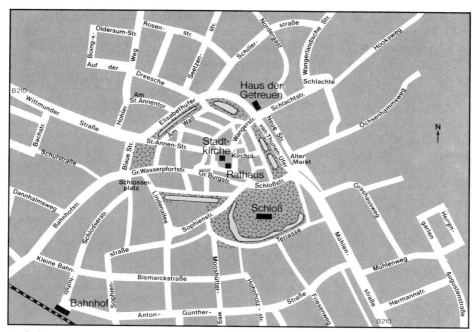

Stadtplan von Jever

umstanden von Bürgerhäusern, deren hübsche Giebelformen dem Platz seinen Altstadtcharakter verleihen.

Die evangelische Stadtkirche, in der Fräulein Maria das Grabmal für ihren Vater errichten ließ, brannte mehrfach nieder, zuletzt 1959. Nur die *Grabkapelle* und das Denkmal Edo Wiemkens blieben erhalten. Nach Plänen von Dieter Oesterlen aus Hannover entstand ein spitzgiebelig gegliederter moderner Neubau, in dem sich die aus dem Jahre 1556 datierende zwölfeckige Grabkapelle befindet. Durch die schwach spitzbogigen Fenster fällt das Licht auf das Grabmal unter einem achteckigen Baldachin. Auf dem Unterbau, der von Figuren getragen wird, ruht der Sarkophag aus Marmor. Darauf liegt die überlebensgroße Figur des toten Häuptlings. Eine innere und eine äußere Balustrade bilden einen Umgang um das Grabmal, über dem sich arkadenartige Kassettengewölbe befinden. Der Baldachin wird von Stützen, Pfeilern und Figuren über zwei Geschosse gehoben. Holz, Ton, Sandstein und Marmor sind die Materialien, die für den Bau des Grabmals so verwendet worden sind, daß kaum eine Fläche ungestaltet blieb. Der Formenreichtum und die leichte Bauweise geben dem Grabmal ein eigenartiges Gepräge; nach Ansicht von Kunsthistorikern liegt denn auch der einzigartige Wert dieses Baus in seiner Gesamtwirkung.

JEVERLAND, WANGERLAND UND FRIESISCHE WEHDE

Zu den weiteren Sehenswürdigkeiten Jevers zählt zweifellos auch das *Amtsgericht* in der Schloßstraße. Ursprünglich war es 1703 wohl nur eingeschossig mit einem Mansardendach angelegt worden. 1827 wurde der Bau mit einem weiteren Geschoß und einem flachen Walmdach versehen. Das traufenständige Gebäude gliedert sich in fünf Achsen. Das vorspringende Portal wird von einem Dreiecksgiebel gekrönt, in dessen abschließendem Giebelfeld eine Darstellung der umrankten Justitia zu finden ist.

Am Hooksweg steht eine *Galerieholländer-Windmühle* auf achteckigem Grundriß. In der Schlachtgasse findet sich das ›Haus der Getreuen‹ (das übrigens auch ein gleichnamiges Restaurant beherbergt). Hier versammelten sich in der Zeit des Kaiserreichs ehrbare Jeveraner Bürger, deren Begeisterung für Reichskanzler Otto von Bismarck keine Grenzen kannte. Alljährlich schickten die ›Getreuen‹ dem Kanzler zum Geburtstag 101 Kiebitzeier. Bismarck bedankte sich mit einem Silberbecher in Kiebitzform, der noch heute im Haus der Getreuen aufbewahrt wird.

Wilhelmshaven verdankt preußischer Initiative sein Entstehen. Oldenburg hatte an Preußen ein Stück Land am Jadebusen zwischen den Dörfern Heppens und Neuende abgetreten. König Wilhelm I. von Preußen begann 1856 bis 1869 mit der Anlage eines Kriegshafens. Die aus allen preußischen Provinzen heranziehenden Menschen, die hier Brot und Arbeit zu finden hofften, ließen sich auch in den umliegenden oldenburgischen Dörfern nieder. 1911 wurden diese Dörfer zur Stadt Rüstringen vereinigt, die schließlich 1937 ganz zu Wilhelmshaven kam. Diese 100000 Einwohner zählende ›grüne Großstadt am Meer‹ brauchte also zur Entwicklung ihres heutigen Bildes nur wenig mehr als hundert Jahre.

Eine Grünanlage im Norden der Stadt erinnert noch an die Sibetsburg, die Edo Wiemken d. Ä. 1383 hier errichten ließ, die aber schon sehr früh geschleift und im 17. Jahrhundert zu einer Grünanlage umgestaltet wurde. Dafür gibt es einige städtebaulich interessante Erscheinungen, die aus der Phase des raschen Aufbaus von Wilhelmshaven herrühren. Die Siedlung Bant im Westen der Stadt wurde 1873 bis 1878 im Auftrag des Reichsmarine-Ministeriums von dem Bauunternehmer de Cousser errichtet; so entstand eine typische Arbeitersiedlung mit Reihen- und Doppelhäusern, von deren ehemals 526 Wohneinheiten allerdings einige Dutzend schon abgerissen worden sind. Nach den Plänen des Stadtbaurates Martin Wagner entstand ab 1913 eine Kolonie am Stadtrand mit fast hundert Häusern. Das *Rathaus* wurde 1929 von dem Architekten Fritz Höger geschaffen. Der langgestreckte, mehrgeschossige Klinkerbau ist mit seinem Mittelturm typisch für den Stil der Verwaltungsbauten in den zwanziger Jahren und erinnert an Arbeiten von Peter Behrens und Hans Poelzig. Seine heutige Bedeutung erhält Wilhelmshaven als einziger Tiefwasserhafen und größter Ölumschlagplatz der Bundesrepublik. Vier Umschlagbrücken bestimmen das Bild des Hafens; an der Ölhafenbrücke können Supertanker bis zu 250000 t Tragfähigkeit festmachen. Fußgängerzone und ›Jade-Zentrum‹, moderne Bildungseinrichtungen und eine Stadtautobahn verleihen Wilhelmshaven zwar großstädtischen Charakter, doch sind die Stadtväter zu recht stolz auf den hohen Freizeitwert ihrer Stadt: in zehn Minuten ist man tatsächlich am Strand der Nordsee.

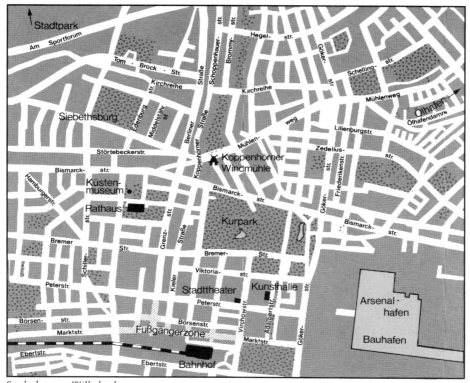

Stadtplan von Wilhelmshaven

Minsen, Hooksiel und Horumersiel-Schillig sind beliebte Küstenbadeorte an der südlichen Nordsee, etwas nördlich von Wilhelmshaven. Westlich von Minsen erstreckt sich das Naturschutzgebiet Elisabethgroden, in dem sehr gut zu beobachten ist, wie sich die Landgewinnung am Wattenmeer vollzieht. Dieses Naturschutzgebiet ist ein einmaliges Refugium für viele Tierarten des Watts; Führungen werden angeboten, man kann aber auch auf eigene Faust den ausgeschilderten Laufpfad betreten, um sich mit der Tier- und Pflanzenwelt des Watts bekannt zu machen. Minsen hat eine kleine *Kirche* aus dem 13. Jahrhundert, die zunächst ganz aus Granitquadern gefügt war, später aber durch Backsteine ausgebessert wurde. Horumersiel verfügt neben seinem Boots- und Yachthafen über einen grünen Badestrand, der in Richtung Schillig in einen flachen Sandstrand übergeht. Von hier aus ist die Jademündung gut zu betrachten.

Hooksiel hat äußerlich seine Ursprünglichkeit stärker erhalten. An der Kaimauer des kleinen Sielhafens machen noch gelegentlich Krabbenkutter fest, die aber genauso gerne

JEVERLAND, WANGERLAND UND FRIESISCHE WEHDE

Touristen hinaus auf die Nordsee oder rund um die Vogelinsel Mellum fahren. Ein Kleinod in Hooksiel ist das ehemalige *Rathaus*, in dem jetzt die Kurverwaltung untergebracht ist. Das Dach des kleinen Hauses ziert ein schmucker Zwiebelturm. Daneben gibt es hier einen ehemaligen Häuptlingssitz. Die heute privat genutzte *Burg Fischhausen* ist ein zweigeschossiger Backsteinbau, deren auffallendstes Merkmal der achteckige Turm über dem Hauptportal ist, das als Datum das Jahr 1578 trägt. Ein zweites Portal wurde 1690 eingebaut. Im Inneren ist ein reich verzierter Renaissancekamin erhalten geblieben. Zwischen Horumersiel und Hooksiel ist in Hohenstiefersiel mit dem ›Schöpfwerk Wangerland‹ ein bedeutendes wasserwirtschaftliches Schutzwerk entstanden.

Etwas weiter im Inland verdienen zwei weitere Ortsteile von Wangerland Aufmerksamkeit. Sternförmig führen die Straßen aus allen Himmelsrichtungen auf Hohenkirchen zu. Ein spätromanischer Granitquaderbau aus der ersten Hälfte des 13. Jahrhunderts steht an der Stelle, die schon für das 9. Jahrhundert eine *Kirche* ausweist. Der langgestreckte Saalraum mit schmalen Rundbogenfenstern endet in einer Ostapsis, in deren Nähe der Glockenturm steht; in beide Längswände des Kirchenschiffs sind Rundbogenportale eingelassen, deren Holztüren von 1714 bzw. 1768 stammen. Der Altaraufsatz ist von besonderem Wert: der Bildhauer Ludwig Münstermann schuf das prächtig dekorierte Werk 1620. Die reich ausgestattete Kanzel ist ebenfalls eine Arbeit von Münstermann, datiert auf das Jahr 1628. Messingkronleuchter, Reliefs und Gemälde ergänzen die Innenausstattung. Einige Kilometer südwestlich von Hohenkirchen liegt Tettens, wo sich auch ein spätromanischer Kirchenbau findet. Der 36 Meter lange und 10,5 Meter breite Saalbau, dessen Granitmauerwerk weitgehend erhalten ist, stammt aus der ersten Hälfte des 13. Jahrhunderts. Der etwas südwestlich stehende Turm ist um 1500 aus Backstein errichtet worden. Auf den Langseiten des Kirchenschiffs, das durch drei Portale auf Nord-, West- und Südseite zu betreten ist, sind vier hochsitzende Rundbogenfenster eingelassen. In der Innenausstattung fallen drei Gegenstände besonders ins Auge: da ist zum einen die bemalte hölzerne Decke, die aus der Werkstatt des Meisters Christian Krüger gekommen ist (1717); zum anderen ein Sakramentshaus aus Sandstein, das laut Inschrift 1525 von Häuptling Ommo von Middoge gestiftet wurde; und schließlich verdient der um 1500 entstandene Schnitzaltar mit Flügeln und zahlreichen figürlichen Darstellungen Erwähnung.

Am südlichen Rand des Jadebusens liegt die Stadt Varel mit dem 1797 gegründeten Seebad Dangast. Vor dem Ersten Weltkrieg hatten sich in Dangast die Maler Pechstein, Schmidt-

Grundriß und Schnitt der St. Sixtus-Kirche in Hohenkirchen, erbaut im 13. Jahrhundert

Wappen der Gemeinde Wangerland

Rottluff und Heckel aus der Künstlergruppe ›Die Brücke‹ niedergelassen. Heute ist Dangast mit allen Einrichtungen moderner Seebäder ausgestattet. Besondere Attraktion ist das Meerwasser-Quellbad, dessen warmes Wasser mit 20 Grad Wärme aus über 500 Meter Tiefe nach oben kommt, stark salz- und jodhaltig ist und daher als ideales Heilwasser gilt. Vom Dangaster Hafen aus kann man mit kleinen Kuttern in See stechen.

Varel hat einige Sehenswürdigkeiten zu bieten, über die man sich vom 56 Meter hohen *Wasserturm* an der Oldenburger Straße einen Überblick verschaffen kann. Wer nicht ganz so hoch hinaus will, dem steht der *Galerieholländer* von 1847 offen. Der Unterbau reicht über vier Stockwerke und verleiht der gesamten Mühle eine beträchtliche Höhe. Auf den Mühlenböden ist eine heimatkundliche Sammlung untergebracht. Bereits 1124 wurde Varel in den Annalen als Vorwerk des Klosters Rastede erwähnt. Seit 1386 stand es unter oldenburgischer Herrschaft, die nur zwischen 1656 und 1693 von den Dänen unterbrochen wurde. Diese bauten in der Gegend des heutigen Hafens die Seefestung Christiansburg, die aber bereits 1694 von den Oldenburgern wieder geschleift wurde. Die Grafen von Oldenburg vollendeten 1506 die erste Burg in Varel, die zwischen 1656 und 1659 prachtvoll ausgestaltet, 1871 jedoch vollständig abgerissen wurde, nachdem sie schon in der Mitte des 18. Jahrhunderts einem verheerenden Brand zum Opfer gefallen war. Der Oldenburger Graf Anton II. hinterließ den Varelern aber eine künstlerische Schöpfung, die noch heute über Varel hinaus von Bedeutung ist: die kunstvolle Ausgestaltung der kreuzförmigen *Schloßkirche*. Der Westturm schließt unmittelbar an das Langhaus mit 44 Metern Länge an. Der Bau entstand während des 13. Jahrhunderts in mehreren Bauabschnitten, die man bei Betrachtung von außen auch heute noch feststellen kann. Den wahren Wert aber macht die innere Gestaltung der Kirche aus, die von 1613 bis 1618 bei Ludwig Münstermann lag. Auffallendstes Ausstattungsstück ist der Altaraufsatz, der über vier Geschosse hoch ist und stark an das gleichartige Werk der Kirche von Hohenkirchen erinnert. Der Vareler Altaraufsatz ist mit Säulen, Bildern und Statuetten reich verziert. Die Kanzel aus Sandstein trägt ebenfalls die Insignien von Ludwig Münstermann; in den äußeren Nischen des Kanzelkorbs sind in muschelförmig ausgehöhlte Felder Statuetten eingesetzt. Der Taufstein von 1618, auch von Meistermann, besteht aus einem festen Sockel, auf dem Figuren das eigentliche Taufbecken tragen. Altaraufsatz, Kanzel und Taufstein sind ganz überwiegend in den Farben Rot, Grün und Weiß gehalten, wodurch im gesamten Innenraum ein harmonischer Gesamteindruck entsteht.

JEVERLAND, WANGERLAND UND FRIESISCHE WEHDE

Wappen von Varel

Zwischen Jever und Wilhelmshaven liegt Schortens, das eine lange historische Tradition vorzuweisen hat. 1153 und 1156 besiegten die Östringer die Sachsen, zunächst den Grafen von Oldenburg, sodann den Herzog Heinrich den Löwen. Zum Dank bauten sie eine dem heiligen Stephanus geweihte *Kirche*. Dieser 1158 fertiggestellte Sakralbau gilt als ältestes Bauwerk des Jeverlandes. Auf einem Sockel aus Granitquadern wurde mit Tuffstein die einschiffige Hallenkirche errichtet. Der stattliche und in dieser Form selten vorkommende Lettner, der das Chor vom Kirchenschiff trennt, datiert aus dem 15. Jahrhundert. Die hölzerne Brüstung wurde 1730 angebracht. Die Kirche birgt darüber hinaus einen kunstvoll geschnitzten Flügelaltar, der Ende des 15. Jahrhunderts entstanden ist. Aus der romanischen Zeit sind noch einige trapezförmige Grabplatten überliefert. In Sillenstede wartet eine weitere romanische *Kirche*. Man schätzt, daß sie nach frühen Zerstörungen Mitte des 12. Jahrhunderts in ihrer heutigen Grundform vollendet wurde. Die immer wieder ausgebesserten Außenwände werden durch zahlreiche Eisenanker gesichert. Das Chor und das Kirchenschiff im Innern sind durch eine massive Wand getrennt, in die eine Rundbogenöffnung eingelassen ist. Kunstvoll ausgearbeitet ist der Kreuzigungsaltar, der um 1500 wahrscheinlich von einer Bremer Werkstatt hergestellt worden ist. Der Orgelprospekt von 1752 auf der Westempore zieht das Auge ebenso auf sich wie der aus Sandstein gehauene Taufstein, der in der Mitte des 13. Jahrhunderts entstand. Die Kanzel im Stil der Renaissance wird auf die Mitte des 17. Jahrhunderts datiert. Die St.-Florians-Kirche von Sillenstede gilt als größtes Gotteshaus im Jeverland.

In Accum erhob sich einst auch ein romanischer Kirchbau. Die *Kirche* aus Granitquadern wurde aber 1718 abgebrochen und 1719 durch einen barocken Neubau ersetzt. Lediglich der abseits stehende Glockenturm dürfte noch von der ersten Kirche herrühren. Das wichtigste

Grundriß der St. Florians-Kirche in Sillenstede. Die Granitkirche hat eine Flachdecke; erbaut 1233

Schnitt; vor dem Apsisbogen zwei Ziborien, darüber acht Heilige in Nischen

Stück dieser Kirche ist wohl das Grabdenkmal von Tido von Inn- und Knyphausen und seiner Ehefrau Eva von Renneberg, die hier seit dem 16. Jahrhundert durch überlebensgroße bildhauerische Darstellungen verewigt sind. Als Material wurde ›schwarzer Marmor‹ – aus Belgien stammender Syenit – verwandt. Im übrigen weist der Kirchenbau eine eher schlichte Einrichtung auf.

In Zetel und Neuenburg trifft man überraschenderweise auf einen ›Urwald‹; östlich von Neuenburg erstreckt sich ein Gehölz mit einem Gesamtumfang von 660 ha, in dem ein wunderschönes, unberührtes Waldgelände von etwa 28 ha liegt. Da der Mensch hier bisher nur wenig in die Natur eingegriffen hat und der Wald schon seit dem 17. Jahrhundert nicht mehr forstwirtschaftlich genutzt wird, ist so ein völlig der Natur überlassenes Stück Wald entstanden – mit 600jährigen Eichen und 400jährigen Buchen. Im Sommer werden von sachkundigen Forstwirtschaftlern Führungen angeboten, doch auch dem schlicht Frischluft suchenden Gast bietet der Urwald mit seinen bizarren Baumformen ein lohnendes Ziel. Das *Schloß Neuenburg* wurde 1462 von Graf Gerhard von Oldenburg als Grenzburg gegen die Friesen gegründet, dann – von 1578 bis 1596 – von Graf Johann zu einer Vierflügelanlage mit Wall und doppeltem Graftenviereck umgebaut. Von 1752 bis 1799 wurde der Ostflügel abgerissen, und nach einigen weiteren Umbauten vollendete sich die Schloßanlage in ihrer heutigen, nach einer Seite offenen Form. Die Innenwände des Hofes sind verputzt und tragen das Wappen des Grafen Johann von 1596. Eine lange, schöne Allee führt auf die Schloßanlage zu. In unmittelbarer Nachbarschaft des heute als Dorfgemeinschaftshaus genutzten Schlosses haben die Neuenburger ein kleines *Freilichtmuseum* eingerichtet. Eine Rauchkate (Rookkate), eine Scheune (Bischüür), ein Backhaus (Backaben) und ein Ziehbrunnen (Soot) bilden ein Ensemble, das in über 100 Gegenständen von Möbeln über Küchengeräte und Feldwerkzeuge bis hin zu Schlitten die Entwicklung bäuerlicher Kultur dokumentiert.

Nicht nur das Heimatmuseum und das Schloß von Neuenburg sind sehenswert, auch für die *Kirche* von Zetel lohnt sich ein Abstecher. Auf dem Weg dorthin sollte man noch einen

Ostfriesische Kasten-Truhe auf Kufen (Schlitten) von 1742

JEVERLAND, WANGERLAND UND FRIESISCHE WEHDE

Blick auf die gut erhaltene *Windmühle* werfen, in der noch – allerdings mit Motorbetrieb – gemahlen wird. Die Kirche in Zetel, ehemals St. Martin geweiht, stammt aus der Mitte des 13. Jahrhunderts. Granitquader und Backsteine wurden als Baumaterialien verwandt. Dicht vor der Südwand steht der von grünem Pflanzenwerk fast völlig eingehüllte Glockenturm, der zur gleichen Zeit wie das Kirchenschiff gebaut wurde. Eine Kanzel aus dem 17. Jahrhundert und ein Kreuzigungsaltar aus dem 15. Jahrhundert gehören zu den bemerkenswertesten Ausstattungsteilen.

Neustadtgödens liegt unmittelbar an der Grenze zwischen Ostfriesland und Jeverland. Es wurde 1544 von Leinewebern gegründet, die wegen ihres mennonitischen Glaubens auf der Flucht waren. Damals reichten die Wasser des Jadebusens bis hierher. In der Straße ›An der Waage‹ steht noch die steinerne Erinnerung an die Zeiten hiesigen regen Handels: die Waage. In der langgezogenen Kirchstraße mit ihren niedrigen Häusern zieht besonders die *evangelische Kirche* den Blick auf sich. Sie stammt aus dem Jahre 1695; der barocke Turmbau wurde 1714 vollendet und mit inzwischen grünschimmernden Kupferplatten gedeckt. Eine kleinere *Kirche* ist in der Paterei-Straße zu finden. Der rechteckige Saalbau weist an seiner Längsseite in der Mitte ein Portal auf, über dem das Erbauungsjahr ›1715‹ eingemeißelt wurde. Die Stifter der Kirche sind auf der Stirnseite verewigt: »Im Jahre 1715 hat die hochedle Frau Johanna Sophia Hollerbeck weiland Rentmeister Breeysen frouw witebe

Ansicht der Burg Gödens, 1619

dieses Haus samt Kirchhof und Garten zum Dienst des katholischen Gottesdiensten und Gemeine in der Neustadt-Gödens gekauft und ewig gegeben.« Der Glockenturm des kleinen Kirchleins steht abseits.

In unmittelbarer Nähe liegt Gödens, bei dessen *Wasserschloß* es sich um den neben dem Schloß in Dornum eindrucksvollsten Barockbau Ostfrieslands handelt. Das Schloß liegt in einem ausgedehnten Park und wird von der Familie der Grafen von Wedel bewohnt; die Besichtigung des barocken Schloßinnern ist daher leider nicht möglich. Der Bau ist von einer Graft umgeben; der Park, den man durch ein Rundbogentor von 1652 mit dreieckigem Giebel betritt, ist von einem weiteren Graben im Viereck umgeben. In diesem Park erstreckt sich gegenüber dem Schloß eine niedrige Vorburg. Das zweigeschossige Hauptschloß gliedert sich in zwei Flügel, einen südlichen, der gegen Ende des 16. Jahrhunderts errichtet sein dürfte, und einen westlichen, der von 1669 bis 1671 erbaut wurde. Im Winkel zwischen diesen beiden Flügeln erhebt sich ein mehreckiger Treppenturm – Überrest des Vorgängerbaus – mit einer barocken Haube. Das Portal, zu dem eine geschwungene Freitreppe hinaufführt, springt über die ganze Front vor. Die Innenausstattung ist von hohem kunsthistorischen Wert, und vor allem Friedrich Kaulbachs Bildnisse der Gräfin und des Grafen von Wedel werden in Beschreibungen des Schlosses immer wieder hervorgehoben. Durch die imposante, öffentlich zugängliche Außenanlage auf den Geschmack gebracht, findet der Besucher es natürlich besonders bedauerlich, daß das Schloß selbst nicht besichtigt werden kann. Von Gödens aus verläßt man nach wenigen Kilometern in westlicher Richtung das Jeverland und befindet sich wieder auf ostfriesischem Boden.

Die Inseln

Die sieben Inseln, die nur wenige Kilometer vor dem Festland liegen, haben wohl seit jeher den Ruf Ostfrieslands im fernen Binnenland begründet; als sommerliches Ferienziel sind sie schon lange beliebt, seit sich der Badebetrieb etwa in der Mitte des vorigen Jahrhunderts entwickelte.

Erdgeschichtlich sind die Inseln ausgesprochen junge Erscheinungen – nämlich nur etwa 3000 Jahre alt. Im Gegensatz zu den nordfriesischen Inseln, die vom Festland abgesprengt

Die Veränderung der Ostfriesischen Inseln von Borkum bis Langeoog. Der jeweilige Zustand ist mit dem heutigen – feingestrichelte Linie – verglichen (nach Lang).

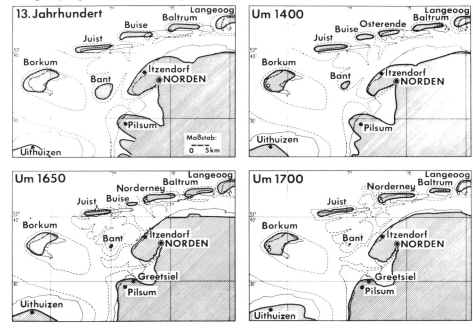

wurden, sind die ostfriesischen Inseln von Meer und Wind gebildete Schwemmlandinseln. Infolge dieser lockeren Konsistenz und durch den von Westen nach Osten gerichteten Tidestrom wie durch die vorherrschenden westlichen Winde unterliegen die Inseln einer stetigen, langsamen Veränderung. Sie ›wandern‹ von Westen nach Osten. Die klimatischen Verhältnisse unterscheiden sich erheblich vom Wetter des nahen Festlands; regnet es an der Küste, kann doch über den Inseln strahlender Sonnenschein liegen. Ozon, Jod und Meersalz in der Luft üben auf viele Krankheiten lindernde oder heilende Wirkung aus – daher der Titel ›Nordseeheilbäder‹. Die Temperaturen jedoch sind auf den Inseln niedriger als auf dem Festland, was sich aus der spezifischen Wärmespeicherung des Wassers erklärt. »Wenn sich beispielsweise das Meer bis zu einer Tiefe von nur einem Meter um 1° Celsius abkühlt, kann mit dieser Wärmemenge die Atmosphäre bis zu einer Höhe von etwa 4 Kilometer um 1° Celsius aufgewärmt werden. Daher gleicht sich die Lufttemperatur rasch der Wassertemperatur an.« (Umweltprobleme der Nordsee, Sondergutachten Juni 1980)

Die Inselbewohner leben alle ausschließlich vom Fremdenverkehr, der sich in der Hauptsache auf die Monate Mai bis September konzentriert, obwohl die meisten Inseln ihre Attraktivität für die übrigen Monate durch den Bau von Hallenbädern und Freizeiteinrichtungen zu erhöhen versucht haben. Aber selbst in den stark frequentierten Sommermonaten findet man hier Ruhe und Entspannung. Bis auf Borkum und Norderney haben alle anderen Inseln bisher erfolgreich den Autoverkehr abwehren können. Wilhelm Lüpkes zog in seiner ›Ostfriesischen Volkskunde‹ einen etwas blumigen Vergleich heran: »Haben unsere Altvordern den Deich ›gouden halsban‹ (Goldenes Halsband) des Festlandes genannt, so wird auch der Vergleich gestattet sein, daß unsere Inseln die Juwelen darin sind.« Den Wert dieser Edelsteine allerdings bemessen Inselbewohner und Inselgäste sehr unterschiedlich; ein jeder schwört auf ›seine‹ Insel, und in der Tat stehen verschiedenen Interessen und Bedürfnissen auch entsprechende Angebote gegenüber.

Borkum

Wer mit der Fähre vom Emder Außenhafen nach zweieinhalbstündiger Fahrt die Borkumer Reede erreicht, hat eventuell bereits einen ersten Eindruck von Borkum gewonnen: nicht selten kann er vom Dampfer die weißen Hotelbauten an der Strandpromenade im Sonnenlicht leuchten sehen. Die Bäderarchitektur aus der Zeit um die Jahrhundertwende hat heute, da auch auf den Inseln allenthalben moderne Zweckbauten entstehen, bereits nostalgischen Reiz.

Vom Fähranleger am Hafen geht es mit der Inselbahn bis zum ›Bahnhof‹ im Zentrum der Insel, von dem aus man über die Bismarckstraße direkt an den Strand mit der *Kurhalle* gelangt. Von diesem westlichsten Punkt der Insel aus kommt man über die fünf Kilometer lange Promenade zum Nord- und *Südstrand;* binnenwärts des Südstrandes erstreckt sich das *Naturschutzgebiet ›Greune Stee‹.* In den Dünentälern sind teilweise schon kleine Wäldchen entstanden, in denen der botanisch Interessierte eine reizvolle Pflanzenwelt findet. Am *Nordstrand* bieten sich vom Promenadenende aus stundenlange Spaziergänge über die schier endlosen Sandflächen an. Von der Uferpromenade oberhalb der Kurhalle fällt der Blick auf den ›*Neuen Leuchtturm‹,* der allerdings – 1879 in Betrieb gestellt – so neu auch nicht mehr ist. Der 60 Meter hohe Bau liegt auf einer Düne, dem Leuchtturmplatz, und wer die über dreihundert Stufen bis zur Spitze hinaufklettert, kann die sehr gute Fernsicht bis zu den benachbarten Inseln genießen.

Der Leuchtturm und andere Seefahrtszeichen sichern die Einfahrt in die Ems; daher tasten sich abends und nachts in gleichbleibendem Rhythmus zwei Lichtfinger als Kennung für die Schiffe über die Insel. Die ersten Seefahrtszeichen an der Emsmündung gab es bereits zu Beginn des 16. Jahrhunderts; 1576 wurde der ›*Alte Leuchtturm‹* errichtet, der auch heute noch als ältestes Bauwerk der Insel im Ortskern zu finden ist. Er diente aber nur tagsüber der Seefahrt als Orientierungszeichen, und erst 1780 wurde auf Borkum ein Leuchtfeuer in Betrieb genommen, eine ›Kohlenblüse‹. Ein zunächst 11, später 14,5 Meter hohes Pfahlgerüst trug eine Plattform, auf die ein Feuerkorb mit Eisenrost montiert war. In diesem Korb wurde von Sonnenuntergang bis Sonnenaufgang ein offenes Feuer entzündet und vom Feuerwärter in Gang gehalten, wobei je nach Windstärke täglich zwischen 400 und 700 Kilo Kohle verheizt wurden, um eine 3 bis 4 Seemeilen weit gut kenntliche Lichtquelle zu erzeugen. Dieses Leuchtfeuer, das auch von der niederländischen Regierung finanziert wurde, war gar nicht nach dem Geschmack der Borkumer. Denn für sie war der gelegentliche Lotsendienst eine Einnahmequelle, die mit Errichtung des Leuchtfeuers zu versiegen drohte. 1817 wurde die Kohlenblüse ausgeblasen und das Feuer auf dem ›Alten Leuchtturm‹ wieder entfacht, bis dieser dann 1879 durch einen Brand schwer beschädigt wurde. Der Staat Preußen ließ von Mai bis November desselben Jahres den großen ›Neuen Leuchtturm‹ hochziehen, der seit 1925 mit elektrischen Lampen arbeitet. Heute kommt auf Borkum noch ein zweites elektrisches Seezeichen hinzu, der rotweiß gestreifte kleine Leuchtturm am Südstrand.

Bevor man sich auf den Weg zum Alten Leuchtturm macht, sollte man noch einen Blick auf zwei Bauten am Rande des Leuchtturmplatzes werfen. Da ist zum einen das Haus der Kurverwaltung, ein weißgetünchtes Gebäude im Stil der Bäderarchitektur, das 1911 als Logierhaus gebaut wurde, und zum anderen ein Hotel an der Mündung der Viktoriastraße, dessen reizvolle Fassade vollständig erhalten ist und strahlend weiß leuchtet. Verläßt man den Leuchtturmplatz südwestlich, so kommt man auf die Strandstraße, die in die Wilhelm-Bakker-Straße übergeht und zum Kern Borkums mit dem ›Alten Leuchtturm‹ führt. Auch hier wird die Vergangenheit der Insel schnell wieder lebendig, wenn man an den eigenartigen, unregelmäßig grau-weißen Lattenzäunen einiger Häuser vorbeikommt. Mit Moosen

Nordseelotse geht an Bord eines einkommenden Klippers, 1896

301

BORKUM

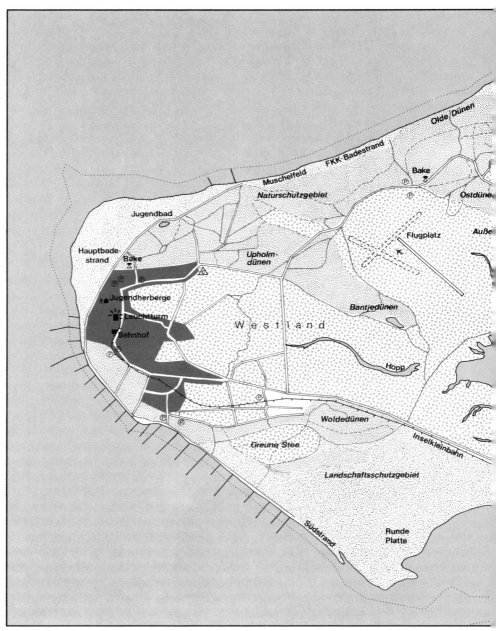

Die Insel Borkum

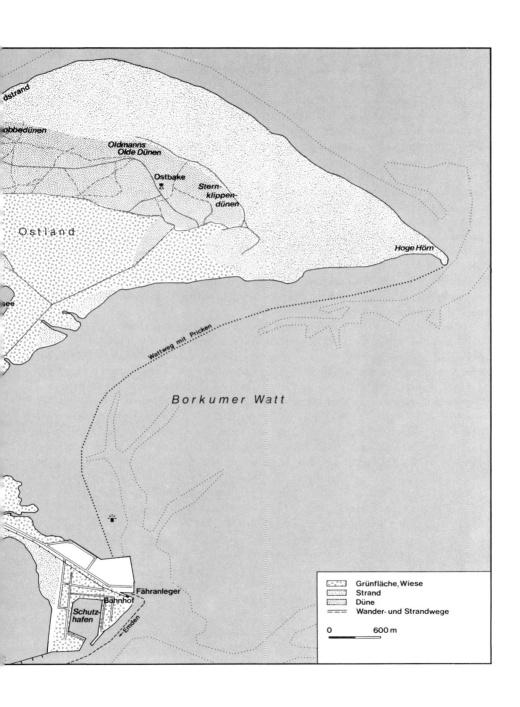

BORKUM

überzogen und der Verwitterung preisgegeben, wirken sie auf den Betrachter zunächst befremdlich. Vor einigen Jahrzehnten und erst recht Jahrhunderten waren solche Zäune vor fast jedem Borkumer Haus anzutreffen; es handelt sich um Walknochen, die die Borkumer Männer von Fangreisen vor Grönland mitgebracht haben. Anfang des 18. Jahrhunderts begann die Konjunktur der Walfischfänger. Borkumer fuhren auf Walfangschiffen aller Nationalitäten als Kommandeure, Steuerleute, Matrosen, Harpuniere oder Speckschneider. Im Februar und März verließ der überwiegende Teil der männlichen Bevölkerung die Insel und verdingte sich auf Walfängerschiffen; manche Schiffe sanken bei schwerer See, häufig wurden Männer an Deck getötet, wenn die mächtigen Wale mit ihren Schwanzflossen um sich schlugen, und andere starben auf den langen Reisen an Krankheiten. Mancher Eichensarg wurde daher mit nach Hause gebracht, und in den 200 Häusern, die es 1764 auf Borkum gab, lebten 64 Witwen. Die jüngsten Grönlandfahrer waren zwölf Jahre alt, die ältesten standen schon im Greisenalter. Im Herbst standen die zurückgebliebenen Familien in banger Erwartung am Strand und warteten gespannt auf die Rückkehr ihrer Männer. Gleichwohl zog es die Männer Jahr für Jahr wieder aufs Meer hinaus zum Walfang, um Wohlstand oder gar Reichtum zu erringen. Und in der Tat stieg in jenen Jahren der materielle Standard – nicht nur auf Borkum, sondern auch auf den anderen Inseln, die sich am Walfang beteiligten.

Mit der Kontinentalsperre im Gefolge des holländisch-englischen Seekrieges (1780–1783) aber brach dieser Erwerbszweig zusammen. Um die Jahrhundertwende machte sich bittere Armut auf der Insel breit. Mit Borkum ging es erst wieder aufwärts, als sich ab 1846 die Insel zum Seebad entwickelte. Seither ist der Fremdenverkehr als Wirtschaftsgrundlage unverzichtbar (heute leben 7800 Menschen auf dem 34 Quadratkilometer großen Eiland). Unmittelbar neben dem alten Leuchtturm kann man das *Heimatmuseum* der Insel besichtigen, das einen Überblick über die Zeit der Walfischfänger und Seefahrer auf der Insel gibt. An regnerischen Tagen empfiehlt sich ein Besuch im *Aquarium* am Südstrand, in dem die Unterwasserwelt rund um Borkum gezeigt wird. Ein Gang vom Alten Leuchtturm durch den Wiesengang bringt den Besucher an die Kreuzung von Wiesenweg und Süderstraße, wo ein bemerkenswertes Klinkerhaus auf einer leichten Warf und schräg gegenüber das urtümliche Teehaus stehen. Für längere Ausflüge zu Fuß oder mit dem Fahrrad empfiehlt sich das Ostland, wo auf Bauernhöfen noch Kühe gehalten werden – für eine Insel in diesen Breiten heute an sich ein ungewohnter Anblick, obwohl vor noch nicht allzu langer Zeit die Menschen auch auf Borkum von der Landwirtschaft lebten. »Nach einem Einwohnerverzeichnis von 1806 gab es damals 17 ›oldte Buren‹ (alte Bauern), die durchschnittlich zwei Pferde und 5 Kühe hielten und auf ›Plaatsen‹ (Höfen) im eingedeichten Land wohnten, ferner 28 ›nieuwe Buren‹ (Neubauern), mit durchschnittlich zwei Kühen. Im ganzen etwa 50 Haushaltungen« (Siebels).

Heute stehen auf Borkum über 20000 Betten zur Verfügung, die in der Saison von Touristen bevölkert werden. Wegen des Hochseeklimas sind unter ihnen auch viele Gäste, die hier bei verschiedenen, aber vor allem Lungenkrankheiten Erholung und Linderung finden.

82 BORKUM Alter Leuchtturm

83 JUIST Kutter vor der Seehundsbank
84 BORKUM Zaun aus Walknochen

85 NORDERNEY Die einzige Mühle auf einer ostfriesischen Insel
86 NORDERNEY Seezeichen Kaap
87 NORDERNEY Ansicht von Nordosten

88 BALTRUM   Ansicht mit Inselglocke

89 LANGEOOG   Boots- und Yachthafen

90 LANGEOOG Blick ins Wattenmeer
91 LANGEOOG Dünenlandschaft

92 SPIEKEROOG   Blick auf das Wattenmeer

93 SPIEKEROOG   Inselkirche, Innenansicht

94 WANGEROOGE   Westturm

96 Bei Wilhelmshaven Burg Fischhausen
97 Wilhelmshaven Ölpier

98 Gödens Schloß ▷

95 Hohenkirchen
Altar-Retabel
von Ludwig
Münstermann

99 VAREL Evangelische Kirche
100 VAREL Evangelische Kirche, Innenansicht

101 ZETEL Evangelische Kirche mit freistehendem Glockenturm
102 NEUENBURG Schloß

103 In Jever

105 Jever Das Landgericht

104 Jever Das Rathaus

106 JEVER Schloß
107 JEVER Schloß, Innenansicht

108 JEVER Grabmal des Edo Wiemken

Juist

Langgestreckt und mit breitem Sandstrand liegt Juist vor der ostfriesischen Küste; sie ist mit 17 Kilometern die längste der ostfriesischen Inseln. Dabei weist sie eine Breite von durchschnittlich nur 500 Metern auf. Der Strand, der sich an den Inselenden noch einmal zu großen Sandplatten erweitert, ist frei von ›Buhnen‹ – Wellenbrechern, die in das Meer hinausragen. Strandläufer können also ohne Kletterpartie ihrem Bewegungsdrang nachkommen.

Die Insel hat den Vorzug, von den Segnungen des Automobilzeitalters frei zu sein: nur Feuerwehr und Ärzte verfügen über benzingetriebene Fahrzeuge, ansonsten wird der

Kirche und Kirchhof auf Juist, um 1880

JUIST

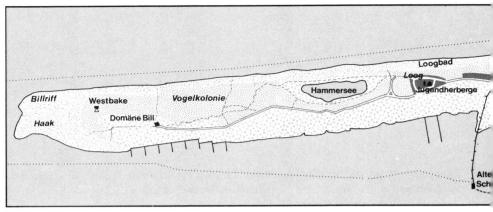

Die Insel Juist

Verkehr mit Pferde- und Ponywagen bewältigt, wobei für den Personennahverkehr Pferdebusse benutzt werden. Die gut eine Stunde dauernde Fährverbindung von Norddeich nach Juist ist übrigens tideabhängig, und gelegentlich, wenn die Fähre unvorhergesehen auf einer Sandbank festkommt, wird eine solche Kurzreise zu einem längeren Abenteuer, das dann für heftige Schlagzeilen in der Lokalpresse sorgt. Juist ist stolz darauf, eine ›Familieninsel‹ zu sein. Es gibt nur wenige große Hotels; die meisten Besucher verbringen die Ferien in gemütlichen, familiären Pensionen oder in Ferienwohnungen und -häusern. Zweistöckige rote Klinkerbauten bestimmen das Ortsbild. Die Insel lädt zu Entdeckungstouren ›per pedes oder Pedal‹ ein. Im Westen liegt die Domäne Bill mit dem *Naturschutzgebiet Bill*. Der *Hammersee* ist ein Süßwassersee, der nach einem Durchbruch der Insel entstand. Heute ist er rings von Dünen umschlossen, wodurch die jahrhundertelang bestehende Gefahr, daß Juist an dieser Stelle wieder durchbrechen könnte, gebannt ist. Nördlich des Hammersees lag im 17. Jahrhundert der Ort mit der 1662 erbauten ersten Inselkirche. Sie versank im Meer. Auf den Trümmern wurde ein neuer Bau errichtet, der 1715 von einer Sturmflut verschlungen wurde. Die heutige *Inselkirche* geht auf das Jahr 1779 zurück. Im Loog, einem Ortsteil von Juist, befindet sich das *Inselmuseum*, das über hiesige Natur und Seefahrt Auskunft gibt.

Auf dem Weg vom Ortskern zum Strand kommt man an Kurhaus und Meerwasser-Hallenbad vorbei. In östlicher Richtung geht es über die Dünenstraße zum Flugplatz, nördlich deren das *Landschaftsschutzgebiet* mit Goldfischteichen liegt. Durch die Dünen kann man dann weiter zur Wilhelmshöhe und zur Promenade auf der nördlichen Dünenkette wandern. Am Südrand des Ortes ist eine weitere Promenade angelegt worden, von der sich ein guter Blick auf das weite Wattenmeer bietet. Es empfiehlt sich, einmal eine lange

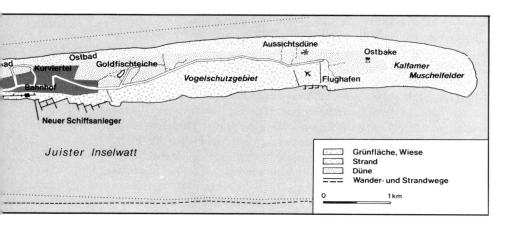

Strandwanderung bis zu den Spitzen der Insel mit ihren Muschelfeldern zu unternehmen und dann über die Wege im Inselinnern zurückzukehren.

Im *Museum* kann man die Abteilung ›Seenot-Strandung-Rettung‹ betrachten, die von gestrandeten Schiffen, halsbrecherischen Rettungsaktionen und räuberischen Praktiken der Inselbewohner berichtet. Nicht nur auf Juist, sondern auch auf allen anderen Inseln wird man über kurz oder lang auf die Geschichte des religiösen Wunsches »Herr segne unseren Strand!« treffen. Sie sei am Beispiel Juists erwähnt, weil hier schon 1784 der Pastor Gerhard Christoph Vechtmann in den ›Ostfriesischen Mannigfaltigkeiten‹ einen theologischen Streit über diese etwas absonderliche Fürbitte abschließend so erklärte: »In vormaligen Zeiten soll man auf den Inseln öffentlich gebetet haben, daß Gott den Strand segnen wolle. Unberichtete Leute sind in dem Wahne gewesen, als wenn die Insulaner gewünscht, daß an ihren Inseln fein viele Schiffbrüche geschehen möchten, welcher unmenschliche und unchristliche Wunsch doch wohl nicht bei irgendeinem aufgestiegen. Denn zu geschweigen, daß die Bergung der verunglückten Menschen und Güter, zumal auf den westlichen Inseln, oft mit der größten Lebensgefahr verbunden, die guten Insulaner auch nur das wenigste davon kriegen, so ist der Sinn des Wunsches, den mir ein alter, redlicher Einwohner Juists erklärt, eigentlich dieser: daß die Vorsehung dadurch eingerufen werde, zu verhüten, daß der Strand, d. i. das zwischen der See und den Dünen befindliche Ufer, sich nicht vertiefe, sondern vielmehr sich erhöhe, damit nicht, wie die See bis an die Dünen geht, der Fuß derselben abspüle, die Dünen selbst nach und nach in die Fluten stürzen, als dadurch die Inseln und das feste Land in Gefahr kommen.« Ob Pastor Vechtmann hier einem gewitzten Insulaner aufgesessen ist oder die frommen Inselfriesen tatsächlich nur die Sicherheit ihres Strandes im Sinne hatten – dieser Streit soll uns hier nicht mehr stören. Die Insulaner

JUIST

jedenfalls haben es nicht mehr nötig, am Strand entlangzulaufen und nach angeschwemmten Gütern Ausschau zu halten. Seit 1840 wird der Fremdenverkehr gepflegt, und die Idee dazu hatte auch ein Gottesmann; schon 1783 plante der Pastor Janus, auf Juist ein Seebad zu gründen.

Bei Ebbe ist eine Ausflugsfahrt zu den *Seehundsbänken* sehr reizvoll, wo diese von der Nordseeverschmutzung bedrohte Tierart, auf den hellen Sandflächen liegend, beobachtet werden kann. In der wärmenden Sonne dösen die Tiere mit dem glänzenden Fell dahin. Südlich vom Westende Juist liegt die *Vogelschutzinsel* Memmert im Watt. Sie ist nicht besiedelt und darf nur zu Forschungszwecken betreten werden. Ein Inselvogt lebt hier wie ein Einsiedler. Er betreut den Leuchtturm, beschäftigt sich mit ornithologischer Forschung und führt Arbeiten an den Dünen aus. Memmert war um die Jahrhundertwende noch keine richtige Insel, sondern existierte nur als Düne, die gelegentlich überspült wurde. 1888 hatte Otto Leege den Memmertsand als schwache Dünenbildung entdeckt. Als die Dünenfläche, die 1810 maximal 10 Hektar betragen haben dürfte, sich ausdehnte und verfestigte, wurde auf Leeges Betreiben hin Memmert 1907 zur Vogelschutzkolonie erklärt. 1908 begann man mit Dünenschutzmaßnahmen; die Fläche betrug schon 20 Hektar. Inzwischen hat die Insel eine Fläche von 660 Hektar erreicht und wächst jährlich um 1,5 Hektar. Dabei brechen aber auch immer wieder Stücke dieses Naturschutzreservates ab. Nach der Brutzeit gestatten die Behörden bestimmten Gruppen Besichtigungen dieses einmaligen Vogelparadieses unter der Leitung des Inselvogts; Urlauber müssen sich mit einer Bootsfahrt rund um Memmert begnügen. Der Erhalt einzigartiger Vogelarten aber ist einen Verzicht auf touristische Attraktionen wert.

Norderney

Wappen der Insel Norderney

Die erste urkundliche Erwähnung findet die aus einer Sandbank entstandene Insel als ›Osterende‹ im Jahr 1398. 1549 wird sie unter dem Namen ›Norder-Nye-Oog‹ geführt. Die Insel befand sich damals im Besitz des Grafen von Ostfriesland, und die Bewohner fristeten als Fischer oder Handelsschiffer ein kärgliches Leben.

Einen ersten Aufschwung erlebte Norderney nach 1797 durch den Freiherrn Edzard Mauritz von Knyphausen, der es in den Rang eines Heilbades erhob. Kurze Zeit später kam

Ansicht der Insel Norderney mit erstem Raddampfer

NORDERNEY

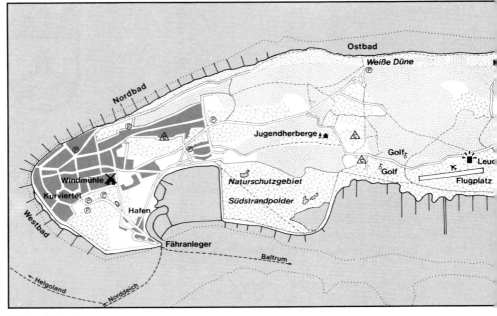

Die Insel Norderney

die Zeit der französischen Besetzung, an die noch heute die ›Napoleonschanze‹ erinnert. Während des 19. Jahrhunderts entwickelte Norderney sich zu einem anerkannten Seebad, das viele prominente Sommerfrischler aufnahm. Um 1800 schon kamen jährlich 300 Besucher auf die Insel. 1815 wurde sie Teil des Königreichs Hannover und wurde 1819 zum Staatsbad erklärt. König Georg V. verlegte 1836 seine Sommerresidenz hierhin, und mit ihm kamen auch die Reichen und Prominenten. Zu den Inselgästen gehörte im Jahre 1826 auch der Dichter Heinrich Heine, der seine Eindrücke von Land und Leuten in seinem Reisebild ›Die Nordsee‹ festhielt:

»Die Eingeborenen sind meistens blutarm und leben vom Fischfang, der erst im nächsten Monat, im Oktober, bei stürmischem Wetter seinen Anfang nimmt. Viele dieser Insulaner dienen auch als Matrosen auf fremden Kauffahrtschiffen und bleiben jahrelang vom Hause entfernt, ohne ihren Angehörigen irgendeine Nachricht von sich zukommen zu lassen. Nicht selten finden sie den Tod auf dem Wasser. Ich habe einige alte Weiber auf der Insel gefunden, deren ganze männliche Familie solcherweise umgekommen; was sich leicht ereignet, da der Vater mit seinen Söhnen gewöhnlich auf demselben Schiffe zur See fährt. Das Seefahren hat für diese Menschen einen großen Reiz; und dennoch, glaube ich, daheim ist ihnen allen am wohlsten zumute. Sind sie auch auf ihren Schiffen sogar nach jenen

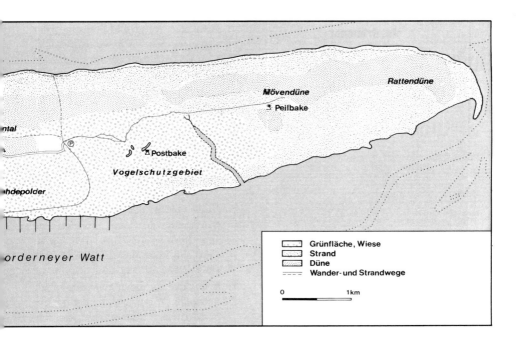

südlichen Ländern gekommen, wo die Sonne blühender und der Mond romantischer leuchtete, so können doch alle Blumen dort nicht das Leck ihres Herzens stopfen und mitten in der duftigen Heimat des Frühlings sehnen sie sich wieder zurück nach ihrer Sandinsel, nach ihren kleinen Hütten, nach dem flackernden Herde, wo die Ihrigen, wohlverwahrt in wollenen Jacken, herumkauern und einen Tee trinken, der sich von gekochtem Seewasser nur durch den Namen unterscheidet, und eine Sprache schwatzen, wovon kaum begreiflich erscheint, wie es ihnen selber möglich ist, sie zu verstehen.«

Anderthalb Jahrhunderte später geht es auf Norderney natürlich nicht mehr derart exotisch zu. Neben Borkum ist es das einzige Inselbad, das es gestattet, Autos mitzubringen. Die 8500 Einwohner leben ausschließlich vom Fremdenverkehr. Als eines der vier niedersächsischen Staatsbäder unterhält Norderney auch einen voll entwickelten Kurbetrieb. Aus der goldenen Gründerzeit der Insel stammt das *Kurhaus,* das 1850 als ›Konversationshaus‹ für die Kurgäste gebaut wurde. Parallel dazu steht das *Große Logierhaus,* das von 1837 bis 1838 errichtet wurde und den Hannoveranerkönigen als Sommerresidenz diente. Der Charakter des klassischen Seebades hat sich trotz vieler Neubauten noch in ganzen Straßenzügen erhalten. Die Luisenstraße mit ihren Biedermeierhäuschen und die Moltkestraße mit weißstrahlenden, spätklassizistischen Bauten sind hier besonders zu nennen.

Norderneyer Bade-Zeitung u. Anzeiger.

Unter Mitwirkung der Königlichen Bade-Administration herausgegeben von Diedr. Soltau in Norden.

№ 2.   Norden, den 27. Juni.   Saison 1868

Winke für Badegäste.

Königl. Bade-Commissair: Hofmarschall von der Lancken im Conversationshause, östlicher Flügel.
Bade-Inspector: (Seebade-Casse) Schulze, Conversationshaus (Hauptgebäude).
Badeärzte: Sanitätsrath Dr. med. Rießohl, Badehaus. Dr. med. Fromm, Kirchstr. 106.
Apotheker: Ommen, Kirchstraße 112.
Logis-Commissionair: Amtsvogt Niemeyer, Damenpfad 213.

Die **Telegraphen-Station** befindet sich im **Badehause.**

Taxen der Königl. Seebade-Anstalt auf Norderney.

I. Portechaisenträger.
1) nach dem Strande, einfache Tour 10 Sgr.
nach dem Strande hin und her 15 Sgr.
2) innerhalb des Orts, einfache Tour 7½ Sgr.
innerhalb des Orts, hin und her 10 Sgr.
in letzterem Falle nach 10 Uhr Abends 2½ Sgr. mehr.

II. Ordonnanzen.
(Dienstmänner oder Aufwärter.)
1) für Anweisen des Quartiers 2½ Sgr.
2) für Transport des Gepäcks vom Gepäckhause nach der Wohnung:
für Stücke, die ein Mann tragen kann 2½ Sgr.
für eine Tracht für 2 Mann, vermittelst der Tragbahre 5 Sgr.
3) für Hin- und Her-Transport eines Möbels (Matratze, Sopha, Bettstelle 2c.) 2½ Sgr.
4) für Reinigung der Kleidungsstücke, Stiefel 2c., per Woche 10 Sgr.

III. Reitesel.
1) nach dem Damen- oder Herren-Badestrande oder zurück 3 Sgr.
2) für eine Stunde 7½ Sgr.
3) für zwei bis drei Stunden 15 Sgr.
4) für einen Tag 1 Thlr.
5) für eine einstündige Spazierfahrt mit dem kleinen, mit zwei Eseln bespannten Wagen 15 Sgr.

IV. Unterricht in der Gymnastik.
Für die ganze Dauer der Badezeit:
1) für ein Kind 2 Thlr.
2) wenn mehrere Geschwister an dem Unterrichte Theil nehmen, so zahlt das älteste 2 Thlr., das zweite 1½ Thlr. und jedes folgende 1 Thlr.

Mitteilungen der »Norderneyer Bade-Zeitung u. Anzeiger« vom 27. Juni 1868

Geht man von der Moltkestraße die Knyphausenstraße in westliche Richtung, so trifft man auf ein originelles *Denkmal*, das als Pyramide aus rohen Steinblöcken gestaltet ist; auf fast jedem Stein findet sich der Name einer deutschen respektive ehemals deutschen Stadt, da es sich um ein Denkmal für Kaiser Wilhelm I. handelt, dessen Büste einstmals auch das Denkmal zierte.

Der Strand von Norderney liegt etwas abseits des Ortskerns. Vom Nordstrand aus kann man auf der Strandpromenade um das ganze westliche Ende der Insel herum bis zum Schwimmbad am Argonner Wäldchen im Süden gehen. Hier im *Argonner Wäldchen* steht ein Alt-Norderneyer Fischerhaus, das das *Heimatmuseum* beherbergt. Besonders interessant sind die alten Bücher der Kurverwaltung, in denen die Namen der Gäste vor einem Jahrhundert verzeichnet sind. Ansonsten findet man hier eine Einführung in die Lebensgewohnheiten der früheren Inselfriesen, ihre Wohnkultur wie ihr Arbeitsleben.

Westlich des Kurhauses erstrecken sich Grünanlagen, die bis zum Schwanenteich an der Franzosenschanze reichen. Von hier aus gelangt man über die südliche Mühlenstraße zur einzigen *Windmühle*, die je auf einer ostfriesischen Insel gebaut wurde. In dem gut erhaltenen Galerieholländer von 1862 befindet sich eine Teestube. Über die Richthofenstraße verläßt man den Ortskern nach Osten und erreicht über den Karl-

Rieger-Weg das Ostbad. Weiter östlich sind *Flugplatz* und *Leuchtturm* beliebte Ausflugsziele. Der Leuchtturm kann bestiegen werden und erlaubt eine hervorragende Rundumsicht. Schon 1922 wurde auf Norderney eine Flughafengesellschaft gegründet, die sich zum Ziel gesetzt hatte, den »Zivilluftverkehr einzuläuten und Ozeanflüge zu fördern«. Der Flugplan von 1928 zeigt, daß Norderney schon damals Flugverbindungen nach Essen, Osnabrück, Bremen, Hannover, Hamburg, Dortmund, Frankfurt und sogar nach England unterhielt. Im Schatten des Leuchtturmes entstand zwischen den Dünen Anfang der 20er Jahre auch der Golfplatz, der heute noch Austragungsort exklusiver Turniere ist. So hat Norderney traditionell – verglichen mit den anderen, eher ›biederen‹ Inseln – etwas ›Mondänes‹. Doch trotz des größeren Angebotes an Vergnügungen und Abwechslungen braucht der Besucher die Ruhe nicht zu missen. Die Insel ist immerhin 15 Kilometer lang und 2 Kilometer breit. In urwüchsigen Dünenlandschaften im Osten kann man ohne weiteres dem hochsommerlichen Trubel im Zentrum Norderneys entfliehen oder sich anhand einer Karte die interessantesten Wanderwege zusammenstellen. An den Inselspitzen sind nur noch das Rauschen der Brandung und die Schreie der Möwen zu hören.

Als vor über 150 Jahren der Badebetrieb auf Norderney begann, ging alles noch sehr improvisiert zu; Gaststätten und Hotels oder Pensionen gab es noch nicht. Die Fremden, die sich von der Meeresluft Gesundung versprachen, wurden bei Fischern einquartiert. Zwar hatte 1710 der Norder Bierbrauer Edde Uffen das Privileg des Bierausschanks auf der Insel erhalten, aber von regem Kurbetrieb konnte noch nicht die Rede sein. Die ersten Kurgäste mußten abenteuerliche Fahrten auf Umwegen in Kauf nehmen, um zur Insel zu gelangen.

Badewagen auf Norderney, um 1860

NORDERNEY

1872 verkehrte dann der erste Dampfer zwischen Norddeich und Norderney. Richtigen Aufschwung nahm der Fremdenverkehr aber erst, als die Eisenbahn 1892 bis an die Mole von Norddeich reichte.

In früheren Zeiten herrschten auf Norderney wie in den anderen Seebädern strenge Sitten. Heute kann man östlich der ›Weißen Düne‹ nackt baden, doch vor noch nicht ganz hundert Jahren hätte schon eine gewöhnliche Badehose die Ordnungsmacht auf den Plan gerufen. Ursprünglich badete man in ›Badekarren‹, die nach unten offen waren, so daß man mit dem Meerwasser in Berührung kam, ohne den Karren verlassen zu müssen. Vereinzelt wagten sich einige Gäste auch offen den Wellen ein paar Schritte entgegen. Die Frauen trugen dabei faltenreiche Kostüme, die mit Rüschen und Spitzen besetzt waren. Die Badestrände für Männer und Frauen waren durch einen mehrere hundert Meter breiten Streifen getrennt, der – so geht die Rede – nur von einem alten Badewärter zu Überwachungszwecken betreten werden durfte. Tatsache ist jedenfalls, daß die Straßennamen ›Damenpfad‹ und ›Herrenpfad‹ noch heute an die Wege zu den getrennten Stränden erinnern. Seit 1908 gab es dann einen ›Familienbadestrand‹; damit war die ›Moral‹ dahin. Allerdings hatte bereits 1824 der Badearzt Dr. Bluhm für die Aushöhlung von Sitte und Anstand gesorgt, als er postulierte: »Mit irgendeiner Bedeckung, etwa einem Badhemd oder Beinkleidern zu baden, taugt in der Regel nichts.«

Baltrum

Die Insel Baltrum wird auch ›Dornröschen der Nordsee‹ genannt. Die kleinste der ostfriesischen Inseln – in der Mitte der sieben Eilande umfassenden Kette gelegen – scheint tatsächlich in märchenhaftem Schlaf zu liegen. Im Sommer kommen vor allem Familien mit Kindern, die sie – wie der legendäre Prinz das Dornröschen – für einige Monate ›wachküssen‹. Aber auch dann ist auf der sieben Kilometer langen und einige Kilometer breiten Insel noch immer nichts von jenem hektischen Urlaubsrummel zu verspüren, der den Reiz der größeren Inseln ausmacht.

Ein Westdorf und ein Ostdorf sind die einzigen Ansiedlungen auf Baltrum. Um die Jahrhundertwende lebten hier insgesamt 155 Menschen, 29 Häuser standen im Westdorf, 11 im Ostdorf. Heute zählt die Inselbevölkerung zwar auch nur ungefähr 850 Köpfe, doch in den roten Friesenhäusern können bis zu 6000 Menschen zugleich untergebracht werden. Es gibt eine Fährverbindung von Norddeich nach Baltrum, die aber rund eineinhalb Stunden dauert. In nur zwanzig Minuten hingegen kann man von Neßmersiel übersetzen, wo in den letzten Jahren ein neuer Anleger ins Watt gerammt wurde. Die Insel ist so klein, daß sie keine Inselbahn benötigt; von den übersichtlichen Orten führen kurze Wege zum Strand. Selbstverständlich gibt es auch auf Baltrum keinen Autoverkehr. Östlich des Schiffsanlegers ist eine Landebahn für Flugzeuge angelegt. Wer weder mit der Fähre noch mit der einmotorigen Maschine nach Baltrum will, kann auch ein ›Wassertaxi‹ mieten, das die Distanz zwischen Insel und Festland in etwa zehn Minuten überwindet. Trotz der zeitlichen und räumlichen Nähe zum Festland ist man auch auf Baltrum in einer amphibischen Welt: im Süden liegt das Wattenmeer, im Norden die offene See, vor der die Insel durch lange Buhnenreihen geschützt ist. Von der 13 Meter hohen Aussichtsdüne am Rande des Ostdorfs ergibt sich ein guter Rundblick über die Insel. Kürzere Spaziergänge sind auf der Strandpromenade möglich; ausdauernde Wanderer können aber auch bequem einmal rund um die Insel laufen. Zwischen Ostdorf und Westdorf liegt ein kleines Kiefernwäldchen. Für die kalten und regnerischen Tage, an denen das Baden im offenen Meer unmöglich ist, steht ein überdachtes *Meerwasser-Wellenbad* zur Verfügung, damit brauchen auch Winterurlauber auf Baltrum nicht auf das Bad in der Brandung zu verzichten.

Baltrum ist im Laufe der Jahrhunderte fast 500 Meter nach Osten gewandert. Davon zeugt die Tatsache, daß das heutige Westdorf einstmals in der Inselmitte lag. Die ehemalige Kirche

BALTRUM

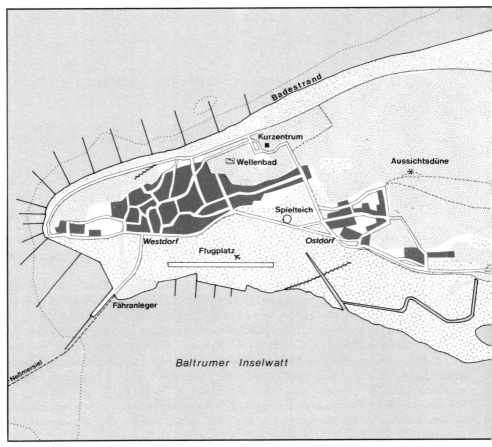

Die Insel Baltrum

ging 1810 in einer Sturmflut unter. Die heutige *Alte Kirche* wurde 1825 gebaut. Neben ihr erhebt sich ein Holzgerüst, das zunächst wie ein Western-Galgen anmutet, an dem aber nur die Inselglocke baumelt. Wer Baltrum besucht, muß Muße und den Wunsch nach Ruhe, Erholung und Einsamkeit mitbringen. Nachtleben sucht man auf dieser ›Familieninsel‹ vergebens. Es ist eine Insel zum Lesen, Nachdenken, Baden, Spazierengehen und zum Beobachten: der Strand, das Meer, die Wolken – Menschen, die sich an diesem Anblick stundenlang ergötzen können, werden auf Baltrum nicht enttäuscht werden.

Die Insel ist erst seit 1876 anerkanntes Nordseeheilbad. Unter den ersten spärlichen Besuchern waren aber nicht die uninteressantesten und uninteressiertesten. Während

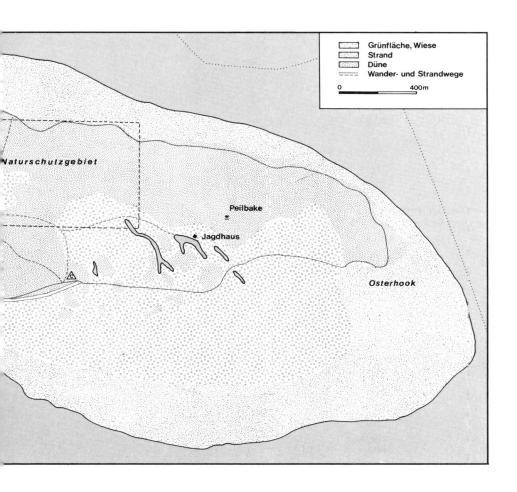

Heinrich Heine nach seinem Norderney-Aufenthalt meisterlichen Spott über die Inselbewohner ausgoß, war ein anderer Künstler von Baltrum sehr angetan: Paul Klee verbrachte hier den September 1923 mit seiner Frau und seinem Sohn Felix. Es entstanden Bilder, die in die Geschichte der modernen Kunst eingegangen sind, wie ›Dünenlandschaft‹, ›Häuser an der Düne‹, ›Befestigte Düne‹ und ›Wattenmeer‹. Die kleinen Aquarelle fassen die rauhe Wirklichkeit der Insellandschaft zu abstrakten Formen zusammen, die aber noch immer einen sinnlichen Eindruck von der charakteristischen Erscheinung der Insel vermitteln. Ob der erholungsuchende Gast von heute die Bilder von Paul Klee kennt oder nicht, er muß sich doch sein eigenes Bild von dieser Insel malen. Märchenhaft ist sie geblieben.

Langeoog

Die Insel Langeoog

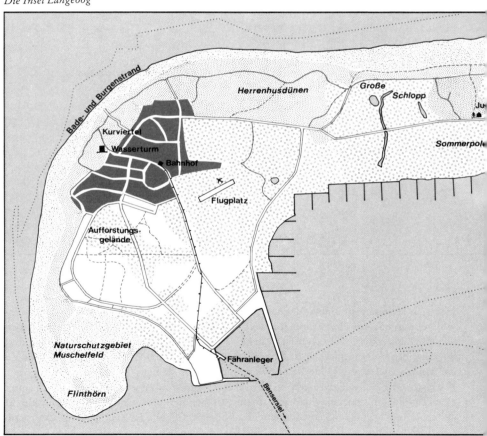

Seine erste urkundliche Erwähnung fand Langeoog unter anderem Namen und in arg fatalem Zusammenhang erstmals im 13. Jahrhundert. Im Jahre 1289 soll im Hafen von ›Ackumhe‹ ein Mensch ermordet worden sein; Täter – so berichten die Chronisten – war ein Bremer Bürger. Das Tief zwischen Baltrum und Langeoog heißt heute ›Ackumer Ee‹.

Zur Zeit der Seeräuber im 14. und 15. Jahrhundert war das heutige Langeoog bereits besiedelt. Die Menschen darbten auf Langeoog so sehr, daß ihnen die Zahlung sämtlicher Abgaben erlassen wurde. Von der großen Weihnachtsflut 1717 wurde auch die Insel derartig heimgesucht, daß sie zeitweise von ihren Bewohnern verlassen wurde. Im ›großen Slop‹, heute ›Großer Schloop‹ genannt, bestand über Jahrhunderte immer ein Inseldurchbruch, der erst um die Jahrhundertwende geschlossen wurde. Es dauerte etwa ein Jahrzehnt, bis die von Sturmfluten immer wieder beschädigten oder zerstörten Sanddeiche endgültig geschlos-

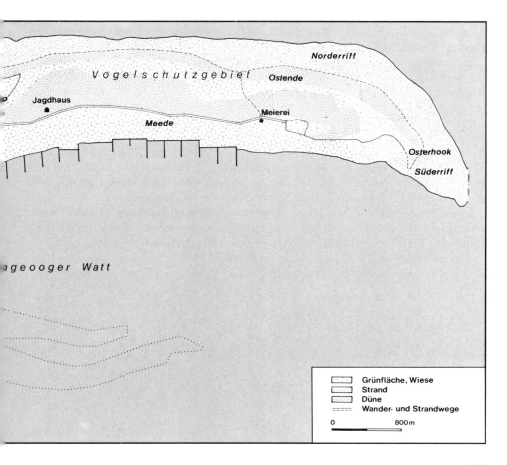

LANGEOOG

sen waren. Zwischen den Heerenhusdünen und der Melkhörndüne ist der über 200 Meter lange Dünendeich inzwischen zu einem 15 Meter hohen und 100 Meter breiten Bollwerk gegen die See geworden, an dessen Südseite Holundersträucher und Sanddorn wachsen. Die dichten Hecken wurzeln tief im Sand und geben damit dem Deichdamm Halt. An die Nordseite werden vom Wind immer neue Sandmassen herangetragen, die den Deich allmählich weiterwachsen lassen. Diese angewehten Sände werden durch Buschpflanzungen aus Reisigbündeln in Längs- und Querreihen befestigt.

Langeoog ist etwa 12 Kilometer lang und 3,5 Kilometer breit und wirkt großzügig und gepflegt. Im Südwesten der Insel liegen das bemerkenswerte *Naturschutzgebiet Flinthorn* sowie die Flinthörnerdünen, die unter anderem durch Aufspülungen entstanden sind. Das Flinthorn mit seinen Muschelfeldern ist ein ideales Ausflugsziel für Gäste, die unbedingt ein naturnahes Andenken von der Insel mitnehmen oder ihre Sandburgen schmücken wollen. Südlich der Ortschaft Langeoog, die wie die Orte fast aller anderen Inseln am Westrand des Eilandes liegt, ist ein kleines Wäldchen angepflanzt worden. Die Eroberung Langeoogs beginnt am Bahnhof, zu dem man in aller Regel mit der Inselbahn vom Anleger hin transportiert wird, den man nach nur 30-minütiger Überfahrt von Benseriel aus erreicht; die Insel hat allerdings auch einen Flugplatz. Vom Bahnhof führt die Hauptstraße zum *Wasserturm,* der auf einer etwa 18 Meter hohen Düne unmittelbar hinter den Stranddünen thront und als Aussichtsturm dient. Die etwa 3000 Inselbewohner haben sich den Autoverkehr vom Leibe gehalten, betreiben dafür aber ein Gymnasium und ein Realschul-Internat. Sportlichen Aktivitäten sind keine Grenzen gesetzt: das Kurhaus, das *Hallenwellenbad* und die Tennisplätze gehören ebenso dazu wie die Tennis-, Reit- und Turnhallen. Wer sich keiner organisierten Aktivität anschließen will, kann sich zu Fuß oder mit dem Fahrrad die Insel erwandern. In der Ostspitze der Insel hat sich eine Meierei gehalten, und noch weiter östlich erstrecken sich die Muschelfelder des ›Osterhooks‹.

In den Heerenhusdünen befindet sich eine Seenotbeobachtungsstation. Das alte Seenotrettungsboot ›Langeoog‹ wurde von der Gemeinde erworben und vor dem ›Haus der Insel‹ aufgestellt. Bei aller friedlichen Atmosphäre an schönen Urlaubstagen erinnert das Boot immer an die tückische See, die alle hinausfahrenden Schiffe erwartet. Heute sind hier moderne Seenotrettungskreuzer stationiert.

Spiekeroog

Spiekeroog wurde erstmals 1398 in einer Urkunde erwähnt. 1683 entstanden nach einer großen Sturmflut große Schäden, doch erst 1873 wurde mit dem Bau von Buhnen begonnen, die den Strand festigten und die Insel schützten. Seither ist der Inselschutz immer mehr ausgedehnt worden.

Die Insel diente Seeräubern als Schlupfwinkel, und die Bewohner wurden nicht selten selbst Opfer von Überfällen. 1685 standen 19 Häuser auf Spiekeroog; etwas Viehzucht, Walfang und Seeschiffahrt waren bis weit ins 19. Jahrhundert hinein die wesentlichen Erwerbszweige der Inselbewohner, aber auch das angeschwemmte Strandgut gekenterter Schiffe diente ihnen zum Überleben. Im ›Süderloog‹ befindet sich die vorzüglich restaurierte älteste ostfriesische *Inselkirche* aus dem Jahre 1696. Zur schmuckvollen Einrichtung gehören eine mittelalterliche Pietà und mehrere Apostelbilder, die von dem 1588 vor Spiekeroog gestrandeten Flaggschiff der spanischen Kriegsflotte stammen sollen. Im Kirchenschiff schwebt das Modell eines Windjammers – Erinnerung an so manches Schiff, das vor Spiekeroog scheiterte. Die Wand- und Deckenmalerei ebenso wie die Glasfenster wurden erst um die Jahrhundertwende ausgeführt und tragen die Züge des Jugendstils. Eine kunstvolle Kanzel mit Schalldeckel und das Kastengestühl für die Gemeindemitglieder runden das Bild ab.

Die Inselkirche ist jedoch nicht die einzige Sehenswürdigkeit der Insel: ganz Spiekeroog an sich ist sehenswert. Denn die ›grüne Insel‹ wartet mit kleinen Wäldern und üppigem Baumbestand im Ortsinnern auf. Klinkerstraßen und die roten, geduckten Friesenhäuser der rund 900 Einwohner vermitteln den harmonischen Eindruck einer in sich geschlossenen Inselwelt, die sich ohne Autos und Hochhäuser ihren eigenen Charakter bewahrt hat. Das Kurhaus, die Inselhalle und das *Meerwasser-Hallenbad* gehören zu den wichtigsten Fremdenverkehrseinrichtungen. Im *Inselmuseum* am Noorderpad hängt die Schiffsglocke der Dreimastbark ›Johanna‹, die am 6. November 1854 vor Spiekeroog strandete. An Bord waren über 200 Emigranten, die Deutschland aus wirtschaftlicher Not verließen und in Amerika auf eine bessere Zukunft hofften. In den Fluten kamen etwa 80 Passagiere um, die auf dem alten *Strandfriedhof* ›Drinkeldoden-Karkhof‹ beigesetzt sind. Die Strandung der ›Johanna‹ trug mit dazu bei, daß nun verstärkt die Organisation eines Seenotrettungswesens an der deutschen Küste betrieben wurde. Schiffsunglücke dieser Art waren vor hundert

SPIEKEROOG

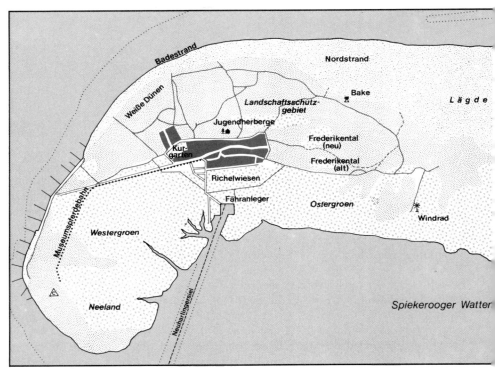

Die Insel Spiekeroog

Jahren vor den ostfriesischen Inseln noch häufig zu beklagen; tückische Untiefen und schwere Wetter brachten manches Schiff zum Scheitern.

Die Fährschiffahrt zwischen Spiekeroog und dem Festland wurde 1792 aufgenommen. Zunächst einmal wöchentlich, später – mit Aufkommen des Badebetriebes – immer häufiger verkehrten die Boote zwischen Neuharlingersiel und Spiekeroog. Die Passagiere wurden in hochrädrigen Karren vom Schiff ans Land gebracht, bis 1892 die erste Landungsbrücke fertiggestellt war. Eine Pferdebahn transportierte die Fremden vom Westrand zum Ort; 1949 wurden die Pferde durch eine Diesellok ersetzt. Seit der neue Hafen fertig ist, konnte die Inselbahn außer Betrieb gestellt werden. Geleise, Loks und Wagen wurden verkauft oder verschrottet. Zwei Wagen der alten Pferdebahn befördern allerdings auch heute noch Besucher vom ehemaligen Bahnhof zum Westend.

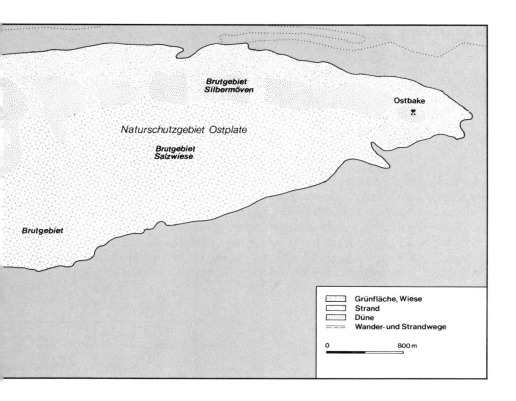

Wangerooge

»Wir dürfen vielleicht darauf hinweisen, daß Wangerooge zwar die östlichste der ostfriesischen Inseln, jedoch nicht Ostfriesland ist.« Die Kurverwaltung des Nordseeheilbades und Niedersächsischen Staatsbades Wangerooge sagte dem Autor zwar freundliche Unterstützung bei seinem Buch zu, wies aber zugleich auf den feinen Unterschied hin.

»Östlichste der ostfriesischen Inseln, jedoch nicht Ostfriesland« – für den auswärtigen Gast stellt sich Wangerooge zunächst einmal dar wie die anderen Inseln auch. Langgestreckt, der Ortskern eher auf der Westseite, liegt Wangerooge nur wenige Kilometer vor

Die Insel Wangerooge

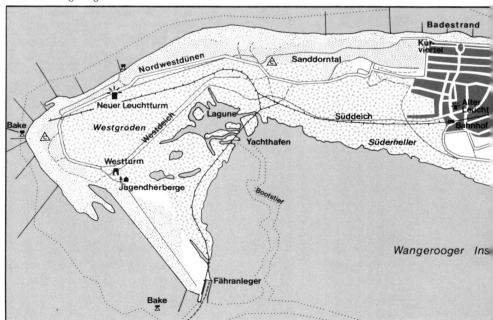

der Küste am Rande des Wattenmeeres. Historisch jedoch war Wangerooge niemals Teil Ostfrieslands, sondern gehörte immer zum Herzogtum Oldenburg. Auch in uns näheren Zeiten gehörte Wangerooge als einzige Insel nicht zum Regierungsbezirk Aurich, der das ›klassische Ostfriesland‹ in den Grenzen von 1744 umriß, sondern zum Regierungsbezirk Oldenburg. Im Gegensatz zu den Ostfriesen, die sich nur gelegentlich von preußischer auf hannoveranische und dann wieder auf preußische Herrschaft umstellen mußten, nachdem sie ihre Selbständigkeit verloren hatten, mußten die Oldenburger – und damit auch die Wangerooger – sich mit holländischen, französischen oder russischen Regenten begnügen, je nachdem, wer im Jeverland gerade regierte.

Im Jahre 1327 wurde erstmals ein Dorf auf der Insel ›Wanger-Ooge‹ erwähnt. Im 16. Jahrhundert fiel es Sturmfluten zum Opfer, wurde aber sofort wieder aufgebaut. 1597 entstand auf Weisung des Grafen Johann von Oldenburg ein Seezeichen, das den Bremer Schiffen die Einfahrt in die Wesermündung weisen sollte. Dieser ›Westturm‹ wurde 1914 aus militärischen Gründen gesprengt. Der heutige *Westturm*, den man vom Anleger aus linker Hand erblickt, ist 1932 neu aufgebaut worden. Ebenfalls am Westende liegt der 1969 errichtete neue *Leuchtturm* mit der Beobachtungskanzel. Vor allem für die Einfahrt in den Jadebusen ist das neue, 23 Seemeilen weit strahlende Leuchtfeuer lebenswichtig, da

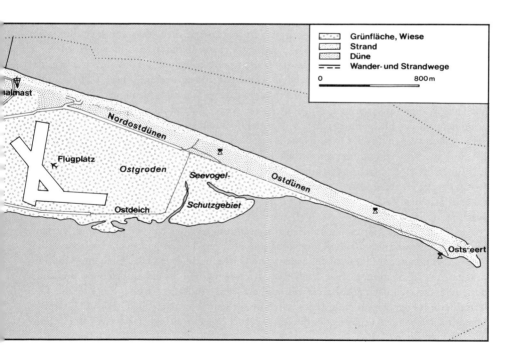

341

WANGEROOGE

Die Sturmflut auf der Insel Wangerooge am 1. Januar 1855

Wilhelmshaven am Rande des Jadebusens in der Mehrzahl von riesigen, schwerfälligen Öltankern angelaufen wird. 1856 wurde der Leuchtturm in Betrieb genommen, der heute ausgemustert im Ortsinnern steht und als *Aussichtsturm* benutzt wird. Nach Norden hin erkennt man den von Buhnen unterteilten Burgen- und Badestrand. Landeinwärts liegt das Kurviertel mit rechtwinklig verlaufenden Straßenzügen; ein wenig höhere Bauten an der Uferpromenade geben Wangerooge ein etwas städtisches Gepräge, wenngleich Autoverkehr auch auf Wangerooge tabu ist. Nördlich ist bei klarer Sicht die Felseninsel Helgoland zu erkennen, zu der im Sommer – wie von anderen Inseln übrigens auch – Ausflugsfahrten veranstaltet werden. Nach Osten schweift der Blick über die unbewohnte Vogelschutzinsel Mellum zur Wesermündung; am östlichen Ende der Insel, dem ›Oststeert‹, verlaufen die Ostdünen ins Meer. Nach Süden hin reicht der Blick bei guter Sicht über das Wattenmeer bis Jever, wo der Zwiebelturm des Schlosses aus der Landschaft emporragt. Nach Westen hin erkennt man den Yachthafen vor der Lagune, den Westturm, den neuen Leuchtturm und die Nachbarinsel Spiekeroog.

Auf Wangerooge gibt es alle modernen Einrichtungen eines Kurbetriebes vom Kurhaus bis zum *Meerwasser-Hallenbad* mit Sauna und Solarien. Der Strand reicht bis unmittelbar an den Ort heran; bei Flut wird der Sandstreifen hier allerdings etwas schmal, und Sandburg drängt sich an Sandburg. Erst nach Osten hin wird der Strand unbelebter, und auch derjenige, der sich nach erholsamer Einsamkeit sehnt, findet hier Ruhe. Für alle, die diese letzte Perle auf der Schnur der ostfriesischen Inseln kennenlernen wollen – seien es Urlauber, Genesung suchende Kurgäste oder Einsamkeitssucher –, fahren täglich Fähren von Harlesiel nach Wangerooge.

Fährverbindungen

Nach	Von	Mit
Borkum	Emden-Außenhafen	Reederei Ems 2970 Emden-Außenhafen ✆ (04921) 2018
Juist	Norddeich	Reederei Norden-Frisia 2980 Norden 2 ✆ (04931) 8011 2983 Juist ✆ (04935) 588
Norderney	Norddeich	Reederei Norden-Frisia 2980 Norden 2 ✆ (04931) 8011 2982 Norderney ✆ (04932) 412
Baltrum	Neßmersiel	Reederei Baltrum-Linie 2985 Nordseebad Baltrum ✆ (04939) 235
Langeoog	Bensersiel	Schiffahrt der Inselgemeinde Langeoog 2941 Langeoog ✆ (04972) 555
Spiekeroog	Neuharlingersiel	Nordseebad Spiekeroog Gesellschaft 2941 Spiekeroog ✆ (04976) 235
Wangerooge	Harlesiel	Deutsche Bundesbahn 2944 Harle ✆ (04464) 345 2946 Wangerooge ✆ (04469) 217

Flugverbindungen

Nach	Von	Mit
Borkum	Emden	Ostfriesische Lufttransport Gesellschaft 2970 Emden ∅ (04921) 42057 2972 Borkum ∅ (04922) 686
Juist	Norddeich	Frisia-Luftverkehr 2980 Norden 2 ∅ (04931) 4377 und 3663 2983 Juist ∅ (04935) 588 und 1096
Norderney	Norddeich	Frisia Luftverkehr 2980 Norden 2 ∅ (04931) 4377 und 3663 2982 Norderney ∅ (04932) 412 und 541
Baltrum	Norddeich	Baltrum-Flug 2985 Baltrum ∅ (04939) 238
Wangerooge	Harle und Wilhelmshaven- Mariensiel	Luftverkehr Wilhelmshaven-Friesland 2940 Wilhelmshaven-Mariensiel ∅ (04421) 22424 2944 Harle ∅ (604464) 811 2946 Wangerooge ∅ (04469) 755 Ostfriesischer Flugdienst 2946 Wangerooge (04469) 891

Praktische Reisehinweise

*Emblem des Friesischen
Klootschießer-Verbandes*

Sitten und Bräuche

Zu den interessantesten Bräuchen der Ostfriesen gehören die Winterspiele *Boßeln* und *Klootschießen*. »Lüch up un fleu herut« (Nimm auf und laß fliegen) lautet das Motto der Friesensportler. Beim *Boßeln* wird eine Kugel aus Holz oder Gummi von neun bis zwölf Zentimeter Durchmesser mit Schwung über die vereisten Straßen geworfen. Die Wurftechnik ähnelt der des Kegelns. Spitzenkönner treiben die Boßel-Kugel 300 Meter weit. Die Spielregeln sehen vor, daß die Kugel von dem Punkt, an dem sie zur Ruhe kommt, weiter geworfen wird. So wird bei einem Wettkampf manchmal eine Strecke von 10 Kilometern zurückgelegt. Die Straßen sind dabei abgesperrt oder so ausgewählt, daß nur wenige Autos die Boßler stören. Stundenlang zieht sich der Lindwurm der Boßelfreunde durch die eisige Landschaft. Begleitet werden sie von ›Käklern‹ und ›Mäklern‹ – Zuschauern und Fans, die ihre Mannschaft antreiben, die Würfe mit Kommentaren begleiten und zur Stärkung klaren Schnaps mit sich führen.

Beim *Klootschießen* sind Käkler und Mäkler auch wieder zur Stelle. Das Klootschießen ist ein Feldkampf, der auf überfrorenen Weiden stattfindet. Eine etwa 6 cm dicke, mit Blei ausgegossene Holzkugel wird mit einer blitzschnellen Armbewegung von einem Absprungbrett aus hoch in die Luft geschleudert. Auf dem glatten Untergrund gibt eine Anlaufmatte dem Werfer Halt. Mit einem Trompetensignal werden der Wurf freigegeben und die Zuschauer gewarnt; die besten Werfer befördern die Kugel über hundert Meter weit durch die Luft. Der traditionell bedeutendste Feldkampf ist der ›Klootschießer-Länderkampf‹ zwischen Ostfriesland und Oldenburg, in dem die alte ostfriesisch-oldenburgische Rivalität sportlich noch einmal ausgetragen wird. Aber auch einzelne Dörfer tragen untereinander Kämpfe aus; als Zeichen der Herausforderung wird in der Dorfgaststätte eine geschmückte Klootkugel an einem Bindfaden aufgehängt. Wenn der Gegner die Kugel abreißt, gilt der Kampf als angenommen, die Wettkampfbedingungen werden ausgehandelt, und schon wenige Stunden später kann es losgehen. Früher warf man ›up't Ünnerst‹, nur mit langer Unterhose und mit Unterhemd bekleidet, und hielt sich mit Schnaps warm. Beide Spiele haben eine durch Urkunden belegte Tradition von 400 bis 500 Jahren, doch ist ihre Entstehung ungewiß. Dem Klootschießen sehr ähnliche Spiele gibt es übrigens in allen Ländern rund um die Nordsee.

SITTEN UND BRÄUCHE

Eine Sportart, wie sie nur in Ostfriesland entstehen konnte, ist das *Pultstock-Springen*. Es wird zwar nicht sonderlich ernsthaft betrieben, geht aber auf einen sehr realistischen Ursprung zurück. Der ›Pultstock‹ oder ›Padstock‹ war das erste Verkehrsmittel Ostfrieslands – ein langer Stab, mit dem man von einem Rand der wasserführenden Gräben auf den anderen übersetzen konnte, ohne nasse Füße zu bekommen. »Wie düssen de Pultstock bloot so wiet setten, dat wi't oog offspringen könt« – was frei übersetzt soviel heißt wie: »Man darf den Pultstock nur so weit setzen, daß man auch noch abspringen kann« – ist ein geflügeltes Wort, daß zu maßvollem Verhalten mahnt.

Im nachbarschaftsverbundenen Ostfriesland haben auch die *Bogenmakers* (Bogenmacher) eine bis heute lebendige Tradition: zu Familienfesten wie Hochzeiten und Silberhochzeiten bereiten die Nachbarn den Feiernden eine Freude mit gebogenen, buntgeschmückten Girlanden über der Haustüre. Zu Ostern leuchten vielerorts in Ostfriesland die mächtigen *Osterfeuer*. Sie sind traditionell ein Sinnbild für das wiedererstarkende Sonnenlicht, das den warmen Sommer bringt. Früher war es Sitte, von dem lodernden Holzstoß etwas Glut zum heimischen Herd zu tragen, um dadurch den Hof vor Blitzschlag zu schützen.

Zu den absonderlichsten Bräuchen in Ostfriesland gehören die *Verknobelungen* am Vorabend des Nikolaustages. Bei Bäckern oder in Gastwirtschaften werden Back- und Zuckerwaren, Geflügel und Wild verknobelt; der Einsatz ist gering, die möglichen Gewinne sind bescheiden, und das wesentlichste Motiv für die Knobler liegt darin, ihr Glück zu versuchen. Geschäfte, Vereine, Firmen und Parteien laden vor Nikolaus zu Verknobelungen ein. Ostfriesischer ›Nationalfeiertag‹ ist der *Oll' Mai*. Traditionell treffen sich die Ostfriesen in den ersten Maitagen zu Spielen, Vorträgen und Aufführungen unter der Schirmherrschaft der ›Ostfriesischen Landschaft‹.

Bei Erkrankungen führte in Ostfriesland der Weg nicht immer zum Arzt, sondern manchmal – bis vor einiger Zeit – auch zum *Knochenbrecher*. Knochenbrecher waren heilkundige Menschen, die ohne medizinische oder heilpraktische Ausbildung ihren Beruf ausübten, bis ihnen dies höchstrichterlich untersagt wurde. Doch erzählt man noch heute von den intuitiven Kräften der Knochenbrecher, die dem gestürzten Rind im Stall halfen oder es auch verstanden, den ausgerenkten Arm des Bauern mit einem kurzen, geschickten Griff wieder zu reparieren.

Kulinarische Spezialitäten

Wenn hier von ›Essen und Trinken in Ostfriesland‹ die Rede ist, dann darf man keine raffinierten Menus für Feinschmecker erwarten. Die traditionelle Ernährung ist der Landschaft angepaßt: vielleicht ein wenig karg, dafür aber kräftigend und nahrhaft. Wer bei Wind und Wetter in Moor, Marsch oder auf dem Meer arbeitete, brauchte etwas ›zwischen die Rippen‹, und so gibt es hier seit alters her deftige Speisen. Wo die Winter kalt und lang sind, da muß der Mensch sich innerlich und äußerlich warmhalten; hochprozentige Getränke sind da gerade richtig. Besucher Ostfrieslands, die sich viel in der frischen Luft aufhalten, werden Speisen beider Beschaffenheiten auch heute noch gerne zu sich nehmen.

Grünkohl-Essen sind in Ostfriesland mehr als eine Mahlzeit, sie sind ein gesellschaftliches Ereignis. Im Winter beginnt für die Ostfriesen die Kohlsaison. Kaum sind die ersten Nachtfröste hereingebrochen, da versammeln sich Vereine, Nachbarn und Freunde zum Kohl-Essen, um den ›Kohl-König‹ zu ermitteln – denjenigen, der am längsten durchhält und die größte Kohlportion verspeist. Als Zeichen seiner ›Macht‹ erhält er einen mit Silberpapier umwickelten Kohlstrunk, an dem eine Flasche klarer Schnaps, ›friesischer Landwein‹, baumelt. Wer als Kohlkönig eine solche ›Ostfriesische Palme‹ tragen darf, der hat mit seinen Freunden, Kollegen oder Verwandten bereits eine lange ›Kohlfahrt‹ hinter sich. Denn zum Grünkohl-Essen trifft man sich meistens nach einer langen Wanderung durch die kalte Winterluft, und eine abschließende Kegelpartie kann die Gemütlichkeit nur fördern.

Wir geben hier nur eines der unzähligen Kohlrezepte wieder: der Kohl wird von Strünken und Stielen befreit, mit heißem Salzwasser übergossen, kleingeschnitten, in einen Topf mit ausgelassenem Schmalz und kleingehackten Zwiebeln gegeben und mit Salz und Zucker gewürzt. Bevor das Gericht ein bis eineinhalb Stunden dünstet, kommen noch einmal Wasser und Hafergrütze dazu. Man serviert das ganze mit ›Tuffels‹ (Kartoffeln) und einem kalten Bier. Ein Grünkohl-Essen ist aber kein richtiges Grünkohl-Essen, wenn die ›Pinkel‹-Wurst fehlt. Viele Uneingeweihte beschreiben den Pinkel als ausgedörrte Mettwurst. Doch besteht der originale Pinkel aus einer Füllung von durchwachsenem Speck, Hafergrütze, Zwiebeln, Pfeffer und reichlich Salz, die in die Därme gefüllt und dann geräuchert wird. Die fertiggeräucherte Pinkelwurst sieht dann in der Tat wie eine ausgedörrte Mettwurst aus.

Labskaus ist eigentlich kein urtypisches ostfriesisches Gericht. Es wird traditionell an der ganzen Küste gegessen und sei daher auch hier erwähnt. Labskaus ist ein altes Seemannsessen, und seine wichtigste Zutat ist Pökelfleisch – eingesalzenes Fleisch vom Rind, das sich besonders lange hält. Das Pökelfleisch wird zusammen mit Zwiebeln, Salzheringen und roter Bete durch den Fleischwolf gedreht und dann mit gekochten und zerstampften Kartoffeln durcheinandergerührt. So wird es bergeweise auf Tellern serviert, wobei obenauf zur Abrundung Gewürzgurken gelegt werden. Kein Ausflug nach Ostfriesland sollte ohne Labskaus-Essen vorübergehen, denn was den Seefahrern wohltat, das schmeckt auch heute noch den Küstenbewohnern.

KULINARISCHE SPEZIALITÄTEN

Sniertjebraa ist wiederum ein original ostfriesisches Gericht. Früher wurde es als Höhepunkt des Schlachtfestes für Freunde und Nachbarn von der Bauersfrau zubereitet. Ein ostfriesischer Gastwirt, der diesen Namen verdient, setzt heute bereitwillig auch jedem Fremden Sniertjebraa vor. Mehr oder weniger fetter Nackenbraten, dazu Schulterbraten, Schweinefett, Zwiebeln, Pfeffer und Salz, Mehl und Sahne – das sind die wichtigsten Zutaten zum Sniertje. Wie sich aus der Zusammenstellung schon ablesen läßt, ist das Ganze eine mächtige und kalorienreiche Veranstaltung, und zur besseren Bekömmlichkeit empfiehlt es sich, vor, während und nach dem Essen einen Schluck klaren Schnaps zu trinken.

Granat. Wo Wasser ist, da gibt es selbstverständlich auch Fisch. Auch wenn die Fischer seit Jahren über Schwierigkeiten in ihren Fanggründen klagen, in Ostfriesland wird man wohl immer Scholle, Seezunge oder andere Nordseefische bekommen. Besondere Aufmerksamkeit sollte man aber dem Granat widmen, kleinen Krabben, die in den Häfen angelandet werden und hier auch frisch vom Kutter weg zu kaufen sind. Die Krabben müssen vor der Zubereitung erst einmal ›gepuhlt‹, die Schalen also mühselig vom zarten Fleisch getrennt werden. Unter den zahlreichen Variationen der Krabbenspeisen ist das ›Krabbenbrot mit Ei‹ eine besondere Leckerei: eine Scheibe Schwarzbrot wird dick mit Butter bestrichen, darauf wird eine Schicht Granat gelegt und dann das ganze mit einer ordentlichen Portion Rührei abgerundet.

Speckendicken ist eine Mehlspeise, die – der Name läßt es schon ahnen – so richtig schön dick und fett macht (vorausgesetzt, man ernährt sich das ganze Jahr über von nichts anderem). Dieses Essen gibt es eigentlich nur zum Jahreswechsel. Hauptbestandteile des Speckendicken sind Weizenmehl, Roggenschrotmehl, Sirup, Eier, Schmalz und Gewürze wie Zimt und Anis. Das ganze wird zu einem Teig verrührt, der einige Tage kühl stehen muß. Dann wird der Teig in ein Waffeleisen gegeben, zusammen mit ein paar Scheiben Mettwurst gebacken und am Silvestertag warm am Tisch serviert. Was Familie, Freunde und Nachbarn nicht direkt warm verzehren, kann an den nächsten Tagen auch kalt verspeist werden. Damit das fette Mahl bekömmlicher wird, gehört zu Speckendicken auch ›ostfriesischer Landwein‹.

Rullkes (Röllchen) sind ebenfalls für die Weihnachts- und Neujahrszeit gedacht; dies ist ein Gebäck, zu dem man Mehl, Zucker, Eier, Butter und Zimt benötigt. Der daraus bereitete Teig muß eine Nacht zu Kugeln geformt ziehen, ehe man ihn in speziellen Eisen ausbackt und – noch warm – zu einer Art Hörnchen zusammenrollt. In Blechdosen aufbewahrt, hat man noch lange nach Weihnachten etwas von den Rullkes. Manchmal werden sie auch noch mit Schlagsahne gefüllt. Die leckersten Rullkes schmecken aber nicht, wenn die wichtigste ostfriesische Spezialität fehlt – ein ›Koppke Tee‹.

Tee. In der Bundesrepublik werden jährlich 220 Gramm Tee im Durchschnitt von jedem Bürger konsumiert, in Ostfriesland hingegen sieben Pfund pro Kopf und Jahr. Tee wird in

Ostfriesland zu beinahe jeder Tages- und Nachtzeit getrunken. Stilecht gereicht wird er in einem historischen Teeservice aus klassischem Reliefporzellan, das mit der ›Ostfriesenrose‹ verziert ist. Die Teekanne wird auf einem Stövchen warmgehalten, denn mit einer Tasse gibt man sich nicht zufrieden.

Zum Frühstück gibt es natürlich Tee; anders kann der Tag für den Ostfriesen nicht beginnen. Um elf Uhr ist es dann Zeit für ein ›Elfürtje‹ (manch einer nimmt auch gerne ein Glas Branntwein dazu). Nach dem Essen ist dann wieder ›Teetied‹. Am späten Nachmittag wird wieder eine Kanne Tee aufgesetzt, und ein ›Koppke Tee‹ am Abend raubt dem Ostfriesen keinesfalls den Schlaf.

Der Ostfriesen-Tee ist nicht irgendeine beliebige Teesorte, sondern eine kräftige Mischung, die zum größten Teil aus Assam-Tee, also einem indischen Tee, besteht. Ihm werden Ceylon- oder Sumatra-Tees beigemischt. Eine besondere Auslese ist der Darjeeling, der gelegentlich dem Assam beigemengt wird.

Das Zubereiten und Trinken des Tees geschieht mit Ruhe und Muße. In die vorgewärmte Kanne kommt für jede Tasse ein gehäufter Löffel Tee, für die Kanne ein Löffel zusätzlich. Sprudelnd heißes Wasser wird über den Tee gegossen. Dabei muß man wissen, daß die Güte des Teetrunks mit der Qualität des Wassers steht und fällt (gechlortes und ›hartes‹ Wasser ist selbst für die beste Assam-Mischung tödlich; früher wurde das weiche, unverschmutzte Regenwasser zur Teezubereitung verwendet). Der Tee muß drei bis fünf Minuten ziehen. Wird der Tee zunächst nur von oben mit Wasser bedeckt, so wird nach dem Ziehen soviel Wasser nachgegossen, wie Tassen bereitet werden sollen. Sodann kommt ein ›Kluntje‹ in die Tasse, ein Stück gebrochener weißer Kandis, das knackend auseinanderspringt, wenn der heiße Tee darüber gegossen wird. Jetzt wird mit einem speziellen Sahnelöffel der von der Sahne abgeschöpfte Rahm zugegeben, der sich in der Tasse als ›Wulkje‹ verbreitet – er zieht Schlieren. Und so wird der Tee auch belassen. Nur eine Banause untersteht sich, die Sahne mit dem Löffel unterzurühren. Ist die Tasse ausgeschlürft, so wird auf den verbliebenen Kandis weiterer Tee gegossen.

Bohntjesopp (auch Sienbohnensopp) wird immer dann aufgesetzt, wenn sich in einer ostfriesischen Familie Nachwuchs ankündigt. Mit der uns bekannten Bohnensuppe hat dieses Gebräu allerdings wenig zu tun. Vielmehr werden Rosinen in Branntwein gegeben; dazu wird gelöster Kandis untergerührt. Die Rosinen saugen sich voll Branntwein, und das süffige Getränk wird bei der Geburt oder zur Kindtaufe an die versammelten Gäste ausgeschenkt. Für die Bohntjesopp gibt es spezielle ›Brannntwienskoppke‹-Teetassen ohne Henkel, aus denen die Sopp geschlürft oder gelöffelt wird.

Boots- und Yachthäfen

Aurich

Hafen am Ems-Jade-Kanal. Wassersport-Möglichkeiten: Rudern, Paddeln, Segeln. Motorboote sind zugelassen mit einer Höchstgeschwindigkeit von 8 km/h. Der 67 Kilometer lange Kanal verbindet Aurich mit Emden und Wilhelmshaven, aber auch mit den ostfriesischen Binnenmeeren. Er ist zugelassen für Schiffe bis zu 33 m Länge, 6,2 m Breite und einem Tiefgang von 1,7 m. Die Durchfahrtshöhe beträgt 3,85 m. Schleusungen und Brückenöffnungen werktags von 6–18 Uhr, sonnabends von 6–13 Uhr, an Sonn- und Feiertagen nach Anmeldung. Anmeldung für die Strecke Emden-Wiesens unter ℡ (04941) 2392, für die Strecke Wiesens-Wilhelmshaven ℡ (04948) 219. Gebühren für Sportboote werden erhoben. Bei Marcardsmoor Einmündung des Nordgeorgsfehn-Kanals mit Verbindung nach Wiesmoor und zur Jümme. Auskunft: Yacht-Club Aurich, Osterstraße 22, 2960 Aurich, ℡ (04941) 3033 und Verkehrsverein Aurich, Verkehrspavillon am Pferdemarkt, 2960 Aurich, ℡ (04941) 3180.

Baltrum

Zur Wattseite Anleger von 80 m Länge, Wassertiefe bei Hochwasser etwa 3 m. Landwärts kleiner Steg des Baltrumer Boots-Clubs, der aber trockenfällt. Boots-haus mit Dusche und Toiletten. Trinkwasser, Proviant, *kein* Treibstoff! Motorboote, Windsurfing. Auskunft: Kurverwaltung Baltrum, 2985 Baltrum, ℡ (04939) 161.

Bingum

In der Marina Bingum gibt es Liegeplätze für Segel- und Motorboote. Slipanlage mit Werft, Bunkerstation, Winterlager, Segelschule, Gaststätte und Proviant. Auskunft: Marina Bingum GmbH & Co. KG, Marina-straße, 2951 Leer-Bingum, ℡ (0491) 4421.

Borkum

Station zum und vom Ärmelkanal. Großer Schutzhafen. Volle Versorgung für alle Sportboote. Sportbootführerscheine, Feriensegelschule, Windsurfing. Auskunft: Wassersportverein Burkana, Postfach 2350, 2972 Borkum.

Detern

Wassersportrevier im Leda-Jümme-Gebiet. Fischreiche Gewässer. Bei Stickhausen Einmündung des Nordgeorgsfehn-Kanals. Dieser Kanal stellt über 37,8 Kilometer die Verbindung zum Ems-Jade-Kanal her. Verbindung zur Nordsee über Jümme, Leda und Ems. Auskunft: Wassersportclub Jümme, 2919 Detern, ℡ (04483) 383.

Dornumersiel

Liegeplätze im Sportboothafen. Segelschule, Wasserski, Windsurfing. Tiefs im Binnenland für Kanuten. Auskunft: Yachtclub Accumersiel, 2988 Dornumersiel.

Emden

Verbindung zu den ostfriesischen Binnenmeeren durch Tiefs und den Ems-Jade-Kanal. Von hier gelangt man in Dollart und Nordsee. Ratsdelft im Stadtinnern als Liegeplatz für einlaufende Sportboote. Liegeplätze im Jarssumer und im Außenhafen. Segelvereine und Ruderverein. Über den Verbindungskanal Anschluß an den Dortmund-Ems-Kanal bei Oldersum. Auskunft: Stadtverwaltung, Gräfin-Anna-Straße, 2970 Emden, ∅ (0 49 21) 8 74 43 und 8 74 93 und Kreissportbund Emden, Auricher Straße 94, 2970 Emden.

Esens-Bensersiel
Küstenhafen. Fahrwasser zum Hafen bei Niedrigwasser noch mit 2,30 m Tiefgang befahrbar. Yachthafen, Jollensegeln, Werft, Windsurfing, Auskunft: Seglerverein Harlebucht, Hayungshauser Weg 51, 2943 Esens.

Greetsiel
Greetsieler Hafen über das Norder Wattfahrwasser erreichbar, Yachten mit Tiefgang bis 1,60 m bis zum Sportanleger möglich. Über das Marscher Tief und das alte Greetsieler Sieltief ist das Große Meer erreichbar. Rudern, Segeln, Paddeln, Windsurfing. Auskunft: Yacht-Club Greetsiel, Bahnhofstraße 235, 2974 Krummhörn 3.

Großefehn/Boekzeteler Meer
Kanufahrten sind auf dem Großefehn-Kanal möglich. Über das Flum-Tief und das Fehntjer Tief zum Boekzeteler Meer. Von dort aus sind erreichbar Emden, Oldersum, die Ems, der Ems-Jade-Kanal und die anderen Binnenmeere. Auskunft: Bootsportverein Boekzeteler Meer, An der Seefahrtsschule 166, 2951 Timmel.

Harlesiel/Carolinensiel
Küstenhafen. Die Westseite des Außenhafens dient als Anleger für Yachten. Binnenhafen für längere Aufenthalte. Schleuse und Klappbrücke. Tiefe des Binnenhafens 2,0 bis 2,5 m. Jollensegeln, Optimistensegeln, Wasser, Proviant, Kraftstoff, Reparaturen, Führerscheinlehrgänge. Anleger und Clubhaus. Auskunft: Nordseeküstenbadeort Harlesiel GmbH, Am Hafen West 2, 2944 Wittmund 2, ∅ (0 44 64) 3 09 und 8 14.

Hooksiel
Binnenhafen durch die Schleuse von der Jade her erreichbar, Rudern, Kanu, Jollensegeln im Binnenhafen und im Hooksieler Tief. Windsurfing, Führerscheinlehrgänge, Segelschule, Liegeplätze im Sportboothafen. Auskunft: Kurverwaltung Wangerland, Zum Hafen 1, 2949 Wangerland 2, ∅ (0 44 26) 15 11 und 15 12.

Horumersiel-Schillig
Hafen Wangersiel. Stützpunkt an der Jade für seegehende Yachten. Für Motorboote und Segelboote Anleger auf der Nordseite der Mole. Rudern und Jollensegeln im Horumer Tief möglich. Weitere Liegeplätze hinter der Schleuse. Wasser- und Stromanschluß. Toiletten, Dusch- und Waschräume. Kranbenutzung (bis 5 t). Auskunft: Kurverwaltung Wangerland, Zum Hafen 1, 2949 Wangerland 2, ∅ (0 44 26) 15 11 und 15 12.

Jemgum
Sporthafen an der Ems; fällt trocken. Tidenhub 2,6 m. Motorbootsport, Jollensegeln, Windsurfing, Führerscheinlehrgänge, Bootshaus, Wasser, Kraftstoff, Proviant. Auskunft: Wassersportverein ›Luv up‹ Jemgum, Hofstraße 218, 2951 Jemgum.

351

BOOTS- UND YACHTHÄFEN

Juist

Sportboothafen. Bootshaus etwa 700 m entfernt. Wasser, kleinere Reparaturen, Proviant. Keine größeren Yachten. Feriensegelschule, Windsurfing. Segeln und Paddeln im Watt. Auskunft: Kurverwaltung, Strandstraße 5, 2983 Juist, ⌀ (049 35) 4 91.

Langeoog

Hafen mit Steganlagen. Bootshaus mit Wasch- und Toilettenräumen. Jollensegeln, Windsurfing, Feriensegelschule, Führerscheinlehrgänge. Auskunft: Seglerverein Langeoog, Mittelstraße 29 b, 2941 Langeoog.

Leer

Schleuse zum Industrie- und Handelshafen. Wassertiefe 1,30 NN. Rudervereine und Segelverein. Rudern, Segeln, Motorbootsport, Paddeln und Windsurfing. Anleger unterhalb des Rathauses. Kraftstoff, Proviant, Reparaturen, Wasser, Führerscheinlehrgänge, Seefahrtschule. Auskunft: Reise- und Verkehrsbüro Leer GmbH, Am Denkmalplatz, 2950 Leer, ⌀ (04 91) 31 03.

Marienhafe

Störtebekertief. Kleine Paddel-, Ruder- und Motorboote. Verbindung zum Großen Meer, zur Knock und nach Greetsiel über Maar, Altes Sieltief und Abelitz. Auskunft: Wassersportverein Brookmerland, Alter Postweg 70, 2986 Marienhafe.

Neuharlingersiel

Küsten- und Kutterhafen. Kein Anleger für Sportboote. Kurzzeitiges Festmachen möglich. Jollensegeln, Motorbootsport, Windsurfing, Wasserski, Paddeln. Auskunft: Kurverein, 2943 Neuharlingersiel, ⌀ (049 74) 3 55.

Norden-Norddeich

Sporthafen im Ostbecken des Hafens von Norddeich. Slipanlage, Wasser, Proviant, Reparaturen, Bootshaus, Segelschule, Motorbootsport, Windsurfing, Wasserski, Jollensegeln, Führerscheinlehrgänge. Auskunft: Yacht-Club Norden, Postfach 533, 2980 Norden.

Norderney

Sporthafen. Schwimmende Steganlage. Anmeldung erforderlich für langfristige Liegeplätze. Trailerablaufbahn, Slipanlage, Werft, Strom, Proviant, Kraftstoff, Bootshaus. Feriensegelschule, Führerscheinlehrgänge, Windsurfing, Segelregatten. Auskunft: Kurverwaltung, 2982 Norderney, ⌀ (049 32) 5 32.

Pogum-Ditzum

Hafen von Ditzum mit Tidenhub von 3,0 m. Slipanlage, Werft, Wasser, Proviant, Kraftstoff. Jollensegeln. Emsmündung. Auf dem Pogumer Sieltief und dem Ditzumer Sieltief Paddeln bis weit ins Rheiderland möglich. Auskunft: Verkehrsverein, Torumer Straße 35, 2951 Jemgum, ⌀ (049 02) 3 69.

Spiekeroog

Bootssteg am Anleger. Bei Hochwasser Tiefe von 1,5 m bis 2 m. Segelschule, Windsurfing. Auskunft: Kurverwaltung, Noorderpad 17, 2941 Spiekeroog, ⌀ (049 76) 2 35.

Varel-Dangast

Sportboothafen seewärts vom Dangaster Tief. Proviant, Kraftstoff. Windsurfing, Führerscheinlehrgänge. Auf dem Dangaster Tief Kanu und Rudern. Über das Schweiburger Tief zum Vareler Hafen. 3 Bootshäfen hinter der Schleuse im Vareler Binnentief. Slipanlage, Proviant, Kraftstoff. Optimistensegeln, Kanu, Führerscheinlehrgänge. Auskunft: Jade-Yacht-Club Dangast und Wassersportverein Varel, Pelzerstraße 18, 2930 Varel 1.

Wangerooge
Sportbootanleger am Westanleger. Hafen fällt teilweise trocken. Segelschule, Windsurfing. Auskunft: Wangerooger Yacht-Club, 2926 Wangerooge.

Weener
Sportboothafen. Steganlage mit Liegeplätzen. Strom und Wasser. Jollensegeln, Optimistensegeln. Auskunft: Stadtwerke Weener GmbH, 2952 Weener, ∅ (04951) 2880.

Wilhelmshaven
Anleger für seegehende Yachten im Nassauhafen. Liegeplätze im Binnenhafen hinter der Seeschleuse. Trailerablaufbahn, Slipanlage, Reparaturen, Winterlager, jede Versorgung möglich. Liegeplätze an Land und zu Wasser. Segel- und Wassersportvereine. Seesegeln, Windsurfing, Jollensegeln, Paddeln, Rudern, Kanu. Wasserwandern auf dem Ems-Jade-Kanal. Verbindung zur Ems und nach Emden. Auskunft: Freizeit in Wilhelmshaven GmbH, City-Passage am Rathausplatz, 2940 Wilhelmshaven, ∅ (04421) 26261.

Jugendherbergen

Aurich, Am Ellernfeld, ∅ (04941) 2827
Carolinensiel-Harlesiel, Herbergsmense 13, ∅ (04464) 252

Emden, An der Kesselschleuse 5, ∅ (04921) 23797
Greetsiel, Bahnhofstraße 166a, ∅ (04926) 550
Norden-Norddeich, Norddeich, Strandstraße 1, ∅ (04931) 8064
Horumersiel-Schillig, Schillighörn, Inselstraße, ∅ (04426) 371
Weener, Friesenstraße 38, ∅ (04951) 555
Wilhelmshaven, Freiligrathstraße 131, ∅ (04421) 60048

Borkum, Jan-Berghaus-Str. 63, ∅ (04922) 579
Juist, Loogster Pad 20, ∅ (04935) 1094 od. 1070
Langeoog, Domäne Melkhörn, ∅ (04972) 276
Norderney, Südstraße 1, ∅ (04932) 2451
Norderney, In den Dünen 46, ∅ (04932) 2574
Spiekeroog, Bid'Utkiek 1, ∅ (04976) 229
Wangerooge, »Westturm«, ∅ (04469) 555

Campingplätze

Altfunnixsiel, Campingplatz Altfunnixsiel, ∅ (04464) 400
Bedekaspel, Campingplatz ›Landhaus Großes Meer‹, ∅ (04942) 626 und ∅ (04941) 3180
Carolinensiel, Campingplatz Harlesiel, ∅ (04464) 309
Dornumersiel, Campingplatz Dornumersiel, ∅ (04933) 351, 362 und 736
Esens-Bensersiel, Familien-Campingplatz Bensersiel, ∅ (04971) 906 und 988

353

MUSEEN UND AUSSTELLUNGEN

Esens-Holtgast, Campingplatz ›Ziegelhof Holtgast‹, ∅ (04971) 2261

Friedeburg, Campingplatz Marienfeld, ∅ (04465) 244

Hooksiel, Campingplatz Hooksiel, ∅ (04425) 521

Horumersiel-Schillig, Campingplatz Schillig, ∅ (04426) 370

Leer-Bingum, Campingplatz ›Marina‹, ∅ (0491) 4421

Leer-Logabirum, Campingplatz ›Waldeslust‹, ∅ (0491) 7651

Neuharlingersiel, Familien-Campingplatz Neuharling, ∅ (04974) 355

Norden-Norddeich, Campingplatz ›Nordsee‹, ∅ (04931) 8071 und Camping-Ferienplatz Norddeich, ∅ (04931) 8096

Timmel, Campingplatz Boekzeteler Meer, ∅ (04945) 338 und ∅ (04943) 1076

Upleward, Campingplatz ›Campen am Deich‹, ∅ (04923) 525 und ∅ (04921) 20446

Weener, Campingplatz Weener, ∅ (04951) 20013

Wiesmoor, Campingplatz Marcardsmoor, ∅ (04948) 293

Wilhelmshaven, Campingplatz Wilhelmshaven – Freizeitzentrum Geniusbank-Voslapp, ∅ (04421) 50330

Borkum, Camping Borkum, ∅ (04922) 2015

Norderney, Camping Eiland, ∅ (04932) 2184

Norderney, Camping Um Ost, ∅ 04932) 618

Spiekeroog, Zeltplatz Spiekeroog, ∅ (04976) 288

Museen & Ausstellungen

Aurich

Ostfriesische Landschaft, Bürgermeister-Müller-Platz 2, 2960 Aurich, ∅ (04941) 3149 und 3147. Sammlung von Dokumentar- und Archivmaterial über den ostfriesischen Küstenraum, das im Rahmen der regionalen Kulturpflege und Forschung sowie der archäologischen Landesaufnahme zusammengetragen wurde. Im Fürstensaal, dem Parlamentsraum der Ostfriesischen Landschaft, einer öffentlich-rechtlichen Körperschaft, Sammlung von Gemälden aller ostfriesischen Regenten und mit dem Lande verbundener historischer Persönlichkeiten.

Besichtigungszeiten: Dienstag, Mittwoch, Donnerstag; 11.00 Uhr Führungen während der niedersächsischen Schulferien; Besuchergruppen nach vorheriger Anmeldung.

Stiftsmühle, Oldersumer Straße, 2960 Aurich, ∅ (04941) 3966. Mühle von 1858, in der heute wieder mit Windkraft Korn gemahlen wird. Vorführung der Mahlvorgänge. Darstellung des Mühlenwesens in Modellen in Abbildungen. Sammlung alter Mühlengegenstände.

Besichtigungszeiten: Dienstag–Samstag von 10–12 Uhr und 14.30–17 Uhr (in den Monaten Mai bis September); Sonntag 15–18 Uhr; Besuchergruppen nach Vereinbarung über Verkehrspavillon Pferdemarkt, ∅ (04941) 3180 und 4464.

Berumerfehn

Wald- und Moormuseum, Dorfstraße, 2981 Berumerfehn, ∅ (04936) 526 und 7104. Flora und Fauna von Wald und Moor. Lehrgarten, Forstlehrpfad.

Borkum

Inselmuseum Dykhus, Roelof-Gerritsz-Meyer-Straße, ∅ (04922) 1444 und 2162. Heimatmuseum. Geschichts-, Heimat- und Volkskunde der Insel Borkum. Tiere des Meeres und Vögel der Insel.

Besichtigungszeiten: vom 1. 5. bis 30. 9. täglich von 10–12 Uhr und von 15–18 Uhr; Montag und Sonntag nachmittags geschlossen.

Detern-Stickhausen

Museum Burg Stickhausen, Burgstraße, 2919 Detern-Stickhausen, ∅ (04957) 711 und 228. Naturkunde, Kulturgeschichte, Volkskunde des Ortes und der Umgebung. Handfeuerwaffen. Vogeleiersammlung.

Besichtigungszeiten: Montag bis Samstag 10–11 Uhr und 14–16 Uhr; Sonntag 14–18 Uhr.

Dornum

Bockwindmühle, An der Bahnhofstraße, 2988 Dornum, ∅ (04933) 476. Einzige Bockwindmühle in der Region.

Besichtigung auf Anfrage.

Emden

Ostfriesisches Landesmuseum und *Städtisches Museum* im Rathaus am Delft, Neutorstraße, 2970 Emden, ∅ (04921) 22588 und 87478. Sammlungen zur Kunst- und Kulturgeschichte Ostfrieslands und zur Entwicklung der Stadt Emden. Stadt- und Landesgeschichte, Kunst, Volkskultur, Münzkabinett. Berühmte Rüstkammer der Stadt Emden mit historischen Waffen, Rüstungen, Blank- und Feuerwaffen des 16. und 17. Jahrhunderts.

Besichtigungszeiten: Montag bis Freitag von 10–13 Uhr und von 15–17 Uhr; Samstag und Sonntag von 11–13 Uhr; geschlossen: Montags von Oktober bis Mai; 1. Mai, Himmelfahrt, Pfingstmontag, 17. Juni, Bußtag, Heiligabend, Silvester

Pelzerhaus, Pelzerstraße, 2970 Emden. Bürgerhaus von 1585 mit Ausstellung zum Alltagsleben und zur Hafengeschichte. Ganzjährig wie das Ostfriesische Landesmuseum geöffnet.

Museum Feuerschiff »Amrumbank«, Ratsdelft, 2970 Emden. Schiffahrtsgeschichtliches Museum mit intakten Maschinenanlagen und Amateurfunker-Raum. Ganzjährig wie das Ostfriesische Landesmuseum geöffnet.

Kunsthalle Emden. Kunst des 20. Jahrhunderts. Eröffnung voraussichtlich Dezember 1985.

Greetsiel

Zwillingsmühlen, 2975 Krummhörn-Greetsiel, ∅ (04926) 790.

Besichtigungszeiten: nach Vereinbarung.

Großefehn

Windmühle Ostgroßefehn, Kanalstraße Nord 82, 2962 Großefehn-Ostgroßefehn, ∅ (04943) 201-107 und 201-114. Windmühle mit Sammlung zur Ortskunde, Fehngeschichte und Moorkultivierung. Mit umfangreicher orts- und mühlengeschichtlicher Sammlung und alter Dorfschmiede ›Striek‹.

Besichtigungszeiten: Vom 1. 4. bis 30. 9. von 10–12 Uhr und von 14–18 Uhr sowie nach Vereinbarung.

Jever

Schloß- und Heimatmuseum, Schloß, 2942 Jever, ∅ (04461) 2106. Historische Räume des Schlosses. Berühmter Audienzsaal von 1564. Galerie der Landesherren aus dem

355

MUSEEN UND AUSSTELLUNGEN

Hause Anhalt-Zerbst. Sammlungen zur Ur- und Frühgeschichte des Jeverlandes, zur traditionellen Wohnkultur sowie zur ländlichen und stadtbürgerlichen Arbeit. Alte Werkstätten.

Besichtigungszeiten: März bis Dezember; Dienstag bis Samstag von 10–13 Uhr und von 15–17 Uhr; Sonntag von 11–13 Uhr und von 15–17 Uhr; Führungen nach Vereinbarung.

Juist

Küstenmuseum, 2983 Juist, ✆ (04935) 213. Sammlungen zur Meeresbiologie und Meeresgeographie, zur Frühgeschichte der deutschen Nordseeküste, zum Schiffahrts- und Fischereiwesen, zum Strandungs- und Rettungswesen, zur Erdgasgewinnung aus der Nordsee. Sonderausstellungen.

Besichtigungszeit: Mai bis September; Montag bis Freitag von 9–12 Uhr und von 14.30–18 Uhr; Samstag 9–12 Uhr

Leer

Heimatmuseum, Neue Straße 14, 2950 Leer, ✆ (0491) 2019. Sammlungen zur Naturkunde, Vorgeschichte, Wohnkultur und Kunst Ostfrieslands sowie zur Schiffahrt und Geschichte der Stadt Leer. Ernst-Petrich-Sammlung mit Gemälden und Grafiken.

Besichtigungszeiten: Montag bis Donnerstag von 10–12 Uhr; Sonntag von 11–12.30 Uhr

Marienhafe

Kirchenmuseum, Am Markt, 2986 Marienhafe, ✆ (04934) 5016. Im Störtebekerturm der Marienkirche aus dem 13. Jahrhundert historische Zeugnisse und Kunstwerke der ehemaligen Basilika.

Besichtigungszeiten: April bis September; Montag bis Samstag von 10–12 Uhr und von 14–17 Uhr; Samstag 14–17 Uhr

Neuharlingersiel

Buddelschiffmuseum, Am Hafen, 2943 Neuharlingersiel, ✆ (04974) 224. Sammlung von Schiffsmodellen aller Zeiten als Flaschenschiffe.

Besichtigungszeiten: April bis Oktober täglich 10–13 Uhr und 14–17.30 Uhr; Dienstag geschlossen

Norden

Heimatmuseum, Am Markt 36, 2980 Norden, ✆ (04931) 12892. Sammlung zu Küstenschutz, Deichbau, Handel und Gewerbe und zur Stadtgeschichte von Norden mit Wohnungseinrichtungen aus dem 18. Jahrhundert.

Besichtigungszeiten: März bis Oktober; Mittwoch und Freitag von 15–17 Uhr; Samstag von 10–12 Uhr sowie nach Vereinbarung.

Norderney

Fischerhaus-Museum, Im Wäldchen am Weststrand, 2982 Norderney, ✆ (04932) 2987. Das Alt-Norderneyer Fischerhaus beherbergt eine Sammlung zur Kultur der Inselfriesen und gibt Einblick in ihre Sitten, Gebräuche und Arbeitswelt. Auf Karten und Bildern wird die Entwicklung vom Fischerdorf bis zum heutigen Nordseeheilbad vorgestellt. Sammlung zur Geschichte der Fischerei.

Besichtigungszeiten: März bis September; Montag bis Samstag von 15–17 Uhr, Sonntag 10–12 Uhr.

Stadtarchiv, Rathaus, Friedrichstraße 31, 2982 Norderney, ✆ (04932) 405 und 406.

Sammlung zur Geschichte Norderneys und zu Seefahrt, Fischerei, Heimat- und Volkskunde der Ostfriesischen Inseln. Kartensammlung.

Pewsum

Ostfriesisches Freilicht-, Mühlen- und Burgenmuseum, Manningastraße 13–14, 2974 Krummhörn-Pewsum, ∅ (04923) 481 und 1828. Windmühle mit ostfriesischem Gulfhaus. Sammlung zu bäuerlicher Arbeit, ländlichem Handwerk, Deichbau und Mühlenwesen. Wasserburg mit ostfriesischem Mühlenmuseum.

Besichtigungszeiten: 15. Mai bis 30. September; Montag bis Donnerstag von 10–12.30 Uhr und von 14.30–16.30 Uhr; Freitag von 10–12.30 Uhr; Samstag von 15.30–17.30 Uhr

Rhauderfehn

Fehn- und Schiffahrtsmuseum, Rajen 5, 2953 Westrhauderfehn, ∅ (04952) 8030. Sammlung zur Fehn- und Moorbesiedlung, zum Leben und zur Kultur der Fehntjer, zur Schiffahrtsgeschichte und zur seemännischen Volkskunde.

Besichtigungszeiten: März bis September; Dienstag bis Samstag von 10–12 Uhr und von 15–17 Uhr; Sonntag von 15–17 Uhr; Führungen nach Vereinbarung.

Spetzerfehn

Holländerwindmühle, Postweg 5, 2962 Großefehn 8, ∅ (04943) 648.

Spiekeroog

Museum, Noorderpad 1 (Eingang Noorderloog), 2941 Spiekeroog, ∅ (04976) 204.

Besichtigungszeiten: April bis November täglich von 10–12 Uhr und von 15–18 Uhr; Führungen nach Vereinbarung.

Varel

Heimatmuseum, Neumarkt 3, 2930 Varel, ∅ (04451) 4761. Sammlungen zur Geschichte des Ortes und der Herrschaft Varel. Gaststätte ›Schienfatt‹.

Besichtigungszeiten: ganzjährig, Dienstag bis Sonntag 15–18 Uhr.

Varler Mühle, 2930 Varel. Holländer-Windmühle von 1847 mit Sammlung zur Windmüllerei.

Besichtigungszeiten: Mai bis Oktober; Mittwoch und Sonntag von 10–12 Uhr, ganzjährig Samstag 10–12 Uhr.

Wangerooge

Heimatmuseum, Gemeindeverwaltung, Peterstraße, 2946 Wangerooge, ∅ (04469) 425.

Besichtigungszeiten: in den Sommermonaten täglich 10–12 Uhr, 15–17 Uhr und 19–20 Uhr.

Weener

Grenzlandmuseum Rheiderland, Neue Straße 26, 2952 Weener, ∅ (04951) 2325. Sammlungen zur Vorgeschichte, Kulturgeschichte und Volkskunde des Rheiderlandes einschließlich Land- und Hauswirtschaft, Ziegelbrennerei und Handwerk, Trachten und Töpferei.

Besichtigungszeiten: ganzjährig, Dienstag, Samstag und Sonntag von 15–17 Uhr.

Westerholt

Kornwindmühle, 2981 Westerholt-Holtriem, ∅ (04975) 334.

Wilhelmshaven

Küstenmuseum, Rathausplatz, Cityhaus, 2940 Wilhelmshaven, ∅ (04421) 297460. Sammlungen zur Geologie und Siedlungsarchäologie des Küstengebietes sowie zur Schiffahrts- und Stadtgeschichte.

Besichtigungszeiten: Dienstag bis Freitag von 10–13 Uhr und von 15–18 Uhr; Samstag von 10–13 Uhr; Sonntag von 10–13 Uhr und von 15–18 Uhr.

Heinrich-Gätke-Halle der Vogelwarte Helgoland, An der Vogelwarte 21, 2940 Wilhelmshaven-Rüstersiel, ℘ (04421) 61800. Schausammlung des Instituts für Vogelforschung. Übersicht der Vogelwelt der Nordseeküste und die berühmte Sammlung von Heinrich Gätke.

Besichtigungszeiten: Dienstag von 9–13 Uhr; Donnerstag von 13–17 Uhr; Samstag von 9–16 Uhr.

Kunsthalle, Adalbertstraße 28, 2940 Wilhelmshaven, ℘ (04421) 41448. Städtische Kunstsammlungen, periodische Sonderausstellungen zur zeitgenössischen Kunst und monographische Ausstellungen.

Besichtigungszeiten: täglich von 10–13 Uhr und von 15–18 Uhr.

Wittmund

Heimatmuseum in der Peldemühle, Esenser Straße, 2944 Wittmund, ℘ (04462) 6182. Mühlenmuseum mit Sammlung zu Landwirtschaft und Handwerk im Harlingerland.

Besichtigungszeiten: 15. Mai bis 30. September Dienstag, Donnerstag, Freitag, Samstag von 15–18 Uhr.

Zetel-Neuenburg

Alte Rauchkate und Schloß, 2934 Zetel-Neuenburg, ℘ (04452) 291. Rauchkate mit Nebengebäude und Einrichtung.

Besichtigungszeiten: vom 15. Mai bis 15. September Sonntag von 16–18 Uhr; vom 15. Juni bis 15. September auch Mittwoch von 16–18 Uhr sowie nach Vereinbarung.

Literaturhinweise

Arends, Fridrich: Erdbeschreibung des Fürstenthums Ostfriesland und des Harlingerlandes, Emden 1824

Beutz, Hans: Rettung der Naturlandschaft jetzt, Göttingen o. J.

Bielefeld, Rudolf: Ostfriesland. Heimatkunde, Aurich 1924

Christophers, Ewald: Wor de Seewind weiht – Uns Leben unner Seils, Wilhelmshaven 1980

Christophers, Ewald: Der 6. Erdteil, Wilhelmshaven 1979

Eckardt, Emanuel/Reiser, Andrej: Ostfriesland, Bremen 1979

Eimers, Enno: Leer. 150 Jahre Stadtrecht, Leer 1973

Emmius, Ubbo: Friesische Geschichte (Übers. v. Erich von Reeken), Frankfurt 1982

Engelberg, Gerfried: Ständerecht im Verfassungsstaat. Dargestellt am Beispiel der Auseinandersetzung um die Rechte der landschaftlichen Repräsentanten Ostfrieslands mit dem Königreich Hannover, Berlin 1979

Engelberg, Günter/Ewen, Bruno: Des ersten Tod, des zweiten Not, des dritten Brot. Das Rhauderfehn in Vergangenheit und Gegenwart, Rhauderfehn 1969

Friedrich, Ernst Andreas: Naturdenkmale Niedersachsens, Hannover 1980

Groothuis, Rainer: Ostfriesland. Versuch einer Annäherung, Emden 1980

Haddinga, Johann: Das Buch vom ostfriesischen Tee, Leer 1979

Hasbargen, Edzard/May, Antje: Norden. Das grüne Tor zum Meer, München 1979

Kaufmann, Walther: Die Orgeln Ostfrieslands, Aurich 1968

Kisch, Egon Erwin: Reportagen von der Seefahrt, Oldenburg 1979

Kramer, Johann: Sturmflut 1962, Norden 1967

Lengen, Hajo van: Geschichte des Emsigerlandes vom frühen 13. bis zum späten 15. Jahrhundert, Aurich 1976

Lüpkes, W.: Ostfriesische Volkskunde, Emden 1925

Noah, Robert: Die mittelalterlichen Kirchen des Harlingerlandes, Aurich 1969

Ostfriesland GmbH (Hrsg.): Ostfriesland-Reiseland – Ostfriesland Ferienland, Norden 1981

Perizonius, H. F. W.: Geschichte Ostfrieslands, Bde. 1–4, Weener 1868–1869

Pohl, Eberhard: Backsteinbauten in Ostfriesland und Jeverland, Oldenburg 1980

Poppinga, Onno: Ostfriesland, Biographien aus dem Widerstand, Frankfurt 1978

Rack, Eberhard: Große Wanderwege zwischen Ems und Jade, Rhauderfehn 1979

Rack, Eberhard: Besiedlung und Siedlung des Altkreises Norden, Aurich 1967

Rat von Sachverständigen für Umweltfragen (Hrsg.): Umweltprobleme der Nordsee, Stuttgart 1980

Reinhard, Werner/Wilts, Heinz-Dieter: Jugendarbeitslosigkeit und Ausbildungssituation, Leer 1981

Schmidt, Heinrich: Politische Geschichte Ostfrieslands (= Bd. V »Ostfriesland im Schutze des Deiches«), Leer 1975

Schoolmanns, Pioniere der Wildnis, Aurich o. J.

Siebels, Gerhard: Führer durch Ostfriesland und seine Seebäder, Leer 1951

Siebels, Gerhard: Zur Kulturgeographie der Wallhecke, Leer 1954

Smid, Menno: Ostfriesische Kirchengeschichte (= Bd. VI »Ostfriesland im Schutze des Deiches«), Leer 1974

Wiechers, Karl-Heinz: Ostfriesland. Küste und Inseln auf historischen Postkarten und Photographien, Norden 1980

Wildvang, Dodo: Die Geologie Ostfrieslands, Berlin 1938

Raum für Reisenotizen

Anschriften neuer Freunde, Foto- u. Filmvermerke, neuentdeckte gute Restaurants, etc.

Abbildungsnachweis

Schwarzweiß-Photographien 1 bis 108 sowie die Farbtafeln 8, 16, 18, 24, 30, 31, 32, 35, 37 bis 50: Hans-Bernd Rödiger, Friedeburg; Farbtafeln 1, 2, 5, 6, 7, 9, 10, 14, 17, 21, 22, 34: Werner Otto, Oberhausen – dem Andenken an seine Frau Monika gewidmet; Farbtafeln 3, 4, 11, 12, 13, 15, 19, 23, 25, 27, 28, 29, 33, 36: Manfred W. Hardt, Schauenburg; Farbtafeln 20, 26: Gerhard Kerff, Hamburg.

Abbildungen im Text: S. 19, 24, 29, 36, 40, 68, 88, 92, 96, 100, 134, 137, 196, 198 oben, 201, 202, 203, 205, 210 unten, 213, 214, 218 rechts, 232, 235, 240, 257 oben, 258, 259, 264, 282 unten, 286, 287, 288, 296, 301, 321, 329, 342: Ostfriesische Landschaft, Aurich; S. 12, 16, 32, 46, 66, 74, 280, 281: Ostfriesisches Landesmuseum, Emden; S. 110, 130, 135, 194, 197, 219, 229, 239 unten, 270, 292, 294 unten: Dr. Robert Noah, Aurich; S. 142, 198 unten, 239 oben, 275, 278, 282 oben, 325; Verlag Burkhart Krebs, Emden; S. 89, 91, 215, 225: Verlag Risius, Weener; S. 153, 158, 220, 226: Edelgard und Wolfgang Fröde, Erkelenz; S. 94, 97, 298: Johann Kramer, Aurich; S. 140, 257 unten, 295: Verein für Heimatschutz und Heimatgeschichte, Leer; S. 145, 218 links, 271 rechts: Verlag Friedrich Brandstetter, Leipzig; S. 86, 265, 267: Verlag Schuster, Leer.

Ortsregister

Accum   294
– Kirche   294
Accumersiel   102
Ackumer Ee   335
Altfunnixsiel   228, 353 *(Farbt. 21)*
– Windmühle   228
Amdorf   143 *(Farbt. 17; Abb. 23)*
– Kirche   143
Ammerland   152
Amsterdam   34, 216, 278
Antwerpen   34, 211
Arle   200
– Kirche   200 *(Farbt. 34)*
Auerstädt   73
Aurich   9, 19, 20, 21, 30, 42, 65, 69, 70, 73, 78,
   80, 81, 82, 85, 104, 105, 112, 131, 154, 156,
   160, 193, 206, 208, 209 ff., 236, 263, 341, 350,
   353, 354 *(Farbt. 9, 10, 39; Abb. 31–34; S. 210,*
   212, 214)
– Kirche   209 f. *(Farbt. 37; Abb. 29)*
– Schloß   211 *(Abb. 30; S. 213)*
– Windmühle   212, 354 *(Abb. 35)*
Austerlitz   73

Backemoor   145
– Kirche   145 *(Abb. S. 145)*
Bad Zwischenahn   152
Bagband   154
– Kirche   154
– Windmühle   154
Baltrum   331 ff., 335, 343, 344, 350 *(Abb. 88;*
   S. 332, 333)
– Alte Kirche   331
Bangstede   206
Bant   290
Basel   41
Bedekaspel   195, 204, 353

– Kirche   204
Belgien   295
Beningaburg   217, 221 *(Abb. 41)*
Bensersiel   223, 336, 343, 350, 353 *(Abb. 46)*
Berum   200 *(Abb. 40)*
– Burg Berum   200
Berumerfehn   199
Bingum   109, 350
Blandorf   200
Boekzetelerfehn   160, 193
Boekzeteler Meer   106, 160, 351
Boen   132
Böhmerwold   129
Borkum   228, 261, 277, 299, 300 ff., 343, 344,
   350 *(Farbt. 43, 44; Abb. 82, 84; S. 302,*
   303)
– Leuchtturm   300 ff. *(Abb. 82)*
Brandenburg   48
Brinkum   152
Brookmerland   15, 20 f., 22, 195 ff.
Breinermoor   145 f.
Bremen   18, 22, 37, 103, 233, 285,
   329
Burhafen   230
Burlage   148
Bunde   109, 112, 129, 130 f., 132
   (Abb. S. 131)
– Martinskirche   130 *(Abb. 1, 2)*
– Windmühle   130
Bunderhee   129
– Windmühle   129
– Gulfhäuser   129
– Steinhaus   129
– Orgelakademie   129
Butjadingen   24 ff.
Buttforde   229
– Kirche   229 *(Abb. 45; S. 229)*

Campen 273
– Kirche 273
Canum 268
Carolinensiel 227 ff., 351, 353 (Abb. 47, 50, 51)
– Windmühle 227
Charlottenpolder 131
Christiansburg 293
Cirkwehrum 267
Collingshorst 144, 152
Critzum 111

Dänemark 30, 285
Dangast 293, 352
Delft 275 f., 283 (Abb. S. 79)
Delfzijl 104
Detern 22, 143, 144, 350
– Kirche 144
Deutsche Bucht 107
Diedenshausen 41
Diele 136
Dielerheide 135, 136
Ditzum 109, 111, 112, 194 (Farbt. 27; Abb. 10)
Ditzumerhammerich 129
Ditzumerverlaat 129, 131
– Windmühle 129
Dobbe 199
Dokkum 138
Dollart 92, 95, 104, 106, 109, 112, 129, 130, 131, 263, 273, 284, 351
– Hafen 284
Dornum 78, 199, 207, 217, 230, 233, 297 (Farbt. 20; Abb. 41, 42)
– Schloß 78, 217 (Abb. 42, 43; S. 218)
– Kirche 217, 219 (Abb. 44; S. 219)
Dornumersiel 102, 222, 350, 353
Dortmund 329
Dortmund-Ems-Kanal 82, 351
Driever 149
Dyksterhusen 112

Edenserloog 228
Egels 208
Eilsum 266, 271
– Kirche 266
Elisabethgroden 291
Emden 20 ff., 30 ff., 68 ff., 83, 85, 101, 104, 112, 146, 150, 158, 160, 193, 194, 204, 205, 216, 236, 263, 264, 274, 275 ff., 343, 344, 350, 351, 353 (Farbt. 8; Abb. 71–79; S. 31, S. 38, S. 275)

– Kirche 279, 283 (Farbt. 31, 32, 38; Abb. S. 282)
– Windmühle 158 (Abb. 81)
– Hafen 276 (Abb. 75)
– Rathaus 276 (Abb. 78, 80; S. 278)
Ems 20, 23, 26, 70, 77, 104, 109, 110, 112, 132, 135, 136, 137, 138, 148, 149, 151, 194, 276, 300, 351 (Farbt. 24; Abb. 11)
Engerhafe 195, 203
– Kirche 195, 203
England 68, 70, 72, 73, 75, 77, 329
Eschen 78
Esklum 149
Etzel 156
Ems-Jade-Kanal 81, 85, 144, 151, 193, 206, 208, 350, 351, 353
Esens 27, 65, 84, 85, 155, 156, 199, 224, 225, 230, 231 ff., 236 f., 351, 353 (Farbt. 5; Abb. S. 231)
– Kirche 65, 231 (Abb. S. 232)
– Rathaus 232
Essen 329
Eversmeer 199, 234
Ewiges Meer 102, 199, 234 (Farbt. 18)

Felde 208
– Windmühle 208
Firrel 152, 154
Fischhausen 292
– Burg 292 (Abb. 96)
Flachsmeer 148
Flinthorn 336
Forlitz-Blaukirchen 175, 204
Frankfurt 78, 79, 329
Frankreich 70, 72, 73
Freepsum 268
Friedeburg 27, 155, 156 (Abb. S. 156)
Friesenborgsche Mühle 198
Friesische Wehde 285 ff.
Frouwe-Johanna-Mühle 158, 283 (Abb. 81)
Fulkum 233
– Windmühle 233

Gandersum 194
Genf 37, 41
Georgsfehn 151
Georgsfeld 206
Georgsheil 203, 204, 263
Gödens 297 (Abb. 98)

ORTSREGISTER

Göttingen 268
Goslar 75
Greetsiel 21, 22, 23, 30, 34, 37, 48, 102, 260,
269, 271 ff., 350, 352, 353 *(Farbt. 7, 23; Abb.
67–69; S. 271, 272)*
– Windmühle 271
– Kirche 272
Greune Stee 300
Grimersum 266
– Kirche 266
Groningen 21, 25 ff., 35, 40, 104, 130,
131, 134
Groothusen 269
Großefehn 71, 158 ff., 208, 351
– Windmühle 158
Großer Schloop 335
Großes Meer 100, 195, 204, 351, 352
(Farbt. 41)
Großheide 199
Groß-Holum 225
Groß-Nidlum 68, 268
Grotegaste 149
– Burg 269
Gut Stikelkamp 152, 154
Gut Wichhusen 267

Haag 42
Habsburg 30
Hage 201, 230
– Kirche 201 *(Abb. 54)*
– Windmühle 201
Halbermond 199
Halte 136
Hamburg 18, 22, 23, 25, 103, 193, 329
Hammersee 322
Hannover 68, 70, 154, 213, 289, 326,
329
Harle 344
Harlesiel 228, 230, 342, 343, 351, 353
Harlinger Land 10, 15, 24, 25, 27, 28, 217 ff.,
235
Haselünne 266
Hatshausen 160
Hatzum 111
Hauen 273
Hauener Hooge 272 f.
Hauptfehnkanal 144, 147
Haxtum 206, 212
Heinitzpolder 112
Helgoland 196, 342

Heppens 290
Herborn 41
Hesel 152 *(Farbt. 16)*
Hieve s. Kleines Meer
Hildesheim 75
Hilkenborg 149
Hinte 263 f., 271
– Burg 267 *(Abb. 61/62, S. 267)*
– Kirche 267
Hohenkirchen 292, 294
– Kirche 292 *(Abb. 95, S. 292)*
Hohenstiefersiel 292
Holland 45, 68, 73
Hollen 151
Hollsand 152, 155
Holte 146
Holtgast 253
Holthusen 135
Holthuserheide 134
Holtland 152
Holtriem 233, 234
Holtrop 208, 233
– Kirche 208
Hooksiel 291 f., 351
– Rathaus 292
Hookwieke 160
Horsten 155
– Windmühle
Horumer Siel 291 f., 351, 353
Huve 195

Idafehn 148
– Windmühle
Ihlow 206, 207, 208, 211
Ihlowerfehn 207, 208
Ihlower Forst 100, 207
Ihrhove 146, 149 f.
– Kirche 149
Ijsselmeer 26
Iowa 219
Itzen 134

Jade 25, 104, 278, 351
Jadebusen 92, 95, 107, 144, 227, 285, 290, 292
296, 341, 342
Janus 324
Jelsgaste 134
Jemgum 27, 109, 110, 351 *(Abb. 7)*
Jena 73
Jennelt 266

– Windmühle   266
Jever   9, 10, 20, 24, 25, 27, 28, 73, 228, 230, 236, 285 ff., 294, 342 *(Abb. 103, 104, 105, 108; Abb. S. 286, S. 289)*
– Windmühle   290
– Schloß   290 *(Abb. 106, 107; Abb. S. 288)*
Jeverland   9, 15, 28, 73, 74, 235, 285 ff., 341
Jümme   141, 142, 143, 144, 151, 350
Juist   94, 321 ff., 343, 344, 352 *(Abb. 83, Abb. S. 321, S. 322, S. 323)*
– Kirche   322
– Museum   322

Kiel   83
Kirchborgum   136
Kirchdorf   208
Kirchloog   206
– Kirche   206
Kleines Meer   204
Kloster Barthe   152
Klostermoor   148
Knock   104, 284
Knockster Tief   274
Köln   41
Königgrätz   80
Krummhörn   15, 21, 81, 98, 106, 198, 205, 263 ff.

Landschaftspolder   131
Langenwalza   80
Langeoog   334 ff., 343, 352 *(Abb. 89, 90, 91; Abb. S. 334, 335)*
Langholt   148
Langholter Meer   148
Lauwers   19
Leda   136, 137, 138, 141 ff., 350
– Zugbrücke   144
Leegmoor   207
– Windmühle   207
Leer   21, 22, 40, 44, 77, 78, 80, 82, 84, 85, 101, 104, 109, 131, 132, 134, 136, 137 ff., 143, 149, 152, 154, 160, 193, 236, 352, 353 *(Abb. 15, 17, 19, 21, 22, Abb. S. 137, S. 142)*
– Kirchen   138, 139 *(Abb. 12, 14)*
– Burg   139 *(Abb. 16, 20)*
– Rathaus   139
– Haus Samson   139 *(Abb. 13, 18)*
Leerort   23, 25, 30, 68, 70, 136, 149 *(Abb. 11)*
Lengener Meer   155 *(Abb. 27)*
Leybucht   81, 95, 98, 100, 106, 195, 263, 272

Leybuchtpolder   272 *(Farbt. 40)*
Lingen   75
Loga   141
– Schloß Philippsburg   141
Logabirum   142, 152, 353
– Windmühle   152
Logabirumer Wald   142
Loppersum   20, 263 f.
– Kirche   263
Loquard   273
– Kirche   273
Lübeck   160
Lütetsburg   202 *(Farbt. 11; Abb. 38, 39, Abb. S. 201, 202, 203)*

Manslagt   269, 272
– Kirche   269
Marcardsmoor   350
Marienchor   129
Marienhafe   42, 195 ff., 352
– St. Marien   195 *(Farbt. 30, Abb. 64, Abb. S. 197, 198)*
Marx   155
– Kirche   155
Mellum   292, 342
Memmert   271, 324
Midlum   110
– Kirche   110 *(Farbt. 33)*
Minsen   291
Mitling-Mark   135, 149
– Windmühle   149
– Kirche   149
Mitte-Großefehen   158 f.
Möhlenwarf   132
Moormerland   151 ff., 195
Moordorf   205 f.
Moorhusen   205
– Windmühle   205
Münkeboe   205
Münster   44, 77, 136, 150

Neapel   20
Neermoor   193
– Kirche   193
Nendorp   111
Nenndorf   234
Nesse   140, 217 *(Abb. 22)*
– Kirche   221 *(Farbt. 36)*
Nesseland   278
Neßmersiel   221 f., 331, 343

365

ORTSREGISTER

Nettelburg 143
Neuburg 143
Neudorf 155
Neuenburg 155, 295
– Schloß 295 *(Abb. 102)*
Neuende 290
Neufirrel 152, 154
Neuharlingersiel 224f., 338, 343, 352, 353, 356
(Farbt. 22, Abb. 49, 52)
Neuschanz 131
Neustadtgödens 296f. *(Abb. S. 296)*
– Kirche 296
Niederlande 26, 27, 29, 30, 34, 35, 37, 40, 41,
45, 48, 71, 73, 104, 131, 138, 140, 283
Niedersachsen 85, 86, 104, 109, 263, 273
Nieuweschanz 131
Norddeich 102, 105, 238ff., 260, 263, 322, 330,
331, 343, 344, 352, 353, 354 *(Farbt. 42)*
– Windmühle 260
Norddeich-Radio 261 *(Abb. 58)*
Nordeck 200
Norden 20, 23, 34, 37, 40, 44, 80, 82, 194, 203,
217, 238ff., 263, 264, 252, 253, 254 *(Farbt. 6,
Abb. 55, Abb. S. 259, 261)*
– Kirche 238f. *(Abb. 56, 57, 59, S. 239)*
– Rathaus 256
– Marktplatz *Abb. S. 259*
Norderburg 217f., 221
Norderney 261, 298, 325ff., 333, 343, 344, 352
(Abb. 85, 86, 87, S. 325, 326, 327, 329)
– Windmühle 328, *Abb. 85*
– Kurhaus 327
Norder-Nye-Oog 325
Nordgeorgsfehn 151
Nordgeorgsfehn-Kanal 144, 151, 155, 350

Ochtersum 233
– Kirche 233
Oggenbargen 233
Oldenburg 9, 23, 24, 26, 27, 28, 134, 155, 160,
216, 285f., 341
Oldendorf 152
– Großoldendorf 152
– Windmühle 152
– Kleinoldendorf 152
Oldersum 193, 195, 351
Oltmannsfehn 155
Österreich 70, 72, 73, 80
Östringen 14
Osnabrück 44, 216, 329

Osteel 199
Osterburg 267 *(Abb. S. 267)*
Ostdorf 331
Osterende 325
Ostrhauderfehn 147
– Windmühle 147
Osterhusen 20, 42, 268
Ostersander 208
Ostgroßefehn 63, 158, 160
– Mühlenmuseum 63 *(Abb. 28)*
– Windmühle 160
Ottermeer 157
Overledingerland 135, 141, 143ff., 195

Papenburg 109, 136, 148
Paris 72
Peldemühle 227
Petkum 112, 194
– Kirche 194 *(Abb. S. 194)*
Pewsum 227, 268f. *(Farbt. 13, Abb. 60, 63)*
– Wasserburg 268
– Windmühle 268
– Kirche 269
Piepster Hammrich 149
Pilsum 269f., 273 *(Farbt. 26, Abb.65, 66)*
– Kirche 269, *Abb. S. 270*
Plytenberg 138
Pogum 109, 111, 112, 129, 194, 352
Potshausen 144 *(Farbt. 15)*
Preußen 68ff., 85, 139, 200, 213, 222, 227, 290

Radbodsberg 230
Rahe 206
Remels 151, 152
– Windmühle 151
– Kirche 151
Resterhafe 199
– Kirche 199
Rhein 80, 82, 85, 103
Rheine 150
Rhaude 144, 152
Rhauderfehn 144, 146ff.
– Windmühle 147
Rheiderland 10, 25, 44, 81, 109ff., 194, 205, 264, 352
Ridding 207
Riedschläger 204
Riepe 195, 206, 207 *(Abb. 36)*
– Kirche 207
Rorichum 193
– Kirche 193

Rostock   37
Rügen   75
Rüstringen   201, 290
Rüttelerfeld   155
Ruhr   80, 82, 85, 103
Rußland   70, 73
Rysum   273
– Kirche   273 *(Farbt. 28)*
Rysumer Nacken   104, 106, 263, 274, 284

Sachsen   11, 25
Sandhorst   206
Sandwater   207
Schillig   291, 351, 353
Schinkenburg   228
Schoonorth   264 *(Abb. 70)*
Schortens   294
Schweden   30
Seeland   45
Seriem   225 *(Abb. S. 225)*
Sibetsburg   290
Sielmönken   268
– Kirche   268
Sillenstede   294
– Kirche   294 *(Abb. S. 294)*
Simonswalde   207
Spanien   41, 42, 43
Spezerfehn   158
– Windmühle   158
Spiekeroog   337 ff., 342, 343, 352 *(Farbt. 45, 46,*
   49, Abb. S. 338, 339)
– Kirche   337 *(Abb. 93)*
– Strandfriedhof   337
Spolsener Moor   155
Stapeler Moor   155
Stapelmoor   135
– Kreuzkirche   135 *(Abb. S. 135)*
– Spenningaburg   135
Stapelmoorheide   134, 135
Steenfelde   149
Stickhausen   26, 30, 143, 144, 146, 151, 350
– Burg   146 *(Abb. 25)*
Störtebekertief   196
Strackholt   158
– Kirche   158
Stralsund   75
Strudden   155
Südarle   200
Süderneuland II   199
Süd-Georgsfehn   151

– Windmühle   151
Suurhusen   264
– Kirche   264

Tannenhausen   206
Tannhausermoor   205
Terborg   193
Theene   204
Tichewart   132
Timmel   71, 160, 354
– Kirche   160
Tjüche   198

Uiterpauwinge   112
Upgant-Schott   22, 198
Uplengen   10, 26, 151 ff.
Upleward   354
Utarp   233
Utarper Börg   233
Uthwerdum   205
Uttum   266
– Windmühle   266
– Kirche   266

Varel   155, 293 f., 352 *(Abb. S. 294)*
– Kirche   293 *(Farbt. 50; Abb. 99, 100)*
– Windmühle   293
Velde   143
Vellage   136
Victorbur   195, 205
– Kirche St. Victor   205
Völlen   149
Völlnerfehn   148
– Windmühle   148
Völlnerkönigsfehn   148
Voßbarg   157

Wallinghausen   208
Wangerland   10, 20, 285 ff. *(Abb. S. 293)*
Wangerooge   9, 10, 94, 228, 340 ff., 343, 344,
   353 *(Farbt. 48; Abb. 94, S. 340, 341, 342)*
– Aussichtsturm   342
Warnsath   230
Warsingsfehn   193
Weene   208
– Kirche   208
Weener   109, 129, 130, 132 ff., 236, 353, 354
   (Abb. 4, 5, 6, S. 132, 133)
– St. Georgskirche   133 *(Farbt. 29; Abb. 3)*
– Friesenbrücke   134

367

ORTSREGISTER

Werden an der Ruhr   132
Werdum   228
– Windmühle   228
– Kirche   229
Weser   19, 25, 26, 144, 206, 342
Weser-Ems-Bezirk   216
Westdorf   331
Westeraccumersiel   223
Westerbur   223
Westerende   200, 206
Westerende-Kirchloog   206 *(Abb. 37)*
Westerholt   233 f.
– Kirche   234
Westerhusen   268
– Kirche   268
Westermoordorf   199
Westersander   208
Westerstede   152
Westfalen   80, 81, 85
Westgaste   260
West-Großefehn   158, 160
– Windmühle   158
Westrhauderfehn   146 f. *(Farbt. 1; Abb. 24)*
– Windmühle   147
Westoverledingen   135, 146, 149
Wiegboldsbur   204
– Windmühle   204
– Kirche   204

Wien   23, 45
Wiesede   156
Wiesederfehn   156
Wiesens   208
– Kirche   208
Wiesmoor   84, 155, 208, 354 *(Abb. 26)*
Wilhelmsfehn   158
Wilhelmshaven   20, 81, 103, 107, 155, 236,
   290 f., 294, 342, 344, 350, 353, 354 *(Abb. 97,
   S. 291)*
Winschoten   131
Wittmund   84, 152, 154, 206, 217, 228, 230,
   235 ff. *(Abb. S. 235, 236)*
– Schloß   237
– Kirche   237
Woltzeten   269
Woquard   269
– Windmühle   269
Worpswede   279
Wrisse   132
Wymeer   132

Zander   143, 204
Zerbst   288
Zetel   296
– Kirche   296 *(Abb. 101)*
– Windmühle   296
Zuidersee   25, 26, 206

Personen- und Sachregister

Aal   101, 111, 143, 204
Abdena   20, 21
– Hisko   21, 22
Afrikanische Handelskompanie   48
Albrecht von Bayern   20
Albrecht von Sachsen-Meißen   25
Allard, C.   46, 47, 278
Allena, Folkmar   20, 21
Althusius, Johannes   37 ff., 65 *(Abb. S. 40)*
Alting, Menso   34, 35, 36, 37, 40 *(Abb. S. 36)*
Anhalt-Zerbst, Fürsten von   287 f.
Anton von Oldenburg   27
Appelle, Heinrich Bernhard von dem   68
Appelle-Krieg   68
Asega   14
Attena   217, 231
– Hero   217
– Siebet   232, 237
Augsburger Religionsfrieden   30
Auricher Vergleich   48
Auricher Landtag   36 f., 42, 72
Austernfischer   94, 100, 204

Backhuizen, Ludolf   279
Bacmeister, Georg   80
Badekarren   330 *(Abb. S. 329)*
Balgen   93
Barsch   101, 143
Baseler Frieden   72
Beestmarkt   262
Behrens, Peter   290
Bellona   211
Benediktiner   193, 207
Bentheim, Albrecht von   289
Berghaus, Jann   83, 84
Bernhard II.   14
Berumer Vergleich   28, 235

Bestiarien   197 f. *(Abb. S. 198)*
Bildersturm   34
Bischof von Münster   18, 21, 23, 24, 25, 26, 195, 451
Bischof Wolfram   230
Bismarck, Otto von   80, 81, 290
Bleßhuhn   204
Blücher, Marschall von   *Abb. S. 210*
– Katharina Amalie von   *Abb. S. 210*
Blutwurz   200
Bockwindmühle   207, 217, 221, 225, 227 *(Abb. S. 220)*
Böhmischer Ständeaufstand   43
Bogenmakers   346
Bohlen, Heyo   154
Bohntjesopp   349
Bonifatius   138
Borries   80
Boßeln   345
Bosse, Carl Ferdinand   202
Botter, Brod un Kees   206
Brahe, Tycho   199
Brasse   101, 143, 204
Bredel, Willi   197
Brenneysen, Enno Rudolf   65, 68
Brons, Ysaak   78, 80, 83
Buchtenwatten   92
Buddelschiffmuseum   224, 356
Bügel, Caspar Heinrich   69, 70
Bürgerliche Revolution   78
Buhnen   321, 337 *(Abb. S. 94)*
Burgund   26, 27, 28
Bussard   101

Calvinisten   30 ff.
Campingplätze   353
Catharina von Schweden   30

369

PERSONEN- UND SACHREGISTER

Cirksena, Familie 21 ff., 34, 35, 42, 45, 48, 65, 68, 69, 72, 139, 200, 213 ff., 235, 268, 272
– Anna 29, 30
– Carl Edzard 68, 69, 139
– Christian Eberhard 48, 65
– Christine Charlotte 44 ff., 139, 200
– Edzard 22, 23
– Edzard I. (d. Große) 23 ff., 140, 286 *(Abb. S. 24)*
– Edzard II. 30, 34, 35, 37, 40, 200, 268
– Enno I. 21, 22
– Enno II. 23 ff.
– Enno III. 20, 35, 36, 37, 42, 43, 208
– Enno Ludwig 44
– Georg Albrecht 65, 68
– Georg Christian 44
– Johann 27 ff.
– Johann II. 30, 40
– Juliane 44
– Rudolf Christian 43
– Theda 24
– Ulrich I., Graf v. 22, 23, 200
– Ulrich II. 43, 44, 193, 214, 259
Closter, Gerhard von 221
Closter, Hero Joachim von 219
Code Napoleon 73
Colonellen 35
Crayers, Egbert 259
Cröpelin 155, 156, 200, 204, 206, 219, 232

Deich 90, 93, *95 ff.*, 112, 129, 273 *(Abb. 60; S. 97)*
-acht 95
-bau 20, 84, 95 ff.
-bauer 93, 97
-richter 95
-schau 95, 112
Deich- und Entwässerungsverbände 20
Dekret von Rambouillet 73
Departement de l'Ems oriental 73 *(Abb. S. 74)*
Deutscher Zollverein 77, 80
Dieksticker 273
Doornkaat Koolman, Jan ten 259
Dreißigjähriger Krieg 43, 44, 266
Dünen 93, 94, 324 *(Abb. S. 100)*
– weiße 93
– graue 93
-schutz 324
Eigenerfden 18

Emder Heringsfischerei-Gesellschaft 71
Emder Revolution 35
Emmius, Ubbo 37 ff., 65, 110, 148, 195, 259, 271, 278, 359 *(Abb. S. 40, 66, 67)*
Endje van de Wereld 109, 112
Erdholländer 228, 229
Erdmanntjes 138
Erzbischof Adalbert von Bremen 14, 21
Eucken, Rudolph 214
Evenburg 141
Evers, Edo 199

Faber, Martin 278, 279
Fabricius, David 199, 278 *(Abb. S. 12, 16)*
Fabricius, Johann 199
Fährverbindungen 343
Fasane 100
Fehn- und Schiffahrtsmuseum 147 *(Abb. 24)*
Finalrezeß 44
Fischreiher 204
Floris, Cornelius 288
Flugverbindungen 344
Fontane, Theodor 196 f.
Fräulein Maria 28, 286 *(Abb. S. 287)*
Französische Revolution 41, 72
Fredo 29
Freilichtbühne 157
Freilichtmuseum 295
Friedrich, Ernst Andreas 359
Friedrich Wilhelm von Brandenburg 48, 274
Friedrich II. von Preußen 68 ff., 80, 139, 146, 200, 205, 213, 222, 272, 274 *(Abb. S. 69)*
Friedrich Wilhelm IV. von Preußen 79
Friesenbrücke 134
Friesische Freiheit 11 ff., 18, 21, 40, 41, 42, 43, 48, 76, 78, 206
Fürst von Ostfriesland 68

Galerieholländer 110, 130, 132, 135, 142, 149, 151, 154, 155, 158, 159, 198, 204, 207, 208, 212, 201, 221, 225, 228, 233, 234, 237, 260, 271, 290, 293, 328 *(Abb. S. 153)*
Gallimarkt 140 *(Abb. 21)*
Garrelts, Rudolph 238
Geest 42, 77, 80, 89 f., 102, 132, 140, 145, 146, 195, 204, 285
Geise 112
Geldern, Karl von 26, 28
Generalstaaten 34 ff., 42 ff., 68
Germanen 206

Geusen 34
Graf von Norden 23
Graf von Ostfriesland 23, 325
Grafen von Geldern 235
Granat 102, 348
Greifvögel 100, 101
Großer Kurfürst 48, 68
Großes Logierhaus 327
Großsteingrab 206
Grotian, Valentin Ulrich 194
Grünkohl 347
Gulfhaus 107, 129, 132, 135, 154, 264 ff. *(Abb.*
  S. 264, S. 265)

Haagischer Vergleich 37, 42, 45
Habicht 101
Habsburger 26, 34, 80
Häfen 350 ff.
Häuptlinge 19–24, 30, 138, 233, 266
Hane, Joest 138
Haneburg 138
Hannover, Ernst August von 76
Hannover, Georg V. von 80, 151, 211, 326
Hannoverscher Vergleich 48
Hanse 18, 160
Harderwykenburg 138 *(Abb. 16)*
Harlda, Hayo 285
Hasen 94, 100
›hauding‹ 19
Haus Samson 39 *(Abb. 13, 18)*
Hecht 101, 143, 204
Heckel 293
Heerfolge 11
Heine, Heinrich 326, 332
Heinrich der Löwe 14
Hektor, Enno 218
Hensmann 111
Hering 102
Herzog von Brabant 28
Herzog von Braunschweig-Lüneburg 26
Herzog von Württemberg 45
Hesse, Hermann A. 134
Heuler 260
Heydecke, Johann Friedrich 146
Hinrichs, August 157
Hitler 84
Höckerschwan 193
Höger, Fritz 290
Hofgericht 31, 70
Hohenzollern 48, 68, 76, 80

Holländischer Krieg 45
Hollerbeck, Johanna Sophia 297
Holy, Gerd von 198, 221
›hovetlinge‹ 19
Hubertusburger Frieden 71
Hufenfluren 15
Hugen, Jan 222

Ibeling, Ahlrich Weyers 146
Igel 94
Inn- und Knyphausen, Edzard von
  82, 203
Inn- und Knyphausen, Tido von 295
Inseln 91, 92, *93 f.,* 99, 102, 105, 298 ff.

Johanniter 148, 149, 193
Jugendherbergen 353
Jäte-Kinder 265
Jann-Hinnerks-Hügel 208
Janssen, Jan 279
Janssen, Wille 146
Jan und Hinnerk 157
Junker Balthasar 27

Kabeljau 102
Kaiserin Katharina II von Rußland 287
Kaiser
– Friedrich III 23, 24
– Karl V. 29, 30, 34
– Karl VI. 65
– Leopold I. 68
– Leopold II. 45, 48
– Maximilian 26, 27
– Rudolf II. 30, 31
– Wilhelm II. 82, 203
Kanalpolder 112
Kaninchen 94, 100
Karl der Große 11, 18
Karpfen 143, 204
Kastenbuhne 94 *(Abb. S. 94)*
Katholiken 28 ff.
Kaulbach, Friedrich 297
Kelten 206
Kepler, Johannes 199
Kiebitz 99, 100
Kisch, Egon Erwin 359
Klee, Paul 333
Klootschießen 345
König Maximilian 24, 25
König Radbod 233

371

PERSONEN- UND SACHREGISTER

Kohlfahrt 347
Kohlkönig 347
Kokermühle 207
Kolonisten 71, 72, 77, 81, 87, 88, 143, 148
Konkordaten 36, 42
Kontinentalsperre 73
Korsetter 88
Krabben 102, 222, 348
Kreiher 101
Kroder 88
Krüger, Christian 292
Küren 15
Küstenschutz 14, 92, 95 ff., 129, 142, 273
Kurfürst von Hannover 68

Labskaus 347
Lahnung 96
Landesgemeinden 14, 15, 19, 20, 21, 22, 72
Landrechte 18
Landwirtschaftlicher Verein 80
Leege, Otto 324
Lentz, Daniel 70
Leuchttürme 94, 271, 300, 329, 341 (Abb. 82)
Likedeeler 195 f.
Liudger 11, 138
Lotsen 301 (Abb. S. 301)
Ludwig Bonaparte 73
Lüpkes, Wiard 230, 299, 359
Lütetsburg 202
Lutheraner 28 ff.

Mahrenholz 44
Manninga 268 f.
– Haiko 268, 269
– Theta 269
Mann, Thomas 263
Mansfeld, Ernst von 43, 228
Marienglocke 288
Marquis de Conflans 70
Marcellusflut 95, 112, 272
Marsch 42, 77, 81, 89, 90 f., 93, 102, 109, 132, 195, 204, 263, 264
Marschalck, von 80
Marschbauern 43
Marschhof 266
Mausoleum 214
Meckenborg, Adda van 269
Mennoniten 140, 296

Meyer, Conrad Bernhard 209
Mischwatt 93
Mönck, Heinrich 154
Mönk, Jürgen 152
Möwen 99 f., 329
Molenaer, Klaes 279
Moor 77, 84, 87 ff., 102, 106, 135, 143, 146, 148, 151, 154, 155, 157, 199, 200, 205, 207, 208, 234
– Niederungsmoor 87
– Hochmoor 87
Moorbrennen 71 (Abb. S. 88)
Moorkolonisation 71, 77, 84, 87, 144, 146, 148, 157, 193, 205 f.
Müller, Heinrich Just 152
Müllerwappen 154 (Abb. S. 154)
Münnich, von 227
Münstermann, Ludwig 292 ff., (Abb. 95)
Muscheln 102
Museen 354 f.
– Mühlen- 158, 355, 356 (Abb. 28)
– Burg und Schloß 268, 304, 354, 355, 356, 357
– Fischer- 356
– Freilicht- 268, 356
– Heimat- 239, 355, 356, 357
– Insel- 354, 357
– Kirchen- 356
– Küsten- 323, 355, 357
– Landes- 277, 355
– Wald- und Moormuseum 354

Napoleon Bonaparte 73, 74, 279
Nationalversammlung 79
Nebraska 219
Niederwild 100, 101
Nippflut 92
Normannen 11, 12, 285
Novemberrevolution 83

Oesterlen, Dieter 289
Oldenburg, Grafen von 14, 24, 25, 26, 28, 286 f., 293
– Johann 286, 341
– Anton II. 293
– Gerhard von 295
Oll'Mai 346
Onken, Hero 24, 231
Orgelakademie 129
Osterfeuer 346

372

Osterhusischer Akkord   42, 45, 268
Ostfriesische Landschaft   45, 76, 78, 81, 85, 109,
   212f., 346, 354 *(Farbt. 9; Abb. 31)*
Ostfriesische Sparkasse   81
Ostfriesisches Freilichtmuseum   268
Ostfriesisches Landesmuseum   277

Pallas Athene   211, 218
Papst Hadrian   14
Perizonius, H. F. W.   358, 359
Pest   20
Pferdebahn   338
Philipp II. von Spanien   34
Philippsburg   139 *(Abb. 20)*
Pierwürmer   93
Pingelhus   212
Pinkel   347
Poelzig, Hans   290
Polder   72, 90, 109, 112
Polderfürsten   81, 264
Poppinga, Onno   206
Poppinga, Reemt Reints   196, 359
Preußisches Allgemeines Landrecht
   72
Protestanten   28ff.
Priel   93
Pünte   141, 143
Pultstock-Springen   346

Radbod   230
Räte-Republik   83
Rebhühner   100
Reden, Gottfried von   233
Redjeven   15, 18, 20
Reformation   28ff., 283
Reichstag von Speyer   28
Reihensiedlungen   15
Remmers, Omme   229
Rennenborch, Eva von   295
Republik Oldenburg-Ostfriesland   83
Retting, Klaus   100
Reuter, Ernst   140
Ried   134
Röben   78
Rotauge   143
Rote Mühle   283
Rückseitenwatten   92
Rufus-Chronik   196
Rullkes   348
Rundlingsdorf   143

Saathoff, Gert   265
Sachsen-Meißen, Georg von   25ff.
Sachsenkriege   11
Säbelschnäbler   94, 100
Sächsische Fehde   26ff., 202ff., 217
Sandbahnrennen   199
Sandwatt   93
Schellfisch   102
Schleie   143
Schlickwatt   93
Schliemann   111
Schmidt, Heinrich   42, 79, 359
Schmidt-Rottluf   293
Schnitger, Arp   130, 237f.
Schnitger, F. C.   130, 133
Schöningen, Wilhelm Peter   259, 283
Scholle   102, 348
Schornstein-Schatzung   36f.
Seehunde   260f.
– Bänke   324
Seehundaufzucht- und Forschungsstation
   260
Seenotbeobachtungsstation   336
Seeräuberei   18, 21, 22, 195f., 335, 337
Seeschwalben   99
Seezunge   348
Sibetsburg   20
Sieborgh, Joest   268
Siebels, Gerhard   208, 304, 359
Siebenjähriger Krieg   70
Siebzehn Küren   15
Siel   98
– acht   95, 111
– richter   95, 111, 129
– richterhaus   110
Sienbohnensopp   349
Smit, Egbert Harmens   199
Sniertjebraa   348
Sonnentau   200
Speckendicken   348
Stände   30ff., 36, 42, 49, 65ff., 206, 208
Steinbutt   102
Sticker   88
Störtebeker, Klaus   195f.
   (Abb. S. 196)
Stuart, Heinrich   146
Sturmflut   95, 110, 111, 129, 335 *(Abb. S. 96,
   342)*
Süder Christian-Eberhards Polder   112
Sydsena, Hayo   200

373

PERSONEN- UND SACHREGISTER

Tammen, Heye 131
Tee 349
Tempel, Hermann 139
Theelacht 240f.
Theelkammer 240
Tilly 43
Tilsiter Frieden 73
tom Brok 24, 203, 263
– Keno 20, 21, 144, 150
– Keno II. 21
– Ocko 20, 21, 285
– Ocko II. 21, 22
Torfgewinnung 147, 157
Torf-Impost 72
Torfschiffer 71
Torfstechen 87f.
Trachten *Abb. 29*

Uferschnepfe 204
Uffen, Edde 329
Ukena, Focko 21, 22, 23, 24, 138, 144, 150
Umweltschutz 106ff.
Unken, Hajo 138
Upstalsboom 19, 206, 230
– Denkmal *Abb. 37*
Urwald 295

Vechtmann, Gerhard Christoph 323
Verkehr 103ff.
Verknobelungen 346
Vertrag von Delfzijl 35, 42
Vertrag von Fontainebleau 73
Viehzucht 140, 141
Viehzüchtergesellschaft 11, 18
Vitalienbrüder 21, 22, 195f.
Vierziger 35

Wagenaer, Lucas Janß 31, 278

Wagner, Martin 290
Walfang 304, 337
Wasserturm 213, 336
Wall 283
Wallhecke 102, 145, 151, 154
Wangelin, Generalsfrau von 232
Wattfischer *Abb. S. 92*
Wattenmeer 91ff., 263, 272, 291, 322, 323, 331
    (Farbt. 49, Abb. 48)
Wedel, Grafen von 141, 297
Wehlen 90
Weihnachtsflut 65, 227, 335
Weimarer Republik 84
Welfen 26, 27, 45, 68, 75, 76, 80, 82
Wenthin, Friedrich 146
Werl, Konrad von 14
Westbahn 103
Westfälischer Friede 44
Wiarda, Tilemann Dothias 73, 214, 358
Wiemken, Edo 20, 21, 155, 285, 290
Wiemken, Edo II. 24, 28, 286f.
Wiener Kongress 75
Wilhelm von Hessen 43
Wilhelm III. von Oranien 45
Willhad 11
Windmühlen 107, 110, 129, 130, 135, 142, 147,
    148, 151, 152, 154, 155, 158, 160, 198, 201,
    204, 205, 207, 208, 212, 217, 223, 225, 226,
    227, 228, 234, 237, 260, 266, 268, 269, 271,
    283, 290, 293 *(Farbt. 20–23, Abb. 81, 85)*
Wirtschaft 103ff.
Wittgenstein 41
Wollgras 200

Ziegelei 110, 134, 234
Zigeuner 206
Zisterzienser 211
Zuchtviehauktionen 141